广西“小块并大块”耕地整治模式理论与实践研究

——助推乡村振兴的实现途径

左旭阳　张蚌蚌　胡　颖等　著

科学出版社

北　京

内 容 简 介

本书对广西“小块并大块”耕地整治政策演替与形成过程进行系统梳理，由农民自发到经营主体主导，再到产业导向型的优质“双高”（高产高糖）基地建设耕地整治模式，并对不同整治模式的背景、内涵、形成过程、实施程序、实施模式进行总结分析。研究各个主体在参与“小块并大块”耕地整治各个环节的合作互动、自身利益和协调机制，基于典型案例，从整治前后地块数量、田块格局、灌溉条件、道路通达度、利用效率、扶贫情况、农民收入、社会化评价等经济效益、社会效益、生态效益方面，对广西“小块并大块”和“双高”的实施效果进行多尺度综合评价。提出一套农业经营主体“自下而上”与政府“自上而下”相结合的农田建设创新政策体系——农业经营主体“申请制”，分析提出“小块并大块”实施中的问题及优化建议，助推乡村振兴。

本书可供大学土地资源管理、土地整治工程、地理学、农林经济管理等相关专业师生参考，也可供相关科技人员和管理人员参考。

图书在版编目(CIP)数据

广西“小块并大块”耕地整治模式理论与实践研究：助推乡村振兴的实现途径／左旭阳等著. —北京：科学出版社，2020.7

ISBN 978-7-03-065002-3

Ⅰ. ①广… Ⅱ. ①左… Ⅲ. ①耕地管理-研究-广西 Ⅳ. ①F323.211

中国版本图书馆 CIP 数据核字（2020）第 077334 号

责任编辑：林 剑／责任校对：樊雅琼

责任印制：吴兆东／封面设计：无极书装

科学出版社 出版

北京东黄城根北街 16 号

邮政编码：100717

http://www.sciencep.com

北京九州迅驰传媒文化有限公司 印刷

科学出版社发行 各地新华书店经销

*

2020 年 7 月第 一 版 开本：720×1000 1/16

2020 年 7 月第一次印刷 印张：19 1/4

字数：380 000

定价：198.00 元

（如有印装质量问题，我社负责调换）

本书编写人员名单

（按拼音顺序排）

柴朝卿　陈海滨　段文凯

段向锋　胡　颖　吕　杰

马林燕　牛文浩　申淑虹

孙滢展　田文苗　肖　君

张蚌蚌　赵殷钰　左旭阳

序

中国的农业现代化之路是老一辈革命家的期盼。周恩来总理曾经提出过要实现四个现代化，其中之一就是农业现代化。应该说，在工业化、城镇化的带动下，在农业集体化的前提下，努力争取实现农业现代化，促进农村发展、农业增产、农民增收，以避免城乡发展差距逐步扩大的总体设计思路是可贵的。今天，我们对国家和区域农业现代化已经有了比较清醒的认识，农业现代化是一种深刻的经济社会转型，也是一种土地资源开发利用与保护的深刻转型，不仅是一个社会发展目标、经济增长任务，更是一个制度创新和科技创新。

改革开放后，运用现代农业科学技术，使部分有条件的地区率先实现农业现代化一度成为研究热点。例如，中国科学院就曾经为黑龙江海伦市做出一个战略设计，我至今仍清晰地记得这个“飞鸟型”农村经济模式。改革开放40多年来，中国发生了巨大变化，其中之一是土地管理领域的深刻变革。在长期快速稳定的增长过程中，中央决策始终牢牢地把握着经济社会发展用地保障与维护国家粮食安全的耕地保护的动态平衡，一定程度上，天平是向耕地保护倾斜的。在这一过程中，基于土地科学，尤其是耕地保护研究的热点角度，该领域的研究从关注耕地非农化，发展到关注耕地细碎化、非粮化、边际化、寂寞化（农田生态退化），逐步拓展了理论研究和应用研究领域，把耕地保护科学研究从数量保护推向了数量、质量和生态“三位一体”保护。当前，对耕地质量和农田生态的科学研究热度有增无减，渐成显学。

广西壮族自治区自然资源厅的左旭阳、中国农业大学的孔祥斌教授、西北农林科技大学的张蚌蚌副教授是该领域研究中的佼佼者。近年来，他们致力于耕地保护的理论探索，持续跟踪、深入探究广西自发兴起的耕地“小块并大块”现象，并给出了自己的研究答案。他们富有创新性的科学探索汇聚在《广西耕地红线研究》和《广西“小块并大块”耕地整治模式理论与实践研究——助推乡村振兴的实现途径》著作之中。

在我看来，该书有以下鲜明特色：

一是紧密联系广西区情地情。广西以山地、丘陵为主，素有“八山一水一分田”之说，是典型的山多地少的地区，地形叠加权属导致广西耕地细碎化极其严重。同时，广西经济相对落后且农民对土地依赖性相对较强，因此，“小块并大块”耕地整治正是极端耕地细碎化背景下符合广西区情地情的选择。

二是注重长期实地跟踪观察。作者从2006年就开始关注广西崇左市龙州县上龙乡上龙村弄农屯农民自发开展的“小块并大块”耕地整治，并对其经验及改革创新的做法进行总结，同时对其“小块并大块”奖补资金支持政策进行了探索。另外，作者还直接参与了2012年广西鼓励农民自发开展“小块并大块”耕地整治政策制定过程和2014年农业新型经营主体开展“小块并大块”耕地整治以奖代补政策制定过程，并对“小块并大块”耕地整治在“双高”基地（即高产高糖糖料蔗基地）建设中的直接应用进行了持续跟踪研究，试图通过长期实地跟踪观察，探索我国农田工程的建设、利用、管护和管理制度创新的有效路径。

三是持续进行理论思考提升。作者试图综合运用地理学、经济学和管理学等理论，深入思考以耕地细碎化整治/治理为出发点，通过全面改善“地”的物理细碎化（土地平整途径）和权属细碎化（“小块并大块”途径），优化耕地利用系统，协调人地关系，促进生产关系和当前的生产力相适应；同时，从管理层面上，探索农民自发开展“小块并大块”耕地整治到政府总结经验且在广西范围内推广实施的诱致性制度变迁过程，以及政府“放管服”农田建设项目管理的转型机制。

四是及时转化成果推广应用。作者为政府自然资源管理人员、高校及科研院所研究人员，在广西进行长期的耕地整治模式调研考察，可通过论文和专著的形式为“小块并大块”耕地整治政策制定建言献策。因此，作者一方面及时将农民首创的“小块并大块”经验做法进行总结，将其上升到全区尺度上的支持政策，并根据广西区情地情将支持范围从农民扩大到新型农业经营主体，同时得到中央农村工作领导小组办公室、国务院发展研究中心领导的关注，并引发了河南、云南、贵州等20多个省份的参观学习热潮；另一方面，作者着重理论创新，将相关成果发表在*Land Use Policy*、《农业工程学报》等国内外核心期刊，《广西耕地红线研究》先后获广西社科学术论文一等奖、著作奖。应该说，这种“自下而上”和“自上而下”相结合的反复相互反馈，为我国未来耕地保护乃至农业相关政策创新和推广提供了宝贵经验。

该书的研究成果，不仅有利于广西本地区转化推广应用，也有利于国内其他地区借鉴广西经验，从而吸引更多的土地科技工作者关注耕地细碎化问题研究。坚持和完善最严格的耕地保护制度，是国家治理体系的重要内容，是具有中国特色的土地管理制度的关键支撑。衷心希望国内外研究者更加关注中国耕地保护研究，并能取得富有特色的重要研究成果。同时，祝愿该书作者能够继续坚持和深化这项研究，持续推动中国特色的农业现代化物质基础建设。

自然资源部农用地质量与监控重点实验室主任、研究员

2020年6月1日

前　　言

习近平总书记强调，“中国人的饭碗任何时候都要牢牢端在自己手上。我们的饭碗应该主要装中国粮”。作为“自然资源人”，既要守住耕地数量，又要努力提高耕地质量，以确保我国粮食安全。如何把土地整治这件利国利民的事情办好，作者根据10多年的土地整治管理工作经验，结合广西耕地地块小、田埂多、人力耕作强度大的实际情况，创新土地整治管理模式，提出了由耕地经营主体自发、自愿、自主开展更符合规模化经营的“小块并大块”耕地整治模式。

1999年，广西崇左市龙州县上龙乡上龙村弄农屯村民因无法忍受地块分散、细碎导致的高强度劳动和耕种不便等问题，自发对本屯的500亩责任田实施“小块并大块”，这一做法有力地促进了该屯农业转型和农民增收。从2002年开始，上龙乡开始逐步推广“小块并大块”经验，但面临缺少农田建设资金的困境。2006年，为了解决村民的资金难题，广西壮族自治区国土资源厅对上龙乡“小块并大块”耕地整治项目进行立项，投入资金达1115万元。2012年，广西壮族自治区国土资源厅对龙州县“小块并大块”项目进行总结发现，农民自发开展“小块并大块”耕地整治，不仅整治周期短、整治效益好，而且无纠纷、成本低。为此，广西在全国率先出台鼓励农民自发开展“小块并大块”耕地整治工作的指导意见和资金管理办法，首次从政府层面推行以农民为建设主体且自发开展的“小块并大块”耕地整治。2014年，为落实广西壮族自治区人民政府建设500万亩“双高”基地（高产高糖糖料蔗基地）的建设任务，自治区人民政府出台了鼓励优质高产、高糖糖料蔗基地实施“小块并大块”的有关政策；“双高”基地建设政策是“小块并大块”耕地整治的又一次飞跃，旨在解决糖料蔗土地坡度大、田间道路过窄、农田水利欠缺、机械化水平低等带来的生产成本高、效益低和缺乏竞争力等突出问题，以促进糖料蔗产业发展。

因此，广西“小块并大块”耕地整治模式的演替过程是：农民自发“小块并大块”——自治区层面出台政策推广农民自发“小块并大块”耕地整治模式——“小块并大块”嫁接在“双高”基地建设中——“小块并大块”实施主体扩大到新型经营主体——后续完善政策；奖补对象从农民扩大到合作社、种植大户、涉农公司等经营主体，奖补对象更广泛。广西“小块并大块”耕地整治政策转变了当前“自上而下”的政府主导模式，由经营主体向政府申请农田建设，调动了经营主体投资农田建设的积极性，促进了农田建设多元化投资。“小块并大块”耕地整治通过土地整合、互换、再分配，实现了“建得好、管得住、减成本、提能力”的预期目标，建成后的工程质量更高，更符合当地生产需求；建成后的道路、渠道等工程和耕地由农民自己管理使用，解决了土地整治项目后期的管护问题；据调查测算，以经营主体为实施主体的项目建设成本与以政府部门为实施主体相比可减少约60%；加强了基层“两委”建设，“两委”通过处理土地调整问题，平衡不同农户需求等，管理能力得到了提升。

面对公共卫生事件、全球气候变化、国际贸易等诸多不确定性，为了坚守粮食安全底线，在耕地数量很难拓展的情况下，必须大力开展高标准农田建设。但是，高标准农田建设中面临着建设主体单一、资金来源不足、公众参与不够、后期管护不到位等突出问题。本书阐述了“小块并大块”耕地整治和“双高”基地建设两种土地整治类型的背景、内涵、形成过程、实施程序、实施模式和经验，系统介绍了实施主体由农民到合作社再到农业企业的发展历程，并列举典型案例详细分析了实施的具体成效，旨在通过对广西“自下而上”经营主体自主开展耕地整治和“自上而下”政府进行奖补监督相结合的土地整治创新政策、模式、效果、理论等系统研究，推动农田建设与管理的改革，保障粮食安全，助推乡村振兴。

本书共包括13章内容。第1章主要介绍耕地细碎化整治的背景和意义、国内外研究进展、广西“小块并大块”耕地整治的演替过程、研究内容和研究方法、理论基础。第2章主要介绍广西耕地资源本底特征及社会经济概况。第3章主要介绍广西耕地细碎化特征及“小块并大块”耕地整治逻辑需求。第4章主要介绍耕地细碎化对耕地利用的综合影响，包括细碎化对耕地利用效率的影响与细碎化对农业利润和农业成本的影响。第5章主要介绍不同经营主体“小块并大块”耕地整治和“双高”基地建设的模式背景、模式内涵、政策形成过程、实施程序、实施模式和经验分析等。第6章主要介绍“小块并大块”耕地整治和“双高”基地建设政策支持概况。第7章为广西“小块并大块”耕地整治和“双高”基地建设实施效果整体评价。第8章为典型模式“小块并大块”耕地整治和“双高”基地建设实施效果评价。第9章为基于物元模型的县域不同模式土地整治绩效评价——以扶绥县为例。第10章为传统型土地整治和“小块并大块”耕地整治模式比较。第11章为“小块并大块”耕地整治和“双高”基地建设助推精准扶贫和乡村振兴。第12章为广西“小块并大块”耕地整治理论分析。第13章为当前广西耕地细碎化整治优化建议与推广分析。

本书由国家自然科学基金青年项目（41801210）、广西壮族自治区自然资源厅2018年重大研究课题（GXZC2018-G3-17920-JGYZ-G）、陕西省社会科学基金项目（2018S14）联合资助。感谢自然资源部国土整治中心副主任、自然资源部农用地质量与监控重点实验室主任郧文聚研究员和中国农业大学孔祥斌教授给予本书写作过程中的指导和建议，感谢西北农林科技大学经济管理学院夏显力教授、淮建军教授等对本书提出的完善意见。

由于作者水平所限，书中难免存在不足之处，敬请读者批评指正。

作者

2020年6月10日

目　　录

1 导 论

1.1 耕地细碎化整治的背景和意义

1.1.1 问题提出

改革开放之初推行的家庭联产承包责任制，极大地提高了农民的生产积极性，解放了农业生产力，同时迅速解决了我国人民的温饱问题（张蚌蚌等，2019）。但“肥瘦搭配、远近结合”的土地绝对均分造成了全国普遍的耕地细碎化现状，我国的西南地区尤为严重，并且随着经济的发展，耕地细碎化对农业生产造成的弊端日益凸显。

改革开放初期，经济发展水平落后，第二、第三产业不发达，农村劳动力主要集中在农业（第一产业）生产过程中，农业的耕种方式多为人畜，而缺乏拖拉机、收割机等现代生产工具和技术。因此，在改革开放之初，耕地细碎化与耕地利用系统的土地、资本、技术、劳动、人畜耕作、无灌溉等要素是相互适应的。随着改革开放 40 多年来社会经济的不断发展，第二、第三产业逐渐发达，越来越多的农村劳动力开始转向第二、第三产业，造成农村中从事农业的劳动力大大减少，同时农业机械化、规模化、现代化水平不断提升，耕地细碎化所代表的生产关系与土地、资本、技术、劳动等生产要素所代表的生产力越来越不适应；表明当前的耕地细碎化现状与高水平社会经济背景下耕地利用系统要素越来越不协调，各种问题开始显现，制约了现代农业的发展（郧文聚和杨华珂，2010；张蚌蚌，2017；张蚌蚌等，2019）。例如，制约农业机械化和规模化生产、不利于国家基础设施建设、限制农民投资农田建设和改良耕地的积极性、不利于统筹规划道路和农业水利建设，而且耕地细碎化易产生田埂边沟，进而导致浪费耕地面积和农业生产效益低下，最终导致耕地粗放利用甚至撂荒等突出问题。

当前，为了提高农业效率和提升农业生产力，一方面，农民之间通常会通过土地流转促进规模化生产，实现规模效益；另一方面，我国高度重视土地整治、农业综合开发等农田建设，通过完善土地平整、田间道路、防护林网和农田水利等田间基础设施来提升耕地质量，提高农业生产效率和生产力水平（郧文聚等，2015）。对于前者来说，农民多是自发流转，这种自发流转形式只是单一地将使用权进行流入或流出，仅仅改变了农户的经营面积，实际上并未发生土地的权属调整，耕地细碎化问题没有得到有效解决；对于后者来说，国家的土地整治等农田建设项目大多只是进行常规的土地平整、田间道路、防林护网及农田水利设施建设等工程，并且因为政府事务繁多和项目的时间限制，以及权属调整/地块互换涉及农民切身利益，通常极难靠外力实施，因此，传统的土地整治等农田建设项目往往很难实施权属调整/地块互换，经过这种传统方式的土地整治后，尽管农田基础设施显著改善，但耕地细碎化问题依然存在，导致农田基础设施无法充分发挥其功能。因此，当前的土地流转和农田建设，并不能解决耕地细碎化的问题，且两者缺乏有效协同与衔接。

为了解决耕地细碎化问题，广西崇左市龙州县上龙乡上龙村弄农屯创造性地探索出“小块并大块”耕地整治模式，农民自发进行地块互换和“小块并大块”，然后统一划分地块，实现“一户一田”，并集资进行田间道路和农田水利等基础设施建设。2009 年以来，广西壮族自治区自然资源厅（原国土资源厅）将其经验总结并推广，经过一段时间的探索和发展，形成“小块并大块”耕地整治支持政策，目前已经形成农民自发型、企业主导型、合作社主导型等“小块并大块”耕地整治模式，并且经过广西壮族自治区人民政府同意，将“小块并大块”耕地整治模式在整个自治区进行推广，实现了农民权属调整、自发土地流转和耕地整治/农田建设的有效结合。

广西是我国蔗糖生产基地，食糖产量约占全国总产量的 60%，但是，广西糖料蔗的生产长期面临着机械化程度低、亩产量低、用工成本高、综合效益低等问题，导致蔗糖企业竞争力下降，甚至亏损。2015 年，根据国务院批示精神，国家发展和改革委员会、农业部会同有关部门制定了《糖料蔗主产区生产发展规划（2015—2020 年）》，规划提出，到 2020 年两省（区）糖料蔗面积稳定在 2100 万亩，总产量达到 10400 万吨，比基期增加 635 万吨。同时，规划还提出，针对目前我国糖料蔗生产中存在的主要问题，未来 6 年促进糖料蔗基地稳定发展的技术路线是：依靠提高单产实现增产增收；依靠机械化替代，实现节本增效；依靠组织创新，实现蔗农和糖企互利互惠。在广西蔗糖生产上升为国家和广西发展战略的背景下，广西利用“小块并大块”耕地整治的经验，以蔗糖产业链发展为目标，开展围绕糖料蔗生产全过程的“双高”基地建设（高产高糖糖料蔗基地建设），并且形成了农民自发型和新型经营主体主导型等“双高”基地建设模式（陈章全等，2019；卢星高等，2019）。截至 2019 年底，广西“双高”糖料蔗基地完成土地整治面积超过 500 万亩。

“小块并大块”耕地整治显著解决了广西耕地细碎化的问题（陈章全等，2019），实现了权属调整、农田建设与农业经营组织的融合，转变了传统的“自上而下”政府开展土地整治等农田建设模式，实现了“自下而上”经营主体按需自主开展土地整治模式，并且具有很强的适用性与推广性。本书的目的旨在系统探索广西“小块并大块”耕地整治的形成背景、形成过程、主要模式、支持政策、实施效果、内在机理和推广条件，总结其具有普适性的内容，以促进其推广，为广西乃至全国的耕地细碎化整治提供参考借鉴，从而促进小农户和现代农业有机衔接，助推乡村振兴战略实施。

1.1.2　背景和意义

家庭联产承包责任制实施后，耕地细碎化在全国各地普遍存在，随着社会经

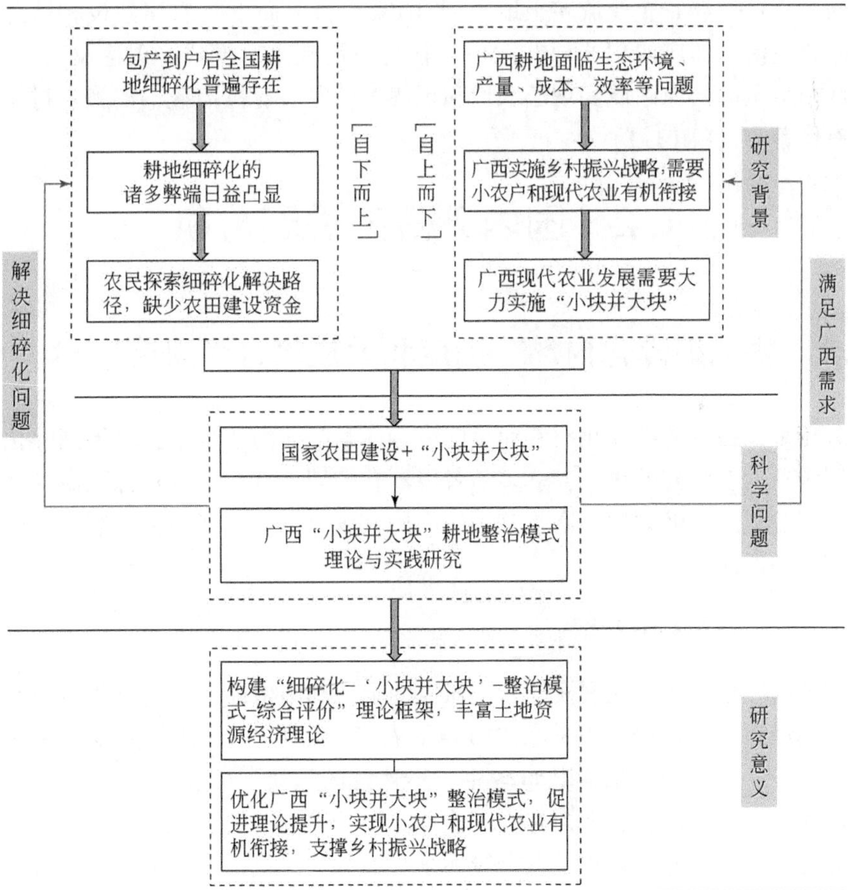

图 1-1　广西“小块并大块”耕地整治研究的背景和意义

济的发展，当前耕地细碎化在农业生产方面存在的诸多弊端日益凸显，因此农民开始自发探索互换并地、小块并大块、土地整合、一户一田、按户连片耕种等耕地细碎化解决路径，但缺少农田建设资金支持。另外，我国耕地经营不仅以小农户小规模经营为主，而且存在着严重的细碎化情况，当前我国农业面临生产成本高、产出效率低、综合收益低等突出问题。同时，国家仍然需要保证粮食安全及提高农业竞争能力。因此，国家大力开展土地整治、农业综合开发、高标准农田建设等农田建设工程项目，但往往缺少权属调整，缺乏解决耕地细碎化问题的政策、模式和实现路径（高世昌，2010；张蚌蚌，2017；张蚌蚌和孔祥斌，2018；文高辉和杨钢桥，2019；张蚌蚌等，2019；Zhang et al.，2019）。同时，党的十九大明确提出“发展多种形式适度规模经营，培育新型农业经营主体，健全农业社会化服务体系，实现小农户和现代农业发展有机衔接”和“实施乡村振兴战略”。因此，探索广西农民“自下而上”的权属调整、农户间的土地流转（或者农户向合作社、涉农企业流转土地）、与国家“自上而下”农田建设相结合的耕地细碎化整治，即广西“小块并大块”耕地整治政策、模式、理论及实现路径，对广西乃至全国其他区域实现小农户和现代农业发展有机衔接，实施乡村振兴战略具有借鉴意义(图 1-1)。

1.2　国内外研究进展分析

1.2.1　耕地细碎化内涵、测度和效应等方面研究进展

近年来，在耕地细碎化对农业负向影响逐渐凸显的背景下，耕地细碎化日益成为国内外学者研究的热点，众多学者以不同的切入点对其进行深入研究，提出了许多有益观点，极大地丰富了该领域的研究成果。现对其相关内容的研究进展进行梳理和评述。

1.2.1.1　耕地细碎化内涵

耕地细碎化是与土地规模经营相对应的土地利用格局，国内外学者对其认识是一个逐渐深入的过程。Bins（1950）从农场角度出发，引出耕地细碎化的定义：在一较大范围内分散着数量较多、不连续的地块；Mcpherson（1982）将耕地细碎化定义为耕地拥有者拥有许多空间上分离的地块；Latruffe 和 Piet（2014）进行完善，提出耕地细碎化是一个较为复杂的概念，包括五个方面的内容：地块数量、形状、面积、地块到农户家的距离、地块间的距离（地块分散程度）；并

且目前仍有不少学者在继续研究更好地表示耕地细碎化程度的方法（文高辉等，2016；张蚌蚌，2017；Muchová，2017；Janus et al.，2018）。国内学者也从不同角度出发对耕地细碎化进行定义与解释，苏旭霞和王秀清（2002）从制度角度指出耕地细碎化是家庭联产承包责任制实施后造成的同一农户同时拥有多块零碎的、面积互不相等的、距离不一的地块；许庆等（2007）指出耕地细碎化是农户同时经营着一块以上的土地，这些地块均分布在农户住宅地周围但不相连接；王兴稳和钟甫宁（2008）认为耕地细碎化通常指农户拥有多块土地，其中，多数地块面积较小且互不相邻；孙雁和刘友兆（2010）将耕地细碎化定义为：人为和自然条件的影响，使土地无法连片集中分布，呈较零散不规整的状态；赵凯（2011）以具体的属性描述作为耕地细碎化的定义，包括土地块数较多、地块与地块互不相邻、单个地块的面积较小且存在差异、相较有别的肥沃程度、家庭与地块路程长短不同5个方面。张蚌蚌等（2013）根据形成过程，将耕地细碎化划分为自然细碎化和权属细碎化，自然细碎化是指由自然条件（如地形、坡度、河流等）分割造成的细碎化，权属细碎化是指将耕地承包给不同农户而进行分割造成的细碎化。

综上所述，耕地细碎化是由自然、社会、制度、经济等因素造成的地块在空间上分离的状态，可以归结为土地使用者的多样性或地块的多样性，即一块土地被许多人以不分割的份额拥有或者一个人拥有多块互不相邻、形状不规则、面积较小的土地，且各地块肥沃程度、距土地使用者住宅相对距离不一致的状态；耕地细碎化可分为自然细碎化和权属细碎化，从表征角度可以分为景观层面、利用层面（地块层面）。

1.2.1.2 耕地细碎化测度方法

国内外学者对耕地细碎化测度方法有不同的见解，由于目的的不同，建立的指标体系也存在差异，主要有单一指标法和综合指标法。单一指标法包括地块数量、户均耕地面积、地均耕地面积、地块离家距离等。例如，吴洋等（2008）用农户平均每块耕地面积来表示耕地细碎化程度，探究了耕地细碎化与农业投入之间的关系；卜宏伟（2015）在研究耕地细碎化与耕地生产效率的关系时采用地块数量和地块总面积来描述耕地细碎化程度；卢华和胡浩（2017）用家庭耕地面积和地块数量表示耕地细碎化程度，分析了耕地细碎化和农民收入不平等的关系。也有不少学者，如 Demetriou 等（2013）、King 和 Burton（1982）使用地块形状和地块间距离来表示耕地细碎化程度。赵凯（2011）指出以上单项指标确实能在一定程度上代表耕地细碎化程度，但其作为一个多属性的综合概念，仅仅用单项指标来表示是不够的。与此同时，国外学者 King 和 Burton（1982）运用农场面积、地块数量、地块面积、地块形状、地块空间分布、地块粒度分布这6个指标表示耕地细碎化程度，但由于数据难以获取、计量模型限制等因素，目前研究很少综合运用6个指标。因此重新构建了较为简便的 S 指数、J 指数和 I 指数，表达式分别为

$$S = 1 - \frac{\sqrt{\sum_{i=1}^{n} a_i^{\ 2}}}{\left(\sum_{i=1}^{n} a_i\right)^2} \tag{1-1}$$

$$J = \frac{\sqrt{\sum_{i=1}^{n} a_i}}{\sum_{i=1}^{n} \sqrt{a_i}} \tag{1-2}$$

$$I = \frac{\sum_{i=1}^{n} a_i}{n} \times \frac{1}{100} \times \sum w \tag{1-3}$$

式中，n 表示农户拥有的地块数量；a_i 表示第 i 个地块的面积；w 表示地块间的距离或地块到家的距离；S 和 J 取值范围均为 0 ~ 1，S 值越趋近 1，J 值越趋近 0，说明耕地细碎化程度越高。就目前来看，S 指数的运用更广泛，例如卢华和胡浩（2015）在研究耕地细碎化对农业生产利润和效率影响的过程中就运用 S 指数表示耕地细碎化；王嫚嫚等（2017）通过 S 指数探究了耕地细碎化对粮食生产效率的影响；但是王兴稳（2008）表示 S 指数、J 指数存在缺陷，同时把地块数量和地块面积纳入公式，无法分辨对比地块数量和地块面积对被解释变量产生的影响，I 指数没有明确距离的含义，比较模糊。

纵观以上研究，耕地细碎化本身就是一个比较复杂的问题，且耕地细碎化是动态变化的，目前用来衡量耕地细碎化程度的指标和方法均存在一些缺陷与不足，尚且需要进一步探索耕地细碎化的测度方法。

1.2.1.3 耕地细碎化对耕地利用效率的影响

随着科技水平的不断提高，传统的生产方式不再适应当前的现代化农业发展，目前我国农业正往规模化、机械化生产的方向转变，将充分利用有限的耕地资源，提高耕地利用效率。事实上，耕地利用效率是一个较复杂的概念且受到多种因素的影响（张洪鑫，2017；余艳和伍国勇 2018），多数学者认为耕地细碎化是降低耕地利用效率的其中一个因素（田孟和贺雪峰，2015；Yucer et al.，2016），因为当地块面积过小时不利于耕地规模经营，且地块形状不规则容易造成沿边界或拐角的机械田间效率低下，收获损失率较大（Kawasaki，2010；

del Corral et al.，2011；Manjunatha et al.，2013；Wang and Xin，2017），耕地细碎化通过降低耕地和劳动生产效率（Lu et al.，2018），最终会降低农业生产效率（Schultz，1953；Khalil and Gholamhossein，2008；Barrett et al.，2010；Tan et al.，2010；Deininger et al.，2012；Ali and Deininger，2014；Jia and Petrick，2014）。

耕地细碎化通过影响纯技术效率和规模效率最终影响耕地利用综合效率，且两者的影响程度有一定区别。李鑫等（2011）以扬州市里下河区域为例，用数据包络分析（data envelopment analysis，DEA）模型对耕地利用效率进行测评发现耕地细碎化对规模效率的影响大于对纯技术效率的影响；陶崔（2018）以安徽省淮河以北区域为例证实了耕地种植面积对种粮大户农地规模经营效率产生正向影响，即耕地细碎化对耕地生产规模效益和技术效率有显著负向影响（李鑫等，2012；魏娟等，2017；傅顺和卢华，2018）；祖健等（2016）表示平均地块面积增大、耕地细碎化程度降低，将使得耕地利用效率大幅度提高。从具体影响过程来看，耕地细碎化增加了农户耕种难度，不利于农户对耕地进行投资生产，最终影响耕地利用效率（刘涛等，2008）。

应该注意的是，由于规模、区域等因素，耕地细碎化对不同农户的影响可能不同。许玉光等（2017）通过DEA-Tobit模型分析发现耕地细碎化对小规模农户的耕地利用效率具有正向作用，而对中、大规模农户的耕地利用效率具有负向作用；而白志远等（2014）以康乐县为例，通过DEA模型研究得出耕地细碎化与耕地利用效率间未呈现明显相关关系的结论，原因可能是研究区域仍处于较传统的生产阶段，还未过渡到现代农业生产阶段。

就目前文献看，国内外学者测算耕地利用效率首选DEA模型，并通过DEA-Tobit模型分析耕地细碎化对耕地利用效率的影响，但只是进行直接分析与总结，对中间影响过程的描述很少，可以理解为只是对投入产出过程的零星描述。另外，对农户规模划分进行研究的文献较少，但目前我国农户耕地资源禀赋差距较大，很有必要进行不同规模农户探究，从而有针对性地提出相关建议等。

1.2.1.4　耕地细碎化对农业投入产出的影响

（1）耕地细碎化对农业投入的影响

农业投入和产出同时决定耕地利用效率，而投入量和投入结构是影响产出的直接因素，因此分析耕地细碎化对农业投入的影响是十分关键的一步，目前该方面的文献较少。同时学术界存在不同的见解，Falco等（2010）、Foster和Rosenzweig（2011）、Niroula和Thapa（2005）、Paul和Githinji（2017）认为耕地细碎化有利于应对劳动力短缺和自然灾害等问题，并且种植多样性可以有效降低市场风险，提高农业收益；而Latruffe和Piet（2014）通过实证研究发现耕地细碎化实际上增加了农业成本，降低了产量、收入和利润，同时由于耕地细碎化，平均地块面积减小且形状不规则，耕种难度增大（Gonzalez et al.，2004；del Corral et al.，2011；Sauer et al.，2012；Latruffe and Piet，2014），在一定程度上需要更多成本（Thomas，2006；Gonzalez et al.，2007；van Dijk，2007；Hartvigsen，2014），使最终潜在的农业收入可能低于种植成本（Janus et al.，2016）。

在规模方面，Lu 等（2019）认为适当扩大耕地规模能降低平均生产成本；张晓恒和刘余（2018）通过实证分析发现耕地规模扩大有助于水稻种植户单位产品投入的降低；宫攀和韩振玲（2015）认为地块面积小会降低农户增加耕地投入的意愿；吴洋等（2008）通过计量分析表明耕地细碎化对农户生产性投入产生显著的正向影响；卢华和胡浩（2015）通过对江苏省实证研究指出辛普森指数对单位产量总成本的影响显著为正，即耕地细碎化增加了农户种植单位产量所需的成本；闫聪和聂继东（2017）表示农业机械大量投入粮食生产后，农业生产中劳动力数量和投入成本呈现不断下降的趋势，而耕地细碎化是阻碍机械使用的关键因素；但辛翔飞和秦富（2005）在 1998 ~2002 年 31 个省（自治区、直辖市）的面板数据的基础上，研究发现土地规模对农户农业投资不具有显著的影响。

综上，众学者均从农业总投入方面研究，分析耕地细碎化对总投入带来的影响，但事实上，耕地细碎化的存在不仅会影响整体投入，也会影响投入结构，因此将农业投入细分为物质和资料投入、劳动力投入、农机投入等部分进行研究能够更清晰地反映耕地细碎化的影响过程。基于此，本书将对该方面的研究进行补充。

（2）耕地细碎化对农业产出的影响

随着各界人士对农业产出的关注度逐渐提高，相关研究者纷纷加入分析农业产出影响因素的行列，对于耕地细碎化是促进还是降低了农业生产，学术界仍存在争议。

部分学者认同耕地细碎化使耕地不能集中连片，降低了粮食生产的规模效应（苏旭霞和王秀清，2002），土地分块对粮食产量的影响为负；增加农户的耕地总面积或者扩大地块面积则有助于提高粮食产量（万广华和程恩江，1996；陈春苗和牛海鹏，2012）；李寅秋和陈超（2011）对水稻进行研究，认为耕地细碎化使水稻单产减少；王嫚嫚等（2017）同样以江汉平原水稻种植户为研究对象，利用效率损失随机前沿生产函数构造模型，指出耕地细碎化对粮食生产存在负面影响，对技术非效率存在正向影响；从影响机理方面，秦立建等（2011）认为耕地细碎化导致农业生产资料投入量减少，最终抑制粮食产量。但是也有不少学者持对立意见，认为耕地细碎化对农业产出的影响为正，如李功奎（2006）以江苏省经济欠发达地区为例进行研究，发现农户种植业净收入与土地块数呈正相关；Kadigi 等（2017）和 Deininger 等（2017）认为耕地细碎化对农业产出有非负影响，甚至有可能增加粮食产量；卢盛荣等（2012）对漳浦县的耕地细碎化和农业投入的产出弹性进行分析发现，一定程度的耕地细碎化能够增加南方沿海地区农民收入，提高其生活水平。另外少部分学者认为耕地细碎化的影响尚不确定，连雪君和毛雁冰（2013）以农户拥有的地块数量和地块大小表征耕地细碎化，并论证耕地细碎化与生产效率的关系，发现耕地细碎化对土地生产效率同时有正反两种效应，两者的合力作用尚不明确；郭贯成和丁晨曦（2016）以江苏省盐城、徐州为例，建立 Trans-log 函数分析得出结论，耕地细碎化对粮食生产的规模报酬具有负影响，但对不同地区粮食产量存在正负两方面的影响。

由以上文献分析可知，在研究耕地细碎化对农业产出的影响时，多数学者更愿意采用粮食产量表征农业产出，按照实际情况，该方法仅适用于研究作物较单一的小区域，对于较大区域的研究，由于种植作物的多样性与复杂化，仅仅用粮食产量来表示农业产出显然是不合适的，此时将各作物均换算为货币，用总货币之和表示农业产出更有说服力。

综上，耕地细碎化本身是由制度、社会、政策、自然、人文等因素造成的一个较复杂的问题，许多学者针对不同区域、不同阶段、不同规模农户进行研究分析，探索耕地细碎化的影响，结果表明耕地细碎化对耕地利用效率、农业投入和产出均有正负双重效应。但由于耕地细碎化具有区域独特性，以某一地区的情况来代表其整体的影响显然是不合适的，另外耕地细碎化对耕地利用效率、农业投入和产出的影响是一个连锁过程，但目前很少有文献同时对三者进行研究，并将农户规模考虑进去。

此外，国内外学者对耕地细碎化的正负效应（张尹君杰和卓建伟，2008；连雪君和毛雁冰，2013；卢华和胡浩，2015）、耕地细碎化的成因探索及其影响因素分析（Nguyen et al.，1996；Tan et al.，2006）等方面进行了颇有建设意义的研究，但对耕地细碎化的解决路径研究比较少，缺乏深入的机理分析。

1.2.2　耕地细碎化治理研究进展

2015 年以来耕地细碎化治理逐渐成为研究的重点。理论层面，学者提出，允许农民开展土地调整或地块归并符合当前农村实际情况，赋予农村集体一定的土地调整权力，不仅有助于解决耕地细碎化问题和方便农业生产，而且有助于完善统分结合的双层经营体制（田孟和贺雪峰，2015；魏程琳，2015）；研究表明，当前耕地细碎化治理存在着治理主体、治理机制和治理认知等多方面的碎片化等问题，应构建政府与社会协同的“整体性”治理机制，开发大部门制的耕地细碎化整理模式（高轩和神克洋，2009；王山，2016；王山和奉公，2016）。

实践层面，各地农民、政府对耕地细碎化治理进行了有效的探索，新疆形成“互换并地”模式（张蚌蚌和王数，2013），湖北形成“按户连片耕作”模式（贺雪峰，2016），安徽形成“一块田”模式（王海，2015），其本质都是农民主导下的地块权属调整，都实现了地块归并下的集中连片；但是，这些耕地细碎化治理模式缺少与土地整治工程设施建设的有效结合，而且推广范围有限（张蚌蚌，2017；张蚌蚌等，2019）。广西农民创造性地自发开展“小块并大块”土地整治以解决耕地细碎化问题，并通过政府农田建设完成了农业现代化转型，实现了“降低成本、增加产量、提供效率”的目标，这种农民主导权属调整与政府政策支持相结合的土地整治模式从 2012 年开始逐渐在整个广西进行了推广，有效地促进了当地的农业现代化进程（卢艳霞等，2012；贺斐等，2013，张蚌蚌等，2019；温焕铃等，2020）。

根据欧洲和日本等经验，土地整治中开展地块范畴的权属调整是解决耕地细碎化问题的重要途径（陈晓军，2012；郧文聚等，2015）。土地整治实施过程中，不可避免地涉及田块合并重划（谭明智，2014），土地权属调整是土地整治工作不可逾越的环节（高世昌，2010），因此，无论在土地整治项目立项前，还是竣工后，都需要将权属厘定清楚；但当前我国土地整治项目实施中更多的是权属的界定，而不是地块归并范畴的权属调整。同时，由于权属调整过程烦琐复杂、农民认识不到位、缺乏法律依据、主体不明确，当前中国土地整治工程实践中开展地块范畴的权属调整比较少（高世昌，2010；张蚌蚌等，2019）；当前土地整治未成为解决耕地细碎化问题的有效手段，对降低耕地细碎化的作用不明显（高世昌，2010；文高辉等，2016）。

另外，当前我国土地整治的可行性研究、规划设计、施工等主要为“自上而下”的政府主导，由相关公司实施，缺乏真正的农民参与（张蚌蚌，2017；文高辉等，2016）。关于土地整治的效应研究，相关学者通过构建指标体系，对土地整治的经济效益、生态效益、社会效益等方面进行了大量研究（张庶等，2014a；信桂新等，2017），而且围绕土地整治对田块变化及其利用效率进行了探讨（张正峰等，2013；Zhang et al.，2014）。但是，基于作物生长过程围绕耕地利用关键环节开展实施效果评价的研究相对较少，而且基于长时间尺度对项目区实施效果进行跟踪评价的研究较少。

党的十九大提出实施乡村振兴战略，在振兴乡村的过程中，如何实现农业现代化，这是一个非常大的课题，而合作社对农业产业体系、生产体系和经营体系等农业现代化基础的构建具有重要作用（陈锡文，2018），合作社应当而且能够成为实施乡村振兴战略产业兴旺目标的主力军（任大鹏，2018）。合作社被看作加强农业组织化的重要抓手，自 2007 年《中华人民共和国农民专业合作社法》

颁布实施以来，各地农民专业合作社迅猛发展，但是一些地区出现了“假合作社”和“空壳合作社”，以及合作社的大股东控制现象（潘劲，2011）。按照“所有者与惠顾者同一”的合作社本质规定，中国绝大部分合作社都不具备合作社的本质规定（邓衡山和王文烂，2014）。合作社的根本目的是通过农产品的生产、加工和流通等各个环节标准化、专业化和规模经营，降低生产成本，提高产量，进而提高综合收益（朱启臻和王念，2008；陈锡文，2016）。但是，当前的合作社却没有发挥出其应有的组织化优势、经营优势和制度优势；而且合作社面临着缺少资金支持、资金支持分散等问题，不能形成有效合力，无法建立起满足机械化和水利化的现代化农业经营基础条件。探索合作社等经营模式创新与土地整治工程建设相结合的模式，对探索政府、合作社、农民等多主体协同解决耕地细碎化问题具有重要的现实意义。

因此，耕地细碎化治理已经成为当前的研究热点，但是，从研究和实践范围看，目前的耕地细碎化治理多侧重于“自下而上”的农民、合作社、企业等典型模式，或者是个别县域范围的推广，或者“自上而下”的传统政府主导型土地整治等农田建设活动。从内容上，耕地细碎化与农田建设的衔接和融合不够，与经营主体的结合不足，与产业发展的需求衔接不充分。因此，深入探索在广西范围内推广和实施的“小块并大块”耕地细碎化治理/整治，可以为其他地区提供参考借鉴。

1.2.3　土地整治绩效评价研究进展

1.2.3.1　土地整治绩效评价内容

早期土地整治项目的探究就有学者 Bosma（1985）开始从效益方面入手，以荷兰当地土地整治项目为例，研究其整治效益的变化发展。随着学术界不断推进土地整治绩效评价的研究，学者也开始间接从经济层面着手来探究土地整治的经济效益，如 Luo 和 Timothy（2017）、汪文雄等（2013）、Wang 等（2019）从农民角度出发，深入分析土地整治经济效益的发展程度。Du 等（2018）以全国为研究范围，评价了土地整治对农业生产力的影响作用。随着学术界不断推进土地整治绩效评价的研究，Hong 等（2019）、Demetriou（2018）、Asiama 等（2018）等以社会层面为切入点，探究其土地整治过程产生的一系列变化与问题，为社会效益层面的评价提供了新的维度观点。Zeballos 和 Yamaguchi（2011）通过指标构建来评价农村的土地整治项目环境效益。冯应斌等（2008）、金晓斌等（2008）、卢景丽（2008）、彭文君等（2016）、周家俊（2016）、左腾云和郭大千

(2016）从涵义层面入手剖析其整治绩效的进展趋势，从经济、社会和生态效益3个方面建立了绩效评价体系，选取与实际情况相一致的指标进行综合评价探究。吕蕊等（2010）、汪文雄等（2014）、杨建云（2014）等将社会、经济及财务效益相结合对建设的整治项目进行了单个、综合的评价，为今后的研究发展提供了更全面的思路；丁向华等（2011）、孟展等（2014）、李金玉（2016）、沈伟晔（2016）、吴文文等（2019）从保护生态环境角度系统、综合地分析了影响其整治项目的各种限制条件，构建了生态效益评价的指标体系，促进后期管护和监督的探究。此外，还有学者根据不同角度来对土地整治绩效进行评价。例如，郑华伟等（2014）、熊潮远（2016）从土地整治利益相关者角度对其绩效展开评价讨论；罗文斌等（2013）、魏凤娟等（2014）、谢皖东等（2017）从农户满意度角度出发，探讨土地整治绩效水平；汪文雄等（2015）、曾艳（2016）、蒋永甫和张小英（2016）、潘玉翠（2018）基于不同模式，进行土地整治工作的比较分析，从而评价其绩效水平。

1.2.3.2 土地整治绩效评价指标

在土地整治绩效评价中，指标体系的构建至关重要。Shenhar 等（1997）将研究分为 30 个指标，每 6 个指标划分成一部分，共 5 个部分。金晓斌等（2008）、展炜等（2009）、薛思学等（2012）从 4 个方面选取指标进行对比，以此来评价整治效果。随着时代的不断发展，一些学者也在不断地完善土地评估机制。在整治土地的过程中，不同的地区会采取不同的方法，因地制宜，根据实际情况解决土地恶化的问题，提高土地的生态质量，促进土地的可持续发展。王瑷玲等（2006）、覃事娅等（2007）、覃事娅和尹惠斌（2007）、胡中华（2010）、李冰清等（2015）、彭文君等（2016）从效率、效益、经济、公平 4 个层面构建了土地整治项目的绩效指标体系，并提供了理论依据，以此来对土地整治绩效进行评价。罗文斌等（2010）、王俊林（2017）以流程维度为切入点，建立了系统、完善的土地整治项目的绩效指标体系。孙少游（2010）、张欣等（2015）将业务、财务、效益 3 个层面的绩效水平相结合，通过具体项目建立了所研究的整治指标体系。史艳梅等（2016）以黑龙江省北安市为例，从资金使用情况、项目管理情况、项目带来的生态效益等方面对已竣工的土地整治项目进行评价；张忆和司静波（2017）同样以黑龙江省农村土地整治示范项目为例，从项目执行情况、项目管理情况和项目建设成效 3 个维度构建评价指标体系。鞠登平（2011）从包括农户收入、项目区社会发展、土地可持续利用、工程设施、景观生态建设、农业生产条件、农业生产能力 7 个方面，构建了包含 20 个指标的绩效评价指标体系。

1.2.3.3　土地整治绩效评价探究

通过查阅国内外学者对土地整治的研究可以发现，国外学者主要从土地整治后的经济效益层面进行评价，而对土地整治工作全过程的绩效水平研究较为欠缺。随着对土地整治工作的深入研究与了解，学者逐渐重视土地整治后的经济、社会及生态等综合效益，同时对土地整治全过程的绩效水平展开了探索。就目前有关土地整治绩效水平的研究而言，多数研究停留在土地整治项目的结果绩效层面，对整治过程的行为绩效评价为数不多，不成体系，且多数针对单个项目区的绩效水平影响因素展开论述分析，对不同整治模式的土地整治绩效评价更为少见。因此，本书在现有研究基础上，选取通过竣工验收的项目区作为样本资料，从不同土地整治模式角度出发，进行土地整治结果绩效和行为绩效整体评价，分别得出两种模式下的绩效水平等级，并根据模型结果得出影响其绩效水平的制约因子，从而给出相对应的建议，为未来土地整体工作的开展提供一定的参考价值。

探究土地整治绩效层面的基础和保障就是评价方法的选择，为了更加切合实际的发展情况，学者多致力于引入多学科综合评价研究方法到绩效评价的方法体系中，利用多种学科演变发展了多种方法，有德尔菲法、层次分析法（analytic hierarchy process，AHP）、DEA 模型、多指数评价法、综合评价法、熵权物元分析模型评价法、模糊综合评价法等。Li 等（2018）、Gessesse 等（2018）等将多学科综合评价方法引入土地整治绩效的评价中。金晓斌等（2008）、展炜等（2009）、刘斌（2014）、张庶等（2014b）、沈怡静等（2017）、王锐和陈光银（2018）在评价方法上主要运用德尔菲法和层次分析法从农村项目入手，评价分析其农村土地整治绩效水平的高低及改善措施。倪楠和郭韬（2014）、汪文雄等（2013）、汪文雄等（2014）、乔蕻强等（2017）采用 DEA 模型，从土地整治的投入产出两个方面开展研讨，通过比较整治前后的投入产出变化情况，进而分析项目区土地整治绩效水平。胡中华（2010）采用多指数评价法全面解析农村土地整治项目绩效水平。罗文斌等（2011）利用 TOPSIS（technique for order preference by similarity to an ideal solution）法和熵值法从宏观层面分析了农村土地整治绩效水平，并运用物元模型探讨了农村土地整治项目绩效水平。孙少游（2010）提出了 AHP-FCE 评价模型，并详细讨论了 AHP 在确定指标权重和模糊综合评价方法中的应用及扩展。吴莹等（2007）、杜静等（2008）、邓胜华等（2009）、杨洪蛟（2010）、鞠登平（2011）、薛思学等（2012）结合农村土地整理项目的实际情况，运用模糊综合评价法对农村土地整治项目绩效水平进行分析。谢申申（2012）利用学科综合评价分析方法探讨了影响土地整治绩效的主观原因及客观原因。

因此，当前土地整治评价多从经济效益、社会效益和生态效益等方面来进行综合评价，但是，对于微观的土地整治过程及其具体环节的评价比较欠缺，围绕整个生产过程进行土地整治绩效评价的研究也较少，值得进一步探索研究。

1.2.4 研究进展评述

通过对上述耕地细碎化相关研究进展进行整理，可得出耕地细碎化是由自然、社会、制度、经济等因素造成的地块在空间上分离的一种状态。耕地细碎化本身就是一个比较复杂的问题，它是由制度、社会、政策、自然、人文等因素造成的一个较复杂的问题，涉及其成因、治理、绩效评价等多个方面。耕地细碎化可以分为自然细碎化和权属细碎化两个方面，而且包含景观层面和利用层面（即地块）的细碎化。当前耕地细碎化内涵和成因已经清晰，耕地细碎化对当前我国农业生产的负面效应也得到政府和学者等的共识。

许多学者针对不同区域、不同阶段、不同规模农户进行研究分析，探索耕地细碎化的影响，结果表明耕地细碎化对耕地利用效率、农业投入和产出均有正负双重效应。但由于耕地细碎化具有区域独特性，以某一地区的情况来代表整个耕地细碎化的影响显然是不合适的，另外耕地细碎化对耕地利用效率、农业投入和产出的影响是一个连锁过程，但目前很少有文献同时对三者进行研究，并将农户规模考虑进去。众多学者从农业总投入方面进行研究，分析耕地细碎化对总投入带来的影响，但事实上，耕地细碎化的存在不仅会影响整体投入，也会投入结构造成影响。

由于权属调整过程烦琐复杂、农民认识不到位、缺乏法律依据、主体不明确，当前中国土地整治工程实践中开展地块范畴的权属调整比较少；另外，当前的土地整治未能与土地流转乃至经营组织创新等有机结合，当前土地整治未成为解决耕地细碎化问题的有效手段，对降低耕地细碎化程度的作用不明显。

综上，当前农民、合作社、公司等不同经营主体探索耕地细碎化实践中缺少理论指导，缺少借鉴模式，缺少系统的政策体系。基于广西“小块并大块”耕地整治和“双高”基地建设的政策创新和实践推广，本书旨在探索农民、合作社、涉农企业等主导型“小块并大块”耕地整治和“双高”基地建设的政策、模式、实施效果及其理论分析，总结其可推广的有益经验，以期对实现小农户和现代农业发展有机衔接有所启示，助推乡村振兴战略实施。

1.3 广西“小块并大块”耕地整治的提出与发展

1.3.1 广西“小块并大块”耕地整治的提出

1999 年，广西崇左市龙州县上龙乡上龙村弄农屯村民因无法忍受地块分散、细碎导致的高强度劳动和耕种不便等问题，自发性地对本屯的500亩[①]责任田实施“小块并大块”，这一做法有力地促进了该屯农业转型和农民增收；从2002年开始，上龙乡开始逐步推广“小块并大块”经验，但同时面临着缺少农田建设资金的困境。2006年，旨在解决村民的资金难题，广西壮族自治区国土资源厅对上龙乡“小块并大块”土地整理项目进行立项，投入资金1115万元。

农民自发开展耕地整治，不仅整治周期短、整治效益好，而且无纠纷、成本低。为此，广西在全国率先出台《广西壮族自治区国土资源厅 财政厅 农业厅关于鼓励农民自发开展耕地整治工作的意见》和《自治区鼓励农民自发开展“小块并大块”耕地整治以奖代补专项资金管理暂行办法》，首次从政府层面推行以农民为建设主体且自发开展的“小块并大块”耕地整治。2014年，为落实自治区人民政府建设500万亩优质高产高糖糖料蔗基地的建设任务，广西出台了鼓励优质高产高糖糖料蔗基地实施“小块并大块”的有关政策，“双高”基地建设是继“小块并大块”耕地整治的又一次飞跃，旨在解决糖料甘蔗生产机械化水平低的突出问题，以促进糖料甘蔗产业发展。

因此，本书对广西“小块并大块”耕地整治政策的演替与形成过程进行了准确、高度的概况总结。本书中的“小块并大块”耕地整治模式经历了由1.0版本：农民自主型“小块并大块”耕地整治模式，升级到2.0版本：新型经营主体主导型“小块并大块”耕地整治模式，再升级到3.0版本：产业导向型优质“双高”基地建设耕地整治模式的发展过程；另外，本书对不同耕地整治模式的背景、内涵、形成过程、实施程序、实施模式进行了总结和经验分析。

本书首次对广西“小块并大块”耕地整治模式进行系统研究，探索形成了模式研究的“背景、起源、形成、实施、评价、改进”闭环范式。广西“小块并大块”耕地整治的背景是耕地极端细碎化下的倒逼机制，起源于农民首创，形成和实施于政府推广（诱致性制度变迁），并不断被改进完善。该模式转变了当时“自上而下”的政府主导模式，由经营主体向政府申请农田建设，调动经营主体投资农田建设的积极性，促进农田建设多元化投资。“小块并大块”耕地整治通过土地整合、互换、再分配，实现了“建得好、管得住、减成本、提能力”的预期目标。

1.3.2 广西“小块并大块”耕地整治典型模式

在结合农民首创精神的基础上，形成了广西农民自主型、合作社自主型、涉

---

① 1亩（a）≈666.67平方米（m^2）。

农企业自主型三种“小块并大块”耕地整治模式。

一是农民自主型“小块并大块”耕地整治模式，即农户互换地块“小块并大块”经营方式，在对等合理的条件下鼓励支持农户互换地块，有助于耕种管理及规模经营。自治区政府根据农民实践，为鼓励农民自发开展“小块并大块”提供政策支持和资金支持，并在整个广西推广；同时，还为农村集体经济组织和农业经营主体开展“小块并大块”耕地整治提供政策支持，从而将传统的“自上而下”的政府主导模式，转变为由各类经营主体主导耕地整治而政府提供政策和资金支持的模式，这是以实施主体转变为特征的土地整治模式和政策创新。

二是合作社自主型“小块并大块”耕地整治模式，即成立农民专业合作社经营管理，鼓励支持各类农民专业合作社通过租赁、经营权入股等形式连片开发经营土地，统筹农田基础设施建设，实行土地流转规模经营。以“渠芦模式”为例。该模式以“入股分钱不分田”的形式将3500亩耕地全部交由合作社管理，合作社借助“小块并大块”耕地整治、“双高”基地建设、农田水利等综合资金进行土地平整、滴灌等田间基础设施建设。该合作社成立于2015年3月，在短短一年多的时间内建立了完备的“理事长、监事长、农机组、用水组、财务组”构架，并且按照现代农业标准购买了两台155马力①大型机械，实现了“耕、种、肥、灌、管、收、售”的全程机械化，尤其水肥一体化节水灌溉，实现了节水节肥和提效增产的双创目标。

三是涉农企业自主型“小块并大块”耕地整治模式，即引进农业龙头企业，鼓励支持农业龙头企业到农村经营土地，单独投资或与农民联办新型农业企业，将生产技术和管理技术带入农村，以公司化形式开展“小块并大块”，建立企业生产基地。

目前以这三种整治模式为主，当然还有通过实施项目带动模式，如利用土地整治、农业综合开发、小农水等项目实施“小块并大块”。通过多种途径将分散化的土地集中经营管理，充分提高土地利用效率。

1.3.3 广西“小块并大块”耕地整治发展过程

1.3.3.1 包产到户形成广西耕地极其细碎化的事实

1978年，自安徽省凤阳县小岗村18户农民约定“分田到户”之后，“包产到户”在全国逐渐推广，“统分结合”的双层经营体制有效提高了农业产出，极

① 1马力（hp）=745.700瓦（W）。

大地提高了农民生产积极性并解决了温饱问题。但是，“肥瘦搭配、远近结合”的绝对平均耕地分配思想，却形成了全国普遍性的耕地细碎化事实——不仅户均规模小，而且每户地块分散。在当时社会经济不发达、农业生产技术落后、农村劳动力充足的情况下，耕地细碎化对农业生产的负面影响并不明显，耕地细碎化与耕地利用系统要素相互适应。但随着社会经济的快速发展，劳动力、技术、农业机械等生产要素条件的进步，使得耕地细碎化成为农业生产规模经营和农业现代化的障碍，导致农业生产成本提高、耕地和农村劳动力浪费、农业生产效率和农民收入下降等诸多负面影响。广西地处西南山地丘陵区，包产到户后耕地细碎化对广西农业生产的影响更加严重。

1.3.3.2　广西龙州上龙村弄农屯5户农民自发“小块并大块”

黄忠伟，崇左市龙州县上龙乡上龙村弄农屯人，分田到户时分成了18块，零星的土地只能种植水稻、玉米、黄豆、花生，并且每天要往返于不同位置的地块，降低了劳动效率，这种种植方式不仅规模小而且成本高，使得黄忠伟的种田效益一直很低。

1996年，因无法忍受土地过于分散带来的高强度劳动，黄忠伟、黄东、农洪成、黄天保、农文财5位村民在一次聚餐时起意，决定把各自零散分布的共48亩耕地就近进行“小块并大块”（互换并块），即在不改变每户原有土地承包总面积的前提下，只改变地块的地理位置，将细碎的耕地地块整合一块（面积不变，权属不变，仅空间位置变化），让细碎耕地变成整块的连片耕地，从而实现一定程度的集中连片。“小块并大块”使得农民不用来回奔波于分散在各地的细碎耕地地块，还使得规模化生产成为可能，为大规模喷洒农药、使用大型农业机械奠定基础。这种做法的效果立竿见影，当年其他农户因为土地过于分散，收入每亩每年仅有几百元，而实施了“小块并大块”后收入每亩每年达到一千多元。

1.3.3.3　村民小组内490亩耕地“小块并大块”

1999年，黄忠伟被选为崇左市龙州县上龙乡上龙村弄农屯村民小组长，当选村民小组组长（队长）后，黄忠伟带领村民小组内的村民对490亩责任田进行了“小块并大块”，尽管在实施过程中面临着种种困难，但是，黄忠伟耐心地协调村民，向村民说明“小块并大块”的好处，在他的不懈努力下，490亩责任田的“小块并大块”工作最终较顺利完成。经过“小块并大块”后，490亩责任田的地块数量由1324块减少到了121块，减轻了农民务农时的劳动强度，地块平均面积增大，耕地实现一定程度的集中连片，有利于规模化和机械化生产。同时，灌溉设施和农村道路实现了零的突破，种植作物由糖料甘蔗变为香蕉，再到水果甘蔗。这些变化都不同程度上促进了上龙村弄农屯的农业生产方式、农田基础设施的改善并提高了农业生产要素投入，有助于降低成本、提高农业生产效率和增加农民收益。

1.3.3.4 广西崇左市龙州县上龙乡推广“小块并大块”

从2002年开始，上龙乡政府因势利导，以屯为单位，以连片田块为基础，以户与户结对并块为切入点，实行“结对并地”，即“小块并大块”。“结对并地”，即村与村、屯与屯之间，共同制订友好协议和村规民约，村与村结成友好村、屯与屯结成友谊屯、户与户结成兄弟户。在将无数小块耕地并成大块耕地后，再按照各户原有的面积重新抽签分配耕地。

至2009年10月，上龙乡已有7个村42个自然屯推行土地“小块并大块”，调整面积达2.80万多亩。

1.3.3.5 广西壮族自治区自然资源厅（原国土资源厅）总结这种农民自发的土地整治模式

对推行“小块并大块”成果显著的村屯，乡党委会给予资金奖励。但这还是解决不了“小块并大块”过程中农田基础设施建设（土地平整、田间道路、农田水利等）存在的资金短缺难题。

2006年，为了解决村民的资金难题，广西壮族自治区国土资源厅就对上龙乡土地整理项目进行立项，投入资金达1115万元。

2009年，广西壮族自治区国土资源厅对“小块并大块”农民土地整治做法进行了总结，更由此催生了“以奖代补”的新思路，做到“政府引导，政策支持；整合资金，加大扶持”。“以奖代补”是自治区政府出台的一项旨在用经济手段鼓励农民自发“小块并大块”的政策，合理地解决了政府主导型土地整治并不能完全满足农民生产生活要求的弊端，鼓励农民自发进行“小块并大块”，将整治资金投入到符合农民需求的地方，有利于提高整治资金的利用效率。

1.3.3.6 1.0版本：农民自主型“小块并大块”耕地整治模式

2012年，广西壮族自治区国土资源厅、财政厅、农业厅三部门在全国率先出台《广西壮族自治区国土资源厅 财政厅 农业厅关于鼓励农民自发开展耕地整治工作的意见》和《自治区鼓励农民自发开展“小块并大块”耕地整治以奖代补专项资金管理暂行办法》，首次从自治区层面推行农民为建设主体且自发开展的“小块并大块”耕地整治。规定从2012年至2015年，采取“先建后奖”方式，鼓励农民自发开展50万亩以上耕地整治。根据这份文件，农民自愿实施

“小块并大块”的耕地平整和“小块并大块”耕地整治配套建设两方面的工程，都可以得到奖补。同时，指导意见结合了广西实际，更加明确了政府部门耕地保护共同责任，充分发挥了农民主力军作用，探索出了土地整治新模式，寻找到了农业增效、农民致富的新途径。

2013 年，自治区财政安排了农民自发开展“小块并大块”耕地整治“以奖代补”专项资金 2 亿元。根据市县申报情况，并经自治区国土资源厅、财政厅审查，2013 年共下达此项资金 2833 万元，补助地区包括崇左市江州区、龙州县、扶绥县，奖补资金的奖补对象包括对自筹资金或以投工投劳、以物折资等方式自发地将耕地进行“小块并大块”，以及“小块并大块”耕地整治的农村集体经济组织或农民。

1.3.3.7　2.0 版本：新型经营主体主导型“小块并大块”耕地整治模式

2014 年，根据《自治区鼓励农民自发开展“小块并大块”耕地整治以奖代补专项资金管理暂行办法》，广西壮族自治区国土资源厅、财政厅和农业厅，在吸收糖料蔗基地奖补政策经验的基础上联合下发了适用对象更广泛的《自治区“小块并大块”耕地整治以奖代补专项资金管理暂行办法》，同时废止了 2012 年的《自治区鼓励农民自发开展“小块并大块”耕地整治以奖代补专项资金管理暂行办法》。2014 年的暂行办法与 2012 年暂行办法相比，奖补对象更广、更灵活，奖补申请程序更简单、易操作。

在《自治区“小块并大块”耕地整治以奖代补专项资金管理暂行办法》中，第二条规定：“小块并大块”耕地整治是指根据农民自愿原则，在保留原有耕地面积不减少的前提下，同一村集体经济组织内部成员之间自愿将自己原有条块分割、零星分布的耕地进行互换，小块并大块，同时做好农村土地承包经营权证书变更登记，并且对其进行平整，整合为相对集中连片的耕地。第三条规定：自治区“小块并大块”耕地整治以奖代补专项资金（以下简称“奖补资金”）是自治区财政通过自治区留成的新增建设用地土地有偿使用费安排，专项用于“小块并大块”耕地整治工作实施奖补的专项资金。第四条规定：奖补资金的奖补对象包括自筹资金或以投工投劳、以物折资等方式自发将耕地进行“小块并大块”耕地整治的农村集体经济组织或农民（以下简称“农民自发开展‘小块并大块’耕地整治”），以及在广西壮族自治区行政区域内开展以田（地）块归并平整、土地经营权流转和田（地）块配套基础设施建设等达到一定规模的连片耕地整治并申请自治区财政给予资金奖补的农业经营主体（以下简称“农业经营主体开展‘小块并大块’耕地整治”）。农业经营主体包括种植专业大户、家庭农场、农民合作社和农业产业企业等。第五条规定：奖补资金实行“以奖代补、先建后补”的原则。

1.3.3.8 3.0 版本：产业导向型优质“双高”基地建设耕地整治模式

2014 年，为落实广西壮族自治区人民政府建设 500 万亩优质高产高糖糖料蔗基地的建设任务，结合“小块并大块”的建设优势，广西壮族自治区人民政府办公厅出台了《广西优质高产高糖糖料蔗基地建设试点实施方案》，自治区财政厅、国土资源厅联合出台了适用于糖料蔗基地建设的《广西壮族自治区优质高产高糖糖料蔗基地土地整治以奖代补专项资金管理暂行办法》。结合“小块并大块”的建设优势和经验做法，在全区范围内推广“双高”基地建设。

在《广西壮族自治区优质高产高糖糖料蔗基地土地整治以奖代补专项资金管理暂行办法》中第二条规定，本办法所指自治区优质高产高糖糖料蔗基地土地整治（以下简称“土地整治”）是指市、县（市、区）人民政府组织的制糖企业、农业企业、专业合作社、家庭农场、种植大户及自治区农垦集团公司等糖料蔗基地建设主体（以下简称“建设主体”）自筹资金开展相对连片蔗区面积不小于 300 亩的田间工程配套设施土地整治。《广西壮族自治区优质高产高糖糖料蔗基地土地整治以奖代补专项资金管理暂行办法》第三条规定：建设主体开展土地整治以奖代补专项资金（以下简称“奖补资金”）是自治区财政通过自治区留用的新增建设用地土地有偿使用费或自治区集中用于农业土地开发的土地出让金安排并专项用于对建设主体开展土地整治工作实施奖励的专项资金。第四条规定：奖补资金的奖补对象包括第二条所指的建设主体。

因此，《广西优质高产高糖糖料蔗基地建设试点实施方案》和《广西壮族自治区优质高产高糖糖料蔗基地土地整治以奖代补专项资金管理暂行办法》两个文件，以甘蔗产业为主导，将农民自发的“小块并大块”思路嫁接到“双高”基地建设，对象是“双高”糖料蔗基地；明确建设主体是制糖企业、农业企业、专业合作社、家庭农场、种植大户及自治区农垦集团公司等，建设主体同时也是以奖代补的奖补对象。

1.3.3.9 “小块并大块”耕地整治模式的演替过程

综上所述，广西“小块并大块”耕地整治模式的演替过程是：农民自发“小块并大块”—乡政府补贴—广西自然资源厅（原国土资源厅）土地整治项目形式奖补—广西自然资源厅总结农民自发“小块并大块”经验做法，实施“以奖代补”激励—自治区层面出台政策推广农民自发“小块并大块”耕地整治模式（1.0 版本）—小块并大块主体扩大到新型经营主体（2.0 版本）— “小块并大块”嫁接在“双高”糖料基地建设（3.0 版本）—后续完善政策。

整个“小块并大块”耕地整治模式的演替过程，呈现出整治主体从政府到农民再到多种农业经营主体的变化趋势，并通过不断出台政策，逐渐完善其中存在的资金短缺、程序繁杂、管护困难等问题，是典型的农民先行实践、政府推广完善的实践，转变了耕地细碎化整治的主体，有利于农业产业转型。同时，“双高”基地建设在“小块并大块”耕地整治的基础上，不仅转变了耕地细碎化整治的主体，而且按照产业导向，基于甘蔗生产全过程，按照“缺什么、补什么”，从良种化、道路化、水利化、机械化等方面，乃至运输和销售等生产全过程系统推进，促进糖料甘蔗成本降低、效益提高和综合竞争力的提升。

1.4　研究内容和研究方法

1.4.1　研究内容

通过对广西当前的“小块并大块”耕地整治模式进行理论研究，从多主体多目标的视角评价广西“小块并大块”耕地整治模式的实施效果。

在国家土地整治、农业综合开发和高标准基本农田建设等大力开展的背景下，围绕“小块并大块”耕地整治模式的全过程，从实施主体、实施形式、实施程序、实施内容、政府角色、能人类型、资金来源和资金项目类型等方面，对农民自主型、合作社自主型、涉农企业自主型等不同主体“小块并大块”耕地整治模式进行比较，以期探索其共性和特性，总结出可借鉴的有益经验，从经济学、管理学、土地资源学、环境生态学等方面对广西“小块并大块”耕地整治模式进行理论研究。

构建测度模型，采用定量的方法，分析耕地资源数量变化、耕地格局变化、农田水利和田间道路变化、耕地质量变化、生态环境变化、耕地利用效率变化、耕地单产变化、耕地收益变化、耕地种植结构变化、耕地生产成本变化等，从农民增收、产量增加、效率提升、景观生态等不同目标测度不同“小块并大块”耕地整治模式的实施效果。

深入研究农民自发型、新型经营主体（合作社、涉农企业等）、“双高”基地建设等不同模式的驱动因素、实施动力，分析不同区域实施某种模式的内在机制。构建定量测定模型，对农民自发型、新型经营主体（合作社、涉农企业等）、“双高”基地建设等不同模式实施效果进行经济效益、社会效益、生态效益综合评价。

总结广西"小块并大块"耕地整治模式实施过程中存在的问题并提出优化建议。界定广西"小块并大块"耕地整治的主体结构和层次，构建一个包含政府、市场、村集体、新型经营主体、农民等在内的多维主体结构；围绕"小块并大块"耕地整治过程的各个环节，分析"小块并大块"耕地整治不同主体之间的相互制约、相互影响、相互协调、相互调适的关系，研究各个主体在参与"小块并大块"耕地整治各个环节中的合作和互动、自身利益和利益协调机制，揭示不同利益相关主体行为机理及内在机制。

通过对广西不同区域的自然地理、社会经济、种植作物、经营主体等差异进行分析，有利于制订适合不同区域的有针对性的小块并大块耕地整治以奖代补专项资金管理办法。通过调研报告，可以将实践中的问题和实践中的经验进行总结，以更好地调整政策，促进广西"小块并大块"耕地整治模式的推广与实施。

1.4.2 研究方法

1.4.2.1 "自上而下"与"自下而上"相结合的分析方法

本书采用"自上而下"与"自下而上"相结合的分析方法，首先"自上而下"地对广西耕地细碎化空间分布特征进行定量分析，并分析耕地细碎化及耕地利用系统要素与系统外部环境的耦合协调度时空特征；其次对"自下而上"的耕地细碎化整治实践模式进行总结提升。

1.4.2.2 问卷调查法

为了对不同经营主体"小块并大块"和"双高"基地土地整治模式的实施效果进行定量评价，定量揭示多尺度耕地细碎化特征和耕地细碎化整治实施效果，本书采取"自上而下"宏观控制和"自下而上"农户调查相结合的方法，在广西的隆安县、武鸣区、龙州县、江州区和扶绥县等典型区域，针对自然细碎化和权属细碎化及其对粮食产量、生产效率和生产成本等的影响问题进行农户问卷调查。

1.4.2.3 半结构访谈法

本书根据预先设计的问卷（但不局限于问卷内容），采用半结构访谈法对广西"小块并大块"耕地整治发展历程，耕地细碎化对耕地质量、作物产量、生产效率、生产成本、生态环境等的影响，广西"小块并大块"耕地整治模式，农民、村集体和政府之间的作用和参与形式，以及组织形式等内容进行深入访谈交流；同时探索“自下而上”的广西“小块并大块”耕地整治模式。

1.4.2.4　空间分析方法

本书采用 GIS（geographic information system）软件对耕地利用系统空间格局进行分析与表达，对典型区域的耕地利用系统耕地质量、作物产量、生产效率、生产成本、生态环境进行空间格局评价；采用 AutoCAD（autodesk computer aided design）软件对“小块并大块”耕地整治前后的地块空间分布形态进行空间分析与表达。

1.4.2.5　效率模型测度法

本书构建包含耕地利用的机械、灌溉、收获、播种、生产成本等在内的效率测度模型来表征空间重组前后的耕地利用效率变化，分别用单位时间犁地面积、单位时间种植面积、单位时间收割面积、单位时间灌溉面积表征犁地效率、种植效率、收割效率和灌溉效率。

1.4.2.6　比较分析方法

应用比较分析方法，分别对国内外不同社会经济发展阶段下的、不同主体“小块并大块”耕地整治模式进行比较分析，对政策执行过程中的正负效应进行梳理归纳、比较研究；同时通过借鉴国外的有益经验，建立和完善广西当前的“小块并大块”耕地整治模式的实施方案和保障机制。

1.5　理论基础

1.5.1　农业生产函数理论

农业生产函数是对农业生产中各种关系进行定量分析的重要工具，是用数学形式描述农业生产过程中生产要素与产品之间、各要素之间、产品之间相互关系的图表、曲线或数学表达式（全国十三所综合性大学《中国经济农业学》编号组，1984）。此处的农业生产要素是比较综合的概念，指从事农业生产活动所需要投入的各种物质资源，主要由土地、劳动力和资本构成（罗明忠等，2019）。其中，土地是农业生产的基础，在本书中用耕地表示；劳动力是农业生产的主体，在本书中指进行农业生产的农户；资本包括生产过程中使用到的各种物质资料，如本书中的农药、化肥、农业机械等；农业产品在本书中统一折算为资金来表示，主要探究的是生产要素与产品的关系。

农业生产函数以简化的形式再现农业生产过程，用于确定一定条件下生产要素合理的投入数量与比例，从而达到提高投入要素利用率、获取最大产量或利润的目的。其形式一般可写成：

$$y=f(x_1, x_2, x_3, \cdots, x_n) \tag{1-4}$$

式中，y 为农产品产出量；x_1，x_2，…，x_n为生产中投入的各种生产要素，包括上面提到的土地、劳动力、农药、化肥、农业机械等。在研究农产品产量如何随投入要素变化而变化时，还可以用列表法、图示法和数学表达式法来表示。在研究细碎化对耕地利用效率的影响时，可以用农业投入产出之比表示耕地利用效率，而耕地作为农业生产函数的主要构成要素，耕地细碎化虽不直接带入生产函数，但在很大程度上会影响生产要素效率的发挥，影响产出水平和耕地利用效率，进而影响耕地整治项目的实施效果评价。

1.5.2 技术效率理论

19 世纪末 20 世纪初，意大利经济学家和社会学家帕累托（Vifredo Pareto）在其著作《政治经济学教程》和《政治经济学指南》中首先指出表示资源分配理想状态的帕累托效率，即所考察的经济已不可能通过改变产品或资源配置，在保证其他个体效用水平不降低的条件下提高任何个体的效用水平，否则为帕累托无效，需要重新分配资源以达到帕累托效率。

经济学意义上的技术效率是指投入与产出间的关系，Farrell（1957）最早从投入角度提出技术效率概念，他总结出技术效率是指相同产出下生产单元的最小可能性投入与实际投入之比，而 Leibenstein（1966）则从产出角度认为技术效率是指在相同的投入下生产单元实际产出与预期最大产出之比，总的来说，技术效率反映的是生产单元对现有资源有效利用的能力，也被称为技术有效性。另外，Farrell（1957）开创了关于技术效率研究的新框架，使技术进步概念脱离平均生产函数而与边界生产函数联系起来，并且确定了边界函数的分析方法，认为技术效率损失是导致生产行为偏离生产边界的行为之一，但毛世平（1998）指出确定性边界生产函数只能回答效率能否提高的问题，不能回答通过什么途径能提高资源有效利用率的问题。1977 年，美国的 D. J. Aigner 等和比利时的 W. Meeusern 等分别提出的随机边界生产函数及估计方法称为技术效率研究的里程碑，在很大程度上促进了技术效率的应用研究。

因此目前技术效率在各个领域都得到广泛应用，本书将技术效率理论作为研究耕地细碎化对耕地利用效率影响的理论基础之一，综合经济效益、生态效益、社会效益、耕地质量、耕地利用效率等不同评价标准，对比分析广西“小块并大块”耕地整治不同模式的实施效果，总结易于推广的经验，提出可行建议。

1.5.3 农地规模经济理论

规模经济理论是经济学的基本理论之一，亚当·斯密（Adam Smith）在《国富论》中阐述了规模化生产对提高生产率和促进专业分工具有十分重要的作用。农地规模经济理论是指在某一特定时期，农地的生产成本随着产量的增加而降低，从而提高农地的收入。

农地规模经济理论起源于美国，反映的是经济增长类型与大规模生产的关系，以马歇尔（Alfred Marshall）、张伯伦（E. H. Chamberin）、罗宾逊（Joan Robinson）和贝恩（J. S. Bain）等为代表人物。马歇尔在《经济学原理》一书中指出规模经济可通过内部规模经济和外部规模经济两种途径形成，内部规模经济是在提高经营和组织效率、充分利用现有资源的情况下形成的，外部规模经济则是由各部门合理分工所致，当生产规模不断扩大时，规模报酬会经历递增、不变和递减三个阶段。保罗·A. 萨缪尔森（Paul A. Samuelson）进一步完善了规模经济理论，其在《经济学》一书中指出“企业组织生产的原因是实现大规模生产”。

通过规模经济理论，我们得知以生产技术进步为主体的规模经济是由生产要素的集中程度决定的，农业生产规模将在以生产工具进步和生产技术提高为主要标志的农业产业化的促使下不断扩大，农业产业化通过一体化、专业化、集中化生产，有利于形成关联产业群体和扩大生产规模。世界农业随着生产规模的不断扩大而发展，多数发达国家都走上了农业产业化、规模经济道路，目前中国的农业经营规模较小，与日益发展的大市场相矛盾，因此，我国农业实行规模经营显得十分紧迫，而耕地细碎化导致中国农业规模经济无法实现，耕地利用效率低下，因此以广西“小块并大块”耕地整治实践为研究对象，对比其不同模式的实施效果评价，探讨降低耕地细碎化程度、实现农地规模经济的可行路径，能够对中国农业实现规模经济提供参考依据。

1.5.4 土地集约利用理论

李嘉图（David Ricardo）等古典经济学家在对农业用地的研究中最早提出“土地集约利用”概念，他指出土地集约利用就是在土地面积一定时，集中投入较多生产资料和劳动力，配合先进技术和管理办法以获得高额收入的农业经营方式；马克思（Karl Marx）将耕地集约化理解为资本集中在同一片地块而非分散在若干毗连的土地。

相对于土地粗放利用而言，土地集约利用是历史不断发展的产物，也是农业经营的必然趋势，并且其判别标准随着社会、经济、技术水平的发展而发生变化。土地集约利用表示在合理利用土地的前提下，通过增加尚未充分利用的存量土地的投入、转变利用方式和空间布局、改善管理方式等，充分发挥土地生产潜力，不断提高土地利用效率，增加土地收入。按照投入生产要素构成的不同，可将农地集约利用分为劳动密集型土地集约利用、资金密集型土地集约利用和技术密集型土地集约利用，顾名思义，其含义就是分别以增加劳动、资金、技术投入来提高土地生产率，发挥有限土地的最大效力，达到增加收益、节约土地利用的效果（王克强等，2005）。

鉴于我国人多地少的现状，实现土地集约利用是十分重要的任务，即需要在一定面积的耕地上增加要素投入以发挥耕地的最大效力。但是如果耕地细碎化严重，地块面积很小，在较小的地块面积上增加要素投入所获得的收益非常有限，不利于土地集约利用的实现。广西“小块并大块”耕地整治作为解决耕地细碎化程度过高问题的一种有效实践，对其理论与实践进行研究分析、总结可推广的经验，有助于改善耕地细碎化程度过高的现状，推动土地集约利用的实现。

1.5.5 现代农业发展理论

现代农业萌发于资本主义工业化时期，在第二次世界大战中初步形成，是在现代工业和现代科学技术基础上发展起来的农业。其特点是将现代科学技术广泛运用在农业中，把工业部门生产的大量物质和能量投入农业生产，并且促使农业生产走上区域化、专业化的道路。科学技术部发布的中国农业科学技术政策将现代农业内涵分为产前、产中、产后 3 个领域进行表述，表明现代农业已不再局限于传统的种植业、养殖业等农业部门，而是将第二产业（生产资料工业、食品加工等）、第三产业（交通运输、技术和信息服务等）都涵盖在内，现代农业已发展成为一个与发展农业相关、为发展农业服务的产业群体（罗必良，2009）。

不同于依赖资源投入的传统农业，现代农业依赖的是新技术。新技术的运用，不仅能提高农产品产量和农地利用效率，还能在很大程度上提高产品质量、降低成本、节约能源和改善生态环境，进而改变农业以往投资高、回收慢、收益低的状况，推动农业成为效益好、有前途的产业之一。近些年，我国政府对“三农”问题的关注度持续增高，也说明我国农业正在发生深刻的变化，我国农业和农村经济发展的机遇已经到来，全民全身心支持“三农”发展，我国政府在规划制定、体制改革、工作部署等方面工作中，将农村、农业发展纳入整个国家现代化进程，把农民增收放在全国人民共同富裕中统筹考虑。综上，发展现代农业有望成为缩小城乡差距、实现第一产业增收、提高有限土地资源利用效率的有效手段。现代农业最大的特点是能实现规模化、机械化生产，并且能将科技产品充分投入生产。研究土地整治的有效实践，借鉴其成功经验，有助于在更大的范围内实现农业规模经营和农地集约利用，提高农业生产效率和农民收入，带动产业发展，助推乡村振兴战略。以此来看，土地整治也是实现现代农业发展的一种路径。

1.5.6　可持续发展理论

1987 年，联合国世界环境与发展委员会发表了一份题为《我们共同的未来》报告，正式提出可持续发展概念。可持续发展理论是指既满足当代人的需要，又不对后代人满足其需要的能力构成危害的发展，以公平性、持续性、共同性为三大基本原则。可持续发展理论的最终目的是达到共同、协调、公平、高效、多维发展的目标。

在面临经济增长受阻、生态环境遭到破坏的状况时，可持续发展是人类做出的科学、理性的抉择。相对于土地来说，可持续发展可以使土地得到持续利用。土地可持续利用的涵义是在一定的时空条件下，合理地开发、运用、治理、保护和管理土地资源，并采取一定的技术手段平衡好人与地的关系及人与资源、人与环境的关系，从而满足当代和子孙后代生活发展的需要。在开展土地整治工作时应遵循可持续发展的原则，兼顾经济、生态和社会效益，不损害土地生态系统，保证人类及其子孙后代在土地这个载体上能够实现可持续生存的美好愿景。

1.5.7　成本收益理论

成本收益理论是与市场经济相对应的产物，它始终将达到利益最大化作为前提。成本收益理论是对某项目方案的所需成本及计划所获收益进行对比分析。采用成本收益理论评价土地整治项目绩效就是分析土地整治项目所需成本和可能所获的效益。土地整治项目的直接成本包括项目前期准备、规划设计、项目管理、验收等间接支出及建设投入。土地整治项目绩效具体是指土地投入后所取得的有效产品和服务与整治前之间的比较，土地整治行为实施所带来的社会影响和对生态的积极影响情况。成本收益理论为广西“小块并大块”耕地整治模式的研究对比提供了衡量标准，即寻求投入的最小化和收益的最大化。

1.5.8 人地关系理论

人地关系理论是指各种人文现象与自然环境的关系在人们头脑中的反映，即人们对自然环境在文化（包括经济）发展中的作用的看法。它是人类文化系统的重要要素，也是文化价值观的核心内容之一，对人类利用和改造自然环境的方式与强度有着重要的影响和作用。人类只有端正对土地资源开发利用的态度，才能保证人地关系的协调发展。任何环境都具有一定承载力，人类只有在这个承载力范围之内进行生产经营活动，才能维护和谐美好的人地关系。因此，在土地整治过程和土地整治项目绩效评价中均要考虑人地关系理论，这对加快完善农田配套基础设施，提高农作物的抗涝抗旱能力，引导土地利用方式转变，提高土地生态环境质量有着积极的现实指导意义。

1.5.9 委托代理理论

20 世纪 60 年代在契约理论研究过程中发展了委托代理理论。委托代理是指某一经济主体给予其他主体一定权利使其为自身提供相关服务，以此来提供更好的产品或者服务的一种行为。委托代理理论的基本假设分别是委托代理双方存在利益冲突和信息不对称。代理人为具有信息优势的一方，相反，委托人则不具备信息优势。为维护其自身利益，委托人选择通过监督代理人代理过程来缩小信息偏差，将利益损失降至最低，或者通过激励措施发挥成本的最大效用。90 年代初，我国学者引入委托代理理论，随之便迅速在公共投资项目领域展开应用。在本书研究中，土地整治项目的委托人分别是公司和合作社，施工设计单位是代理人。公司和合作社为了使土地资源更好地发挥其应有功能，委托设计单位和施工单位开展土地整治活动，并在其中担任监督职能。施工单位在实施过程中的实施质量、实施效果存在一定的隐蔽性，信息存在不对称关系，可能导致政府意愿达成效果不佳。只有通过绩效评价，才能对其进行合理科学的评判，因此，在本书研究中，委托代理理论是土地整治项目绩效评价的理论基础之一。

1.5.10 土地资源优化配置理论

土地资源优化配置是指在一定空间范围内将有限面积土地的利用效益最大化，达到土地利用系统的优化组合。由于我国幅员辽阔，各地的自然和人文环境千差万别，在实现土地资源优化配置的同时也要因地制宜，与当地的社会经济发展情况、人文地理环境相适应。土地资源优化配置是动态的，随着地区社会经济的发展、科学技术的进步、地理环境的演化等，其最优解也会随之变化，因此为实现土地资源优化配置需要密切关注地区条件的变化，不能有一劳永逸的思想。本书所探讨的广西“小块并大块”耕地整治模式，是在先前的小农经营模式无法满足当前生产发展需求的情况下，当地农民、政府为寻求土地资源优化配置的产物，其“自上而下”与“自下而上”的相互结合，与当地耕地细碎化程度高、经营主体缺乏整治资金、政府主导的耕地整治实施效果不理想等情况相适应。对该地区耕地整治模式的研究，有助于其他地区借鉴成功经验，推动土地资源优化配置。

1.5.11　环境生态学理论

环境生态学理论以生态学基本原理为基础，研究人为干扰对生态环境产生的影响，并寻求减小人为干扰的负面影响、改善生态环境的措施。在土地整治的过程中，无法避免对项目区生态环境的改变，如地面硬化、绿地面积减少等。如今土地整治的生态效益越来越得到重视，本书研究以环境生态学理论作为理论基础，将生态效益纳入广西“小块并大块”耕地整治模式实施效果的对比中，对不同模式的生态效益进行比较，使研究角度更为全面，也有助于提出在土地整治过程中保护生态、减少破坏的措施建议。

1.5.12　协同理论

德国物理学家赫尔曼·哈肯（Herman Haken）于1971年提出协同理论，哈肯认为系统发生的相变由系统控制参量决定，并通过系统内部自组织来实现，系统走向何种序和结构取决于系统在临界区域时内部变量的协同作用。客观世界存在着多种社会的或自然界的、有生命或无生命的、宏观的或微观的系统等，这些表面看来完全不同的系统，却都具有深刻的相似性。协同理论就是在研究事物从旧结构转变为新结构机理的共同规律上形成和发展的（杨洪蛟，2010）。耕地整治的过程中涉及耕地、环境、产权等多方面内容，并且它们之间会存在不同程度的相关性，根据协同理论的要求，在耕地整治中要统筹考虑这些因素，在把握其相关性的基础上，协调系统内的众多要素，进行优化组合，以求实现耕地整治整体效益的最大化，促进现代农业发展，助推乡村振兴。

1.5.13　土地产权理论

土地产权理论指土地产权商品化及土地产权配置市场化理论。土地产权主要包括土地所有权、土地使用权、土地租赁权、土地抵押权、土地继承权、地役权等，土地产权理论是本书研究中所提及的权属细碎化的重要理论基础。1978 年我国实施家庭联产承包责任制后，为保证农户公平拥有土地权利，按土壤肥力和质量等级等因素对耕地进行了分割，并在综合考虑远近搭配和好坏搭配原则的基础上将耕地划分给不同的农户。与自然细碎化不同，权属细碎化是在土地承包经营的过程中，耕地被人为地划分成若干块并由不同农户耕种的现象，这种做法的结果就是使广西耕地的权属细碎化成为普遍现象。虽然在当时的社会经济水平下，该做法有助于调动农户的生产积极性，提高农业生产效率，但随着经济水平的发展及生产技术的进步，原先在小块面积上的小农经营模式已与当前的生产力水平不相适应，因此，需要进行土地整治以解决耕地细碎化问题。在土地整治过程中，不仅要解决自然地理环境造成的耕地自然细碎化问题，还要对耕地的权属进行重新调整以解决权属细碎化问题。

1.6 主要发现与创新点

本书研究的主要发现：第一，对广西"小块并大块"耕地整治政策的演替与形成过程进行了准确、高度的概况总结。由 1.0 版本：农民自主型"小块并大块"耕地整治模式，升级到 2.0 版本：新型经营主体主导型"小块并大块"耕地整治模式，再升级到 3.0 版本：产业导向型优质"双高"基地建设耕地整治模式，并对不同整治模式的背景、内涵、形成过程、实施程序、实施模式进行了总结和经验分析。第二，揭示了不同利益主体行为机理及内在机制。围绕"小块并大块"耕地整治的各个环节，分析了"小块并大块"耕地整治参与各方的相互制约、相互影响、相互协调、相互调适的关系，研究了各个主体在参与"小块并大块"耕地整治各个环节中的合作和互动、自身利益和利益协调机制。第三，对广西"小块并大块"耕地整治和"双高"基地建设的实施效果进行了多尺度综合评价。从经济效益、社会效益、生态效益 3 个方面对实施整体效果进行综合评价，并选取 10 多个典型案例，从整治前后地块数量、地块面积、田块格局、灌溉条件、田间道路通达度、利用效率、扶贫情况、农民收入、社会化评价等方面深入调查、研究分析了项目实施前后的效果。第四，基于"实践—理论—实践——……"的科学范式，研究提出了一套经营主体"自下而上"与政府"自上而下"相结合的理论创新，即农田建设创新政策—农田建设经营主体"申请制"。第五，研究明确了广西"小块并大块"耕地整治模式实施中存在的问题并提出了优化建议，拟定了《广西"小块并大块"耕地整治以奖代补专项资金暂行管理办法》政策修订草案。

本书研究的主要创新点：第一，从理论高度揭示了广西“小块并大块”耕地整治多主体协同治理机制。以农业生产函数理念、技术效率理论、人地关系理论等为基础，从管理学、地理学、社会学和经济学的角度，揭示了“小块并大块”耕地整治中政府及职能部门、农民及经营主体之间的协同治理动因，不仅激发了经营主体投资农田建设的内在动力，而且促进了政府管理减政高效、农业生产系统优化、农民收入提高，适应了生产关系符合生产力发展的客观规律；从“小块并大块”耕地整治实践中总结经验，从理论上对“小块并大块”耕地整治进行分析，揭示不同利益相关主体行为机理及内在机制，解释“小块并大块”耕地整治背后的原因，为其进一步推进奠定了理论基础。第二，首次对广西“小块并大块”耕地整治模式进行系统研究，探索形成了模式研究的“背景、起源、形成、实施、评价、改进”闭环范式。广西“小块并大块”耕地整治背景是极端细碎化下的倒逼机制，起源于农民首创，形成和实施于政府推广（诱致性制度变迁），并不断改进完善。通过对实践进行总结，提炼出的“经营主体自发整治+政府奖补”耕地整治新模式实现了政府的职能转变，使政府从主导者变为监督者，降低了管理的难度，体现了简政放权，使得农田建设周期短、质量好、成本低，进而实现了互利共赢。另外，该模式转变了当时“自上而下”的政府主导模式，由经营主体向政府申请农田建设，调动了经营主体投资农田建设的积极性，促进了农田建设多元化投资。“小块并大块”耕地整治通过土地整合、互换、再分配，不仅实现了“建得好、管得住、减成本、提能力”的预期目标，还增强了广西农产品在国内和国际上的竞争力。第三，探索提出了“自治区-县域-典型案例”经济、社会、生态效益等多尺度多目标联动耕地整治效果综合评价方法，开创了广西耕地整治项目实施评价的先河。

社会效果：本书研究成果在政策制定和实施过程中得到了应用，有效支撑了广西国土空间规划中“土地整治与生态修复”“耕地保护战略”等专题和规划。该研究成果对中国农业大学主持的国家社会科学基金重大项目“休养生息制度背景下的耕地保护转型研究”（19ZDA096）中耕地质量建设转型具有显著的支撑作用。

2 广西耕地资源本底特征及社会经济概况

2.1 广西自然地理特征

2.1.1 地理位置

广西地处祖国南疆，位于东经104°26′~112°04′，北纬20°54′~26°24′，北回归线（北纬23°30′）横贯全境中部，区位优越，南临北部湾，面向东南亚，西南与越南毗邻，东邻粤港澳，北连华中，背靠大西南。广西是我国唯一具有沿海、沿江、沿边优势的少数民族自治区，是我国大陆东、中、西3个地带的交汇点，是华南经济圈、西南经济圈与东盟经济圈的结合部，是西南乃至西北地区最便捷的出海通道，也是连接粤港澳与西部地区的重要通道。

广西东南与广东接壤，界线长931km；东北与湖南相接，界线长约970km；北面毗邻贵州，界线长约1177km；西面与云南交界，界线长约632km。西南与越南相连，界线长约637km；南临北部湾，海岸线长1595km。大陆海岸线东起广东、广西交界的洗米河河口，西至中越交界的北仑河河口。广西土地总面积约为23.76万km^2，约占全国总面积的2.48%。东西最大跨距约771km，南北最大跨距（南至斜阳岛）约634km。

2.1.2 自然地理状况

广西地处低纬度地带，南濒热带海洋，北回归线横贯全区中部，西部和西北部接云贵高原，属亚热带季风气候区，在太阳辐射、大气环流和地理环境的共同作用下，形成了气候温暖、热量丰富，降水丰沛、干湿分明，日照适中、冬短夏长，灾害频繁、旱涝突出，沿海、山地风能资源丰富的气候特点。全区年平均气温为16.5~23.1℃，年平均降水量为1638.80mm，年日照时数为1169~2219h，年平均风速在5.50m/s以上。

广西南北地跨超过6个纬度，东西地形差异很大，全区地势自西北向东南倾斜，西北与东南之间呈盆地状，素有“广西盆地”之称。共计有中山、低山、丘陵、台地、平原、石山6类地貌，表现为盆地大小相杂，山系多呈弧形、层层相套，丘陵错综，平地多为河流冲积平原和溶蚀平原，石灰岩地层分布广、喀斯特地貌广布。全区土壤分为6个土纲、10个亚纲、18个土类、34个亚类、109个土属和327个土种，境内分布着红壤、赤红壤、砖红壤、黄壤、黄棕壤、水稻土等主要土壤类型。

2.1.3 资源状况

广西是我国10个重点有色金属产区之一，铝、锰、锡、锑、铟等矿产储量居全国前列。水能可开发蕴藏量1800多万千瓦，居全国第7位。此外海洋资源也很丰富，北部湾是我国著名的大渔场之一，有着“天然优良港群”之称。广西还拥有丰富的旅游资源，桂林山水、滨海风光、边关民族风情让人流连忘返。

2.1.3.1 矿产资源

广西矿产资源种类多，储量大。区域内发现矿种145种（含亚种），占全国探明资源储量矿种的45.80%；探明储量的矿藏有97种，其中64种储量居全国前10位，12种居全国第1位。在45种重要矿藏中，广西探明资源储量的有35种。

2.1.3.2 水利资源

广西为全国水资源丰富的地区之一。广西河流主要来源于河川径流和入境河流，河川径流包含地表水和地下水排泄量，河川径流与地下水之间存在相互转化的关系。广西全区流域集水面积在50km^{2}以上的河流共计1210条，其中主要河流分属珠江流域西江水系，部分为长江流域洞庭湖水系和桂南直流入海域与百都河红河水系。西江流域主要河流有南盘江、红水河、黔浔江、郁江、柳江、桂江、贺江，西江流域总面积为35.312万km^2，其中广西境内集水面积共计20.24万km^2，占广西陆地面积的85.70%，水资源总量约占广西水资源总量的85.50%。湘江和夫夷水地处广西东北部，流入湖南的洞庭湖，然后汇入长江，属于长江水系，在广西境内集水面积为8.28万km^2，占广西陆地面积的3.5%，地表水资源总量为2057.33亿m^3，地下水资源总量为478.12亿m^3。桂南沿海主要河流有南流江、大风江、钦江、防城河和北仑河。其中最大的河流为南流江，其次为钦江、防城河，北仑河为国际河流。

2.1.3.3 海洋资源

广西南临北部湾，海岸线曲折，溺谷多且面积广阔，形成了众多天然良港。基岩海岸和沙砾质线较长，优质沙滩多，旅游开发前景好。海洋水产资源丰富，有主要经济鱼类50多种、虾蟹类10多种，是中国著名渔场、南珠产地。

2.1.3.4 植物资源

广西拥有丰富的植物资源，其中野生维管束植物有288科1717属8354种，居全国第3位，其中国家一级保护植物有37种，包括金花茶、银杉、桫椤、擎天树等。全区森林面积为1331.53万hm^2，森林覆盖率为56.04%。

2.1.4 地形特征

复杂的地形是导致耕地细碎化的自然因素，广西总体呈现出山地多、平原少的山地丘陵性盆地地貌，呈盆地状，因此大多数耕地被山、沟壑等分隔开无法集中连片，农民耕种起来较困难，田块分散严重，其地形特征如下。

大小盆地相杂。西、北部为云贵高原边缘，东北为南岭山地，有猫儿山、越城岭、海洋山、都庞岭、萌渚岭，海拔一般为1500～1800m。东南及南部是云开大山、六万大山、十万大山，西部为桂西岩溶高原，海拔约为1000m，高原之上有六韶山。西北部为金钟山、岑王老山、青龙山、东风岭，组成云贵高原的南缘，海拔为1000～1500m。北部分布着凤凰山、九万大山、大苗山、大南山和天平山，海拔约为1500m。广西中部多为海拔在200m以下的平原、盆地。因受中部弧形山脉（驾桥岭、大瑶山、莲花山—都阳山、大明山）的分隔，形成以柳州为中心的桂中盆地，沿广西弧形山脉前坳陷为右江区、武鸣县、南宁市区、玉林市区、荔浦县等地的众多中小盆地，形成大小盆地相杂的地貌结构。

山系多呈弧形，层层相套。自北向南大致可分为4列，第一列为大苗山—九万大山，第二列为大南山—天平山—凤凰山，第三列为驾桥岭—大瑶山—莲花山—镇龙山—大明山—都阳山（此列亦称广西弧），第四列为云开大山—六万大山—十万大山—大青山。山系走向明显呈现东部受太平洋板块挤压、西部受印度洋板块挤压的迹象。山地以海拔800m以上的中山为主，占广西土地面积的23.50%；海拔为400～800m的低山次之，占总面积的15.90%。桂东北猫儿山主峰海拔为2141m，为广西境内第一高峰，也是南岭最高峰。越城岭—猫儿山与海洋山之间的湘桂走廊是中国三大走廊之一。

丘陵错综，海拔为200～400m。丘陵占广西土地面积的10.30%，以高丘陵居多，在桂东南、桂南及桂西南连片集中。

平原分布零散，规模不大。海拔为200m以下的平地（包括谷地、河谷平原、山前平原、三角洲及低平台山）占广西土地面积的26.90%。广西境内的平原主要有河流冲积平原和溶蚀平原两类。河流冲积平原主要分布于各大、中河流沿岸，较大的平原有浔江平原、郁江平原、宾阳平原、南流江三角洲等。其中，浔江平原最大，面积达6.3万hm^2。喀斯特地貌广布，类型众多。广西喀斯特地貌较为典型，其面积占全区总面积的37.80%，集中连片，其发育类型之多为世界少见。其岩溶地貌类型有峰丛洼地、峰林谷地和孤峰平原，峰丛洼地主要分布在桂西北，峰林谷地主要分布在桂东北和桂西南，孤峰平原主要分布在桂中及桂东南。

2.1.5 地质特征

广西出露的岩石有沉积岩、岩浆岩和变质岩三大类。沉积岩分布最广，遍及全区各县（市、区），其中以碳酸盐岩为主，主要分布在桂中、桂西和桂西北，构成全国乃至世界上典型的岩溶地区之一，面积占全区的88%。沉积岩在特定的沉积条件下，往往形成各种沉积矿产，某些质纯的沉积岩本身就是非金属矿产。岩浆岩也分布较广泛，主要位于桂东南、桂东北和桂北，面积占全区的9.03%；形成时代多，有喜马拉雅期、燕山期、华力西—印支期、加里东期、四堡—雪峰期，岩类齐全。岩浆活动有利于成矿和矿质富集。变质岩仅见于桂北及桂东南局部地域，岩石种类简单，变质作用程度低，形成矿产较少，面积占全自治区的2.97%。

2.1.6 光热特征

广西地处低纬度地区，四周多山，境内以丘陵山地为主，南临热带海洋，属亚热带季风气候区。各地年平均气温在16.5~23.1℃，等温线基本呈纬向分布，气温由北向南递增，由河谷干原向丘陵山区递减。各地历年最高气温为33.7~42.2℃，历年最低气温为-8.4~2.9℃。日平均气温≥10℃，积温为5000~8000℃，持续日数为240~330d，是全国积温最高的地区之一。无霜期长达280~360d，南部有些地方终年无霜。按平均气温小于10℃为冬季，大于22℃为夏季，介于10~22℃为春、秋季的标准划分，梧州市、武宣县、来宾市、巴马瑶族自治县、百色市一线以北的大部分地区，冬季长1~3个月，此线以南，冬季长不足1个月，丰富的热量资源，为各地因地制宜发展多熟制作物生产提供了有利的条件。

2.1.7 降水特征

广西是全国降水量最丰富的地区之一。各地年降水量均在1080mm以上，大部分地区为1200～2000mm，是全国平均降水量（630mm）的一倍多，降水最多的东兴市可达2840mm，降水最少的田阳县也有1086mm。降水时空分布不均匀，在地域分布上以北部、南部、东部居多，中部、西部少；丘陵山区多，河谷平原少；迎风坡多，背风坡少。在季节分配上，由于受冬、夏季风的交替影响，季节分配不均，干湿季分明，雨热同季，属湿润和半湿润气候。4～9月为雨季，其降水量占全年降水量的70%～85%，容易发生洪涝灾害，10月至次年3月为干季，降水量仅占全年降水量的15%～30%，干旱少雨，易引发森林火灾。各地年平均日照时数为1169～2219h，其地域分布特点是南部多、北部少，河谷平原多、丘陵山区少；日照时数以夏季最多、冬季最少，除百色市南、北山区春季多于秋季外，其余地区是秋季多于春季。夏季各地日照时数为355～698h，占全年日照时数的30%～40%；冬季各地日照时数为185～380h，仅占全年日照时数的14%～20%。

2.2 广西社会经济特征

2.2.1 人口概况

根据《广西统计年鉴2017》，全区辖111个县（市、区），包括52个县、12个自治县、7个县级市、40个市辖区。除汉族外，还聚居着壮族、瑶族、苗族、侗族、仫佬族、毛南族、回族、京族、彝族、水族、仡佬族等少数民族，全区常住人口达4838万人。

2.2.2 经济概况

根据《广西统计年鉴2017》，2016年广西地区生产总值为18 317.64亿元，比上年增长8.58%，人均地区生产总值为38 027元；其中第一产业生产总值为2796.80亿元，占地区生产总值的15.27%；第二产业生产总值为8273.66亿元，占地区生产总值的45.17%，其中工业生产总值为6816.64亿元，占地区生产总值的37.21%，占第二产业生产总值的82.39%；第三产业生产总值为7247.18

亿元，占地区生产总值的39.56%。随着自治区社会经济的发展，人民物质生活水平显著提高，2016年末城镇居民人均自有现住房面积为36.00m^2，城镇居民人均可支配收入为26 324元；农村居民人均自有现住房面积为46.28m^2，农民人均可支配收入为10 359元。与城镇居民相比，农民人均可支配收入还处于较低水平，原因是农村人口还较多，仅仅依靠耕地获取收入，随着人口增多，按照农村“分家”的习俗，到了一定阶段，需要再按照“好坏均摊”将耕地均分给下一代，导致耕地细碎化加重，耕地质量下降，田埂等占用耕地面积增大。

广西工业快速发展，工业结构进一步调整，形成了以食品、电力、有色金属、建材、机械、纺织、电子、电力、制糖、林化、石化等为主，具有地方特色的、门类比较齐全的工业体系。其中，机械工业方面，主要生产汽车、工程机械、车用内燃机等产品；有色金属工业方面，主要生产铝、铅、锌、锡等产品；食品工业方面，已初步形成了包括原料基地、生产、科研、设计、教育、监测、进出口贸易等在内的较完善的体系；制糖工业方面，广西是我国蔗糖生产基地，食糖产量约占全国总产量的60%；林化工业方面，主要产品有松节油、歧化松香、芳樟醇、合成樟脑等。

交通等基础设施建设得到突飞猛进的发展，形成了以柳州为中心枢纽的贯通广西各主要城市与华南、华东、中南、西南各地区的铁路网和以桂海高速公路为主干的四通八达的公路网，水上运输和港口吞吐能力不断扩大，民航交通便捷。

2.2.3 农业生产概况

根据《广西统计年鉴2017》，2016年广西农林牧渔业总产值为4591.37亿元，其中，农业产值为2347.90亿元。2016年全区农作物总播种面积为614.53万hm^2，其中，粮食作物播种面积为302.36万hm^2（其中，早稻播种面积为88.37万hm^2、晚稻播种面积为93.02万hm^2、玉米播种面积为60.93万hm^2），甘蔗播种面积为95.10万hm^2。

2016年全区粮食总产量达1521.30万t（其中，早稻产量达529.69万t、晚稻产量达511.04万t、玉米产量达278.60万t）。油料产量达68.95万t，甘蔗产量达7461.32万t，蔬菜产量达2928.81万t，木薯产量达172.12万t，园林水果产量达1882.50万t，肉类产量达411.16万t，水产品产量达361.37万t。

2016年全区机耕面积为468.33万hm^2，化肥施用量（折纯量）为262.14万t，农田有效灌溉面积为172.18万hm^2，节水灌溉面积为103.08万hm^2，除涝面积为23.74万hm^2，水土流失治理面积为228.49万hm^2。

2.2.4 经济作物种植概况

从图 2-1 中可以看出，广西甘蔗种植面积呈波动上升的趋势，从 1995 年的 45.43 万 hm^2 上升到 2016 年的 95.10 万 hm^2。甘蔗种植面积在 2000～2005 年和 2005～2010 年增长较快，增长率分别为 47% 和 43%，2010～2014 年甘蔗种植面积比较稳定。在 2012 年甘蔗种植面积达到顶峰，为 112.80 万 hm^2。在 2012 年后，甘蔗种植面积开始持续下降。

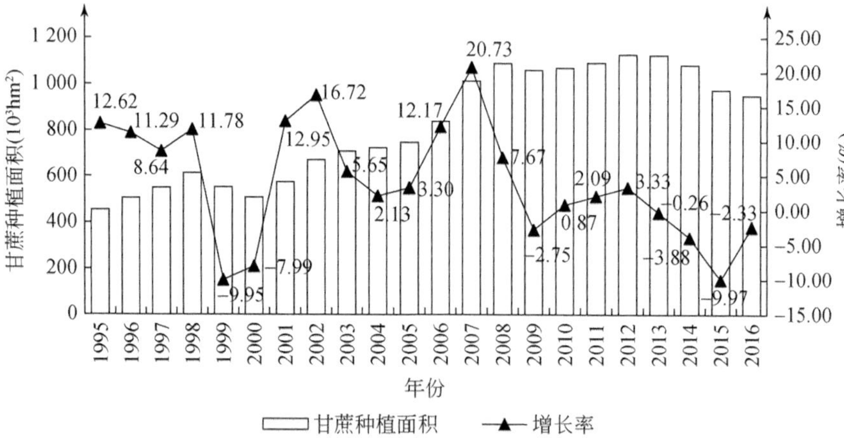

图 2-1　广西甘蔗种植概况

1995～2016 年广西甘蔗及园林水果产量显著增长。甘蔗产量由 2555.70 万 t 增长到 7461.32 万 t，增长率为 191.95%，2000～2010 年增长极为显著，2010 年之后增长速度放缓。甘蔗产量于 2013 年到达顶峰，为 8104.25 万 t，这一时间节点同甘蔗种植面积达到顶峰的时间接近。在 2013 年后，甘蔗产量则呈现逐渐下降并趋于稳定的趋势。

园林水果从 1995～2016 年一直呈上升趋势，产量从 266.60 万 t 增长到 1525.20 万 t，增长率为 472.09%。园林水果产量在 2010～2016 年实现了快速增长，年均增长率为 10.41%。与甘蔗产量相比，园林水果产量在数量上显著低于甘蔗产量，且与甘蔗产量的差距在逐渐扩大。随着 2013 年后甘蔗产量的减少，这一差距才开始缩小，尽管如此，这一数量差还是相当巨大。表明甘蔗产业仍在广西产业结构中占据重要地位（图 2-2）。

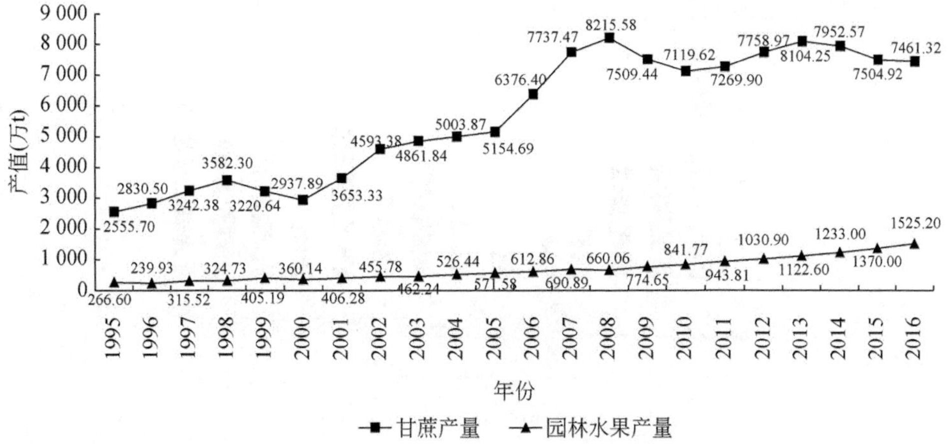

图 2-2　1995～2016 年广西甘蔗及园林水果产量

2.3　广西耕地资源数量特征

2.3.1　广西耕地数量分布特征

根据 2016 年土地利用变更调查成果，2016 年广西土地面积约为 23.76 万 km^2。其中，耕地面积为 439.53 万 hm^2，占土地总面积的 18.50%。

广西各市的耕地面积：南宁市为 68.10 万 hm^2；柳州市为 34.85 万 hm^2；桂林市为 32.90 万 hm^2；梧州市为 13.84 万 hm^2；北海市为 12.40 万 hm^2；防城港市为 9.12 万公顷；钦州市为 21.21 万 hm^2；贵港市为 32.07 万 hm^2；玉林市为 24.01 万 hm^2；百色市为 44.77 万 hm^2；贺州市为 16.24 万 hm^2；河池市为 37.38 万 hm^2；来宾市为 40.71 万 hm^2；崇左市为 51.93 万 hm^2。

广西的耕地主要集中分布在南宁市、崇左市、百色市、来宾市等，其中南宁市耕地面积最大，约占全区耕地面积的 15.49%；崇左市次之，约占全区耕地面积的 11.82%；百色市、来宾市分别约占全区耕地面积的 10.19%、9.26%。而耕地面积最小的为防城港市，仅约占全区耕地面积的 2.07%。大部分城市的耕地面积分布为 10 万～40 万 hm^2，总体来说，城市间耕地面积的差距较大（图 2-3）。

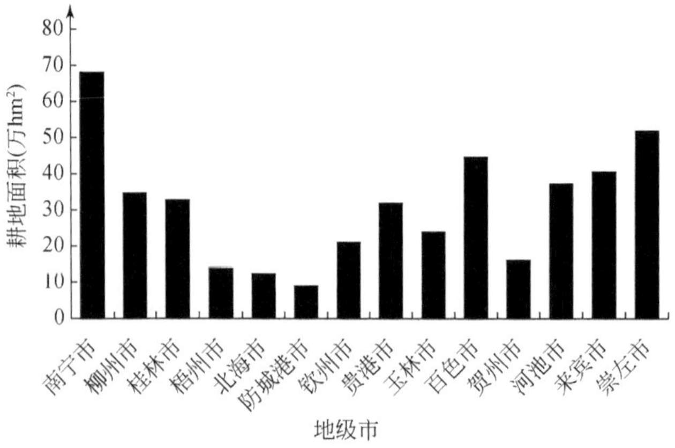

图 2-3　广西各地级市耕地面积分布

2.3.2　各地级市耕地利用现状

广西耕地现状中，水田面积为 195.22 万 hm²，占总耕地面积的 44.42%；从图 2-4 中可以看出，桂林市水田面积最大，达 25.84 万 hm²，占其耕地总面积的 78.53%；南宁市次之，水田面积达 23.77hm²，占其耕地总面积的 34.90%。水田面积较小的为防城港市、北海市、贺州市、梧州市，均不足 10 万 hm²。

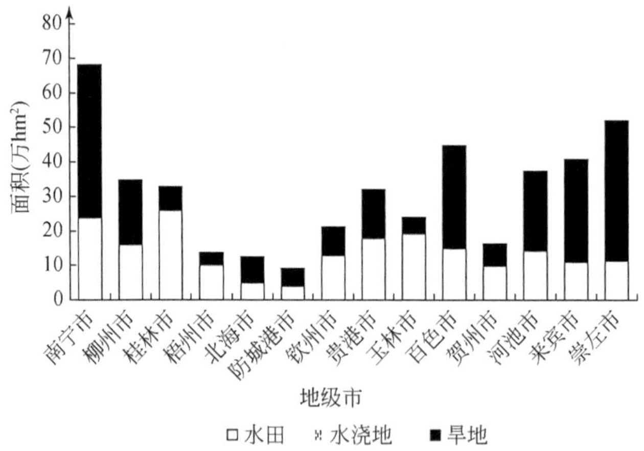

图 2-4　广西各地级市耕地利用现状

注：水浇地因面积数据过小而无法在图中显示

广西水浇地面积为 0.33 万 hm²，相对来说较少；各地级市水浇地的面积都比较小，其中玉林市并没有水浇地。

广西总的旱地面积为243.98万hm^2，占耕地总面积的55.51%。其中，南宁市旱地面积最大，有44.23万hm^2，占其耕地总面积的64.96%；崇左市次之，为40.62万hm^2，占其耕地总面积的78.23%；旱地面积最小的梧州市仅有3.86万hm^2，占其耕地总面积的27.88%。

广西各城市之间水田面积的差异较小，旱地面积差异较大。不同地区耕地的二级分类不同，主要是由于桂东南地区丘陵盆地河谷平原交错，雨量充沛，耕地以灌溉水田为主；桂中与桂西地区由于喀斯特地貌发育，降水量雨量偏少，水土条件差，因而旱耕地比例较大。

2.4 广西耕地质量特征

2.4.1 耕地坡度

1984年全国农业区划委员会颁发《土地利用现状调查技术规程》，将耕地坡度分为5级，即≤2°、2°~6°、6°~15°、15°~25°、≥25°。地面坡度的级别不同，对耕地利用的影响也不同。≤2°一般无水土流失现象；2°~6°可发生轻度土壤侵蚀，需注意水土保持；6°~15°可发生中度水土流失，应采取修筑梯田、等高种植等措施，加强水土保持；15°~25°水土流失严重，必须采取工程、生物等综合措施防治水土流失；≥25°为《水土保持法》规定的开荒限制坡度，即不准开荒种植农作物，已经开垦为耕地的，要逐步退耕还林还草。从广西的耕地坡度分级状况来看（图2-5），目前耕地以平地（坡度≤2°）为主，面积达157.86万hm^2，

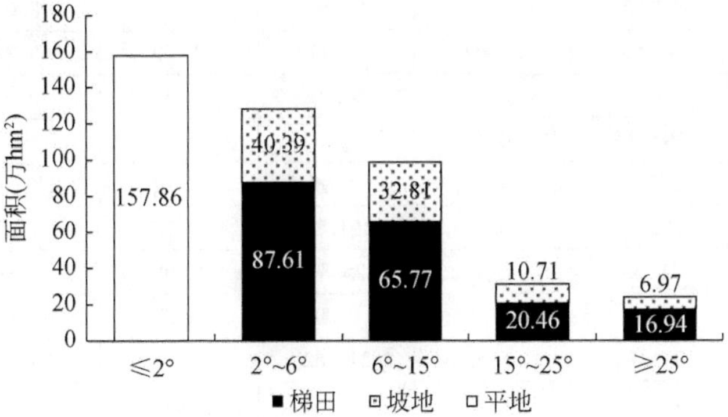

图2-5 广西耕地坡度分级面积统计

占耕地总面积的35.9%；坡度为2°~6°的耕地面积为128万hm^2，其中2/3以上为梯田，共87.61万hm^2，坡地有40.39万hm^2；坡度为6°~15°的耕地面积为98.58万hm^2，包括65.77万hm^2梯田和32.81万hm^2坡地；坡度为15°~25°的耕地面积为31.17万hm^2，其中梯田有20.46万hm^2，坡地有10.71万hm^2；水土流失较为严重的、坡度≥25°的耕地面积为23.91万hm^2，包括16.94万hm^2梯田和6.97万hm^2坡地。

总体来看，广西的耕地面积随着坡度的增加，占比逐渐下降，以平地和坡度较低的耕地为主。这一状况的形成与其地形地貌条件相关。

2.4.2 耕地等别

全国耕地自然质量等别分为15个等级，其中，1~4等为优等地，5~8等为高等地，9~12等为中等地，13~15等为低等地。

2.4.2.1 广西2016年耕地质量总体分布情况

根据耕地国家自然质量等别、国家利用等别、国家经济等别的面积，对广西2016年耕地质量更新评价进行汇总。结合表2-1和图2-6可知，广西2016年耕地国家级等别分布区间为4~12等，其中，4等地质量最优，12等地质量最低。

表2-1 广西2016年耕地国家级等别分布统计

等别		国家自然质量等别		国家利用等别		国家经济等别	
		面积(万hm^2)	比例（%）	面积(万hm^2)	比例（%）	面积(万hm^2)	比例（%）
优等地	4等	0.01	0.00	0.89	0.20	1.44	0.33
	小计	0.01	0.00	0.89	0.20	1.44	0.33
高等地	5等	4.47	1.02	7.08	1.61	12.88	2.93
	6等	67.03	15.25	51.50	11.72	48.03	10.93
	7等	99.63	22.67	81.47	18.53	65.38	14.87
	8等	24.23	5.51	54.97	12.51	76.97	17.51
	小计	195.36	44.45	195.02	44.37	203.27	46.24
中等地	9等	63.61	14.47	95.90	21.82	111.60	25.39
	10等	162.12	36.88	121.85	27.72	91.32	20.78
	11等	18.35	4.18	25.87	5.89	31.89	7.26
	12等	0.08	0.02	0.00	0.00	0.01	0.00
	小计	244.16	55.55	243.62	55.43	234.82	53.43
合计		439.53	100.00	439.53	100.00	439.53	100.00
平均等		8.44	—	8.47	—	8.42	—

注：因表中统一保留两位小数，故部分面积和比例数据为0

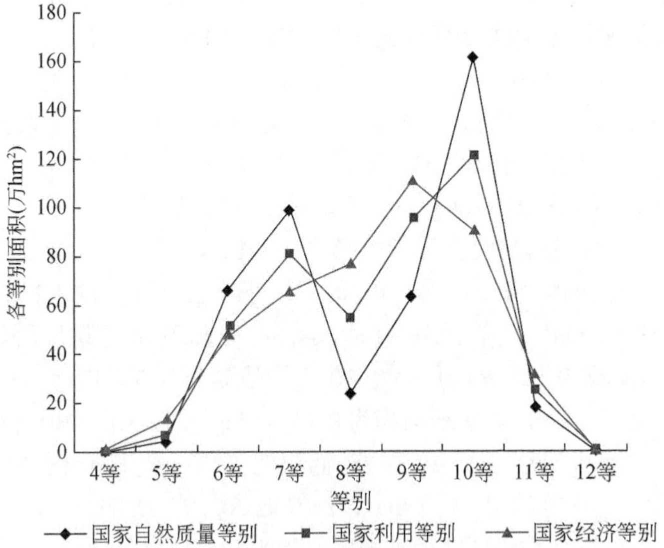

图 2-6 广西 2016 年耕地国家级等别分布

广西 2016 年耕地国家自然质量等别分布在 4 ~ 12 等，其中，国家自然质量等别面积分布：4 等耕地面积为 0.01 万 hm^2；5 等耕地面积为 4.47 万 hm^2；6 等耕地面积为 67.03 万 hm^2；7 等耕地面积为 99.63 万 hm^2；8 等耕地面积为 24.23 万 hm^2；9 等耕地面积为 63.61 万 hm^2；10 等耕地面积为 162.12 万 hm^2；11 等耕地面积为 18.35 万 hm^2；12 等耕地面积为 0.08 万 hm^2。按照优等地（1 ~ 4 等）、高等地（5 ~ 8 等）、中等地（9 ~ 12 等）、低等地（13 ~ 15 等）的划分方法，广西共有国家自然质量等别优等地 0.01 万 hm^2，高等地 195.36 万 hm^2，中等地 244.16 万 hm^2。采用面积加权平均法计算得到全区耕地平均自然质量等别为 8.44 等，与平均等别相比，高于平均自然质量等别的 4 ~ 7 等耕地占全区耕地面积的 38.94%，低于平均自然质量等别的 8 ~ 12 等耕地占全区耕地面积的 61.06%；各等别中 10 等地分布范围最广、面积最大，占全区耕地总面积的 36.88%，其次是 7 等地和 6 等地，分别占全区耕地总面积的 22.67% 和 15.25%；分布最少的是 4 等地，面积仅为 0.01 万 hm^2。

广西 2016 年耕地国家利用等别分布在 4 ~ 12 等，其中，国家利用等别各等别面积分布：4 等耕地面积为 0.89 万 hm^2；5 等耕地面积为 7.08 万 hm^2；6 等耕地面积为 51.50 万 hm^2；7 等耕地面积为 81.47 万 hm^2；8 等耕地面积为 54.97 万 hm^2；9 等耕地面积为 95.90 万 hm^2；10 等耕地面积为 121.85 万 hm^2；11 等耕地面积为 25.87 万 hm^2；12 等耕地面积为 0。按照优等地（1 ~ 4 等）、高等地(5 ~ 8 等）、中等地（9 ~ 12 等）、低等地（13 ~ 15 等）的划分方法，广西共有国家利用等别优等地 0.89 万 hm^2，高等地 195.02 万 hm^2，中等地 243.62 万 hm^2。采用面积加权平均法计算得到全区耕地平均利用等别为 8.47 等，与平均等别相比，高于平均利用等别的 4～7 等耕地占全区耕地面积的 32.07%，低于平均利用等别的 8～12 等耕地占 67.93%；各等别中 10 等地分布范围最广，面积最大，占全区耕地总面积的 27.72%，7 等地和 9 等地次之，分别占全区耕地总面积的 18.53% 和 21.82%；分布最少的是 12 等地。

广西 2016 年耕地国家经济等别分布在 4～12 等，其中，国家经济等别各等别面积分布：4 等耕地面积为 1.44 万 hm^2；5 等耕地面积为 12.88 万 hm^2；6 等耕地面积为 48.03 万 hm^2；7 等耕地面积为 65.38 万 hm^2；8 等耕地面积为 76.97 万 hm^2；9 等耕地面积为 111.60 万 hm^2；10 等耕地面积为 91.32 万 hm^2；11 等耕地面积为 31.89 万 hm^2；12 等耕地面积为 0.01 万 hm^2。按照优等地（1～4 等）、高等地（5～8 等）、中等地（9～12 等）、低等地（13～15 等）的划分方法，广西共有国家经济等别优等地 1.44 万 hm^2，高等地 203.27 万 hm^2，中等地 234.82 万 hm^2。采用面积加权平均法计算得到全区耕地平均经济等别为 8.42 等，与平均等别相比，高于平均经济等别的 4～7 等耕地占全区耕地面积的 29.06%，低于平均经济等别的 8～12 等耕地占 70.94%；各等别中 9 等地分布范围最广，面积最大，占全区耕地总面积的 25.39%，10 等次之，占全区耕地面积的 20.78%；分布最少的是 12 等地，面积仅为 0.01 万 hm^2。

从国家自然质量等别、国家利用等别、国家经济等别的结构来看，国家自然质量等别中，优等地占比不足 0.01%（小数点后保留两位），高等地占比为 44.45%，中等地占比为 55.55%，没有低等地，以中、高等地为主。国家利用等别中，优等地占比为 0.20%，高等地占比为 44.37%，中等地占比为 55.43%，没有低等地，以中、高等地为主。国家经济等别中，优等地占比为 0.33%，高等地占比为 46.24%，中等地占比为 53.43%，没有低等地，以中、高等地为主。对比三者的结构特征，可以看出无论是国家自然质量等别、国家利用等别，还是国家经济等别中，中、高等地都占绝大部分，并且中等地占比要高于高等地。据此可以得出，广西大部分耕地为中等地或高等地。

2.4.2.2 质量建设耕地等别情况

（1）各地级市质量建设耕地分布情况

广西 2016 年开展质量建设耕地面积 11.2516 万 hm^2，其中水田面积为 4.0687 万 hm^2，占 36.16%；水浇地面积为 0.0012 万 hm^2，占 0.01%；旱地面积为 7.1817 万 hm^2，占 63.83%。质量建设耕地在全区均有分布，水田面积最大的是桂林市，为 1.1915 万 hm^2，水浇地面积最大的是梧州市，为 0.0007 万 hm^2，旱地面积最大的是南宁市，为2.7915万hm^2。质量建设耕地主要分布在南宁市、来宾市和桂林市，质量建设面积分别为3.29万hm^2、1.52万hm^2和1.55万hm^2，共占全区质量建设面积的56.49%。在质量建设耕地结构中，以水田和旱地为主，这一构成与广西耕地面积结构相符（表2-2）。

表2-2 广西2016年质量建设耕地分布统计

地级市	水田面积（万hm^2）	水浇地面积（万hm^2）	旱地面积（万hm^2）	小计（万hm^2）
南宁市	0.4937	0.0004	2.7915	3.2856
柳州市	0.1164	0.0000	0.5775	0.6939
桂林市	1.1915	0.0000	0.3611	1.5526
梧州市	0.0505	0.0007	0.0308	0.0820
北海市	0.1019	0.0001	0.1803	0.2823
防城港市	0.0262	0.0000	0.0103	0.0365
钦州市	0.0763	0.0000	0.0995	0.1758
贵港市	0.1175	0.0000	0.0163	0.1338
玉林市	0.3389	0.0000	0.0555	0.3944
百色市	0.3464	0.0000	0.7888	1.1352
贺州市	0.3122	0.0000	0.3584	0.6706
河池市	0.0069	0.0000	0.0027	0.0096
来宾市	0.6468	0.0000	0.8705	1.5173
崇左市	0.2435	0.0000	1.0385	1.2820
总计	4.0687	0.0012	7.1817	11.2516

（2）广西2016年质量建设耕地国家自然质量等别分布情况

根据广西2016年耕地质量等别更新评价汇总结果，广西开展耕地质量建设后国家自然质量等别分布在5～11等。其中开展质量建设后国家自然质量等别平均等别大多有所提升，提升较多的有防城港市和贵港市。项目建设区域平均等别总体从8.48等提升到8.46等。

（3）广西2016年质量建设耕地国家利用等别分布情况

根据广西2016年耕地质量等别更新评价汇总结果，广西开展耕地质量建设后国家利用等别分布在4～11等。其中开展质量建设后国家利用等别平均等别大多有所提升，提升较多的有柳州市、防城港市和贵港市。项目建设区域平均等别总体从 8.58 等提升到 8.51 等。

（4）广西 2016 年质量建设耕地国家经济等别分布情况

根据广西 2016 年耕地质量等别更新评价汇总结果，广西开展耕地质量建设后国家经济等别分布在 4～11 等。其中开展质量建设后国家经济等别平均等别大多有所提升，提升较多的有防城港市和贵港市。项目建设区域平均等别总体从 8.50 等提升到 8.48 等。

3 广西耕地细碎化特征及“小块并大块”耕地整治逻辑需求

3.1 广西耕地细碎化特征宏观分析

本书所用数据来源于2018年9月对广西的南宁、柳州、桂林、梧州、北海、防城港、钦州、贵港、玉林、百色、贺州、河池、来宾、崇左14个地级市进行的问卷调查结果。剔除必要信息缺失的问卷后，共获得1033份有效问卷，涉及266个行政村，主要内容为耕地细碎化问题，包括耕地面积、耕地块数、人均耕地面积、劳均耕地面积等。

3.1.1 广西耕地细碎化整体情况

3.1.1.1 耕地权属细碎化情况

由表3-1可知，除地形因素外，人口因素也是导致耕地细碎化的主要因素，广西2016年耕地面积为439.53万hm^2，但人均耕地面积仅1.36亩，最小值为0.04亩，最大值为5.00亩，说明广西人均耕地面积小且分布不均匀，这成为导致耕地细碎化的主要因素之一。

就户均耕地面积而言，14个地级市户均耕地面积为3.40亩，其中，崇左市最大，为5.07亩；玉林市最小，仅为2.40亩。户均耕地面积由小到大排序为：玉林市<梧州市<钦州市<河池市<百色市<北海市<柳州市<南宁市<贵港市<桂林市<贺州市<防城港市<来宾市<崇左市。14个地级市户均耕地数量平均值为5.54块，而百色市均值为8.10块，在调查城市中位于首位，可见其耕地细碎化程度最大。钦州市户均耕地数量最少，为3.28块，耕地细碎化程度最低。调查城市中平均地块面积仅为0.77亩，北海市数值最大，为1.28亩，约为平均值的1.7倍。广西耕地面积、耕地数量、地块面积、人均耕地面积和劳均耕地面积等数据的极差较大，而户均耕地数量的总体方差为16.63。综合图3-1和表3-1可知，广西各地耕地细碎化程度差异较大。

表 3-1　广西耕地权属细碎化特征分析

权属细碎化特征	户均耕地面积（亩）	户均耕地数量（块）	人均耕地面积（亩）	劳均耕地面积（亩）	平均地块面积（亩）
平均值	3.40	5.54	1.36	1.38	0.77
最大值	20.00	30.00	5.00	12.00	15.00
最小值	0.15	0.40	0.04	0.05	0.06
总体方差	7.69	16.63	0.50	1.69	0.78
标准差	2.77	4.08	0.71	1.30	0.88

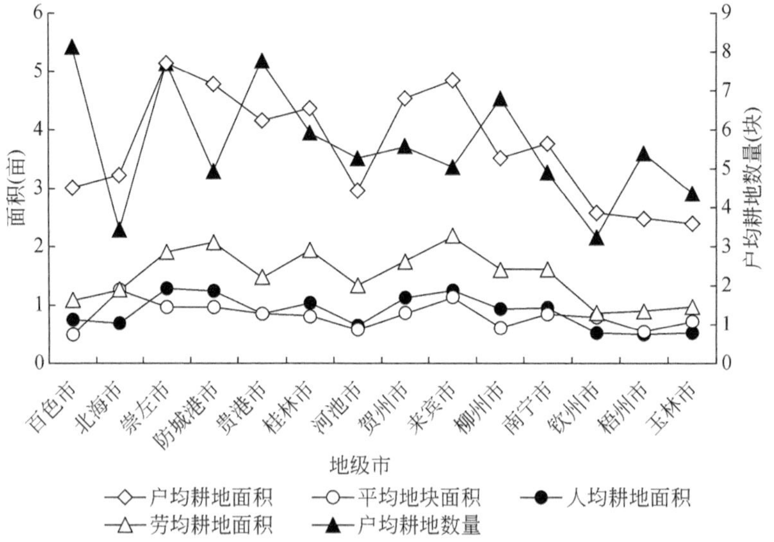

图 3-1　广西各地级市耕地权属细碎化对比

3.1.1.2　耕地自然细碎化情况

由表 3-2 可知，所调查行政村中沙江村耕地面积最小，为 80 亩；永权村耕地面积最大，为 7928 亩。调查的行政村平均田块数量为 131.50 块，田块面积的平均值为 44.10 亩。其中，南宁市、梧州市和玉林市等田块面积较大，由此可看出其自然细碎化程度较小，且梧州市和玉林市与户均地块数较小的结论相一致。

表 3-2 广西耕地自然细碎化情况

地级市	县（市、区）	行政村	耕地面积（亩）	田块数量（块）	田块面积（亩）	地形
崇左市	天等县	降祥村	3700	326	11.35	山地
	扶绥县	昌平村	3664	37	99.03	低平原
贵港市	覃塘区	寺江村	3000	58	51.72	低平原
桂林市	临桂区	高片村	1500	105	14.29	丘陵山地
河池市	环江毛南族自治县	永权村	7928	564	14.06	山地
柳州市	融安县	黄金村	2824	156	18.10	丘陵山地
		古龙村	3789	206	18.39	丘陵山地
		太江村	3945	214	18.43	丘陵山地
南宁市	邕宁区	那派村	130	7	18.57	平原
	宾阳县	沙江村	80	3	26.67	低平原
	龙圩区	大燕村	624	12	52.00	平原
	藤县	榄莫村	2006	30	66.87	低平原
	马山县	片圩村	2188.9	25	87.56	平原
钦州市	合浦县	刨村	1000	54	18.52	丘陵
梧州市	岑溪市	罗同村	1175	10	117.50	低平原
玉林市	容县	新光村	350	12	29.17	低平原
	北流市	石榴村	1150	22	52.27	低平原
	陆川县	沙井村	1480.05	24	61.67	低平原
	博白县	坡头村	3500	43	81.40	低平原
	北流市	平政村	1495	18	83.06	低平原
	博白县	上庄村	1480	15	98.67	低平原
	博白县	护双村	2300	20	115.00	低平原
	容县	五一村	1930	12	160.83	低平原
均值	—	—	2966	131.50	44.10	—

按照广西各县（市、区）地形分等因素指标区分类，将以上 23 个行政村按各自特点分为山地区、丘陵山地区、丘陵区和低平原区，即降祥村和永权村属于山地区，高片村、黄金村、古龙村和太江村属于丘陵山地区，刨村属于丘陵区，其余 16 个行政村属于低平原区。对比各村平均田块面积，最小的是属于山地区的降祥村和永权村，其次是属于丘陵山地区和丘陵区的高片村、黄金村、古龙村、太江村、刨村、那派村、沙江村、新光村、寺江村、大燕村、石榴村、沙井

村、榄莫村、坡头村、平政村、片圩村、上庄村、昌平村、护双村、罗同村，最大的是属于低平原区的五一村。平均田块面积由小到大为：山地区<丘陵山地区<丘陵区<低平原区，所以按照地形分类，耕地自然细碎化程度最高的是山地区，其次是丘陵山地区、丘陵区，最低的是低平原区。

3.1.2 各市耕地细碎化情况

表3-3为广西各市耕地权属细化情况。

表3-3 广西各市耕地权属细碎化情况

地级市	行政村数量（个）	户均耕地面积（亩）	户均耕地数量（块）	平均地块面积（亩）	人均耕地面积（亩）	劳均耕地面积（亩）	农户最小耕地面积（亩）	农户最大耕地数量（块）	样本量（个）
百色市	5	3.01	8.10	0.50	0.75	1.09	0.60	30	61
北海市	19	3.24	3.43	1.28	0.69	1.24	0.40	10	33
崇左市	13	5.07	7.71	0.97	1.28	1.91	0.93	19	62
防城港市	2	4.79	4.93	0.97	1.26	2.07	1.00	7	15
贵港市	22	4.16	7.79	0.87	0.83	1.47	1.00	21	72
桂林市	25	4.36	5.93	0.83	1.02	1.96	1.00	19	61
河池市	13	2.97	5.27	0.60	0.66	1.35	0.50	30	112
贺州市	11	4.54	5.56	0.88	1.08	1.74	1.30	16	40
来宾市	13	4.85	5.05	1.16	1.25	2.19	0.40	16	81
柳州市	6	3.53	6.81	0.61	0.93	1.60	1.00	15	52
南宁市	26	3.77	4.91	0.86	0.96	1.61	0.30	20	65
钦州市	21	2.58	3.28	0.79	0.53	0.87	0.50	10	58
梧州市	30	2.48	5.40	0.54	0.50	0.90	0.23	16	130
玉林市	60	2.40	4.44	0.71	0.54	0.97	0.15	20	190

百色市的调查数据涉及大会、民江、平满、山洲及升平5个行政村的61户农户。由表3-3可知，这5个行政村的户均耕地面积为3.01亩，户均耕地数量为8.10块，人均耕地面积为0.75亩，劳均耕地面积为1.09亩。其中，民江村户均耕地面积最大，为5.7亩，但其户均耕地数量最多，为22块；大会村户均耕地面积最小，为1.28亩，且其户均耕地数量最少，为3.10块。民江村农户最大耕地数量为30块，相当于山洲村农户最大耕地数量的5倍，且其户均耕地数量为大会村的7倍。由此可见，百色市各地耕地细碎化程度差距较大，整体耕地细碎化程度较高。

北海市的调查数据涉及矮塘村、陈屋村、创村等 19 个行政村的 33 户农户。由表 3-3 可知，这 19 个行政村的户均耕地面积为 3. 24 亩，户均耕地数量为 3. 43 块，平均地块面积为 1. 28 亩，人均耕地面积为 0. 69 亩，劳均耕地面积为 1. 24 亩。其中，大坡村和石角村户均耕地数量最多，为 10. 00 块；杨屋村户均耕地数量最少，为 0. 70 块。就整体而言，19 个行政村户均耕地数量为 3. 43 块，细碎化程度一般。但由于每个行政村问卷样本数较少，仅 1 份，因而代表性不高。

崇左市的调查数据涉及岜伦村、岜皮村、东南村等 13 个行政村的 62 户农户。由表 3-3 可知，这 13 个行政村的户均耕地面积为 5. 07 亩，户均耕地数量为 7. 71 块，平均地块面积为 0. 97 亩。其中，岜伦村平均地块面积最大，为 3. 95 亩；降祥村平均地块面积最小，仅为 0. 26 亩；文化村平均地块面积为 0. 29 亩。驮江村户均耕地数量最多，为 12. 71 块；但文化村农户最大耕地数量最多，为 19 块。可得出崇左耕地细碎化程度较高的结论。

防城港市的调查数据较少，仅涉及计怀村和提高村 2 个行政村的 15 户农户。由表 3-3 可知，这 2 个行政村的户均耕地面积为 4. 79 亩，户均耕地数量为 4. 93 块，平均地块面积为 0. 97 亩。就平均地块面积而言，这 2 个行政村差距较大，提高村约为计怀村的 4 倍。这 2 个行政村农户最大耕地数量分别为 4 块和 7 块，有一定的差距。由于数据限制，防城港市的耕地细碎化程度尚待进一步研究。

贵港市的调查数据涉及畅岩村、陈村、大郭村等 22 个行政村的 72 户农户。由表 3-3 可知，这 22 个行政村户均耕地面积为 4. 16 亩，户均耕地数量为 7. 79 块，平均地块面积为 0. 87 亩，劳均耕地面积为 1. 47 亩。其中，古东村户均耕地数量最多，达到 20 块；合江村户均耕地数量最少，为 1. 8 块。群山村农户最大耕地数量为 21 块，与大郭村和古楞村差距悬殊。除公王村、合江村、三陵村和姚山村外，其余行政村样本数量较低，代表性不高。

桂林市的调查数据涉及巴江村、保和村、排楼村等 25 个行政村的 61 户农户。由表 3-3 可知，这 25 个行政村的户均耕地面积为 4. 36 亩，户均耕地数量为 5. 93 块，平均地块面积为 0. 83 亩，人均耕地面积为 1. 02 亩，劳均耕地面积为 1. 96 亩。其中，下云村户均耕地数量为 1 块，耕地细碎化程度几乎为 0；而独山村户均耕地面积为 12. 00 亩，耕地细碎化程度较高。刘家村农户最大耕地数量为 19 块，居于这 20 个行政村的榜首，其次为高片村的 18 块。这 20 个行政村户均耕地数量居于 3 ~5 块，整体而言差距不大。除高片村、桂平岩村和刘家村外，其余行政村样本数量较低，代表性不高。

河池市的调查数据涉及安乐村、安亭村、板定村等 13 个行政村的 112 户农户。由表 3-3 可知，这 13 个行政村的户均耕地面积为 2. 97 亩，户均耕地数量为 5. 27 块，平均地块面积为 0. 60 亩，劳均耕地面积为 1. 35 亩。其中，户均耕地数量最多的行政村为大城村，达到11块；户均耕地数量最少的为坡前村，为2.60块。整体来看，这13个行政村户均耕地数量集中于4～6块，耕地细碎化程度一般。黄黑村户均耕地数量为10块，排名第二位，但其农户最大耕地数量为30块，与其他行政村的差距巨大。另外，大城村和振新村样本数分别仅为1份和2份，因此代表性不强。

贺州市的调查数据共涉及坝头村、滩贝村、茶山村等11个行政村的40户农户。由表3-3可知，这11个行政村的户均耕地面积为4.54亩，户均耕地数量为5.56块，平均地块面积为0.88亩。其中，长春村户均耕地数量为1.00块，耕地细碎化程度极低。相反，露溪村户均耕地数量为10.00块。耕地细碎化程度较高，但其户均耕地面积最大，为18.00亩。就整体而言，各村户均耕地数量在6块左右浮动。

来宾市的调查数据涉及白石良村、茶花村、大安村等13个行政村的81户农户。由表3-3可知，这13个行政村的户均耕地面积为4.85亩，户均耕地数量为5.05块，平均地块面积为1.16亩，劳均耕地面积为2.19亩。其中，白石良村和高连村的户均耕地数量较多，分别为12.80块和8.83块，两者农户最大耕地数量均为16块，其余村户均耕地数量多在4块以下。谷塘村平均地块面积在被调查的行政村中最大，为2.49亩；而象州村户均耕地数量最少，同时平均地块面积也最小，仅为0.40亩。

柳州市的调查数据涉及车平村、大坡村、古龙村等6个行政村的52户农户。由表3-3可知，这6个行政村的户均耕地面积为3.53亩，户均耕地数量为6.81块，平均地块面积为0.61亩，劳均耕地面积为1.60亩。其中，兴隆村户均耕地数量最多，为15.00块；其次是大坡村，为12.00块。农户最大耕地数量除四排村外，其他行政村数据相近。由此可以推断出柳州市的耕地细碎化现象较为普遍，且耕地细碎化程度较大。

南宁市的调查数据涉及二田村、古月村、广良村等26个行政村的65户农户。由表3-3可知，这26个行政村的均耕地面积为3.77亩，户均耕地数量为4.91块，平均地块面积为0.86亩，劳均耕地面积为1.61亩。被调查的村庄中，除庙背村和南华村户均耕地数量较大以外，大部分行政村的户均耕地数量小于4块。由此可以推导出南宁市耕地细碎化程度分布不均，呈现明显的两极分化现象。

钦州市的调查数据涉及滩冲村、宝鸭村、邓塘村等21个村的58户农户。由表3-3可知，这21个行政村的户均耕地面积为2.58亩，户均耕地数量为3.28块，平均地块面积为0.79亩，劳均耕地面积为0.87亩。其中，被调查行政村的农户最大耕地数量普遍小于等于4块，因此户均耕地数量小于4块；并且户均耕地数量在2块及以下的行政村数量占被调查行政村总数的43%。由此可推断出钦州市耕地细碎化程度较低。

梧州市的调查数据涉及保安村、大德村、大和村等30个行政村的130户农户。由表3-3可知，这30个行政村的户均耕地面积为2.48亩，户均耕地数量为5.40块，平均地块面积为0.54亩，劳均耕地面积为0.90亩。其中，竹兰村户均耕地数量最多，为14块；其次是美和村，为13块。古院、新安、云村3个行政村的户均耕地数量均为2块，耕地细碎化程度较低。总体而言，梧州市平均地块面积较小，户均耕地数量较多，耕地细碎化程度较高。

玉林市的调查数据涉及60个行政村的190户农户。由表3-3可知，这60个行政村的户均耕地面积为2.40亩，户均耕地数量为4.44块，平均地块面积为0.71亩。其中，农户最小耕地面积仅为0.15亩，农户最大耕地数量为20块。平地村户均耕地数量最大，为16块；珊瑚、塘岸、通曹3个行政村户均耕地数量为1块，基本不存在耕地细碎化问题。从总体来看，玉林市各行政村耕地细碎化程度差别较大，但户均耕地数量总体水平为4.44，低于广西平均水平。

根据上述分析可知，广西耕地细碎化程度差异较大，且分布不均，梧州、玉林、百色等市耕地细碎化程度位于前列，崇左、钦州、南宁及防城港等市的耕地细碎化程度与广西其他城市相比较低。但从整体来看，百色、河池等市处云贵高原区，地势起伏较大，耕地资源有限，人口众多，人均耕地面积较小，耕地细碎化程度较高；防城港、钦州、北海等市靠近海洋，地势较为平坦，但人口密度较大，人均耕地面积较小，耕地细碎化程度较高；贺州、梧州、贵港、玉林等市受境内南岭、大瑶山、云开大山等复杂地貌影响，耕地细碎化程度处广西前列；来宾、南宁、柳州等市地处广西盆地中部，地势起伏相对平缓，耕地细碎化程度较北部及东部山区有所下降。

3.1.3 广西与全国土地要素对比情况

耕地利用系统的土地要素包括户均耕地面积、户均地块数量和平均地块面积3个指标。因此，耕地利用系统的土地要素变化主要是户均耕地面积、户均地块数量和平均地块面积的变化。

1986~2014年，全国、广西户均耕地面积均有所下降，但下降程度不同，广西户均耕地面积下降幅度较大，全国整体保持平稳（图3-2）。1986~2014年，全国户均耕地面积从0.61hm^2下降到0.58hm^2，净减少0.03hm^2，下降幅度为4.92%；广西户均耕地面积从0.65hm^2下降到0.38hm^2，净减少0.27hm^2。2002年全国户均耕地面积达到最低值，之后不断攀升，但2009年之后又呈现出下滑趋势。而广西户均耕地面积在1986~2003年下降速度很快，从0.65hm^2下降到

0. 40hm^2，净减少 0. 25hm^2，下降幅度高达 38. 46%；2003 ~2014 年，广西户均耕地面积比较稳定，处于 0. 40hm^2 左右。总体而言，1986 ~2014 年，全国、广西户均耕地面积先下降后趋于稳定。

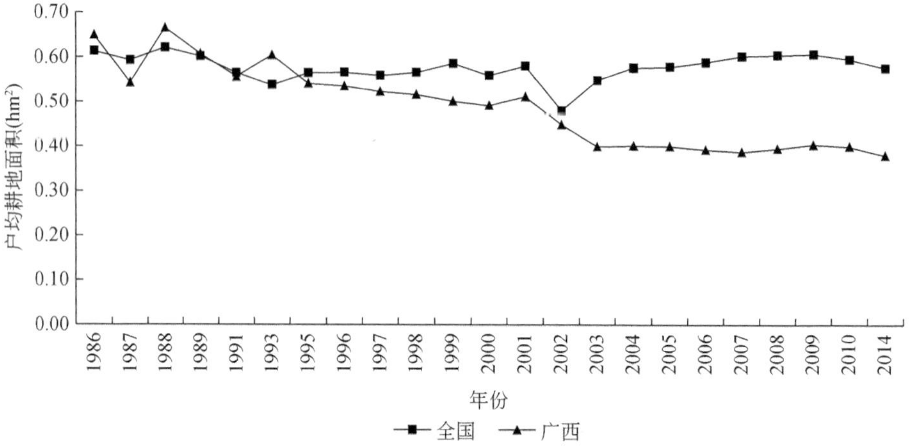

图 3-2　1986 ~2014 年耕地利用系统户均耕地面积变化

注：1990 年、1992 年、1994 年、2011 ~2013 年数据缺失

1986 ~2014 年，全国、广西户均地块数量均出现下降，广西下降较快，全国下降较慢（图 3-3）。1986 ~2014 年，广西户均地块数量从 12. 04 块下降到 5. 20 块，净减少 6. 84 块，降幅高达 56. 81%；全国户均地块数量从 8. 43 块下降

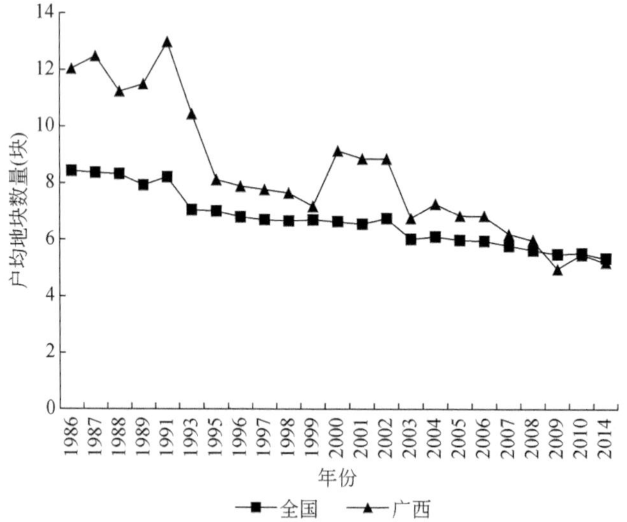

图 3-3　1986 ~2014 年耕地利用系统户均地块数量变化

注：1990 年、1992 年、1994 年、2011 ~2013 年数据缺失

到5.34块，净减少3.09块，降幅为36.65%。因此，尽管1986～2014年全国、广西户均地块数量均出现下降，但户均地块数量仍然较多。

1986～2014年，全国、广西平均地块面积均有所增加，全国平均地块面积大于广西（图3-4）。全国平均地块面积从0.073hm^{2}增加到0.110hm^2，净增加0.037hm^2，增幅为50.68%；广西平均地块面积从0.054hm^{2}增加到0.073hm^2，净增加0.019hm^2，增幅为35.19%。1986～2014年，全国、广西平均地块面积增幅明显，但平均地块面积整体偏小，不足0.2hm^2，由此可见，我国耕地细碎化严重。

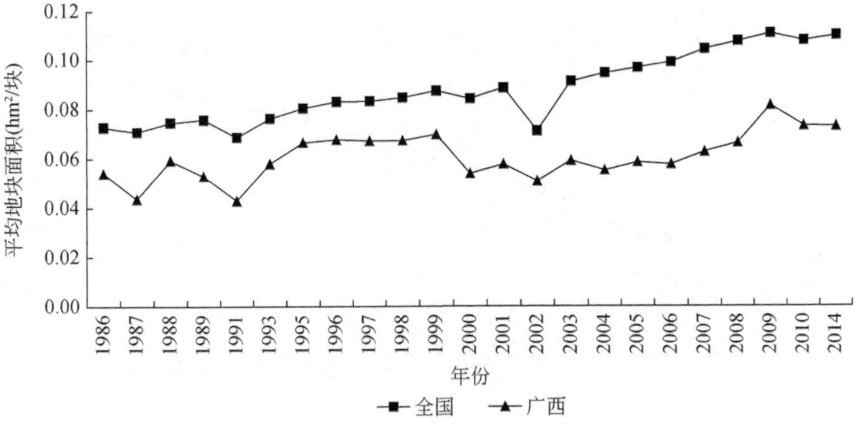

图3-4　1986～2014年耕地利用系统平均地块面积变化

注：1990年、1992年、1994年、2011～2013年数据缺失

由图3-2～图3-4可知，与全国整体情况相比，广西的户均耕地面积和平均地块面积均小于全国平均水平，而户均耕地数量大于全国平均水平。一方面说明广西耕地细碎化很严重，高于全国水平；另一方面说明广西地形复杂导致耕地分散，数量较多且耕地面积小，再者说明广西人口多，导致人均耕地面积小。综上，地形复杂、人口数量多是导致广西耕地细碎化的主要因素。

3.2　广西耕地细碎化影响及其与社会经济发展匹配度协调

3.2.1　生产过程的直接影响

3.2.1.1　单位面积化肥施用量

1986～2014年，全国、广西单位面积化肥施用量增长速度较快，分别增加

1.71 倍、2.34 倍（图3-5）。1986～2014 年，全国单位面积化肥施用量从 134kg/hm^2 增加到362kg/hm^2，净增加 228kg/hm^2；广西单位面积化肥施用量从 125kg/hm^2 增加到 418kg/hm^2，净增加 293kg/hm^2。2001 年之前全国单位面积化肥施用量高于广西，但是之后广西反超全国，且两者的差距逐渐拉大。因此，1986～2014 年，全国、广西化肥施用量显著增加，尤其是广西，表明化肥产业相关的技术在农业生产中得到广泛应用。

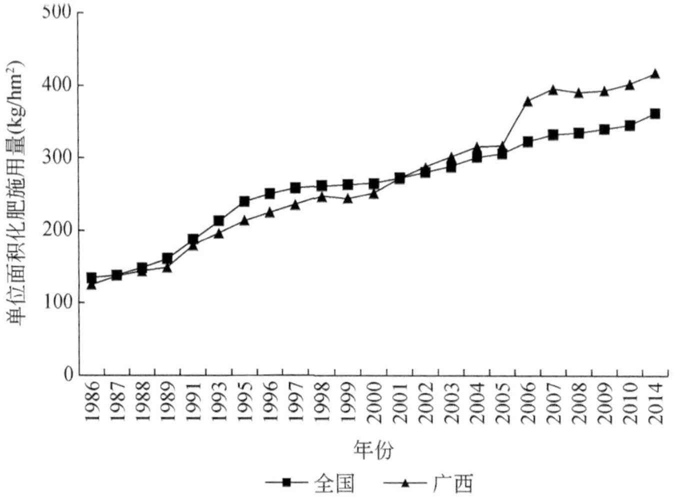

图 3-5　1986～2014 年单位面积化肥施用量

注：1990 年、1992 年、1994 年、2011～2013 年数据缺失

3.2.1.2　有效灌溉面积比例

1986～2014 年，全国、广西有效灌溉面积比例变化趋势不同，全国有效灌溉面积比例增加 27.19%，而广西有效灌溉面积比例则下降 12.90%（图 3-6）。1986～2014 年，全国有效灌溉面积比例从 30.67% 增加到 39.01%，净增加 8.34 个百分点，增长幅度为 27.19%；而广西有效灌溉面积比例从 29.69% 减少到 25.86%，净减少 3.83 个百分点，减少幅度为 12.90%。广西的有效灌溉面积比例较低（低于 30%），而且呈下降趋势，主要是缺少水利工程导致无法灌溉的“工程性缺水”。综上，我国有效灌溉面积比例整体较低，而且广西有效灌溉面积比例出现下降趋势，其主要是土地开垦导致耕地面积增加，进而影响有效灌溉面积。

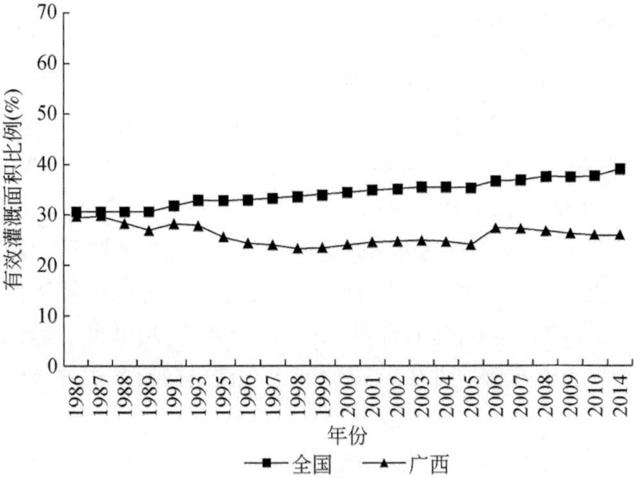

图 3-6 1986～2014 年有效灌溉面积比例

注：1990 年、1992 年、1994 年、2011～2013 年数据缺失

3.2.1.3 农用机械总动力

1986～2014 年，全国、广西单位面积农用机械总动力显著增加，分别增加 3.10 倍和 3.71 倍（图 3-7）。1986～2014 年，全国单位面积农用机械总动力从 1591W/hm^2 增加到 6531W/hm^2，净增加 4940W/hm^2；广西单位面积农用机械总动力从 1225W/hm^2 增加到 5767W/hm^2，净增加 4542W/hm^2，其中 2005 年作为拐点，之后农用机械总动力增幅进一步加大。因此，1986～2014 年，全国、广西农业机械化水平显著提高。

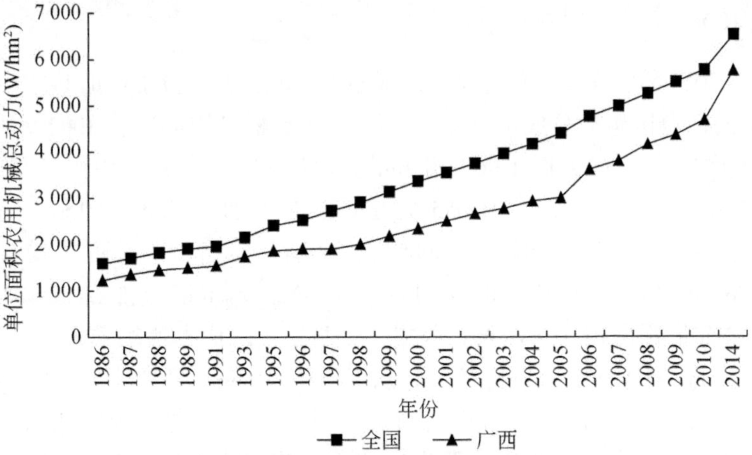

图 3-7 1986～2014 年农用机械总动力

注：1990 年、1992 年、1994 年、2011～2013 年数据缺失

3.2.1.4 每亩用工时数

1986~2014年，全国、广西每亩用工时数均大幅下降，降幅大约为60%（图3-8）。1986~2014年，全国每亩用工时数（小麦、玉米和水稻平均值）从17.20d下降到5.87d，净减少11.33d，降幅为65.87%；广西每亩用工时数（甘蔗）从47.89d减少到14.16d，净减少33.73d，降幅为70.43%。同时，不同区域之间每亩用工时数的差异主要反映作物的差异。总体而言，广西（甘蔗）每亩用工时数明显高于全国（小麦、玉米和水稻平均值），主要原因是甘蔗等经济作物的用工时数明显高于小麦、玉米和水稻等粮食作物。因此，1986~2014年，全国、广西每亩用工时数显著下降，表明我国农业生产中劳动正在被机械技术快速替代。

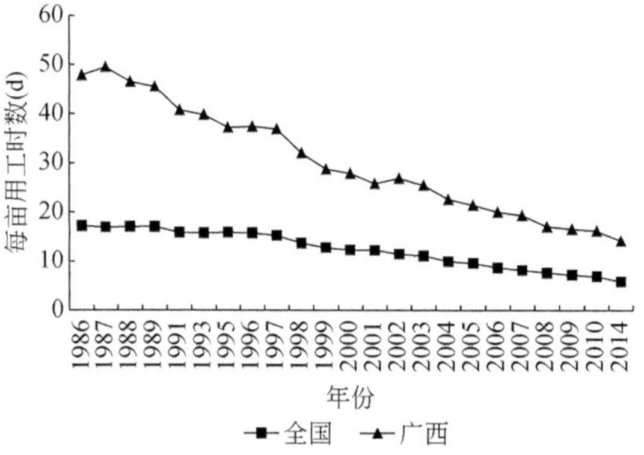

图3-8 1986~2014年每亩用工时数

注：1990年、1992年、1994年、2011~2013年数据缺失

3.2.1.5 生产总成本

1986~2014年，全国、广西生产总成本均大幅上升，分别增加11.94倍和9.12倍（图3-9）。全国生产总成本（小麦、玉米和水稻平均值）从1002元/hm^{2}增加到12 969元/hm^2，净增加11 967元/hm^2，增长11.94倍；广西生产总成本（甘蔗）从2969元/hm^{2}增加到30 055元/hm^2，净增加27 086元/hm^2，增长9.12倍。其中，1993~1996年出现快速增长，全国、广西生产总成本均接近翻倍，分别从2365元/hm^{2}增加到5109元/hm^2，从6228元/hm^{2}增加到12 437元/hm^2。2010~2014年同样出现快速增长，全国、广西生产总成本增幅均超过60%，分别从8090元/hm^{2}增加到12 969元/hm^2，从18 316元/hm^{2}增加到30 055元/hm^2，并且可以看出2014年之后全国、广西的生产总成本存在进一步增加的可能趋势。综上，1986~2014年，全国、广西生产总成本均大幅上升，且2010~2014年增幅较快，表明我国耕地利用系统中生产总成本处于快速增长的阶段。

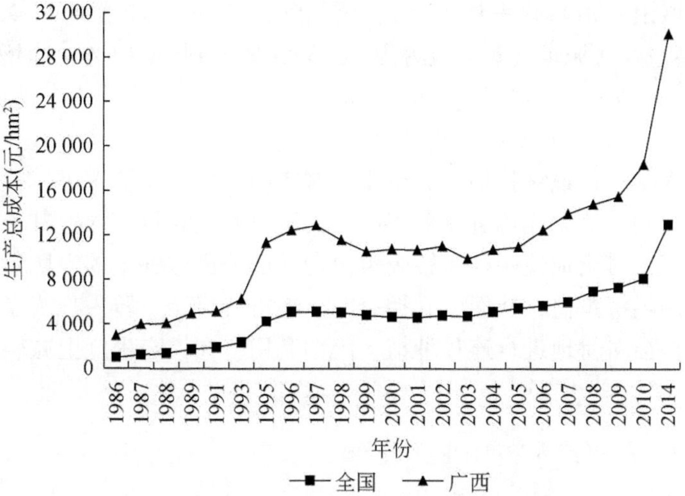

图 3-9　1986 ~ 2014 年生产总成本

注：1990 年、1992 年、1994 年、2011 ~ 2013 年数据缺失

3.2.2　农业生产的间接影响

3.2.2.1　城镇（市）化率

1986 ~ 2014 年，全国、广西城镇（市）化率翻了一番，呈上升趋势（图 3-10）。

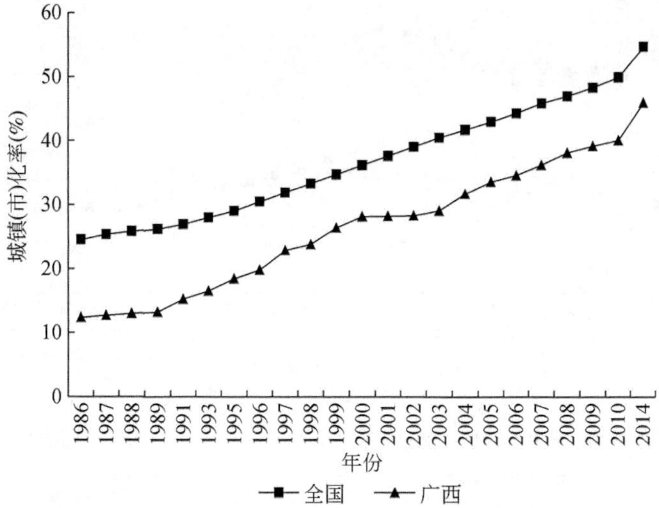

图 3-10　1986 ~ 2014 年全国、广西城镇（市）化率对比

注：1990 年、1992 年、1994 年、2011 ~ 2013 年数据缺失

其中，全国城镇（市）化率从24.52%增加到54.77%，净增加30.25个百分点，增长1.23倍；广西城镇（市）化率从12.39%增加到46.01%，净增加33.62个百分点，增长2.71倍。城镇（市）化水平不断提升，对农业生产造成间接影响。随着城镇（市）化快速发展，城市建设中需要的劳动力也越来越多，大量的农村劳动力涌入城市，最终扎根于城市中。城市中较高的工资水平、优良的生活质量和方便快捷的生活方式让进城务工的农民不愿回到农村，导致其土地被人为撂荒。随着国家农村土地使用权流转政策出台，部分进城务工的农民意识到撂荒土地存在一定的经济价值，从而将其拥有的土地进行流转。转入户为了提高土地利用效率，往往会对耕地进行连片种植、集约利用，在一定程度上减轻了耕地细碎化程度。

3.2.2.2　第一产业占GDP的比例

1986～2014年，全国、广西第一产业占GDP的比例大幅下降，下降幅度均超过50%（图3-11）。其中，全国第一产业占GDP的比例从26.80%下降到9.20%，净减少17.60个百分点，降幅为65.67%；广西第一产业占GDP的比例从41.67%下降到15.40%，净减少26.27个百分点，降幅为63.04%。1986～2014年广西第一产业占GDP的比例始终高于全国平均水平，表明第一产业发展对广西的重要程度高于全国平均水平。

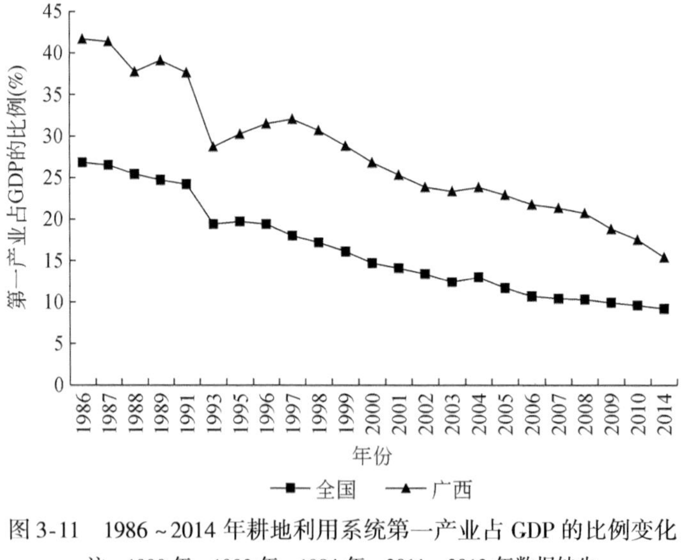

图3-11　1986～2014年耕地利用系统第一产业占GDP的比例变化

注：1990年、1992年、1994年、2011～2013年数据缺失

3.2.2.3　第一产业就业比例

1986～2014年，全国、广西第一产业就业比例显著下降，表明第一产业吸纳的就业人口正在显著减少（图3-12）。其中，全国第一产业就业比例从60.90%下降到29.50%，净减少31.40个百分点，降幅为51.56%；广西第一产业就业比例从79.20%下降到51.90%，净减少27.30个百分点，降幅为34.47%。同时，1986～2014年广西第一产业就业比例始终高于全国平均水平。截至2014年，广西第一产业就业比例高达51.90%，表明第一产业（农业）仍是广西的主要就业部门，是农民的主要就业渠道。

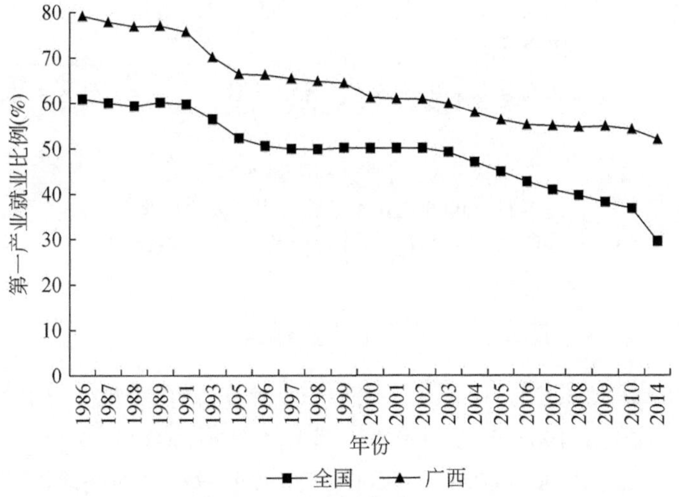

图3-12　1986～2014年耕地利用系统第一产业就业比例变化

注：1990年、1992年、1994年、2011～2013年数据缺失

3.2.2.4　农村居民人均纯收入

1986～2014年，全国、广西农村居民人均纯收入显著增加，均增加了20倍以上（图3-13）。全国农村居民人均纯收入从424元增加到9892元，净增加9468元，增长22.33倍；广西农村居民人均纯收入从316元增加到8683元，净增加8367元，增长26.48倍。其中，1993～1997年出现快速增长，全国、广西农村居民人均纯收入均翻了一番，分别从922元增加到2090元，从885元增加到1875元；2000～2014年全国、广西农村居民人均纯收入增长较快，均净增加约4000元，增长幅度为40%。同时，1986～2014年，全国、广西农村居民人均纯收入比较接近。

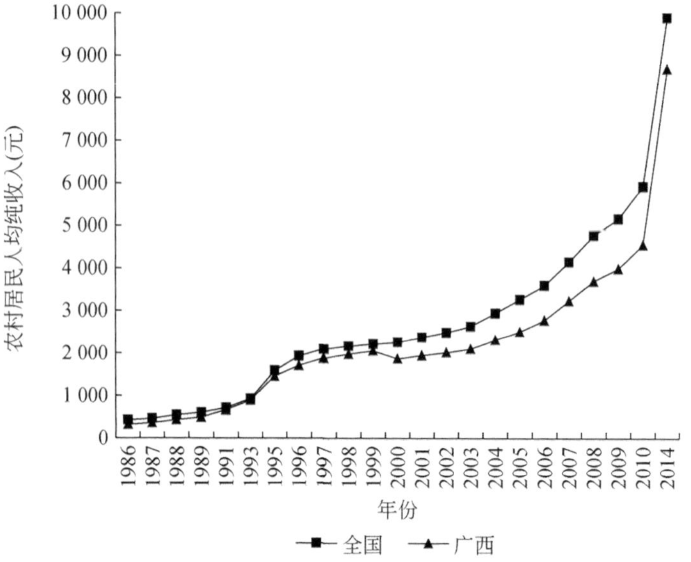

图 3-13　1986 ~ 2014 年农村居民人均纯收入

注：1990 年、1992 年、1994 年、2011 ~ 2013 年数据缺失

3.2.2.5　第一、第二、第三产业就业结构

1986 ~ 2014 年，全国第一、第二、第三产业就业结构发生较大变化（图 3-14）。第一产业就业比例由 1986 年的 60.9% 持续下降到 2014 年的 29.5%，下降幅度达到 51.56%。其中，1990 ~ 1996 年、2002 ~ 2014 年这两个时间段第一产业就业比例下降较快，其余时间段较为稳定。第二产业就业比例较为稳定，1996 ~ 2004

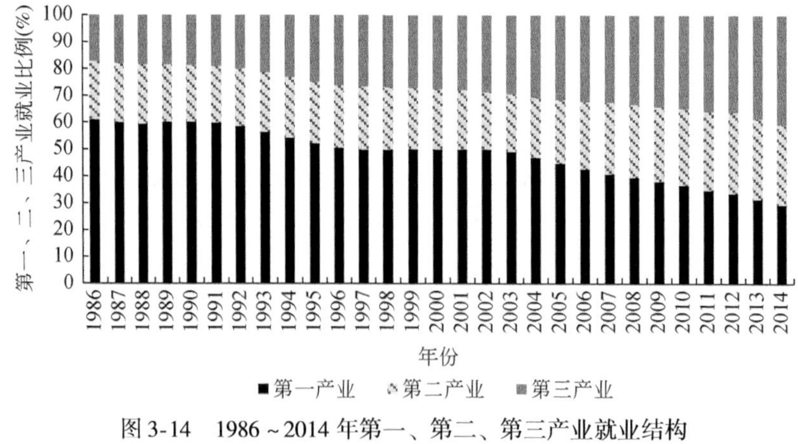

图 3-14　1986 ~ 2014 年第一、第二、第三产业就业结构

年基本维持在22%左右；2004年之后，第二产业就业比例呈现上升趋势。第三产业就业比例总体呈现上升趋势，其中，1992～1996年和2007～2014年两个时间段第三产业就业比例上升较快。这与第一产业就业比例的下降情况相呼应，说明了近年来部分第一产业就业者正在向第三产业转移。

一般来说，经济越发达的地区，人们的思想越开放，也就更愿意将耕地进行流转。同时，经济发达地区农民的受教育程度较高，也越愿意接受新鲜事物，尝试新型技术，从而有助于当地农机的推广，提高农业生产效率，降低单位劳动成本，促进耕地节约集约利用，减轻耕地细碎化程度。此外，经济发达地区更易进行招商引资，吸引企业到本地进行投资，解决当地的就业问题，促进土地的流转。若引进企业是农业类企业，则一方面可以显著提高农民流转土地的意愿，并可以为耕地转出者提供一定的工作岗位，保障其基本生活；另一方面企业相较于农户而言更加注重农业生产的经济效益，因而更愿意对土地进行投资，进行集中连片整治，减轻耕地细碎化程度，从而提高土地利用效率，有利于高标准基本农田的建设。

3.2.3 广西耕地细碎化与社会经济发展匹配度协调

3.2.3.1 理论分析

“耦合”是一个物理学概念，指两个（或两个以上）系统运动形式通过各种相互作用而彼此影响的现象。本书借鉴“耦合”定义，将细碎化及耕地利用系统要素与系统外部环境之间的相互制约、相互作用、相互影响、相互反馈的动态复杂非线性关系定义为“耦合”。耕地利用系统的输出（产量等）不仅取决于土地、资本、技术、劳动等系统要素，还取决于社会经济、市场等系统外部环境；同时，耕地细碎化及耕地利用系统要素与系统外部环境之间还存在一个是否协调同步的问题；可能存在耕地细碎化及耕地利用系统要素落后于耕地利用系统的社会经济等外部环境，从而制约耕地利用系统的功能发挥和产量输出；也可能存在耕地利用系统的某一系统要素短板效应被放大，从而制约整个耕地利用系统的功能发挥和产量输出。另外，耕地利用系统要素及其外部环境具有动态性，随着时间的变化而变化，进而会引起耕地利用系统要素与外部环境之间的耦合协同程度的动态变化。基于此，本书提出如下假设：改革开放以来，我国社会经济快速发展，同时耕地细碎化及耕地利用系统要素与系统外部环境也在发生动态变化，进而引起耕地利用系统要素与系统外部环境之间的耦合协调程度的动态变化，即我国耕地利用系统要素与系统外部环境存在耦合协调或不协调等多种可能。

从系统论和协同学理论的角度看，系统由无序走向有序的关键在于系统要素与系统环境之间的协同作用，它左右着系统演化的特征与规律，耦合度函数和耦合协调度函数正是对系统耦合协同作用的度量（马丽等，2012）。

3.2.3.2 数据来源

本书通过统计年鉴等资料，收集了 1986～2014 年的耕地利用系统要素及外部环境指标。其中，户均耕地面积、户均耕地数量和平均地块面积来源于全国农村固定观察点的农户调查数据，该调查始于 1984 年，样本分布在全国除港澳台之外的 31 个省（自治区、直辖市），目前农村固定观察点系统覆盖 350 个行政村，调查农户超过 2 万户，具有较好的样本代表性；1986～1994 年户均耕地面积、户均地块数量和平均地块面积来源于《全国农村社会经济典型调查数据汇编（1986～1999 年）》，1995～2010 年户均耕地面积、户均地块数量和平均地块面积来源于《全国农村固定观察点调查数据汇编（2000～2009 年）》和相关研究文献《土地细碎化与农村劳动力转移研究》（纪月清等，2016）；2014 年户均耕地面积、户均地块数量和平均地块面积来源于实际调查；全国农村固定观察点调查数据和实际调研数据接近，主要用来反映耕地细碎化的时间变化趋势。全国、广西 1986～2014 年农民人均纯收入、城镇（市）化率、第一产业占 GDP 的比例、第一产业就业比例来源于 1987～2015 年的《中国统计年鉴》和《广西统计年鉴》；1986～2014 年生产总成本、单位面积农用机械总动力、有效灌溉面积比例、单位面积化肥施用量、每亩用工量来源于 1987～2015 年的《中国农村统计年鉴》和《广西统计年鉴》。由于户均耕地面积、户均地块数量和平均地块面积等数据缺失，本书 1986～2014 年数据缺失 1990 年、1992 年、1994 年、2011 年、2012 年和 2013 年的数据。同时，考虑到生产总成本和每亩用工量与作物类型高度相关，全国尺度的生产总成本和每亩用工量按照小麦、玉米、水稻三大主要粮食作物平均值计算；广西的生产总成本和每亩用工量按照广西主要作物甘蔗进行计算。由于缺乏 1986～2014 广西的户均耕地面积、户均地块数量和平均地块面积数据，本书采用《全国农村社会经济典型调查数据汇编（1986～1999 年）》和《全国农村固定观察点调查数据汇编（2000～2009 年）》西部区平均值代表广西进行分析；2010 年和 2014 年数据根据实际调查修正后获得。

3.2.3.3 指标体系构建

构建合理的指标体系是科学测度耕地细碎化及耕地利用系统要素与系统外部环境耦合协调度的基础。目前，对于耕地利用系统包括土地、资本、技术、劳动四个主要要素这一认识已经得到土地资源、土地经济等科学理论的认可；系统外部环境包括社会、经济、市场、制度等方面也得到共识。但是，对于衡量耕地利用系统四个主要要素及其外部环境的具体指标，尚没有统一的标准。相关学者把有效灌溉面积、化肥施用量、农业机械化、农业机械总动力、农用塑料薄膜使用量、农药施用量和农村用电量等作为技术要素的衡量指标（姜劲儒，2010；魏金义和祁春节，2015）。参考国内外相关研究，考虑数据的可获得性，根据科学性、可比性、系统性、可操作性和稳定性等原则，将户均耕地面积、户均地块数量、平均地块面积作为土地要素的表征指标，3 个指标既反映耕地规模，又反映耕地细碎化情况。用生产总成本作为资本要素的表征指标，用单位面积农用机械总动力（农用机械总动力与播种面积之比）、有效灌溉面积比例（有效灌溉面积与播种面积之比）和单位面积化肥施用量（化肥施用量与播种面积之比）作为技术要素的表征指标，分别反映机械、灌溉和化肥等技术；用每亩用工量作为劳动要素的表征指标。用与耕地利用系统功能发挥间接相关的农村居民人均纯收入、城镇（市）化率、第一产业占 GDP 的比例、第一产业就业比例作为耕地利用系统外部环境的表征指标，分别反映耕地利用系统社会经济等外部环境（表 3-4）。

表 3-4　耕地利用系统要素及外部环境表征指标体系及权重

系统	子系统	要素	指标	单位	性质	权重
耕地利用系统	系统要素	土地	户均耕地面积	hm^2	正效应	0.25/3
			户均地块数量	块	负效应	0.25/3
			平均地块面积	hm^2	正效应	0.25/3
		资本	生产总成本	元/hm^2	负效应	0.25
		技术	单位面积农用机械总动力	W/hm^2	正效应	0.25/3
			有效灌溉面积比例	%	正效应	0.25/3
			单位面积化肥施用量	kg/hm^2	正效应	0.25/3
		劳动	每亩用工量	d	正效应	0.25
	系统环境	外部环境	农村居民人均纯收入	元	正效应	0.25
			城镇（市）化率	%	负效应	0.25
			第一产业占 GDP 的比例	%	正效应	0.25
			第一产业就业比例	%	正效应	0.25

3.2.3.4　耦合协调度模型

本书采用耦合协调度模型定量刻画耕地利用系统要素与系统外部环境之间的耦合协调度，耦合协调度模型通常由功效函数、耦合度函数和耦合协调度函数三部分构成。

（1）功效函数

耕地利用系统由系统要素和系统环境两个子系统组成，每个子系统由若干个指标组成（表3-4）。设子系统 i 有 n 个指标，分别为 x_1，x_2，…，x_n。若指标 x_{ij} 数值越大表明系统功能越好，即指标数值大小对系统的功效贡献为正时，则为正效应指标。若指标 x_{ij} 数值越小表明系统功能越好，即指标数值大小对系统的功效贡献为负时，则为负效应指标。系统要素及其系统环境两个子系统中不同指标的功效函数 d_{ij} 计算公式如下。

d_{ij} 为正效应时：

$$d_{ij}=(x_{ij}-x_{ij\min})/(x_{ij\max}-x_{ij\min}) \tag{3-1}$$

d_{ij} 为负效应时：

$$d_{ij}=(x_{ij\max}-x_{ij})/(x_{ij\max}-x_{ij\min}) \tag{3-2}$$

式中，d_{ij} 为系统 i 指标 j 的功效数；$x_{ij\max}$ 为系统 i 指标 j 的最大值；$x_{ij\min}$ 为系统 i 指标 j 的最小值；x_{ij} 为系统 i 指标 j 的值。d_{ij} 反映目标达成的满意程度，$0 \leqslant d_{ij} \leqslant 1$。当 $d_{ij}=0$ 时，为最不满意；当 $d_{ij}=1$ 时，为最满意。

系统要素与系统环境子系统的综合功效是各子系统内所有指标对该子系统的贡献的综合，可通过集成方法来实现。其计算公式为

$$U_i = \sum W_{ij} d_{ij} \tag{3-3}$$

式中，$W_{ij} \geqslant 0$，$\sum W_{ij}=1$，$j=1, 2, \cdots, n$。U_i 为子系统 i 对系统整体的功效，U_i 介于 0～1；W_{ij} 为子系统 i 指标 j 的权重。耕地利用系统功能的发挥取决于每一个要素的耦合协调，根据专家意见，本书认为系统要素与系统环境的指标具有相同的贡献程度；因此，本书认为耕地利用系统土地、资本、技术、劳动 4 个要素对系统的贡献程度相同，即每个要素权重均为0.25；同时，每一要素的具体指标贡献程度相同；耕地利用系统外部环境要素的 4 个指标贡献度相同，每个指标权重均为0.25（表3-4）。

（2）耦合度函数

学界通常借鉴物理学中的容量耦合系数模型推广得到两个或多个系统（或要素）相互作用耦合度模型：

$$C=\left\{\frac{U_1 U_2 \cdots U_n}{\prod (U_i + U_j)}\right\}^{\frac{1}{n}} \tag{3-4}$$

式中，C 为耦合度，耦合度值介于 0～1；U_n 为 n 个子系统；U_i 为各子系统对系统整体的功效；U_j 为子系统 j 对系统整体的功效。耦合度的大小由各个子系统 U_i 的大小决定。本书研究的是耕地利用系统要素和系统环境两个子系统构成的耦合

度模型，故 $n=2$。当 $C=0$ 时，系统之间或系统内部要素之间不存在耦合关系，处于无关状态，系统将向无序发展。当 $C=1$ 时，系统及其要素间的耦合度最大。根据目前众多学者对耦合度的分段方法（姜劲儒，2010；魏金义和祁春节，2015），本书采用中值分段法，当 $0<C\leqslant 0.3$ 时，表明耕地利用系统要素与系统环境处于低水平耦合阶段；当 $0.3<C\leqslant 0.5$ 时，表明耕地利用系统要素与系统环境处于拮抗阶段（两者之间相互抗衡，不相上下）；当 $0.5<C\leqslant 0.8$ 时，表明耕地利用系统要素与系统环境进入磨合阶段；当 $0.8<C\leqslant 1$ 时，耕地利用系统要素与系统环境进入高水平耦合阶段（表3-5）。当然，由于耕地利用系统的复杂性，耕地利用系统要素与系统环境的耦合度不是按照上述几个阶段的顺序演变的，也有可能出现倒退和跳跃前进的现象。

表 3-5　耦合度类型划分标准

耦合度值	耦合类型
$0<C\leqslant 0.3$	低水平耦合阶段
$0.3<C\leqslant 0.5$	拮抗阶段
$0.5<C\leqslant 0.8$	磨合阶段
$0.8<C\leqslant 1$	高水平耦合阶段

（3）耦合协调度函数

协调是指系统演变过程各要素及其系统环境相互和谐一致的属性。耦合度模型只能表征耦合作用程度的强弱，无法反映协调发展水平的高低。因此，在耦合度函数的基础上，借鉴当前研究成果（马丽等，2012；魏金义和祁春节，2015），本书构建耕地利用系统要素与系统环境的耦合协调度函数，来定量评判耕地利用系统要素与系统环境随时间的协调程度，其函数计算公式定义如下：

$$D=\sqrt{C+T} \tag{3-5}$$

$$T=\alpha U_1+\beta U_2 \tag{3-6}$$

式中，D 为耕地利用系统要素与系统环境的耦合协调度；C 为耦合度；T 为系统要素与系统环境的综合协调指数，它反映系统要素与系统环境的整体协同效应或贡献；U_1 和 U_2 分别为系统要素与系统环境的综合功效；α、β 为待定系数，其大小一般取决于在系统中的重要程度，本书在分析耕地利用系统要素与系统环境的耦合协调关系时，认为两者处于同等重要的程度，因此 α、β 均取值0.5。由于 U 介于0～1，协调度 D 也介于0～1。前面对耕地利用系统要素与系统环境等指标按照其对系统的正负效应进行了功效函数处理，所以耕地利用系统要素与系统环境两个子系统对系统的综合功效越高，则其协调度越高，反之亦然。借鉴相关研究，本书采用中段分值法将耦合协调度划分为4种类型（表3-6）。

表 3-6　耦合协调度的划分标准及类型

耦合协调度值	耦合协调类型
$0<D\leqslant 0.3$	低度耦合协调
$0.3<D\leqslant 0.5$	中度耦合协调
$0.5<D\leqslant 0.8$	高度耦合协调
$0.8<D\leqslant 1$	极度耦合协调

根据式（3-1）~式（3-6），1986~2014 年全国、广西耕地利用系统要素与系统环境耦合度及耦合协调度计算结果见表 3-7。1986~2014 年，全国、广西耕地利用系统要素与系统环境的耦合度始终处于 0.5 左右，表明耕地利用系统要素与系统环境由拮抗阶段向磨合阶段过渡。

表 3-7　全国及广西耕地利用系统要素与系统环境耦合度、耦合协调度

年份	*C*		*D*	
	全国	广西	全国	广西
1986	0.496	0.499	0.576	0.598
1987	0.496	0.499	0.568	0.584
1988	0.498	0.500	0.570	0.585
1989	0.498	0.499	0.570	0.573
1991	0.497	0.498	0.554	0.551
1993	0.500	0.499	0.544	0.534
1995	0.500	0.500	0.539	0.516
1996	0.500	0.500	0.534	0.514
1997	0.499	0.500	0.525	0.505
1998	0.499	0.500	0.516	0.493
1999	0.498	0.499	0.511	0.482
2000	0.497	0.498	0.499	0.449
2001	0.493	0.496	0.501	0.449
2002	0.498	0.497	0.470	0.440
2003	0.488	0.492	0.484	0.443
2004	0.487	0.492	0.480	0.424
2005	0.481	0.487	0.467	0.411
2006	0.472	0.475	0.457	0.413
2007	0.465	0.473	0.453	0.413

续表

年份	C		D	
	全国	广西	全国	广西
2008	0.465	0.472	0.450	0.406
2009	0.459	0.461	0.442	0.406
2010	0.460	0.467	0.433	0.392
2014	0.476	0.494	0.414	0.383

注：1990 年、1992 年、1994 年、2011 ~ 2013 年数据缺失

1986 ~ 2014 年，全国及广西耕地系统要素与系统环境耦合协调度总体呈下降趋势，降幅达到 20% 以上；从高度耦合协调阶段逐渐下降为中度耦合协调阶段。全国的耦合协调度从 0.576 下降到 0.414，降幅为 28.13%；广西耦合协调度从 0.598 下降到 0.383，降幅为 35.95%。截至 2014 年，广西的耦合协调度低于全国平均水平。因此，广西耕地系统要素与系统环境耦合协调度整体较低，目前处于中度耦合协调阶段，而且存在下降趋势，急需采取有效措施优化耕地利用系统，促进耕地利用系统要素与系统环境再次耦合协调与匹配。

3.3 广西“小块并大块”耕地整治逻辑需求

3.3.1 客观需求：地形+权属导致耕地物理形态极端细碎

广西地处云贵高原东南边缘，两广丘陵西部，南临北部湾海面。其山岭连绵、山体庞大、岭谷相间，四周多被山地、高原环绕，中部和南部多为丘陵平地，呈盆地状，有“广西盆地”之称。总体是山地丘陵性盆地地貌，主要分山地、丘陵、台地、平原、石山、水面 6 类。山地以海拔 800m 以上的中山为主，海拔 400 ~ 800m 的低山次之，山地约占广西土地总面积的 39.7%；海拔 200 ~ 400m 的丘陵占 10.3%；海拔 200m 以下的地貌包括谷地、河谷平原、山前平原、三角洲及低平台地。综上可知，广西耕地自然细碎化程度较为严重。

而 1978 年实施家庭联产承包责任制后，为了保证农户拥有土地权利的公平性，按照耕地的土壤肥力和质量等级等因素进行了承包分割，划分给不同的农户。这个过程中综合考虑了地块位置和土地肥力的差异，按照距离远近和质量好坏搭配的原则结合起来进行分配，这种平均分配的做法使得广西耕地的权属细碎化成为普遍现象。随着社会经济的发展，农业机械和装备等技术水平有了快速的发展，但是耕地极端细碎化却限制了大型机械的使用。因此，在地形和权属导致

的耕地极端细碎化背景下，为了提高生产力，获得农产品生产阶段的规模经济，对广西细碎化耕地进行整治迫在眉睫。

3.3.2 内在动力：土地极端细碎化，农民对土地依赖大

截至2014年，广西第一产业就业比例高达51.90%，表明第一产业仍是广西的主要就业部门，是农民的主要就业渠道。土地，则是农民赖以生存的根本，耕地质量的好坏直接决定农民经济收入与生活水平的高低。土地的极端细碎化无疑加大了农民充分利用土地资源的难度，浪费了不必要的田间运输时间，制约了农业机械化的发展。农业在市场竞争中本就处于不利地位，耕地的集中连片则有利于实现农业经营的规模经济，从而提高竞争力，提高农民的收入水平。

在进行家庭联产承包责任制时，由于耕地质量具有差异性，为了保证相对公平，减少农户间的矛盾纠纷，保障农民的基本生活需要，从而维持社会稳定，农民集体又人为地根据耕地质量好坏和距家远近对耕地进行了分割，进一步加剧了耕地细碎化程度。同时由于耕地面积一定，在保证农村土地承包经营权不变的前提下，随着父母年龄不断增大、后代人数不断增多，就涉及继承及分地的问题。一般父母过世后，其土地并未被收回，而是由其子女继承。而子女在继承父母土地时往往采用平均分割耕地的方法，保证耕地以相对公平的方式被分给继承者，从而导致耕地细碎化更加严重。耕地被划分得越来越细，从而使得耕地细碎化程度越来越深。因此，土地继承制的存在也在一定程度上加剧了耕地细碎化程度。而第一产业仍是广西的主要就业部门，是农民的主要就业渠道和重要的收入来源，农民对土地的依赖性较强。总之，在农业生产收入对广西农民依然比较重要的情况下，广西耕地细碎化整治对当地农民来说意义重大，农民具有开展耕地细碎化整治的内在动力。

3.3.3 外在推力：政府

中共中央、国务院为进一步加强耕地保护和改进占补平衡工作，于2017年1月9日印发并实施了《中共中央 国务院关于加强耕地保护和改进占补平衡的意见》。意见要求“坚持最严格的耕地保护制度和最严格的节约用地制度，像保护大熊猫一样保护耕地，着力加强耕地数量、质量、生态‘三位一体’保护”；“提高粮食综合生产能力，保障国家粮食安全，为实现‘两个一百年’奋斗目标、实现中华民族伟大复兴中国梦构筑坚实的资源基础”。意见明确指出“大力实施土地整治，落实补充耕地任务”“鼓励地方统筹使用相关资金实施土地整治

和高标准农田建设”；“为充分发挥财政资金作用，国家鼓励采取政府和社会资本合作（PPP）模式、以奖代补等方式，引导农村集体经济组织、农民和新型农业经营主体等，根据土地整治规划投资或参与土地整治项目，多渠道落实补充耕地任务”。

2017 年 3 月 1 日起施行的《广西壮族自治区土地整治办法》总则中也明确指出“县级以上人民政府领导本行政区域内的土地整治工作，协调解决土地整治中的重大事项，建立健全统一规划布局、统一建设标准、统一组织实施的土地整治工作机制，统筹整合土地整治、农田水利、农业综合开发、高标准农田建设等项目和资金，提高土地综合整治水平”；“自治区实行土地整治先建后补、以奖代补制度，鼓励土地权利人自筹资金和其他社会资金参与土地整治，支持村民委员会、国有农（林）场等农业生产经营组织开展以增加地块面积，减少地块数量为目的的土地整治”。

4 耕地细碎化对耕地利用的综合影响

4.1 数据来源及样本情况

4.1.1 数据来源及样本分布

本书研究所用数据来源于广西壮族自治区自然资源厅 2018 年重大研究课题（GXZC2018-G3-17920-JGYZ-G），该项目在 2018 年 1 月和 7 月对广西进行分层抽样和随机抽样调查，调查范围包括桂林等 14 个地级市，通过问卷调查方式访问了 1178 位农户，获得有效问卷 1021 份，问卷有效率为 86.67%。样本分布情况见表 4-1。

表 4-1 样本分布情况

地级市	样本数量	地级市	样本数量	地级市	样本数量
桂林市	77	钦州市	58	贺州市	41
柳州市	53	梧州市	103	河池市	111
来宾市	86	北海市	33	南宁市	67
玉林市	180	贵港市	74	百色市	61
崇左市	62	防城港市	15	合计	1021

4.1.2 被调研农户的基本情况

就土地规模来看，样本农户户均耕地经营规模约为 0.24hm^2，根据本书研究目的，按照农户耕地经营规模来划分农户至今没有严格的标准，根据相关文献划分方法（刘颖等，2016；张忠明和钟鑫，2017），分析样本农户耕地经营规模分布特点并将其分为小规模、中规模和大规模 3 个层次。其中农户耕地经营规模在 0.12hm^2以下的样本户为小规模农户，有 317 户，占总样本的 31.05%；农户耕地经营规模在 0.12 ~ 0.24 hm^2 的样本户为中规模农户，有 370 户，占总样本的 36.24%；农户耕地经营规模在 0.24 hm^2以上的样本户为大规模农户，有 334 户，占总样本的32.71%（表4-2）。

表4-2　农户耕地经营规模统计情况

农户耕地经营规模	最大值（hm^2）	最小值（hm^2）	均值（hm^2）	标准差	频数	占比（%）
0.12 hm^2以下的样本户	0.117	0.010	0.062	0.035	317	31.05
0.12～0.24 hm^2样本户	0.239	0.120	0.169	0.034	370	36.24
0.24 hm^2以上的样本户	3.333	0.240	0.487	0.464	334	32.71
总体	3.333	0.010	0.240	0.321	1021	100.00

4.2　耕地细碎化对耕地利用效率的影响

4.2.1　模型设定与变量说明

4.2.1.1　DEA-Tobit 模型

DEA-Tobit 模型是用于绩效评估的模型，目前有关效率估计有“一步法”和“两步法”两种方法，由于“两步法”结果更稳定（许玉光等，2017），本书采用“两步法”，首先用DEA模型求取土地利用效率，再使用Tobit模型研究分析耕地细碎化对耕地利用效率的影响。

（1）DEA 模型

DEA模型是由美国著名运筹学家A. Charnes、W. W. Coopor和E. Rhodes于1978年提出的一种评价具有相同类型投入和产出的若干部门或单位相对有效性的数量方法，DEA模型分为规模报酬不变条件下测定技术效率（technical efficiency，TE）、衡量投入转为产出效率的CCR模型和规模报酬可变条件下测定技术效率的BCC模型，分别以广西14个地级市和农户作为决策单元（decision making unit，DMU）。该决策单元生产规模并非最优，因此选取BCC模型，技术效率可分解为规模效率（scale efficiency，SE）与纯技术效率（pure technical efficiency，PTE）的乘积，即TE=SE×PTE，最终采用土地利用技术效率表示土地利用综合效率（E）。

BCC模型是在CCR模型的基础上发展来的，具体计算方法为

$$\max E_k = \frac{\sum_{r=1}^{s} u_r y_{rj} - u_j}{\sum_{i=1}^{n} v_i x_{ij}} \tag{4-1}$$

$$\text{s. t. } \sum_{i=1}^{n} v_i x_{ij} = 1,\ \sum_{r=1}^{s} u_r y_{rj} - \sum_{i=1}^{n} v_i x_{ij} - u_i \leqslant 0 \tag{4-2}$$

$$u_r \geqslant 0\ (r=1,\ 2,\ \cdots,\ s),\ v_i \geqslant 0\ (i=1,\ 2,\ \cdots,\ n)$$

式中，x_{ij}表示第j个农户第i种投入指标的投入量；y_{rj}表示第j个农户第r种产出指标的产出量；v_i和u_r分别表示第i种投入指标和第r种产出指标的权重系数；u_j表示第j个产出指标的权重；s和n分别表示产出指标和投入指标的个数；E_k表示第k个农户的土地利用效率。

(2) Tobit 模型

Tobit 模型也称为样本选择模型或因变量受限模型，是因变量满足某种约束条件下取值的模型。这种模型的特点在于其包含两个部分，一是表示约束条件的选择方程模型；二是满足约束条件下的某连续变量方程模型。本书利用 DEA 模型测度的耕地利用效率值介于 0 ~ 1，属于截尾数据，不适于使用普通最小二乘法进行回归分析，因此，选取 Tobit 模型即因变量受限模型进行研究，模型表达式为

$$E = \boldsymbol{\beta}_0 + \boldsymbol{\beta}_1 x_1 + \boldsymbol{\beta}_i x_i + \varepsilon\ (i>1) \tag{4-3}$$

式中，E表示耕地利用效率；x_1表示关键变量，即耕地细碎化程度，表示平均地块面积；x_i表示控制变量，即农户个体特征、家庭特征和政策支持等；$\boldsymbol{\beta}_0$、$\boldsymbol{\beta}_1$、$\boldsymbol{\beta}_i$ 均表示系数向量；ε 表示误差项。

4.2.1.2 变量设定

(1) DEA 模型

在 DEA 模型中，本书分别以广西 14 个地级市和各农户作为决策单元，将农业收入作为产出要素，土地、资本、技术、劳动力作为投入要素，分别用农地耕种面积、农业生产投入资本（物质和资料、农机投入）和农户在农地上投入的总的劳动力数量来表示，以此来判断广西农户的耕地利用效率。

(2) Tobit 模型

在 Tobit 模型中，将耕地利用效率（用土地利用技术效率表示）作为被解释变量，耕地细碎化作为核心解释变量，农户个体特征、家庭特征和政策支持作为控制变量；由于综合指数法无法区别出地块数量和地块面积等对土地利用效率的影响，本书选取单一指标法用平均地块面积来表示耕地细碎化程度；耕地细碎化对耕地利用效率的影响预期为负，即平均地块面积越小，耕地利用效率越低（表 4-3）。

农户个体特征包括户主年龄、户主受教育程度、户主健康状况。户主年龄越大，技能和经验越丰富，对土地利用效率的积极影响可能也越明显，但年龄越大的农户越不容易接受新兴的生产技术，可能对土地利用效率产生负向影响，因此户主年龄对土地利用效率的影响方向暂时无法确定；户主受教育程度越高，对新

技术的接受能力越强，越能科学种地；户主身体健康状况越好，在农地上投入的精力就会越多，耕地利用效率也会越高。

表 4-3 回归变量及类型

变量	变量名称	变量定义	预期指标方向
被解释变量	耕地利用效率	DEAP 软件估计值	
关键变量	平均地块面积	实际值	+
农户个体特征	户主年龄	实际值	+/−
	户主受教育程度	0-没上过学；1-小学以下；2-小学；3-初中；4-中专；5-高中；6-专科；7-本科；8-硕士；9-博士；10-受过职业教育或技术培训	+
	户主健康状况	1-非常健康；2-很健康；3-比较健康；4-一般健康；5-不健康	+
农户家庭特征	家中是否有村干部	1-有；0-无	+
	农业劳动力占比	务农劳动力/劳动力总数	+/−
	家庭农业资金投入比例	农业投入资金/家庭总支出	+
政策支持	农户参加技术培训的次数	实际值	+
其他变量	单位耕地面积机械总动力	机械总动力/耕地面积	+

农户家庭特征包括家中是否有村干部、农业劳动力占比和家庭农业资金投入比例。农户家中如果有村干部，便能充分调动可利用资源，及时获取较新的技术等，以此提高耕地利用效率；农业劳动力占比越高，说明农户在农地上可投入的劳动力越多，但可能在非农忙季节产生劳动力冗余，造成浪费，因此农业劳动力占比对耕地利用效率的影响方向暂不确定；家庭农业资金投入比例越高，农户在土地上的资金投入越高，即农户对农地的依赖性越强，对耕地利用效率的提高越有促进作用。

政策支持和其他变量包括农户参加技术培训的次数和单位耕地面积机械总动力。农户参加技术培训的次数越多，掌握的农地经营技术越强，对耕地利用效率越有促进作用；农户对耕地投入的机械动力越多，在提高作业效率的同时越可以节约劳动力，从而提高耕地利用效率。

4.2.2 实证结果

4.2.2.1 耕地利用效率的 DEA 评价

（1）广西各地级市耕地利用状况

由表 4-4 可知，广西 14 个地级市农户的耕地利用综合技术效率均小于 1，表明其土地利用效率没有达到最优，整体的耕地利用综合技术效率平均值为0.469，表明广西耕地的实际综合技术效率为最优值的46.9%，即当产出不变时，投入要素下降53.1%，耕地利用效率才能达到最优值，也可以看出广西在2017年耕地利用效率整体处于较低水平，还有较大的提升空间。纯技术效率的平均值为0.812，处于较高水平，说明广西对耕地的投入和管理水平较高，但规模效率较低，仅为0.561，各市的规模报酬都是递增的，表明广西对土地投入增加的比例小于产出增加的比例，存在土地投入不足的情况，可适当增加农地投入，调整要素投入，使耕地要素的投入结构达到最优状态，提高耕地利用效率。

表4-4　2017年广西各地级市耕地利用效率状况

评价单元	综合技术效率	纯技术效率	规模效率	规模报酬
桂林市	0.532	0.832	0.626	递增
柳州市	0.460	0.854	0.535	递增
来宾市	0.595	0.802	0.743	递增
玉林市	0.354	0.763	0.466	递增
贺州市	0.468	0.862	0.527	递增
河池市	0.236	0.745	0.335	递增
南宁市	0.347	0.768	0.431	递增
钦州市	0.565	0.882	0.647	递增
梧州市	0.432	0.726	0.581	递增
北海市	0.723	0.921	0.787	递增
贵港市	0.347	0.746	0.469	递增
崇左市	0.428	0.799	0.524	递增
百色市	0.189	0.650	0.291	递增
防城港市	0.507	1.000	0.507	递增
平均值	0.469	0.812	0.561	—

当以地级市为决策单元时，仅能判断广西整体和各地级市的耕地利用情况，不足以判断纯技术效率还是规模效率对耕地利用综合技术效率的影响程度更高，因此需要以农户为决策单元展开进一步分析。

（2）不同经营规模农户的耕地利用效率

由表4-5可知，各经营规模农户的耕地利用综合技术效率和规模效率均较低，而纯技术效率相对较高，其中，大规模农户的综合技术效率、纯技术效率和规模效率均最高，中规模农户次之，小规模农户最低，可初步判断，随着经营规模增大，耕地利用效率逐渐提高。所有农户的耕地利用综合技术效率可以分解为纯技术效率和规模效率，可制作出散点图，观察纯技术效率和规模效率分别对综合技术效率的影响程度。

表 4-5　不同经营规模农户的耕地利用效率

农户类型	纯技术效率	规模效率	综合技术效率
小规模农户	0.708	0.244	0.173
中规模农户	0.834	0.397	0.331
大规模农户	0.835	0.422	0.352

由图 4-1 所示，纯技术效率、规模效率与综合技术效率的散点图都未与 45°线完全重合，说明耕地利用综合技术效率同时受两者的影响。相对于纯技术效率，农户规模效率达到有效状态的较少，由于纯技术效率的散点多数落在 45°线的上方，而规模效率的散点多落在 45°线的周围，说明规模效率对综合技术效率的影响大于纯技术效率，通过 SPSS 软件数据分析功能计算发现，规模效率与综合技术效率的相关系数（0.861）明显大于纯技术效率与综合技术效率的相关系数（0.229），也充分证明广西耕地利用综合技术效率与规模效率的关系更密切，即耕地利用综合技

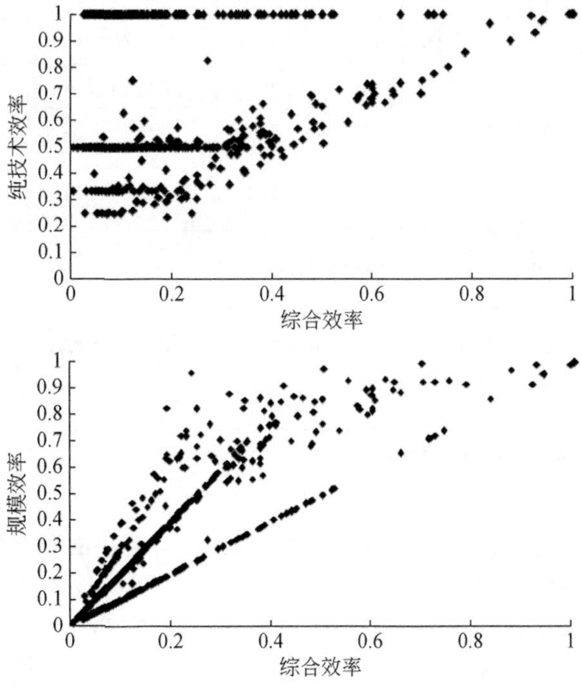

图 4-1　纯技术效率、规模效率对综合技术效率的影响程度

术效率低的主要原因是规模效率低，说明对土地的投入不足，应充分利用有限的耕地资源。通过调查还发现，广西地区农户的土地较为分散，多数农户拥有的土地不仅总面积较小，而且分散化程度较高，每块土地面积较小，并且因划分田埂、边界等造成土地资源浪费。如果将田埂等占用的土地合理利用，那么在降低耕地细碎化程度的同时也可增加耕地面积，扩大广西农户的经营规模。

4.2.2.2 回归分析

根据上面选取的关键变量与控制变量，对广西农户的耕地利用综合技术效率进行回归分析，由于综合技术效率是介于 0 ~ 1 的截断数据，不能使用最小二乘法模型，为保证估计参数的无偏性和一致性，本书使用 stata 13 软件，运用 Tobit 模型进行回归，回归结果如表 4-6 所示。

表 4-6 Tobit 回归结果

变量名称	所有农户	小规模农户	中规模农户	大规模农户
平均地块面积	0.492***(3.37)	0.866***(3.47)	0.658***(4.36)	0.606*(1.72)
户主年龄	-0.000(0.20)	0.002(1.25)	-0.002(-1.28)	0.000(0.15)
户主受教育程度	0.003(0.56)	0.163(1.10)	0.000(0.02)	0.027**(1.99)
户主健康状况	-0.027***(-3.96)	-0.034**(-1.98)	-0.007(0.57)	-0.046***(-3.18)
家中是否有村干部	0.081**(2.25)	0.032(0.40)	0.120**(1.99)	0.119(1.30)
农业劳动力占比	0.029(0.98)	0.108(1.29)	-0.026(-0.54)	0.109*(1.70)
家庭农业资金投入比例	0.036(1.03)	0.171*(1.80)	0.133**(2.46)	-0.159**(-1.96)
农户参加技术培训的次数	0.013*(1.66)	0.035(1.42)	0.006(0.43)	0.025*(1.69)
单位耕地面积机械总动力	0.000*(1.64)	-0.000(0.81)	0.000***(2.60)	0.000(1.48)
常数项	0.219***(3.97)	-0.026(-0.18)	0.101(0.99)	0.497***(4.30)

***、**、*分别表示在 1%、5% 和 10% 的水平下显著；括号内为 t 的统计值

(1) 关键变量

对总体样本进行分析，由表 4-6 可以看出，平均地块面积对耕地利用效率在 1% 显著性水平上有正向影响，与预期方向一致，表示耕地细碎化是降低耕地利用效率的影响因素，具体来看，平均地块面积每增加 1hm^2，耕地利用效率将提高 0.492 个单位，平均地块面积增大，更有利于规模生产和机械化生产，促进农地规模经营，提高耕地利用效率。

平均地块面积对各个规模农户耕地利用效率的影响均为正，但影响程度互不

相同。由小规模、中规模农户的回归结果可以看出，平均地块面积对耕地利用效率都在1%显著性水平上有正向影响，且影响系数分别为0.866、0.658，表示平均地块面积每增加1hm^2，耕地利用效率将分别提高0.866个单位、0.658个单位；由大规模农户的回归结果可以看出，平均地块面积对耕地利用效率在10%显著性水平上有正向影响，影响系数为0.606。综上，由显著性水平和估计系数大小可初步判断，耕地规模越小的农户，耕地细碎化对其耕地利用效率的负面影响越大，也反映了小规模农户的耕地细碎化程度较高，即平均地块面积越小时，耕地利用效率越低。

（2）控制变量

户主年龄对各个规模农户耕地利用效率的影响并不显著，不考虑正负向影响，影响系数最小为0，最大为0.002，年龄每增加1岁，耕地利用效率最多能提高0.002个单位，因此，户主年龄对耕地利用效率的影响微乎其微。户主受教育程度对大规模农户的耕地利用效率在5%显著性水平上有正向影响，与预期方向一致，即户主受教育程度越高，对新技术等的掌握接受能力越强，越有助于提高耕地利用效率；户主健康状况对耕地利用效率的影响为负，说明户主的身体状况越好，越有精力投入农业生产，对耕地精耕细作的程度越高，耕地利用效率越高；在农户家庭特征中，家中是否有村干部对总样本和中规模农户耕地利用效率在5%显著性水平上有正向影响，与预期方向一致，家中有村干部，对优先使用公共设备、掌握新技术等有更多优势，耕地利用效率可以得到提高；农业劳动力占比对大规模农户耕地利用效率在10%显著性水平上有正向影响，表示大规模农户对农业的依赖性较强，农业劳动力越多，越有利于分配并充分利用家庭劳动力，合理安排各耕种环节，对提高耕地利用效率越有利；家庭农业资金投入比例对小规模和中规模农户的耕地利用效率分别在10%和5%显著性水平上有正向影响，与预期方向一致，表示农业资金投入越多，越有利于提高耕地利用效率，但对于大规模农户，家庭农业资金投入比例对耕地利用效率在5%显著性水平上有负向影响，原因可能是大规模农户的农业投资过剩，导致其边际报酬处于递减阶段；在政策支持中，农户参加技术培训的次数对大规模农户耕地利用效率在10%显著性水平上有正向影响，大规模农户经营的农地面积较大，按照传统的种植方式可能存在劳动力不足、管理不善等问题，更需要技术支持，因此，参加培训可以有效弥补家庭劳动力人力资本不足的短板；单位耕地面积机械总动力对中规模农户耕地利用效率在1%显著性水平上有正向影响，但对小规模农户的影响为负且不显著，可能原因是小规模的农地不利于大型机械进行作业，强行使用机械可能事倍功半，达不到预期提高耕地利用效率的效果。

4.3 耕地细碎化对农业利润和农业成本的影响

4.3.1 模型设定与变量说明

4.3.1.1 半对数函数模型

半对数函数模型是指因变量或自变量取对数后的线性回归，为消除因变量异方差可能对估计结果的影响，本书对因变量取对数，并分析耕地细碎化对农业利润和投入的影响，模型表达式为

$$\ln xc_i = \delta_0 + \delta_1 k_i + \delta_2 m_{ci} + \theta_i \tag{4-4}$$

式中，xc_i表示农户单位面积农业利润和农业成本，其中，农业成本包括物质和资料成本（秧苗、化肥、农药和薄膜成本）、农机成本和劳动力成本；δ_0 表示常数项；δ_1、δ_2 表示变量系数；k_i表示平均地块面积；m_{ci}表示农户个体特征、农户家庭特征、政策支持等控制变量；θ_i表示误差项。

4.3.1.2 变量设定

耕地细碎化程度越高，即平均地块面积越小，越不利于机械设备和新技术的使用，也会造成农户在农地间转移的时间损失，可能会提高农业投入成本，降低农业利润；但平均地块面积小，也有可能降低农业风险，更加灵活地利用劳动力，还有可能降低成本，增加利润。因此平均地块面积对农业利润和农业成本的影响方向暂时无法确定。

在农户个体特征中，户主年龄越大，经验越丰富，越有助于降低农业成本，提高利润，但随着年龄增大，体力下降，对新技术的接受力减弱，可能导致成本增加，利润降低，因此户主年龄对农业利润和农业成本的影响暂不确定；户主受教育程度越高，越能科学分配、灵活使用资源，降低成本的可能性越大，农业利润也越可能得到提高。在农户家庭特征中，劳动力数量越多，在农忙季节越占优势，可减少成本，增加利润，但在非农忙季节，可能造成劳动力剩余、资源浪费，其影响暂无法下定论；家中有村干部，有利于农户使用村中公共设备或政府补贴等，在一定程度上能降低生产成本，提高利润；单位面积内农业收入越多，越可能激发农户对农业投入的积极性；但如果非农收入比例越高，说明农户从事第二、第三产业能获得更高的收入，则农户更倾向于放弃农业，减少对农业的投入，农业利润也随之减少。农户参加技术培训的次数越多，越能掌握新的技术、

技能并用于农业生产，很大程度上能降低农业成本，增加农业收入（表4-7）。

表4-7 变量的描述性统计分析

变量		均值	标准差	最大值	最小值
被解释变量	农业总利润（元/hm²）	48 732.85	72 918.24	325 000.00	1083.00
	农业总成本（元/hm²）	55 351.47	29 049.73	188 400.00	11 250.00
	物质和资料成本（元/hm²）	5 004.38	9 301.98	61 100.00	48.80
	农机成本（元/hm²）	6 475.96	8 580.77	112 500.00	450.00
	劳动力成本（元/hm²）	19 536.30	42 619.69	118 726.15	62.50
解释变量	平均地块面积（hm²）	0.05	0.05	1.00	0.00
	户主年龄（岁）	44.14	14.70	92.00	17.00
解释变量	户主受教育程度	3.43	1.72	10.00	0.00
	劳动力数量（人）	2.85	1.09	8.00	1.00
	家中是否有村干部	0.05	0.21	1.00	0.00
	单位面积农业收入（元/hm²）	70 133.37	128 371.82	47 8200.00	0.00
	非农收入比例	0.64	0.34	1.00	0.00
	农户参加技术培训的次数（次）	0.28	0.99	5.00	0.00

由表4-8可知，随着农户规模增大，单位面积内耕地的农业利润和农业成本随之降低，原因是小规模农户经营管理的耕地面积较小，农户能投入更多精力对仅有的耕地进行精耕细作，单位面积内投入的农业成本增多，农业利润也增多；而大规模农户经营管理的耕地面积较大，无法像小规模农户一样精耕细作，在一定程度上趋于粗放经营管理，因此在单位面积内的农业投入比小规模农户少，农业利润也减少。

表4-8 不同规模农户农业利润和成本的描述性统计分析 （单位：元/hm²）

规模等级 / 样本均值	小规模农户	中规模农户	大规模农户
农业利润	79 127.00	44 735.00	32 865.64
农业成本	55 615.83	19 585.61	10 734.48
物质和资料成本	8 181.98	4 531.27	3 800.80
农机成本	3 724.38	4 755.90	10 789.59
劳动力成本	33 154.18	19 688.86	10 224.65

将农业成本拆分为物质和资料成本、农机成本和劳动力成本进行分析可知，随着农户规模增大，单位面积内的物质和资料成本减少，即农户规模越大，单位

面积内的物质和资料成本越低，原因是规模越大的农户越可能对耕地进行粗放式经营，单位面积内的物质和资料成本降低；单位面积内的农机成本随农户规模增大而增加，单位面积内的劳动力成本与之相反，随农户规模增大而减少，原因是农业机械与劳动力具有替代关系；大规模农户在农忙时期劳动力紧缺，更可能使用农业机械作业，且耕地规模越大对使用机械越有利；小规模农户耕地规模小，即使在农忙季节劳动力也相对充裕。另外，耕地规模越小，越不利于使用大型机械，所以小规模农户会选择投入更多的劳动力，最终其劳动力成本相对较高，农机成本较低。

4.3.2 模型回归结果

4.3.2.1 耕地细碎化对不同经营规模农户农业利润的影响

(1) 关键变量

表4-9的回归结果显示，平均地块面积对中规模农户农业利润在1%显著性水平上有正向影响，且系数为0.771，表示平均地块面积每增加1hm²，农业利润提高77.1%，平均地块面积对小规模和大规模农户农业利润的影响虽不显著，但均为正，且中规模农户的影响系数最大，小规模农户次之，大规模农户最小，即平均地块面积对不同规模农户农业利润的影响呈倒U形，对中规模农户的影响处

表4-9 耕地细碎化对农业利润的影响分析

变量名称	总样本	小规模农户	中规模农户	大规模农户
平均地块面积	0.155(0.24)	0.595(1.36)	0.771***(3.63)	0.112(0.18)
户主年龄	0.003(0.99)	0.008(1.20)	0.006(1.35)	-0.002(-0.58)
户主受教育程度	0.020(0.75)	0.008(0.14)	0.052(1.34)	-0.007(-0.18)
劳动力数量	0.131***(4.09)	0.098 (1.30)	0.152***(3.48)	0.079*(1.65)
家中是否有村干部	0.017(0.10)	0.125(0.42)	0.603**(2.36)	0.092(0.33)
单位面积农业收入	0.000***(22.56)	0.000***(11.87)	0.000***(15.09)	0.000***(12.28)
非农收入比例	-0.759***(-6.66)	0.619(0.22)	-0.590***(-3.50)	-0.738***(-6.52)
农户参加技术培训的次数	0.082**(2.47)	0.569(0.60)	0.102**(2.10)	0.086**(2.04)
常数项	9.274***(38.45)	8.802***(16.24)	8.482***(22.79)	9.583***(28.27)
调整后的R^2	0.5603	0.5437	0.6324	0.6313
F值	103.42	24.23	51.61	51.73

***、**、*分别表示在1%、5%和10%的水平下显著；括号内为t的统计值

于峰值附近，而对小规模、大规模农户的影响分布在峰值两端。而耕地细碎化对中规模农户农业利润的影响程度最大，对大规模农户农业利润的影响反而最小，可能原因是对于大规模农户，影响农业利润的主要因素不再是平均地块面积，更多的是技术投入、管理水平等。总的来说，耕地细碎化对农业利润有负向影响。

（2）控制变量

家庭特征中，劳动力数对中规模和大规模农户农业利润分别在1%和10%显著性水平上有正向影响，表示劳动力投入越多，农户对耕地的依赖性越强，越能对农地精耕细作，收入也随之增加；家中是否有村干部对中规模农户农业利润在5%显著性水平上有正向影响，证实了家中有村干部，农户有使用集体农业设备、享受政府补贴等的优先权，有利于提高其农业利润；单位面积农业收入对各规模农户农业利润在1%显著性水平上均有正向影响；非农收入比例对总样本农户、中规模和大规模农户农业利润在1%显著性水平上均有负向影响，原因是农户对第二、第三产业的重视程度和投入均高于农业，对农业投入减少，农业利润随之减少；在政策支持中，农户参加技术培训的次数对各规模农户农业利润均有正向影响，与预期方向一致。

4.3.2.2 耕地细碎化对农户农业成本的影响

农业投入可以分为长期投入和短期投入，其中，长期投入包括兴修排水沟、平整土地、改良土壤、修建道路等投入，短期投入包括物质和资料、农机、劳动力等投入（卢盛荣等，2012），由于缺乏长期投入的相关数据，本书研究的是耕地细碎化对短期投入的影响。

（1）耕地细碎化对不同规模农户农业成本的影响

耕地细碎化对不同规模农户农业成本的回归结果如表4-10所示，模型调整后的R^2值均大于0.8，拟合度较高，说明所选自变量能较好地解释因变量变异，方程均通过总体显著性检验。

表4-10 耕地细碎化对农业成本的影响分析

变量名称	总样本	小规模农户	中规模农户	大规模农户
平均地块面积	-0.185***(-2.65)	-0.356(-0.79)	-0.430*(-1.83)	-0.320(1.28)
户主年龄	0.008**(2.43)	0.008(1.21)	0.004(0.72)	0.010**(2.49)
户主受教育程度	0.033(1.20)	0.009(0.15)	-0.016(-0.39)	0.058(1.56)
劳动力数量	0.058*(1.71)	0.025(0.32)	0.104**(2.10)	0.009(0.20)
家中是否有村干部	-0.492***(2.80)	-0.209(0.68)	-0.182(0.64)	-0.396(1.38)
单位面积农业收入	0.000***(14.01)	0.000***(7.21)	0.000***(8.98)	0.000***(9.02)

续表

变量名称	总样本	小规模农户	中规模农户	大规模农户
非农收入比例	-0.613 *** (-5.23)	-0.793 *** (-2.93)	-0.348 * (-1.81)	-0.417 ** (-2.46)
农户参加技术培训的次数	-0.120 *** (3.24)	-0.075(0.72)	-0.096 * (1.70)	-0.176 *** (4.03)
常数项	8.732 *** (34.97)	9.639 *** (18.29)	8.819 *** (21.03)	7.744 *** (23.74)
调整后的 R^2	0.8211	0.8120	0.8382	0.8218
F 值	43.39	41.15	58.38	55.07

***、**、*分别表示在1%、5%和10%的水平下显著；括号内为 t 的统计值

1）关键变量。平均地块面积对总样本的农业成本在1%显著性水平上有负向影响，且平均地块面积每增加1hm^2，总成本将减少18.5%；平均地块面积对中规模农户农业成本在10%显著性水平上有负向影响，影响系数为-0.430，对小规模和大规模农户农业成本的影响虽不显著，但影响系数仍为负，说明降低耕地细碎化程度有助于减少农业成本，并且耕地细碎化程度对中规模农户农业成本影响最大，小规模次之，对大规模农户的影响最小，与对农业利润的影响相对应，平均地块面积对不同规模农户农业成本的影响系数绝对值仍呈倒U形，即耕地细碎化对中规模农户农业成本的影响处于峰值附近，对小规模和大规模农户的影响分布于两端，说明耕地细碎化对中规模农户带来的影响最大，原因是对于小规模和大规模农户而言，平均地块面积不是影响农业成本的主要因素，影响小规模农户的主要因素可能是耕地规模本身，影响大规模农户的主要因素可能是投入技术、管理水平等。

2）控制变量。户主作为家庭决策者，其年龄对总样本和大规模农户农业成本均在5%显著性水平上有正向影响，即随着户主年龄增大，农业成本将增加。具体表现为：户主年龄越大，对新事物、新技术的接受与掌握能力越弱，越愿意采用相对保守、传统的农业种植方式，不利于单位面积内农业成本下降。

表示家庭特征的劳动力数量对总样本和中规模农户农业成本分别在10%和5%显著性水平上有正向影响，劳动力人数多，在农忙季节能够充分调动，但在非农忙季节，会导致劳动力浪费，造成边际效用的下降，增加劳动力机会成本，总体来说，过多劳动力会导致农业成本增加；家中是否有村干部对总样本农业成本在1%显著性水平上有负向影响，但对三种规模农户的影响却不显著；单位面积农业收入对三种规模农户农业成本均在1%显著性水平上有正向影响，单位面积农业收入增加，要求投入的农业成本也会增加，农业收入越多，农户越有充裕的资金投入农业生产，从而越能够激发农户农业生产积极性；非农收入比例对农业成本有负向显著影响，说明非农收入比例越高，农户的收入重心越偏向非农产

业，即第二、第三产业为农户带来的收益越高，农户越愿意外出务工，因此，其对农业投入减少。

在政策支持方面，农户参加技术培训的次数均对中规模和大规模农户分别在10%和1%显著性水平上有负向影响，说明在一定程度上，政府给予农户的政策支持具有积极效果，促使农户掌握新技术，合理配置农业生产要素，降低成本的同时可以提高耕地利用效率。

（2）耕地细碎化对不同经营规模农户各项农业成本的影响

在控制其他变量的情况下，将农业成本细分为物质和资料成本、农机成本和劳动力成本，并分析耕地细碎化对不同规模农户各成本的影响程度，回归结果如表4-11所示。

表4-11 耕地细碎化对各项农业成本的影响分析

农业成本	解释变量	总样本	小规模农户	中规模农户	大规模农户
物质和资料成本	平均地块面积	-0.226**(-2.35)	-0.430**(-1.96)	-0.351**(-2.22)	-0.203(1.41)
	控制变量	控制	控制	控制	控制
农机成本	平均地块面积	0.163*(1.73)	0.276**(2.52)	0.236(0.63)	-0.173(-0.12)
	控制变量	控制	控制	控制	控制
劳动力成本	平均地块面积	-0.158*(-1.68)	-0.163**(-2.53)	-0.101(-1.32)	0.062**(2.12)
	控制变量	控制	控制	控制	控制

**、*分别表示在5%和10%的水平下显著；括号内为t的统计值

由表4-11可知，平均地块面积对物质和资料成本对总样本在5%显著性水平上有负向影响，平均地块面积每增加1hm^2，物质和资料成本减少22.6%，说明耕地细碎化程度降低在一定程度上能节约物质资料的投入，降低成本，并且对不同规模农户的影响程度各不相同，相比中规模农户，平均地块面积对小规模农户物质和资料成本的影响更大，原因是小规模农户本身受耕地规模限制，耕地细碎化对其影响更大，随着耕地规模增大，规模报酬处于递减阶段，成本降低的程度低于小规模农户，但平均地块面积对大规模农户物质和资料成本的影响为负不显著，即耕地细碎化对小规模和中规模农户农业物质和资料成本有正向影响，而对大规模农户则不能得出两者的正向关系。

平均地块面积对农机成本的影响为正，对劳动力成本的影响为负，即平均地块面积增大，耕地的农机成本将增加，劳动力成本将降低，与上面的描述性统计结果一致，农业机械与劳动力有相互替代的关系，当平均地块面积过小时，不利于使用大型农业机械或成本更高，多数农户会选择投入更多劳动力进行农业生产；当平均地块面积增加到一定程度，能够适应机械化生产，并且比劳动力生产

更高效、便利时，机械化生产将取代劳动力生产，此时农机成本增加，劳动力成本降低。对于不同规模农户，平均地块面积对小规模农户农机成本和劳动力成本均在5%显著性水平下显著，对中规模农户的影响不显著，说明平均地块面积对小规模农户间劳动力成本转化为农机成本的影响更大，限于耕地规模过小和耕地细碎化的影响，小规模农户无法发展机械化生产，只能采用传统的劳动力作业，随着平均地块面积增大，耕地细碎化程度降低，满足机械化生产条件时，小规模农户更愿意改变生产方式。值得深思的是，在本书研究中，平均地块面积对大规模农户农机成本的影响虽不显著，但显示为负，对劳动力成本的影响在5%显著性水平上有正向影响，与总样本和其他规模的影响方向相反，可能原因是大规模农户普遍采用粗放方式经营，机械化程度较高，但在平均地块面积增大、耕地细碎化程度降低后，地块相对更集中，农户更愿意加强管理、提高耕作水平，投入更多劳动力，也可能是大规模农户的经营规模超过了适度规模范畴，当然，这只是初步猜测，具体原因还有待深究。综上，对于小规模和中规模农户，耕地细碎化对农机成本有负向影响，对劳动力成本有正向影响，但对于大规模农户无法得出此结论。

5 不同经营主体“小块并大块”耕地整治和“双高”基地建设模式

5.1 “小块并大块”耕地整治和“双高”基地建设模式背景

5.1.1 “小块并大块”耕地整治模式背景

2013 年的中央一号文件明确指出，按照规模化、专业化、标准化发展要求，引导农户采用先进适用技术和现代生产要素，加快转变生产经营方式，创造良好的政策和法律环境，采取奖励补助等多种办法，扶持联户经营、专业大户、家庭农场。党的十八大提出“完善最严格的耕地保护制度”“严守耕地保护红线”“加快发展现代农业，增强农业综合生产能力”和“发展多种形式规模经营，构建集约化、专业化、组织化、社会化相结合的新型农业经营体系”。党的十九大报告明确提出，“发展多种形式适度规模经营，培育新型农业经营主体，健全农业社会化服务体系，实现小农户和现代农业发展有机衔接”。2019 年中央一号文件中表示“全面深化农村改革”和“启动家庭农场培育计划”，开展农民合作社规范提升行动，深入推进示范合作社建设，建立健全支持家庭农场、农民合作社发展的政策体系和管理制度。落实扶持小农户和现代农业发展有机衔接的政策。同时，2019 年中共中央办公厅、国务院办公厅印发的《关于促进小农户和现代农业发展有机衔接的意见》提出，“在有条件的村组，结合高标准农田建设等，引导小农户自愿通过村组内互换并地、土地承包权退出等方式，促进土地小块并大块，引导逐步形成一户一块田”。2019 年农业农村部《农田建设项目管理办法》第十九条指出，“组织开展农田建设应坚持农民自愿、民主方式，调动农民主动参与项目规划、建设和管护等积极性。鼓励在项目建设中开展耕地小块并大块的宜机化整理”。因此，开展“小块并大块”耕地整治，对稳定提升耕地质量、保障粮食安全，促进农村产业发展等具有重要的现实意义。

广西当前的土地现状是：责任田地块小、四处分散、界限多、田埂多、土地浪费严重且耕作强度大，难以形成规模种植，该状况早已成为广西农业发展和农民增收的拦路石。为切实调动和充分发挥广大农民群众参与农村土地整治的积极性，提高财政资金的使用效率，加快高标准基本农田建设，在深入调研和总结崇左市龙州县农民自发开展“小块并大块”实践经验基础上，广西制定专项政策，安排专项资金，以“先建后奖、以奖代补、以补促建”的方式鼓励农民自发开展“小块并大块”耕地整治。

5.1.2 “双高”基地建设模式背景

我国糖业生产主要分布在广西、云南、广东、海南等地，其中广西是我国糖业的焦点，并且历史悠久，周恩来总理曾说过“宁要广西的糖，不要广西的粮”，足以证明广西在产糖业上已是鹤立鸡群。国计民生，将白糖作为战略物资也不为过，据了解，70%的白糖是由甘蔗榨得，广西甘蔗种植面积约1600万亩，年均产糖量占全国总产糖量的67%以上，约占全亚洲总产糖量的50%，被业界称为中国的“糖都”。同时，糖料蔗产业已成为广西大部分市、县的优势产业和支柱产业，为农民增收和企业增效做出了突出的贡献。

“十二五”以来，国际国内糖业发展环境发生了重大变化，国内外糖价长期倒挂，种蔗成本持续上升，制糖行业普遍亏损，种蔗面积逐年下滑，广西糖业发展面临前所未有的严峻形势。随着改革开放的深入推进，政府划定的蔗区和糖料蔗政府定价模式已不符合市场经济规律。受生产条件差、良种研发滞后、品种单一、机械化推进缓慢、人工成本增加较快及国内外价格波动等多种因素影响，特别是市场机制作用发挥不充分，糖业发展体制机制急需改革。糖料蔗种植效益下滑，市场竞争力下降，糖业发展和蔗农增收受到影响。为此，必须进一步支持糖料蔗主产区改善生产条件，加快良种培育，推进全程机械化，辐射带动其他区域发展，不断提升糖料蔗综合生产能力，促进国内蔗糖产业持续健康发展和蔗农增收。

糖料蔗作为广西的支柱产业，有效增加了地方税收，在国家战略支持下，深受当地政府和群众的重视。在这种情况下，广西提出了以经营规模化、种植良种化、生产机械化、水利现代化（简称四化建设）为主要内容，到2020年建成500万亩以上平均单产超8t、蔗糖分超14%的优质高产高糖糖料蔗基地（简称“双高”基地）。提出主要任务是稳定糖料蔗种植面积，坚持优势区域重点发展，加强蔗田基础设施建设，重点建设33.3万hm^2经营规模化、种植良种化、耕作机械化、水利现代化的糖料蔗基地，大幅提高单位面积产量。

5.2 “小块并大块”耕地整治和“双高”基地建设模式内涵

5.2.1 “小块并大块”耕地整治模式内涵

“小块并大块”是农民自发、自愿、自主开展的“小块并大块”权属调整和农田建设模式，是指自然屯（村民小组）为适应农业规模化经营的需要，在坚持农村土地承包经营制度下，在原有耕地面积不减少的前提下，通过召开村民大会讨论，在2/3以上成员同意的前提下，铲除各农户在同一区域内的地块田埂、田间小道和灌排沟渠，归并零散地块，整合成大块土地后再重新分配给农户；不改变农户原有土地承包总面积，只改变地块空间位置，同时做好农村土地承包经营权证书变更登记，并且对其进行平整、规划和田间工程建设，是一种由农民自行发起的更符合规模化经营的土地整合、互换、再分配模式。

“小块并大块”耕地整治模式极具特色：一是农民自发自愿，政府指导引导。村民自行组织实施“小块并大块”，从决策、筹资到建设、管护全过程，都是群众自发自愿参与，不需要政府层层审批，体现群众主体地位。二是整治的时间短、效率高、投资成本少。“小块并大块”由农户自行商定，说好就做，整治耕地只需要3个月即可完成，比一般的土地整治项目工期要短，也比一般土地整治项目每亩节约1000元。三是加速土地流转，创新农业经营方式。并块整治后，田成方、路成行、沟相通、渠相连，既方便了耕作管理，也增加了耕地面积，为农业产业化、规模化创造了条件。

“小块并大块”耕地整治模式主要包括：一是农民主导型“小块并大块”耕地整治模式，即农户互换地块“小块并大块”经营方式，在对等合理的条件下鼓励支持农户互换地块，有利于耕种的管理及规模经营；二是合作社主导型“小块并大块”耕地整治模式，即成立农民专业合作社经营管理，鼓励支持各类农民专业合作社通过租赁、经营权入股等形式连片开发经营土地，实行土地流转规模经营；三是企业主导型“小块并大块”耕地整治模式，即引进农业龙头企业经营，鼓励支持农业龙头企业到农村经营土地，单独兴办或与农民联办新型农业企业，以公司化形式实施“小块并大块”，实现土地的整体流入，建立企业生产基地。目前以这三种整治模式为主，当然还有通过实施项目带动模式，如利用土地整治、农业综合开发、小型农田水利等项目实施“小块并大块”。通过多种途径将分散化的土地集中经营管理，充分提高土地利用效率。

5.2.2 “双高”基地建设模式内涵

2014年，为落实自治区人民政府建设500万亩优质高产高糖糖料蔗基地的建设任务，结合“小块并大块”的建设优势，广西壮族自治区人民政府办公厅出台了《广西优质高产高糖糖料蔗基地建设试点实施方案》，以及自治区财政厅、国土资源厅联合出台了适用于糖料蔗基地建设的《广西壮族自治区优质高产高糖糖料蔗基地土地整治以奖代补专项资金管理暂行办法》。总体思路为：以制糖企业、种植合作社等为龙头，以市场为导向，以科技为支撑，开展优质高产高糖糖料蔗基地建设试点，通过财政支持、政策鼓励等措施，充分调动建设主体的积极性，引导社会资本进入蔗区开展现代化改造，积极探索行之有效的项目建设模式，加快推进糖料蔗经营规模化、种植良种化、生产机械化、水利现代化，降低糖料蔗生产成本，不断提高我区糖料蔗单产、糖分和生产效益，增强我区蔗糖业国际竞争力，促进我区蔗糖业可持续发展。

结合“小块并大块”的建设优势和经验做法，广西在全自治区范围内推广“双高”基地建设。在《广西壮族自治区优质高产高糖糖料蔗基地土地整治以奖代补专项资金管理暂行办法》中，第二条规定：本办法所指自治区优质高产高糖糖料蔗基地土地整治（以下简称“土地整治”）是指市、县（市、区）人民政府组织的制糖企业、农业企业、专业合作社、家庭农场、种植大户及自治区农垦集团公司等糖料蔗基地建设主体（以下简称“建设主体”）自筹资金开展相对连片蔗区面积不小于300亩的田间工程配套设施土地整治。第三条规定：建设主体开展土地整治以奖代补专项资金（以下简称“奖补资金”）是自治区财政通过自治区留用的新增建设用地土地有偿使用费或自治区集中用于农业土地开发的土地出让金安排并专项用于对建设主体开展土地整治工作实施奖励的专项资金。第四条规定：奖补资金的奖补对象包括第二条所指的建设主体。

因此，《广西优质高产高糖糖料蔗基地建设试点实施方案》和《广西壮族自治区优质高产高糖糖料蔗基地土地整治以奖代补专项资金管理暂行办法》两个文件，将农民自发的“小块并大块”思路嫁接到“双高”基地建设，对象是“双高”糖料蔗基地；明确建设主体是制糖企业、农业企业、专业合作社、家庭农场、种植大户及自治区农垦集团公司等，建设主体同时也是奖补资金的奖补对象。

5.3 “小块并大块”耕地整治和“双高”基地建设模式政策形成过程

5.3.1 “小块并大块”耕地整治政策模式形成过程

1996年，上龙乡上龙村弄农屯黄忠伟等5户农民首开先河，对原本被石头隔离得零零碎碎、高低不平、大小不一的耕地进行平整并块互换，拉开了“小块并大块”耕地整治模式的序幕。次年，这5户农民土地每亩收入超千元，别的农户因土地过于分散，每亩收入仅500元。1999年，弄农屯以群众自愿为前提，将原本零星分散的耕地整理连片，重新按原有承包面积连片划分，用拖拉机深耕，种植的黑皮果蔗平均亩产达8t，每亩增收3000元，经济效益显著提高。之后，板卜屯、板塘屯等周边村屯纷纷效仿，掀起了并地热潮。从2002年开始，上龙乡政府因势利导，以屯为单位，以连片田块为基础，以户与户结对并块为切入点，实行“结对并地”。村与村、屯与屯之间，共同制订友好协议和村规民约，村与村结成友好村、屯与屯结成友谊屯、户与户结成兄弟户。在无数小块并成一大块后，再按各户原有的面积重新抽签分配。至2009年10月，全乡已有7个村42个自然屯推行土地“小块并大块”，调整面积达2.8万多亩。对推行“小块并大块”成果显著的村屯，乡党委会给予资金奖励。但这还是解决不了“小块并大块”过程中农田基础设施建设（土地平整、田间道路、农田水利等）存在的资金难题。

2009年，广西壮族自治区国土资源厅对“小块并大块”农民土地整治做法进行了总结，更由此催生了“以奖代补”新思路，践行“政府引导，政策支持；整合资金，加大扶持”原则。“以奖代补”是自治区出台的一项旨在用经济手段鼓励农民自发实施“小块并大块”的政策。

2012年，广西壮族自治区国土资源厅、财政厅、农业厅三部门在全国率先出台《广西壮族自治区国土资源厅 财政厅 农业厅关于鼓励农民自发开展耕地整治工作的意见》和《自治区鼓励农民自发开展“小块并大块”耕地整治以奖代补专项资金管理暂行办法》，首次从自治区层面推行以农民为建设主体且自发开展的“小块并大块”耕地整治。前者规定从2012年至2015年，根据高标准基本农田建设要求，采取“先建后奖”方式，鼓励农民自发开展50万亩以上（含50万亩）耕地整治。根据这份文件，农民自愿实施“小块并大块”耕地整治和“小块并大块”耕地整治配套建设两方面的工程，都可以得到奖补。同时，结合广西实际，更加明确政府部门耕地保护共同责任、充分发挥农民主力军作用、探索出土地整治新模式、寻找到农业增效、农民致富的新途径。

5.3.2 “双高”基地建设政策模式形成过程

经广西壮族自治区人民政府同意，2012 年 8 月和 10 月，广西壮族自治区国土资源厅会同财政厅、农业厅印发了《广西壮族自治区国土资源厅 财政厅 农业厅关于鼓励农民自发开展耕地整治工作的意见》和《自治区鼓励农民自发开展“小块并大块”耕地整治以奖代补专项资金管理暂行办法》两个文件。

2013 年 7 月，广西壮族自治区提出以经营规模化、种植良种化、生产机械化、水利现代化（简称四化建设）为主要内容，到 2020 年建成 500 万亩以上平均单产超 8t、蔗糖分超 14% 的优质高产高糖糖料蔗基地（简称“双高”基地）。

为落实自治区人民政府建设 500 万亩优质高产高糖糖料蔗基地的建设任务，结合“小块并大块”的建设优势，广西壮族自治区人民政府办公厅出台了《广西优质高产高糖糖料蔗基地建设试点实施方案》，以及自治区财政厅、国土资源厅联合出台了适用于糖料蔗基地建设的《广西壮族自治区优质高产高糖糖料蔗基地土地整治以奖代补专项资金管理暂行办法》。

2015 年，为贯彻落实《国家发展改革委、农业部关于印发糖料蔗主产区生产发展规划（2015—2020 年）的通知》（发改农经［2015］1101 号）、《广西壮族自治区人民政府关于促进我区糖业可持续发展的意见》（桂政发［2013］36 号）精神和自治区有关“双高”基地建设的部署要求，加快“双高”基地生产全程机械化发展，制定本实施方案。

2019 年，经自治区党委全面深化改革委员会和自治区政府常务会议审议通过，自治区政府研究出台了《广西壮族自治区人民政府关于深化体制机制改革加快糖业高质量发展的意见》（桂政发〔2019〕8 号）（以下简称《意见》），对全区糖业今后 4 年的改革发展工作进行了全面部署。《意见》共七大部分三十条，包括总体要求、完善糖料蔗购销市场机制、着力提高糖料蔗生产水平、推动制糖企业高质量发展、加快淘汰落后产能、提高科技创新能力和保障措施。《意见》明确提出围绕提高生产能力、保护蔗农权益、放开甘蔗市场、兼顾地方利益、整合加工能力、培育知名品牌、拉长产业链条、做大糖业产业，深化糖业体制机制改革，着力“强龙头、补链条、聚集群”，推动糖业发展质量变革、效率变革、动力变革，不断提升我区糖业发展水平。

5.4 “小块并大块”耕地整治和“双高”基地建设模式实施程序

5.4.1 “小块并大块”耕地整治模式实施程序

5.4.1.1 强化村民主体，村民自发民主推进

（1）“小块并大块”耕地整治

1）由农民自主提出、进而自发组织、自愿投工、投劳实施的一项整治活动，充分发挥农民的主体地位。活动实施之前由队长或党员对具体的整治时间、整改区域进行调查，然后通过协商进一步确定。

2）召开村民大会讨论具体的并地方案，鼓励村民建言献策，成立专门的工作小组，工作小组通过村民民主投票产生，由工作小组成员核实原地块、地类面积。

3）张榜公示，组织实施开展；最后并地完成之后，分地登记，按每户人口，并地后总耕地面积，采取抓阄方式，造册登记签字确认。确认无误之后在全村内开始进一步实施。

在整治活动开展后，整治区内耕地质量明显有所提升，将分散化的小规模地块整合，能够大大提高土地利用效率，农业基础设施更加便利，机械化操作更容易进行，并且自然生态环境也明显改善。农民积极参加整改活动，不仅能够进一步开发土地的价值，也能够实现明显增收，实现村庄的共同富裕。

（2）具体要求

1）自发自愿。各自然屯在计划并地前，先由屯（队）长对并地的时间、区域、群众意愿等进行初步调查，把群众意愿放在首位，积极听取村民的意见，确保并地工作获得广泛的群众基础。

2）民主议定。召开村民大会，讨论并地方案、成立工作小组等事宜，方案的形成要征求村民的同意，并在获得2/3以上村民同意后实施。

3）自主实施。由村民组成工作组，核实原地块地类和面积，并且进行张榜公示，让村民充分了解制订的方案，等待村民无异议后，自行组织实施。

4）确权登记。并地完成后，按农户人口、并地后耕地面积，采取随机抽取方式，造册登记签字确认，再由农户向政府申请换发新的土地承包经营证，村民最终获取新的地块。

5.4.1.2 强化政府引导，帮助扶持示范带动

政府应加强服务，对农民自定区域、自建的整治工程区，不再进行规划设计、预算编制、招投标工作，而应指导农民绘制工程图，协调解决过程中遇到的困难；组成各部门工作小组，深入村屯和田间进行分类指导；最后政府还要加大扶持整合耕地整治活动中的各个关键要素，以整治环境为纽带，联合整治的主体、对象和目标，以期实现“农业产业化、规模经营化”的目标。

把“小块并大块”耕地整治作为统筹城乡发展、实施新农村建设和加快城镇（市）化进程的重要抓手，强化组织领导，规划扶持，示范带动，“小块并大块”耕地整治快速推进，成效显著。具体要求包括以下 3 个方面。

（1）加强规划指导

在并地过程中，积极组织县国土、财政、农业等部门科技人员深入村屯，指导农民进行登记统计、绘制工程图、规划设计、编制预算，开展招投标等工作，并按相关行业标准施工，合理设置机耕路，完善排灌渠道，改善农村耕地基础条件，进一步培植土壤肥力，最大限度地降低地块间生产条件差异，充分提高土地利用率。

（2）加大扶持力度

做好自治区“小块并大块”、“以奖代补”申报、复核、发放工作，确保土地整治专项资金落实到位。制定出台甘蔗产业发展扶持实施办法，采取“以奖代补、以补代投”等方式，让农民“用国家的钱，整自己的地”。采取“三个一点”（整合国土、水利、财政、农业等部门资金，统筹投入一点；支持农业产业龙头企业参与土地流转，出资投入一点；鼓励村屯集体和农民个人投工投劳，自筹投入一点）的办法，充分利用政府、企业及村内资金，多渠道整合资金投入，有效弥补了耕地整治的资金缺口，同时充足的资金储备更有利于整改活动的开展。

（3）严格依法确权

建立“小块并大块”耕地整治信息管理平台，由乡镇政府收集、整理 1995 年以来相关的土地承包材料和并地后新的土地权属信息，并且进行张榜公示，经县农业部门再次审核后，由县政府换发新的土地承包经营证，严格依法确定农户的土地承包经营权。原先“分田到户”，既分了田，也分了心，并地后，村与村、屯与屯、户与户之间的地界清楚、道路通达、沟渠纵横，因土地和水源等多发性引起的矛盾纠纷基本消除，有力地促进了农村社会和谐稳定、繁荣发展。

5.4.1.3 强化企业参与，探索创新整治模式

鼓励和支持承包土地向专业大户、家庭农场、农民合作社流转，促进耕地规模化经营，大力支持发展多种形式的新型农民合作社组织，培育壮大龙头企业，创新实施多种新模式。一般农户种植经营的规模较小，且受种植技术、管理水平、资金投入的影响，无法达到耕地利用效益的最大化，流转给种植大户、涉农公司、合作社等对象更有利于提高耕地利用效率，保护耕地质量。同时重点支持帮助龙头企业发展，鼓励效益差的农户将农地转包给企业，扩大企业规模并监督企业生产，提高耕地利用效率的同时快速发展当地经济，并为剩余劳动力提供更多的就业机会。

例如，龙州县因势利导、因地制宜，在并地的基础上探索创新整治模式，推动土地向农业龙头企业、专业大户、家庭农场或农民合作社流转，发展多种形式的适度规模经营，创造出“龙州模式”。实施“并户联营”构建农民专业合作社经营模式，由农民专业合作社统一经营管理，实现农户与农民专业合作社收益共享、风险共担。实施“公司+基地+农户”新型农场模式，由企业全额投资，项目建设周期短、见效快，典型示范性强。农业开发公司承包农户土地，农户进行土地流转，政府在水源建设等方面给予企业支持和补助，由企业实施甘蔗高效节水灌溉和甘蔗“六化”，应用甘蔗种植现代科技提高单产和土地产出率。

5.4.1.4 强化资金整合，多元投入强力驱动

整合国土、水利、财政、农业等资金，统筹安排，加大投入，同时鼓励乡村集体和农民个人增加投入或投工投劳。起初对完成“小块并大块”土地交换的村民按照交换土地的面积发放补助，后来实行“以奖代补”。根据2013年中央一号文件关于“加大公共财政对农村基础设施建设的覆盖力度，逐步建立投入保障和运行管护机制”的精神，以及自治区国土资源厅、财政厅、农业厅联合下发的《自治区鼓励农民自发开展“小块并大块”耕地整治以奖代补专项资金管理暂行办法》和《广西壮族自治区国土资源厅 财政厅 农业厅关于鼓励农民自发开展耕地整治工作的意见》等文件要求，整合国土、水利、财政、农业等部门及企业资金，采取“以奖代补、以补代投”等方式，对实施“小块并大块”土地平整和田间道路工程分别奖励300～400元/亩、80～200元/m。同时，按建设高标准农田的层次建设相关配套设施，对农民凡实行“小块并大块”连片500亩以上实施甘蔗高效节水灌溉的，由政府安排一定的资金建设灌溉基础设施；凡达到50亩以上的，由制糖企业以200元/亩的标准，补助机耕费、化肥、地膜等。此外，积极鼓励乡村集体和农民个人增加投入或投工投劳，充分发挥农民群众的主体作

用，增强村民对土地整治的积极性。

5.4.1.5　强化规范管理，依法确权维护民利

建立“小块并大块”耕地整治信息管理平台，将实行“小块并大块”后新的土地权属信息张榜公示，经县农业部门再次审核之后，由县政府换发新的土地承包经营证。同时提高村民民主管理的意识，为改善农村生产生活条件，让农民群众纷纷出谋划策，通过“一事一议”筹资筹劳加强农业基础建设，鼓励村民积极参与村内民主管理，增强了村民民主议事与决策的意识。具体来说：一是稳妥推进农村产权确权登记颁证，保障农民财产权利。建立“小块并大块”耕地整治信息管理平台，在保持现有土地承包关系稳定的前提下，以“突出重点、积极稳妥，先易后难、逐步推开，尊重历史、依法依规”为原则，按照“申请、确权、公示、登记、颁证、备案管理”程序，由乡镇政府收集、整理1995年以来相关的土地承包材料和并地后新的土地权属信息，张榜公示，经县农业部门再次审核后，由县政府换发新的土地承包经营证。二是做好农村产权交易试点工作，规范农村产权流转交易市场。积极搭建农村综合产权交易、产权托管和产权融资三大服务平台，逐步将13类农村产权纳入经营交易范围，健全完善产权托管、交易鉴证、产权抵押、委托评估、司法确认等基本功能，优化资源配置，盘活各类农村产权，增加农民收入。

5.4.2 “双高”基地建设模式实施程序

5.4.2.1　土地流转

按照“依法、自愿、有偿”的要求，积极稳妥地推进土地流转或整合，流转或整合土地单幅地块长度应大于200m、宽度应大于25m（统一种植和经营管理的面积在7.5亩以上），相对连片面积在200亩以上，为基地建设提供用地保障。

推进土地流转。培育发展土地股份合作社，对流转面积超过一定规模的合作社，根据其申报情况适当给予财政扶持；开展“小块并大块”，统一规划，统一开展机械化耕种收生产经营；推动土地经营权向制糖企业和其他有条件、有能力的经营主体流转，由农业厅牵头，自治区“双高”基地办公室、自然资源厅、农机局、财政厅配合。

5.4.2.2　土地整治

在地质条件允许的前提下，通过降坡、填沟、炸石、捡石，清除地面以下

60cm 范围内的石质等，提高蔗地整治质量，确保农业机械作业顺利开展。“双高”基地应采用捡石机筛捡石块，作业开支纳入土地整治经费。

开展“小块并大块”耕地整治和耕地平整配套建设，实现基地单幅地块坡度在 13°以下，使之适合大中型机械作业；机耕道路建设应满足农机作业地头回转及糖料蔗运输车通行要求；单片地块可配套排水渠，提高土地利用率、投入产出率。

5.4.2.3 水利建设

输水干管、配水管网工程及喷头、滴灌带、滴灌管、微灌带、水沟、水渠等田间水利设施应满足全程机械化作业需要。

对水源到田间灌溉系统及其配套设施等进行全面科学规划，合理确定水源工程、灌溉渠系（管道）工程、配套建筑物工程和田间灌溉工程，保障基地灌溉水源。滴灌、喷灌等田间灌溉工程和水肥一体化需与基地建设实施主体管护能力相适应。落实和完善灌溉工程运行与管理机制，确保蔗区水利基础设施持久、高效地发挥作用。

5.4.2.4 全程机械化

糖料蔗基地要求地势平坦，交通便利，相对连片面积在 200 亩以上（含 200 亩，下同），单幅地块长度大于 200m、宽度大于 25m、坡度在 13°以下，实行统一种植和经营管理的面积在 7.5 亩以上；单幅地块长度超过 1000m 的，原则上以 200～500m 长度划分地块；地块内部局部的起伏高差应控制在 10cm 以内；没有出露石芽、树根、水泥墩柱、电杆等影响农业机械作业的障碍物，适于机械作业，特别是高效机收作业，种植模式应利于机收作业。

积极引进国内外先进装备，重点推进大中型切段式糖料蔗联合收割机应用，推广一批适应性强、可靠性好、性能优良的糖料蔗耕作机械。大力推进普及深耕深松、机械一体化种植、中耕培土、收获等机械化技术，实现糖料蔗生产全程机械化。鼓励和引导成立农机专业服务组织，通过市场运作方式发展机械化社会服务。

5.4.2.5 良种良法

选用高产高糖、宿根性好、抗倒伏、耐压、易剥叶、种茎种芽好、无病害、适合于机收作业的优良品种。制糖前处理工艺应能保证切段式糖料蔗在收获后 24h 内加工完毕。卸蔗平台和蔗槽改造应满足切段式糖料蔗机械收获要求。大力推广现有高产、高糖、抗逆性强、宿根性好并经自治区审定的糖料蔗新品种及脱毒健康种苗。推广深耕深松、地膜覆盖等先进、适用的种植技术。

推广满足生产全程机械化要求的标准化种植，采取1.2m以上的等行距种植或宽行1.2m以上、窄行0.4～0.5m的宽窄行种植。结合“双高”基地建设，根据全区糖料蔗良种繁育推广体系建设规划布局，建设一批区域性糖料蔗良种繁育基地。

5.5 “小块并大块”耕地整治和“双高”基地建设典型实施模式

5.5.1 “小块并大块”耕地整治典型实施模式

5.5.1.1 农民主导型“小块并大块”耕地整治模式

农民主导型“小块并大块”耕地整治模式，以龙州县为发源地，以村屯为单位，以连片田块为基础，通过村与村、屯与屯共同制订友好协议和村规民约，村与村结成友好村、屯与屯结成友谊屯、户与户结成兄弟户进行结对，拿出自己的小块土地并成大块，在无数小块并成一大块后，再按各户原有的面积重新抽签分配。同时通过落实“一事一议”制度协商修缮灌溉渠道和机耕路，逐步推进农业生产机械化、标准化和规模化种植。简单来说，并地的操作程序是：召开群众大会—核实地块面积—公示—确定地块及地类—规划水利、机耕路等—农户签字确认—丈量—绘图—抽签—农户签字确认—上报村委、政府备案。

崇左市龙州县上龙乡“结对并地”是群众自发的产物。并地对象、并地方式、道路、水利设施如何规划，以及资金如何统筹，均由村民自愿民主决定并自觉实施，不存在重大争议，群众自发开展“结对并地”，从动议到实施完成，一般不超过4个月。

推行土地“小块并大块”后，有利于农业转型升级、发展产业化经营的特色农业产业，促进农业结构得到进一步优化调整。目前，“结对并地”后，全乡初步建立黑皮果蔗、香蕉、剑麻等产业基地；农业生产效益的显著提高，激发了群众自愿开展“结对并地”的积极性。

5.5.1.2 合作社主导型“小块并大块”耕地整治模式

(1)“并户联营”构建农民专业合作社经营模式

构建农民专业合作社统一经营管理模式，实现农户与农民专业合作社收益共享、风险共担。例如，逐卜乡弄岗村那坎屯72户农户，将各自小块土地并成一块面积达500亩的甘蔗地，交由该屯成立的农民专业合作社经营管理，之后由3户专业种植大户负责具体实施，合作社对甘蔗地进行开发利用。农户在合作社经营获益后可以分红，按照土地比例投入获取收益。

(2)“党员+合作社+党支部+农户”四位一体的模式

通过建立专业合作社和产业链党组织等机制，对经营土地做出种植结构新调整，形成党建引领、群众参与、党群抱团发展的良好局面。发动村集体内的甘蔗种植能手、机械操作技术能人、养殖高手等一批村民加入合作社，使其专业技术发挥更大的效能，社员当中应人尽其才，合理安排职责，合作社入股方式可以是现金、技术、机械折价抵股等。例如，2014～2015年的榨季，龙州县新广园合作社种植甘蔗面积达1200亩，原料蔗约6000t，合作社专注于植保机械种收，提供农业机械化服务，为社员减少种收成本约30%，折合人民币24万元，拓宽了利润空间，大大提高了收益。

(3)“公司+合作社+农户”的经营模式

广西贺州市钟山县以公司为依托，充分发挥合作社与农户的作用，形成公司、合作社、农户三位一体的经营模式。公司提供发展的物质条件，以合作社为经营载体，发挥农户的积极性，着力打造新品牌，实现农业新发展。钟山富强农业种植合作社依托“雅瑶华香”优质大米品牌，推行“合作社+农户”模式，建立总投资4000万元优质稻种植基地，在钟山县石龙镇、红花镇、珊瑚镇、凤翔镇、公安镇、燕塘镇种植优质稻3万亩，与当地群众签订保价收购的种植优质谷合同，并发展香芋、烤烟、荸荠等特色产业，这种经营模式不仅有效解决了农民资金、技术、销售等各环节难题，而且实现了农业经济的循环发展。

5.5.1.3 企业主导型“小块并大块”耕地整治模式

企业主导型“小块并大块”耕地整治模式，即引进农业龙头企业经营，鼓励支持农业龙头企业到农村经营土地，单独兴办或与农民联办新型农业企业，以公司化形式“小块并大块”后整体流入土地，建立企业生产基地。广西金穗农业集团有限责任公司是一家以香蕉种植种苗培育仓储物流和休闲农业开发为主的农业产业化国家重点龙头企业。多年来，该公司致力于扶贫与发展同步，推行“统租分包”“产业联盟”的土地流转“金穗模式”，通过土地流转、集中经营、技术创新，打造香蕉产业链，与农民建立利益联结机制，实现企业与农户共赢。具体办法如下。

(1) 集约生产规模

通过“公司+基地+合作社+农户”形式，将农户分散土地集中起来统一经营；通过首先承租农民土地，然后再优先聘请土地出租户管理土地的办法，将当地分散化的土地集中起来，进行统一管理、集约化生产，成功地实现了土地的规模化经营和劳动力的聚集。

（2）做大核心产品

企业发展需要核心竞争力，创造核心产品，并将其做大做强，从而提升企业的整体效益。广西金穗农业集团有限责任公司以香蕉为主打产品，打造“绿水江”香蕉品牌，赋予品牌独特的文化含义，从而实现产品的核心化。全力做大核心产品，通过各种途径增强核心竞争力，一方面会大大提升公司的效益，另一方面还能带动相关产业的发展，从而产生更大的社会效益。

（3）生产管理的标准化

将专业化、企业化、标准化有机整合，采用企业化的管理模式，一方面健全生产、财务、管理、质检、水电、供销等部门，为统一技术、统一操作流程奠定基础；另一方面实行连片种植，按规划进行统一开发，实行分片、分区承包到户，按统一标准进行管理，对产品进行统一包装和营销，杜绝市场欺骗行为。

（4）生产效益的反哺和共赢

生产效益能够使公司和农户共同获利，实现两者的共赢。一方面农民可以通过出租土地获得地租收入，也可以通过为广西金穗农业集团有限责任公司管理香蕉种植获得利润提成；另一方面公司经常邀请农业专家到基地进行技术培训，让农民掌握一套农业技术，既可以更好地培育农产品，也可以带动周边农民共同致富。

（5）政府政策的保护

政府政策方面主要包括：①政府为企业的发展提供良好的政策环境；②政府通过各种宣传帮助企业提高知名度；③政府为公司发展提供一定的资金支持。

这种模式的内动力来自并地后土地可以流转，由农业企业将流转的土地实施“小块并大块”耕地整治，形成投资、建设、管理、经营“四位一体”机制。该类整治建设规模大，成效明显，辐射、带动效应大。

5.5.2 “双高”基地建设典型模式

5.5.2.1 农户自主分散经营模式

以扶绥“双高”基地为例，扶绥是传统甘蔗种植大县，素有“甘蔗之乡”

的美誉，是广西蔗糖主产地，甘蔗种植面积达广西的1/3，占全国的1/5。扶绥甘蔗常年种植面积达125万亩以上，入厂原料蔗达600万t/年以上，混合糖产量达70万t/年以上，蔗糖产业产值达60亿元/年以上。扶绥县渠黎镇的“甜蜜之光”现代特色农业（核心）示范区总面积规划38万亩，目前已成为广西甘蔗“双高”基地面积最大、标准最高、效果最好的一个示范工程。

大陵村渠芦屯位于扶绥县渠黎镇西南部，全屯有18个生产队，总户数430户，总人口1800人，耕地面积达8500亩，甘蔗种植是群众的主要收入来源。渠芦屯注册成立了农民合作社作为项目主体，主动参与“双高”基地水利化建设，取得了良好的经济效益和社会效益。土地自愿入股，入股土地统一由合作社打破现有农地界限进行连片整合，实现土地规模经营，并按照项目区水利化建设标准要求，重新规划井字形机耕道路和轮灌区，为项目区水利化建设创造有利条件，方便项目水利设施建后使用和管护。社员按照入股土地面积分摊经营成本，分配经营利润，保证农民获得与其成员权益相对应的收益。

同时，按照相关政策，合作社种植甘蔗还可获得土地整治“以奖代补”、良种补贴、农机补贴等各项惠农补助，糖厂还在预付蔗种、肥料等款项方面给予大力支持，在甘蔗入厂时再从蔗款中代扣，大大减轻了合作社资金投入压力，实现了“双高”基地经营规模化、种植良种化、生产机械化、水利现代化。同时，带动测土配方施肥、病虫害综合防治等技术集成应用，力争把项目区打造成为扶绥县“双高”基地四化建设示范样板。

扶绥县出台多项鼓励政策，制定土地流转实施意见，鼓励专业种植公司、经济能人积极参与“双高”基地建设；制定甘蔗生产扶持政策，积极推广桉树、香蕉等地改扩种甘蔗，实施机耕、机种、机收作业补贴，推动全程机械化发展；规范出台“双高”基地“以奖代补”专项资金管理使用细则。将全县所有涉农项目和资金采取项目“打捆”、资金“打包”的办法，把除农户或个人直接受益的补贴资金及因其他特殊情况不宜整合外的其他财政支农项目和资金整合起来，集中使用到“双高”基地建设中，实现了“收指成拳攻其一点”，极大地提高了项目建设标准和资金使用效益。

一系列鼓励政策使得农民自耕、自种、自收，不仅使农民享有甘蔗种植的主动权，稳定了甘蔗种植面积，而且保障了农民的收入来源，增加了农民收入，促进了农村社会稳定；在“双高”基地间套种西瓜，提高土地产出效率和叠加效应，每亩地可增加农民纯收入1000～2000元，在增加农民收入的同时也能很好地确保甘蔗面积的稳定，这也是当前该县稳定甘蔗生产面积的最有效途径之一。

但农民分散经营，水利化建设资金投入缺口大，影响土地整治工程和水利化建设进度，也影响新植蔗产量的有效提高；农民缺乏必要的专业技术和科学管理经验，甘蔗高产高糖高效标准化栽培技术还有待提高，种植和田间管理技术也需要进一步加强；由于是分散经营，经营规模化、生产机械化和水利现代化程度不够高。

5.5.2.2 合作社主导型“双高”基地建设模式

（1）渠芦屯合作社

“渠芦模式”的一大创举是将分散在各部门的中央惠农扶持政策通过合作社这一组织形式进行统筹，围绕现代农业要求来开展农田基础设施建设，统筹建设现代化农田水利、田间道路设施；打破田垄限制，解决当前农户面积小而地块细碎的问题，通过现代机械装备和节水灌溉设施促进以“机械化、水利化”为核心的农业现代化建设。

“渠芦模式”有效整合了中央财政支持的小型农田水利重点县工程、国土口的“小块并大块”耕地整治“以奖代补”资金和8000亩甘蔗高产高糖“双高”基地建设项目、农业综合开发项目和现代农业开发项目，统筹规划并建设了以“全程机械化，水肥一体化，种植良种化、标准化，经营规模化、集约化、信息化”为核心的现代农业。渠芦屯合作社充分利用各项惠农政策，争取到了较多的项目资金，包括水利化项目、土地整治“以奖代补”、良种补贴、农机补贴等，其中，仅水利化项目建设资金达730万元。

渠芦屯农户将3500亩土地以土地入股方式自愿加入合作社，合作社以服务农民为宗旨，以规模化经营为基础，按企业行为运作，直接服务农民，变无序竞争为有序竞争、变弱势个体为强势群体，推动甘蔗产业由分散耕作模式向联合的规模化和现代化经营模式转变。农民专业合作社结合经营项目，根据生产需要和农时特点，传播新技术、新信息，解决生产经营中的现实问题，有很强的针对性和时效性，容易引起农民的学习兴趣。同时，该模式也为农民提供了学习经营管理、市场营销、法律等方面知识的平台，能够逐步提高农民的科技文化素质。由合作社统一标准、统一耕种、统一管理、统一收割、统一分成，以“五个统一”为载体推进甘蔗生产合作化经营，加入合作社的农户每亩预交100元作为机耕、化肥的定金。除此之外，整个3500亩片区的投入，包括机耕费用、施肥费用、甘蔗种子费用，都交由合作社去具体落实和解决，除去投入成本，收益最终按每户实有土地面积分红，实现“分钱不分田”的目标。为使生产流通各环节的服务配套、统筹发展，合作社还以资金入股的方式，成立了用水服务专业合作社、农机服务专业合作社、特种种植与养殖专业合作社、农产品流通服务专业合作社，建立了农产品交易信息中心、创业就业培训中心、农机驾驶培训学校和兴民劳务公司，为农业生产提供全程配套服务。

由于打破了田垄的限制，生产机械得到解放，全程机械化、水肥一体化和种植良种化、标准化及经营规模化、集约化、信息化等一系列现代化生产手段得以实现。渠芦屯合作社结合自身情况，制定了合作社规章制度和水利工程长效管理机制，规范合作社管理。通过实行专人管理制度，以 3 名社员作为水利工程管理员，负责执行合作社的决策，按照灌溉设施操作规程和轮灌制度，具体操作用水、施肥、施药等水肥一体化精准灌溉，保证甘蔗水肥供应充足，做到项目落实有专人管理，保证水利工程设施运转正常，发挥制度的长效作用。

渠芦屯合作社发展模式解放了农业生产力，促进了现代机械装备的应用，将农民从田地劳作中解放出来，充分体现了“民办、民管、民受益”的特点，符合当前现代化农业的发展要求，与人民群众的迫切需求相契合。

渠芦屯的模式为扶贫工作提供了新的思路，渠芦人提出“合作兴村、共同致富”的办社口号，通过土地的合作经营，最终达到共同富裕的目的。这样就从根本上解决了农村劳动力不足、受教育水平低、经济底子薄等问题，只要村民把土地放到合作社经营，每年就会享受到同等的分红待遇，并且集体经营的优势就在于集中大家的力量办大事。另外，村民还能享受到国家各种扶持政策，更容易得到金融部门的贷款支持，如产业扶贫金融贴息、农机补贴等。

渠芦屯合作社以“分股分红不分地”的形式，鼓励群众以自家土地入股，并许诺农民 1000 元/亩的保底分红。将群众的土地集中起来后，甘蔗的种植、管理、收割等都由合作社组织机械打理，需用人工时雇用社员打工，年底社员按照入股土地的亩数分红，同时合作社在扣除 1000 元/亩的保底分红的基础上，将盈利的 10% 作为管理费用。超产量越多，合作社获得的净收益越多，合作社经营管理报酬就越多。如果合作社当年净收益无法达到预定基数，则只能享受集体分红，没有报酬。这种做法使得在外打工的人不用担心自己家的地撂荒，在家的老人也能安享晚年，没有劳动力的家庭凭借入股土地也有收入，为社员的生活提供了一定的保障，减轻了经济负担，同时也提高了土地利用效率，增加了土地收益。

（2）驮卢镇合作社

广西崇左市江州区驮卢镇“双高”基地建设创新推行“党员+专业合作社+党支部+农户”四位一体的“党群产业联盟”模式，该模式有以下两个特点。

首先，党员能人带动建设“双高”基地。按照江州区委大力宣传“双高”基地建设的积极意义，通过对比算账、走出去参观、请进来培训等形式，按照“在能人中培养和发展党员，在党员中培养致富带头人”的思路，积极引导党员、能人带头参与“双高”基地建设。党员种植户已经成为“双高”基地建设的实施主体，起到了示范带头作用。同时，每个致富能手、种养殖大户、科技示范户中的党员分别帮带3~5户生活困难群众，建设“双高”基地。该模式充分发挥党支部的核心作用，确保“双高”基地建设有强有力的领导，增强村屯组织凝聚力。另外，以合作社为实施主体，一般事务由合作社理事会决定，重大事项开社员大会讨论，少数服从多数，保证在广泛民主协商的基础上统一意见，减少阻力。

其次，培育合作社，抱团建设“双高”基地。2015年在驮卢镇逐盎村成立了新广园甘蔗种植专业合作社，按照“支部引领、党员带动、抱团发展”的形式，逐渐发展成为专业化的“双高”实施主体。目前驮卢镇共成立了21家专业合作社，2015年通过带动共发展“双高”基地建设6500多亩，2016年扩大到21 000多亩。“党群产业联盟”形成后，专业合作社成为新兴的“甘蔗种植大户”，新广园甘蔗种植专业合作社2014~2015年榨季共实施“双高”基地建设1200亩，土地形成了规模化，更进一步有力推进了机械化的实现，同时减少了30%的种收成本，进一步提高了农民收入。

该镇把“双高”作为“美丽崇左”乡村建设的助推器，全镇干部职工做到“双高”开展到哪里，村屯组织建设、一事一议、人饮、环境整治等项目资金就跟进到哪里，只要甘蔗种植到位，村屯建设就能够跟上，在群众中树立了榜样。同时，在进行耕地“小块并大块”过程中，该镇鼓励父子兄弟、亲朋好友合并抽签，在以户为单位整合土地的基础上更进一步地提高土地集中化程度，降低耕作成本。全镇干部把蔗糖生产当作最有优势、最富特色的产业来抓，把建设“双高”基地作为最让群众得实惠、最能推动现代农业发展的举措来落实。

5.5.2.3 企业主导型“双高”基地建设模式

（1）广西思源农业发展有限公司

广西思源农业发展有限公司是一家集产学研和农工贸于一体的农业企业。公司自2008年起就和广西甘蔗研究所合作，承担国家发展和改革委员会的“国家生物育种高技术产业化示范工程专项——高产高糖甘蔗新品种繁育高技术产业化示范工程项目”，与桂中糖厂联合承担并完成了“广西桂中千亩万吨甘蔗高效节水灌溉和全程农机化示范基地建设项目”。

公司不断研发本土甘蔗生产全程机械化、水利现代化成套技术，参与制定有关技术标准，自主提出了可复制、可盈利的“双高”基地建设量化模块，其在柳州市政府和当地的桂中糖厂支持下，租用桂中监狱1.5万亩耕地建设“双高”

基地，严格按照“双高”基地建设要求，特别是全程机械化的要求进行基地建设，并对糖厂原料蔗进口和运输车进行改造，打通了全程机械化最关键的一环，实现了种、管、收全程机械化。

目前，2014 年建设的3049 亩已全部通过了第三方验收，2015 年10 000 多亩已初验了70%左右，已建成部分基本上能投入使用，全程机械化已全面完成，同时具备对外提供30 000 亩甘蔗全程农机化服务的能力。在此基础上，公司还正在扩大建设规模，有意向在“十三五”期间参与“双高”基地建设10 万亩。

(2) 广西惠利民生现代农业开发有限公司

广西惠利民生现代农业开发有限公司于2014 年11 月进驻崇左市江州区，在江州区罗白乡开展土地流转承包经营共23 000 多亩，目前完成土地平整、水利化建设及种植甘蔗23 000 亩，坚持“一平、二整、三良、四防、五水”的工作思路。

“一平”即土地平整治理工作。针对经营土地丘陵多的特点，充分把握“双高”基地建设要求，动用大型机械进场施工，认真完成土地平整工作，将土地坡度降至13°以下，适合大中型机械作业要求；同时开展机耕道路建设，满足农机作业及糖料蔗运输通行要求。“二整”即土地深耕深松。当地土地因常年传统种植，从未深翻，地表20cm 以下基本全是板结泥土，通气、保水、提温较差，一遇大雨，雨水形成径流将会造成地表水土流失。公司严格要求机耕队按标准完成“一犁两耙”作业，将土地彻底深翻，达到深、松、细、平、碎，疏松土壤，进行透气，以改善土壤品质，提高产量。“三良”即种植高产高糖良种。严格按照广西壮族自治区政府下发的“良种目录”品种，如桂糖29 号、桂糖42 号、柳城05136 等抗逆性强、宿根性好的糖料蔗品种进行种植，为满足机械化收割要求的标准做准备。“四防”即防虫防草统防统治。与大型生物制药公司建立了合作关系，采用了无人机喷药模式，能迅速预防和遏制大面积病虫害发生，从而保证甘蔗苗壮生长，制药公司按计划安排专家到田间地头进行指导工作，及时做好虫害防治工作，确保甘蔗不受病虫害危害。“五水”即水肥一体化建设。崇左十年九旱，搞好水利化建设是甘蔗高产高糖的关键条件。公司对水源到田间灌溉系统及其配套设施等进行全面科学规划，合理确定水源工程、配套建筑物工程和田间灌溉工程，确保基地旱能灌、涝能排。采用滴灌技术和水肥一体化技术，落实和完善灌溉工程运行与管理机制，确保蔗区水利基础设施持久、高效地发挥作用。

通过以上具体措施的实施，公司新种地块的甘蔗出苗率较高，长势良好，病虫害防御到位，尤其是2015 年底种植的1500 亩秋植蔗，长势尤为喜人。拔节12～14节，株高节长，根茎粗壮，长势茂盛，经崇左东亚糖厂技术人员测产亩产达8.5t，蔗糖糖分达14.5%以上，达到“双高”项目预期目标。

（3）广西扶绥凯利农业有限公司

2014年5月，广西扶绥凯利农业有限公司以南宁颐亨隆农业科技有限公司名义在东门镇咘练村岜白屯租赁1800亩土地，复制南华农场甘蔗生产基地经营理念和技术应用建设甘蔗示范基地。此外，广西扶绥凯利农业有限公司又在东门镇岜楼村和渠黎镇笃邦村分别建设5030亩、6300亩“双高”基地，将来公司还要继续裂变式地再复制、再扩大规模，使“双高”基地真正成为高产、优质、高效、生态、安全的高质化甘蔗生产基地，实现“双高”基地种植公司与蔗农联合经营新模式。

其主要做法是同步规划种植方向和灌溉管路。公司立足实际生产，在建设初期就为满足大型机械化作业和水肥一体化滴灌系统运行要求这两个方面因素同步制作了种植规划图和灌溉设计图，为基地后续建设和达到“四化”标准打下坚实基础；分类进行土地平整。公司采取分类整理办法，通过土地并块、深耕深松等办法，以提高机械化耕作效率为目标，把原来小块零散、高低参差不齐、坡度大的地块整理为大平面缓坡；预留机耕道路。在明确机械化作业和甘蔗种植方向的基础上，借助GPS基站的定位进行精准机械化种植。公司结合以往经验，在每个基地都配备有大马力拖拉机，并装配专用平推机具，通过自有设备形成生产所需的机耕道，集成应用先进技术，种管收全程实现机械化，最大限度地提效节本；实施水肥一体化和测土配方定向精细施肥，实现了精准浇灌和定向施肥；注重科技投入，管理现代化。种植机大多来自德国、澳大利亚等国家，技术含量高、性能稳定，机械化种植、采收效果非常好；选择宿根和丰产性能好的品种，降低生产成本，延长盈利期；采用大型和小型种植机及深松深耕深种浅覆土技术，保障下种量充足，调适种植深度和上覆土壤，确保了出芽生长率和抗倒伏能力。

（4）甘蔗高效节水灌溉示范工程典型案例

崇左市江州区在政府引导下，农民通过转包、出租、转让、互换等形式有序流转土地，先后引进广西高良科技农业开发有限公司投资9500万元，引进辖区内制糖企业投资3258万元，参与土地流转经营，建成驮卢镇安定屯5800亩、新和镇孔香屯1万亩、罗白乡崇发屯2500亩等5片共6万多亩甘蔗高效节水灌溉示范区。土地流转后企业利用现代化科学种植管理技术，使甘蔗亩产由4～5t提高至8～10t，很大程度地提高了甘蔗产出率。

5.6 “小块并大块”耕地整治和“双高”基地建设模式经验分析

5.6.1 “小块并大块”耕地整治经验分析

“小块并大块”顺应了农业机械化、规模化、产业化发展的潮流，对增加农民收入，促进农村稳定有显著成效。实行“小块并大块”耕地整治工作，在一定程度上破解了农业规模化、集约化、产业化经营的耕地细碎化瓶颈问题，让土地产生了更大效益，达到了提升农业效益、提高农民收入水平的目的，普遍受到了群众的热烈欢迎。但是，在具体实施“小块并大块”耕地整治工作时也遇到了一些问题，主要表现在以下几点。

1）农民思想观念比较守旧。农民将耕地视为保障生存的命根子，部分农民小农意识较强，小富即安，投资怕担风险，不敢投资不愿冒险，特别是农村税费改革以来，国家在农村土地的投入不断加大，使农民对拥有土地承包经营权看得越来越重，加之对农村土地承包政策了解不透，使很多农民宁可将土地委托亲属代耕，也不愿流转并地。农民群众思想有顾虑：一是部分农民群众担忧流转出土地后的就业问题；二是拥有较少土地的农户获得的由承租公司支付的租金较少，若农户无其他副业则难以维持一年的生活费用。

2）缺乏必要的工作经费。实施并地后，建设机耕路、排灌渠道等配套基础设施，进行土地改良，实施坡改梯等，需投入较大资金。一般农民自发开展“小块并大块”一亩需补助1500元左右，而农民自筹资金和投工投劳难度大，极大地影响了“小块并大块”耕地整治的进程。目前，虽可申请“小块并大块”耕地整治奖补资金，但这些资金远远不能满足并地工作的需要。因此，“小块并大块”耕地整治还需更多的经费支持。

3）农民开荒地权属问题待明确。在开展“小块并大块”耕地整治过程中，普遍涉及农民开荒地权属问题，但开荒地不是法定意义上的承包地，对于农民开荒地要不要列入确权范围这一问题，目前国家农业农村部没有明确的指导意见，全国各试点处理办法不一。

4）并地后土地的开发管理。自农民从“小块并大块”耕地整治奖补办法中受益后，更多的村屯开展了并地工作，但由于完成“小块并大块”耕地整治后在分地时，有的农户会分到肥沃的地块，有的农户会分到相对贫瘠的地块，“小块并大块”耕地整治后农户对分到户的土地面积及区域有异议。因此，按照群众需求，建议完成“小块并大块”耕地整治后引进公司或者种植大户等对一整片土地进行开发管理，实行农业产业化经营。

5）“小块并大块”耕地整治奖补资金的申请。由于奖补申报程序烦琐，农民不易掌握，申报工作较缓慢。

6）龙头企业、合作社融资困难。承包土地流转的龙头企业、合作社都是干劲足，但是由于缺乏资金且融资困难，第二年投入跟不上，加上劳务成本和运营成本高，有些企业不能按时向农民支付土地租金。

从目前情况看，开展“小块并大块”耕地整治工作有必要注意以下几点：

1）整合各方资源，加大资金的投入力度。目前，“小块并大块”耕地整治面临的最大困难就是农民缺乏建设水利基础设施的资金投入，因此，要从政府投入、群众自筹、企业投资等渠道加大对“小块并大块”耕地整治工作资金的支持力度。

a. 积极申请“小块并大块”耕地整治奖补资金，加大对奖补资金的宣传力度，加强对农民群众申请奖补资金工作的指导力度，扩大奖补范围，使农民受益。

b. 充分利用上级部门出台的各种优惠政策，将“小块并大块”耕地整治与国家实施的土地整理项目工程有机结合，解决资金投入不足问题。把两项工作“捆绑”实施，整推并、并促整，赋予土地整理新的内涵。

c. 各乡镇及时收集申请奖补材料，按时上报“小块并大块”办公室，并及时上报自治区自然资源厅并跟踪对接，争取奖补资金尽快下拨。实行国家财政补贴引导、群众积极自筹的办法，整合“一事一议”等支农资金投入“小块并大块”项目建设，政府设立县级专项资金，确保“小块并大块”耕地整治工作的开展。

d. 加大项目招商引资力度。积极引进公司进驻合作经营，引导其加大项目资金投入。

e. 公司企业或者合作社因租金问题产生纠纷，由各乡镇、公司或者合作社加强与群众沟通，做好群众思想工作。

f. 探索建立农村金融服务体系。农村金融服务尤其是贷款服务的不足，直接导致农民缺少扩大再生产的初始投入资金，制约了农村土地流转。政府要加强与作为“支农服务主力军”的农村信用社的沟通联系，使其加大对土地整治项目的融资支持力度，并积极探索多元化多层次建设农村金融服务体系。

2）积极培育新型农业经营主体。根据党的十八届三中全会及中央农村工作会议精神，结合当前农村土地流转过程中出现的问题，应大力培育和发展一批有能力、懂经营、会管理的家庭农场、专业种植大户、农民合作社、产业化龙头企业等新型农业经营主体，在其带动下，不断创新农村经营体制，完善农业社会化服务体系，提高农民组织化程度，增强农民市场竞争能力，激发农村生产要素潜能，从而促使农村经济繁荣，促进农民收入增长。

3）出台一系列配套服务措施：①构建土地流转交易中心，搭建土地流转平台。②积极打造农业服务超市，依托当地农技人员、涉农部门等资源成立“三农”工作服务队，为农民提供技术、用工、机械、资源、农产品收购代销等“订单”服务，让农业告别传统耕作方式，提高规模化、机械化农业生产水平，提高农民种植效益，推动农业专业化生产。③积极做好就业、养老保障等工作。积极推进城乡居民社会养老保险试点工作，开展好新型农村合作医疗工作等，确保农民群众病有所医、老有所养。同时，加快第二、第三产业的发展，提供更多的就业机会给农民群众，安排就近就业，切实拓宽农民群众的就业渠道，提高农民收入水平。

5.6.2 “双高”基地建设模式经验分析

5.6.2.1 广西“双高”基地建设面临的困难和问题

（1）资金额度不足

对尚未实施土地整治项目的糖料蔗基地，按土地整治工程建设的标准和要求，开展土地平整、蔗区排水和田间道路等工程建设，自治区给予资金奖补。但对包括拆除田埂、修筑规整地块、降低坡度等在内的土地平整工作，只有400元/亩的奖补，在部分坡度差大、地形复杂的项目区，奖补额度远低于实际支出。其余蔗区排水和田间道路工程也均有严格的奖补标准进行限定，导致奖补制度在实际建设过程中无法形成支出，不接地气。

（2）验收程序烦琐

土地整治项目经过申报、审批、实施建设等过程后，由县级国土资源管理部门委托第三方具备法定测绘资质（丙级及以上）和工程计量认证资格双资质的公司，对项目的数量和质量进行复核和测量，并提交工程复核报告、竣工图、耕地质量评定报告后，由县级相关职能部门组成专业技术人员进行项目初验，形成初步验收报告。再由市级相关部门审核后，报请自治区相关部门组织相关领域的专家进行竣工验收，形成竣工验收报告后，才能拨付相关相应的奖补资金。一系列验收程序复杂、烦琐、耗时长，严重制约了地方政府和实施主体的建设积极性。

（3）基地建设经营模式有待检验

广西各地在大规模开展“双高”糖料蔗基地建设中不断探索，涌现出了多种多样的经营模式。例如，江州区主要实施农业公司承包农民土地自主经营模式；南宁糖业股份有限公司和广西凯利农业有限公司在南宁市武鸣区实施“双加双带”模式；扶绥等县蔗农以土地经营权折股组建土地股份合作社，实施“并户联营”模式；宁明县“双高”基地附近建设肉牛养殖小区，实施“县农投公司+龙头企业+合作社+贫困户”模式；还包括结合现代特色农业（核心）示范区的“甜蜜之光”等。各实施主体在实施“双高”基地建设过程中，都有相应的优势和劣势，但缺乏可复制、持续发展的建设模式。

（4）种植良种化存在不足

通过“双高”基地建设实施种植良种化后，这几年良种覆盖率有很大提高，但也存在着一些问题：一是良种繁育基地供种能力远不能满足“双高”基地建设良种需求；二是地方保护严重，不允许跨蔗区调运蔗种，这也导致良种繁育基地一、二、三级基地之间无法衔接；三是部分良种繁育基地缺乏科技支撑，出现繁育品种不科学、繁育时间不合理、种子质量差、繁育速度慢等问题。

（5）经营规模化尚有欠缺

“双高”基地建设以来，基地逐步实现经营规模化，但目前各地主要还是以当地成立农村合作社方式经营，“小块并大块”后土地重新分配给蔗农，这样难以统一种植和管理，不利于推进全程机械化，而且部分“双高”基地出现了改种香蕉、柑橘等其他作物的现象（卢星高等，2019）。

5.6.2.2 推进广西“双高”基地建设的建议

建设广西500万亩“双高”基地，是中央支持广西糖业发展的具体措施，也是国家赋予广西的责任和使命，符合中央要求，契合广西实际，顺应蔗农需求。因此，500万亩“双高”基地建设只能加强，不能削弱。为确保2020年广西如期建成500万亩“双高”基地，针对建设中存在的困难和问题，建议从以下四个层面加以推进。

（1）在国家层面，要加大政策支持保护，营造良好建设环境

1）积极推进糖业管理立法。借鉴世界糖主产国立法保护本国糖业的经验，从国家层面加快糖业管理立法，保护食糖产业安全与发展。在国家层面立法尚未出台的情况下，借鉴国内其他省份保护和发展特色优势产业的立法经验，指导和支持广西出台地方性立法或政府规章，规范糖业育种、种植、收购、运输、经营和储备等行为，为广西糖业可持续发展提供保障。

2）加大糖业支持保护力度。将食糖作为重要战略物资，糖料蔗享受与粮、棉、油同等的国家农产品支持保护政策。保障全程机械化是“双高”基地建设的龙头，要加大对糖料蔗机械化生产资金扶持力度。除了加大对中央农机购置补

贴资金外，还要加大在糖料蔗机械种植、机械收获等方面的资金扶持。

3）修订项目资金管理办法。针对“双高”基地建设中央财政资金使用不便和责任主体错位的实际情况，建议国家有关部门考虑重新研究、修订项目资金管理办法，允许广西将用于“双高”基地建设的中央财政资金使用责任和项目实施统一下放到县级，国家和自治区抓好资金划拨、审计及验收即可。

（2）在自治区层面，要提高认识形成共识，合力推进基地建设

1）建设“双高”基地势在必行。广西是中国最大的食糖主产区，在维护国家食糖安全和保障食糖有效供给方面责无旁贷。同时，糖业在增加广西地方财政收入、带动农民脱贫致富、促进经济持续发展和巩固边疆稳定安宁等方面具有十分重要的地位。建设“双高”基地是降低糖料蔗生产成本的有力举措，通过“双高”基地建设每吨蔗糖原料蔗的成本有望降低 200 元左右，将与国外糖主产国持平，广西糖业国际竞争力将得到大大提升。

2）理顺建设管理体制机制。“双高”基地建设是一项庞大的系统工程，涉及发展改革、财政、国土资源、水利、农业、农机、糖业、科技等多个部门。“双高”基地建设资金来自多个部门，既有中央财政资金，又有本级配套或新增资金，项目和资金管理各有不同。同时，“双高”基地建设由广西在全国创新提出，其建设内容、标准、程序、验收、管理等没有现成案例可参考借鉴，均需在实践中不断建立和完善。整合各方资金，理顺各方关系，需要糖业发展管理部门进一步加强统筹协调职能、牵头抓总作用，调整优化政策顶层设计，及时协调解决实际问题，凝聚各方力量，共同推进“双高”基地建设。

3）加大工作督查问责力度。一是明确和落实各级、各部门建设责任，强化县级政府主体责任，形成一级抓一级、层层抓落实的工作格局，达到层层落实责任、层层传导压力的良好效果。二是加强督查工作力度，严格执行责任追究机制。对重视程度不够、工作力度不大、项目进度不快、验收工作缓慢、资金拨付迟滞等单位和个人，坚决严肃问责，坚决追究责任。三是建立激励约束双管齐下的导向机制。根据任务完成情况，加强单位和个人考核，明确奖励和惩处措施，营造鼓励先进、鞭策后进的氛围。

（3）在市县层面，要加大政策宣传、贯彻力度，调动实施主体积极性

1）加大政策宣传力度。利用电视、广播、网络、报刊、会议等渠道，广泛开展“双高”基地建设政策宣传，提高社会各界对政策的知晓度，让最基层的干部和建设主体做到知其意、会操作。利用现已建成的“双高”基地，加大对典型示范的宣传力度，引导带动各类实施主体积极参与“双高”基地建设。要在现有建设模式基础上，大胆创新，探索开展符合本地实际的建设模式。

2）加大政策执行力度。“双高”基地建设在广西创新实施，相关政策措施

难免有疏漏。自治区层面要及时查漏补缺，根据实践中碰到的困难和问题，制定出台改进政策措施。市、县政府及有关部门要认真学习领会，弄懂政策，主动作为，敢于负责，及时制定和落实相应的具体政策措施。例如，项目和资金审批、验收权限下放到县级，县级要按照自治区有关规定程序和规范要求因地制定出台县级项目和资金管理使用实施办法或细则，确保项目评审公平公正、客观真实，财政资金用得安全、用出效益。对“双高”基地建设项目进展慢、资金沉淀的县，要采取收回资金的办法加强管理。

3）引导制糖企业参与。当前广西参与“双高”基地建设的制糖企业数量不多，尚未成为“双高”基地建设的中坚力量。制糖企业作为“双高”基地建设最大受益者之一，如果不巩固和发展原料蔗基地，将来就有可能面临“无蔗可榨”的局面。各级政府和有关部门应以激励为主、约束为辅，因地制宜出台激励扶持政策措施，引导制糖企业通过直接建设、间接扶持、合作经营等多种形式参与“双高”基地建设。

（4）在实施主体层面，要学好用好各项政策，规范实施建设项目

1）认真研究建设要求。实施主体要认真研究“双高”基地建设有关政策文件，熟悉项目建设基本要求、建设标准、实施流程和验收程序，避免凭经验自行施工，项目建成后达不到建设要求，不能通过项目验收，无法获得财政奖补资金。

2）规范实施项目建设。按照“缺什么、补什么”的原则，规范实施四化建设项目，切实抓好工程建设质量关，实现高标准建设、高标准管理和高标准利用。在实施过程中，要注意收集完善项目验收需要的各项资料，如原始地形地貌测绘资料和施工数据等。财政资金拨付有其本身的程序和标准，材料齐全是基本条件，收集材料是实施主体的基本义务，材料不齐备项目不能通过验收。

6 “小块并大块”耕地整治和“双高”基地建设政策支持

6.1 实施背景

自 1978 年安徽省凤阳县小岗村 18 户村民约定“分田到户”之后，“包产到户”逐渐在全国普及。“包产到户”在当时的社会经济条件下极大地提高了农民的生产积极性，解放了农业生产力。但“肥瘦搭配、远近结合”的绝对平均耕地分配思想也造成了全国普遍性的耕地细碎化状况，这不仅表现在户均耕地规模上，而且表现在每户耕地的空间分布上：户均耕地面积较小且分布较为分散，这就导致农民的劳动强度变大，阻碍农业规模化生产的推行和农业生产效率的提高。

1996 年，广西崇左市龙州县上龙乡上龙村弄农屯的 5 位农民因无法忍受土地过于分散带来的高强度劳动，在不改变原有土地承包总面积、只改变地块的地理位置的情况下将各自零散分布的 48 亩耕地整合到一块，让细碎耕地变成整块的大耕地，以实现一定程度的集中连片。这也成为广西“小块并大块”耕地整治的起源。

在经过上龙乡推广后，广西壮族自治区国土资源厅对农民自发开展的“小块并大块”耕地整治做法进行了总结，推出了一系列政策对这一模式进行完善和规范，并在此基础上不断发展。

6.2 第一阶段：鼓励农民自发开展

6.2.1 政策概述

为解决农民“小块并大块”耕地整治中的资金困难问题，进一步提高广大农民群众参与农村土地整治的积极性，提高支农资金使用效益，自治区在总结崇左市龙州县上龙乡上龙村弄农屯农民自发开展“小块并大块”耕地整治实践经验基础上，于2012年出台了《广西壮族自治区国土资源厅 财政厅 农业厅关于鼓励农民自发开展耕地整治工作的意见》和《自治区鼓励农民自发开展“小块并大块”耕地整治以奖代补专项资金管理暂行办法》。两个文件首次从自治区层面推行以农民为建设主体且自发开展的“小块并大块”耕地整治。前者规定，从2012年至2015年，根据高标准农田建设要求，采取“先建后奖”方式，鼓励农民自发开展50万亩以上（含50万亩）耕地整治。文件明确了鼓励农民自发开展“小块并大块”耕地整治的基本原则、主要目标、总体要求、奖补条件、奖补标准、奖补申报审批程序和职责分工，规范了工作制度措施。这两个文件的出台为规范农民自发开展“小块并大块”耕地整治提供了政策保障，对“小块并大块”耕地整治在广西推广实施起到积极的引导和促进作用。

6.2.2 具体内容

《广西壮族自治区国土资源厅 财政厅 农业厅关于鼓励农民自发开展耕地整治工作的意见》明确了农民自发开展“小块并大块”耕地整治应遵循以下原则：①坚持政府引导，农民自愿。各级政府要充分发挥引导和推动农民自发开展耕地整治的作用，研究制定政策措施，加强指导监督，鼓励农民在自愿前提下，有序开展耕地整治。②坚持耕地数量稳定，质量提高。农民自发开展耕地整治要确保实施区域内有效耕地面积不减少，并有适当增加，整治后的耕地质量和农作物产量有提高。③坚持量力而行，逐步推开。农民自发开展耕地整治要从实际出发，充分结合当地农民自身经济情况量力而行，选择实施条件相对成熟、群众积极性较高和有示范效应的地区先行试点，取得一定经验后，再视具体情况逐步推开。

《自治区鼓励农民自发开展“小块并大块”耕地整治以奖代补专项资金管理暂行办法》则对奖补条件、实施程序及后期管护的主体进行了说明。申请奖补的农民自发开展“小块并大块”耕地整治需要符合一定的条件：①符合当地土地利用总体规划、土地整治专项规划；②“小块并大块”的耕地必须在同一农村集体经济组织所有土地范围内，实施后耕地连片，便于规模农业生产，面积50亩以上；③已完成“小块并大块”耕地平整及相应配套的田间道路、水渠等工程，且相关配套设施在实施“小块并大块”耕地整治区域之内；④“小块并大块”耕地已经完成土地承包合同和经营权证书的变更；⑤工程建设内容和质量经评定符合《广西壮族自治区土地开发整理工程建设标准》及相关要求。

6.2.3 申请程序

一是申请登记。有意向开展耕地整治的村委会或村民小组，通过村民会议、“一事一议”等方式，在广泛征求整治区域内承包户的意见基础上，确定耕地整治实施区域和整治工程内容，落实投入资金，调查整治区域内土地承包经营权情况并公示征求意见。经调查，对已明晰土地权属、已落实整治资金的，向当地乡镇人民政府提出申请，并附农民签字同意材料及工程布局图。乡镇人民政府组织乡镇国土所、财政所、农业服务中心对拟整治区域土地符合规划、资金落实、承包经营权等情况进行核实，出具同意实施意见，并报送县级国土资源、财政、农业管理部门登记备案。

二是组织实施。经申请登记后，由村委自行组织本村农民按照申报工程内容和工程布局图进行耕地平整和配套设施建设；当地乡镇人民政府协调县（市、区）国土资源、农业、水利等项目部门及时给予指导和服务。

三是申请奖补。农民集体经济组织以行政村为单位，按照自治区对农民自发开展耕地整治以奖代补的规定条件和程序，向乡镇人民政府提出奖补申请。

四是初审。乡镇人民政府组织国土所、财政所对行政村提出的申请进行现场查看、面积丈量，出具初审意见，上报县（市、区）国土资源管理部门、财政部门和农业部门。

五是审核。县（市、区）国土、农业和财政部门对照《广西壮族自治区土地开发整理工程建设标准》进行审核，确认农民自发开展土地整治耕地的面积、工程内容、工程数量和奖励标准、奖励金额。

六是公示。乡镇人民政府对经审核通过的行政村及其自然村予以公示，经公示7天无异议后，由县（市、区）国土资源管理部门和财政部门将审核结果逐级上报，公示内容包括整治耕地位置、面积、工程内容、工程量、奖励对象、权属情况和奖补资金额度。

七是审批。自治区国土资源厅和财政厅对农民自发开展土地整治耕地奖补结果进行审批。

八是资金拨付。审批通过后，自治区财政厅将奖补资金下达至县（市、区）财政部门，其中应兑现给农户的奖补资金在“小块并大块”完成后由财政部门通过农补网“一卡通”直接兑付给农户，农村集体经济组织的工作经费按财政预算管理的有关规定核拨。

6.2.4 后期管护

《广西壮族自治区国土资源厅 财政厅 农业厅关于鼓励农民自发开展耕地整治工作的意见》在管护责任方面进行了如下规定：

农民自发开展耕地整治工程建设和土地承包经营权调整结束后，应明确使用者和管护责任，要将使用权和管护权落到实处，明确管护责任，实现经营权与管护责任相统一。单个农户（包括联户）受益的农民自发开展耕地整治的，由农户（包括联户）使用和管护；农村集体经济组织受益的农民自发开展耕地整治的，由农村集体经济组织使用和管护；农村集体经济组织自发开展耕地整治完工后，通过承包、租赁、股份合作或组建使用者协会等方式流转土地承包经营权的，要明确土地经营者的管护责任。

这两份文件的出台使现阶段土地整治项目建设中的政府工作职能发生了转变，由“政府主导”向“政府引导”转变，国土资源厅等各部门由“职能部门”向“服务部门”转变。文件体现了“以农民为主体、民事民办”的思想，实现了广西土地整治由“要我建”到“我要建”的转变，为农村土地承包经营权流转提供前提和条件，丰富了高标准基本农田建设的内涵。

6.3 第二阶段：鼓励经营主体开展

6.3.1 政策概述

2014 年，广西结合“小块并大块”耕地整治和“双高”基地建设奖补政策的执行情况，修订了《自治区“小块并大块”耕地整治以奖代补专项资金管理暂行办法》。同时废止了 2012 年的《自治区鼓励农民自发开展“小块并大块”耕地整治以奖代补专项资金管理暂行办法》，2014 年的奖补办法与 2012 年暂行办法相比，奖补对象更广、更灵活，奖补申请程序更简单、更易操作（表 6-1）。

表 6-1 2012 年版文件与 2014 年版文件对比

项目	2012 年版	2014 年版
奖补对象	农民	农民、农村集体经济组织或农业经营主体
申报方式	申报者向县（市、区）级主管部门提交奖补申请，县（市、区）级逐级申报，最后由自治区财政厅拨付奖补资金	申报者向县（市、区）级主管部门提交奖补申请，县（市、区）级进行审核，审核通过后由县（市、区）级财政部门拨付奖补资金

续表

项目	2012 年版	2014 年版
资金拨付时间	随时向财政厅申请，随时拨付	头年报实施计划，次年初财政厅下达整年资金，各地在年度资金限额内申报
资金管理权限	各地无使用权限	各地可结合本地实际，制订奖补资金的具体实施办法
资金使用期限	未做规定	采取年度清算制度，年内未使用完的，财政厅收回后重新安排

6.3.2 具体内容

《自治区鼓励农民自发开展“小块并大块”耕地整治以奖代补专项资金管理暂行办法》规定自治区“小块并大块”耕地整治以奖代补专项资金（以下简称“奖补资金”），是自治区财政通过自治区留成的新增建设用地土地有偿使用费安排，专项用于“小块并大块”耕地整治工作实施奖补的专项资金。

各县（市、区）国土资源局会同财政局于每年 7 月 31 日前将下一年度开展“小块并大块”耕地整治数据上报市国土资源局、财政局，各市国土资源局将所辖县（市、区）申报开展“小块并大块”耕地整治数据汇总后，连同上一年度的奖补资金审计结果会同财政局于每年 8 月 31 日上报国土资源厅、财政厅。财政厅、国土资源厅根据各市上报情况、上一年度清算情况并结合自治区下达县（市、区）高标准基本农田建设任务、高产高糖糖料蔗基地建设任务等因素测算奖补资金额度，并于第二年 3 月 31 日前将当年“小块并大块”耕地整治奖补资金切块下达有关县（市、区）。奖补资金采取清算制度，奖补资金一年清算一次。由各县（市、区）国土资源局、财政局每年 8 月对前一年的奖补资金使用情况组织审计，并将审计结果报送国土资源厅、财政厅。根据审计结果，未使用完毕的奖补资金由自治区财政收回后重新安排。

在奖补对象方面，《自治区鼓励农民自发开展“小块并大块”耕地整治以奖代补专项资金管理暂行办法》规定奖补资金的奖补对象包括自筹资金或以投工投劳、以物折资等方式自发将耕地进行“小块并大块”耕地整治的农村集体经济组织或农民（以下简称“农民自发开展‘小块并大块’耕地整治”），以及在广西壮族自治区行政区域内开展以田（地）块归并平整、土地经营权流转和田（地）块配套基础设施建设等达到一定规模的连片耕地整治并申请自治区财政给予资金奖补的农业经营主体（以下简称“农业经营主体开展‘小块并大块’耕地整治”）。农业经营主体包括种植专业大户、家庭农场、农民合作社和农业产业企业等。

农民自发开展“小块并大块”耕地整治并申请奖补资金的地块应符合以下建设条件：①符合当地土地利用总体规划、土地整治专项规划；②“小块并大块”的耕地必须在同一农村集体经济组织所有土地范围内，实施后耕地连片，便于规模农业生产，面积50亩以上；③已完成“小块并大块”耕地平整及相应配套的田间道路、水渠等工程，且相关配套设施在实施“小块并大块”耕地整治区域之内；④“小块并大块”耕地已经进行农户土地互换，并对原农村土地承包经营权合同和证书进行了变更登记；⑤工程建设内容和质量经评定符合《广西壮族自治区土地开发整治工程建设标准》相关要求。

农业经营主体开展“小块并大块”耕地整治并申请奖补资金的地块应符合以下建设条件：①符合当地土地利用总体规划、土地整治规划；②获得当地政府同意并充分尊重农民意愿；③整治的耕地已经完成农户土地互换，并对原农村土地承包经营权合同和证书进行了变更登记；④“小块并大块”耕地已经完成土地承包合同和经营权的变更；⑤整治区域的耕地实施后耕地连片，便于规模农业生产，整治面积200亩以上；⑥未经土地整治项目进行整治且未申请农民自发开展耕地整治自治区以奖代补资金（表6-2）。

表6-2　2014年版文件奖补条件

农民自发开展	农业经营主体开展
符合相关规划	符合相关规划
地块在同一农村集体经济组织所有土地范围内	当地政府同意，尊重农民意愿
50亩以上	200亩以上
已完成耕地平整及相应配套设施	已进行农户土地互换和变更登记
已进行农户土地互换和变更登记	完成土地承包合同和经营权证书变更
工程建设内容和质量符合建设标准及相关要求	未经土地整治项目进行整治且未申请农民自发开展耕地整治自治区以奖代补资金

《自治区鼓励农民自发开展“小块并大块”耕地整治以奖代补专项资金管理暂行办法》对奖补标准的规定具体如下。

（1）土地平整工程奖补标准

土地平整区域内拆除原有田埂、对田块内进行土方调整或客土回填，平整后坡度控制在6°以内，符合“小块并大块”和土地平整要求的，按具体实施面积每亩300元标准进行奖补。新建土质路面的田间道路工程量计入土地平整工程，按每亩300元标准进行奖补。将坡地改建为梯田梯地，符合《广西壮族自治区土地开发整理工程建设标准》要求的，按具体实施面积每亩400元进行奖补。

（2）田间基础设施配套建设奖补标准

新建田间道路按照道路建筑材质和规格进行奖补，其中，新建泥结石路过水田部分必须采取浆砌石或浆砌实心砼块路肩，路肩宽度不低于0.4m。有浆砌石路肩，路面宽2m以上，按100元/m奖补，路面宽3m以上，按120元/m奖补。新建泥结石道路过旱地部分修筑土路肩的，路面宽2～3m的，泥结石面层厚度达到8cm及以上，路面压实度能满足农业生产需要的，按60元/m奖补；路面宽3～6m的，泥结石面层厚度达到10cm及以上，路面压实度能满足农业生产需要的，按80元/m奖补。机配碎石路面参照泥结石路面执行。村屯道路硬化，每个村屯补助道路建设资金总额不超过20万元。

在小型农田水利工程方面：新建硬化的灌溉渠或排水沟按照净宽尺寸进行奖补，其中30cm≤净宽≤50cm的，按60元/m奖补；50cm<净宽≤80cm的，按70元/m奖补；净宽>80cm的，按80元/m奖补。蓄水池新建砖砌、浆砌或砼砌蓄水池按照蓄水容量进行奖补，$50m^3$≤蓄水容量≤$200m^3$的，按1万元/座奖补；$200m^3$<蓄水容量≤$500m^3$的，按2.5万元/座奖补；蓄水容量>$500m^3$的，按5万元/座奖补。新建泵站，按照装机容量进行奖补，其中10kW≤装机容量≤30kW的，按1万元/座奖补；装机容量>30kW的，按2万元/座奖补。新建小型拦水坝按照砌筑材质和尺寸进行奖补，其中浆砌石坝体、C20砼溢流面，5m≤坝长≤10m，坝高0.5～1m（含）按1万元/座进行奖补，5m≤坝长≤10m，坝高1～2m（含）按2万元/座奖补，5m≤坝长≤10m，坝高2～3m（含）按3万元/座奖补。属混凝土坝体的，在上述奖补标准基础上，每座可增加5000元。新建灌溉机井按照机井类型和规格进行奖补，其中管井类，井径在0.2～0.35m，30m≤井深≤50m的按2万元/座奖补，50m以上的按3万元/座奖补。大口井类，井壁应进行硬化处理，井深5m以上，直径在1～2m（含）的按1万元/座奖补，直径在2～5m（含）的按2万元/座奖补，直径5m以上的按3万元/座奖补（表6-3）。

表 6-3　2014 年版文件奖补标准

<table>
<tr><td rowspan="3">土地平整工程奖补标准</td><td colspan="3">拆除田埂、进行土方调整或客土回填，平整后坡度<6°，按具体实施面积每亩奖补 300 元</td></tr>
<tr><td colspan="3">新建土质路面田间道路，每亩奖补 300 元</td></tr>
<tr><td colspan="3">坡地改为梯田梯地，按具体实施面积每亩奖补 400 元</td></tr>
<tr><td rowspan="8">田间基础设施配套建设奖补标准</td><td rowspan="3">田间道路工程</td><td colspan="2">新建泥结石路有浆砌石路肩：
路面宽 2m 以上，奖补 100 元/m，
路面宽 3m 以上，奖补 120 元/m</td></tr>
<tr><td colspan="2">泥结石路面宽 2 ~ 3m，泥结石面层厚度大于 8cm，奖补 60 元/m
泥结石路面宽 3 ~ 6m，泥结石面层厚度>10cm，奖补 80 元/m</td></tr>
<tr><td colspan="2">机配碎石路面参照泥结石路面执行</td></tr>
<tr><td rowspan="5">小型农田水利工程</td><td>新建硬化灌溉渠或排水沟</td><td>30cm≤净宽≤50cm，奖补 60 元/m
50cm<净宽≤80cm，奖补 70 元/m
净宽>80cm，奖补 80 元/m</td></tr>
<tr><td>新建砖砌、浆砌或砼砌蓄水池</td><td>$50m^3$≤蓄水容量≤$200m^3$，奖补 1 万元/座
$200m^3$<蓄水容量≤$500m^3$，奖补 2.5 万元/座
蓄水容量>$500m^3$，奖补 5 万元/座</td></tr>
<tr><td>新建泵站</td><td>10kW≤装机容量≤30kW，奖补 1 万元/座
装机容量>30kW，奖补 2 万元/座</td></tr>
<tr><td>新建小型拦水坝</td><td>浆砌石坝体、C20 砼溢流面：
5m≤坝长≤10m，坝高 0.5 ~ 1m（含），奖补 1 万元/座
5m≤坝长≤10m，坝高 1 ~ 2m（含），奖补 2 万元/座
5m≤坝长≤10m，坝高 2 ~ 3m（含），奖补 3 万元/座
混凝土坝体在上述基础上每座增加 5000 元</td></tr>
<tr><td>新建灌溉机井</td><td>管井类：
井径需 0.2 ~ 0.35m
30m≤井深≤50m，奖补 2 万元/座
井深在 50m 以上，奖补 3 万元/座
大口井类：
井壁需经硬化处理，井深在 5m 以上
直径介于 1 ~ 2m（含），奖补 1 万元/座
直径介于 2 ~ 5m（含），奖补 2 万元/座
直径在 5m 以上，奖补 3 万元/座</td></tr>
</table>

6.3.3 申报程序

对于“小块并大块”奖补资金的申请程序，《自治区鼓励农民自发开展“小块并大块”耕地整治以奖代补专项资金管理暂行办法》也做了如下新规定。

1）农民自发开展“小块并大块”耕地整治以奖代补资金申报程序：农民自发开展“小块并大块”耕地整治以奖代补资金可分两期申请奖补，即完成“小块并大块”，并且完成土地承包合同和经营权变更的，可申请第一期奖补；在此基础上进一步开展“小块并大块”耕地整治配套建设的，可申请第二期奖补。

一是申请，由农村集体经济组织以行政村为单位统计本行政村区域内符合奖补条件的耕地，填写申报材料，纸质和电子版分别上报，并附土地承包合同、经营权证书的变更登记材料和工程布局图，向乡镇人民政府提出申请。

二是初审，乡镇人民政府组织国土所、财政所对行政村提出的申请进行现场查看，丈量面积，出具初审意见，上报县（市、区）国土资源局、财政局、农业局。

三是审核，县（市、区）国土资源局、财政局、农业局对照《广西壮族自治区土地开发整理工程建设标准》进行审核，确认农民自发开展耕地整治的面积、工程内容、工程数量和奖补标准、奖补金额。

四是公示，经审核通过的农民自发开展耕地整治奖补申请，由乡镇人民政府在乡镇人民政府所在地、项目实施行政村及其自然村予以公示，公示期 7 天。公示内容包括：自发开展耕地整治的耕地位置、面积、工程内容、工程量、奖补对象姓名、权属和奖补资金额度。

五是资金拨付。经公示无异议后，由县（市、区）财政局通过自治区切块下达的奖补资金按要求拨付资金，其中应兑现给农户的奖补资金在“小块并大块”完成后由财政所通过农补网“一卡通”直接兑现给农户；农村集体经济组织的工作经费按财政预算管理的有关规定核拨。

2）农业经营主体开展“小块并大块”耕地整治以奖代补资金申报程序：农业经营主体开展“小块并大块”耕地整治以奖代补资金实行“一次申请，一次奖补”，即已经完成耕地整治土地承包经营权流转后，开展耕地整治配套建设的，可申请奖补。

一是申请。由农业经营主体提出申请，并按要求将申报材料的纸质和电子版分别上报县（市、区）国土资源局、财政局、农业局。

二是县级审核和公示。由申报农业企业所在地县（市、区）国土资源局、财政局、农业局收到材料后在 15 天内共同提出初审意见后，由县级人民政府将初审的结果在项目实施地予以公示，公示期 7 天。公示内容包括耕地整治地块的坐标及示意图、地块面积、工程内容、工程数量、奖补方式、奖补金额等。

三是资金拨付。经公示无异议后，由县（市、区）财政局将奖补资金按有关规定拨付企业。此外，该办法还增加了对工作经费的相关规定。

自治区对“小块并大块”耕地整治奖补管理工作经费和技术费用实行单列，用于支付技术费用和管理工作经费。技术费用标准为 70 元/亩，由申请奖补所在地级市、县级国土资源局管理，用于土地清查、工程竣工测量、工程复核等技术性工作。并对农民自发开展与农业经营主体开展“小块并大块”做了不同规定：农民自发开展“小块并大块”耕地整治的管理工作经费按奖补资金的 6.5% 计提，分配比例按所在的县（市、区）国土资源局、财政局各 2%，县（市、区）农业局、乡镇人民政府各 1%，村委 0.5%；农业经营主体开展“小块并大块”耕地整治管理工作经费按奖补资金 6% 计提，分配比例按所在的县（市、区）国土资源局 2%、财政局 2%、农业局 1%，乡镇人民政府 1%。

自治区级部门管理工作经费列入年度部门预算予以保障。对管理工作经费和技术费用进行单列，有效地保障了“小块并大块”耕地整治工作的效率和落实，提高了自治区基层工作人员、技术人员投入“小块并大块”耕地整治工作中的积极性。

6.4 第三阶段：优质高产高糖糖料蔗基地建设

6.4.1 政策概述

自 2012 年开始，广西糖业发展面临糖价骤跌、制糖企业全面亏损、糖料蔗种植面积急剧缩减的严峻形势，存在重蹈东北大豆产业覆辙的危险。为应对糖业发展面临的困境，2013 年 7 月，广西出台了《广西壮族自治区人民政府关于促进我区糖业可持续发展的意见》（桂政发〔2013〕36 号），明确提出建成 500 万亩以上平均单产超 8 吨的优质高产高糖糖料蔗基地，实现“吨糖田”目标。在此基础上，最终糖料蔗基地经营规模化、水利现代化、种植良种化及生产机械化（简称四化建设）。

随后，广西为落实 2020 年前建设 500 万亩优质高产高糖糖料蔗基地及 2014 年建设 50 万亩“双高”基地的建设任务，加强“双高”基地建设资金统筹使用和管理，提高资金使用效益，分别于 2014 年和 2015 年出台了适用于“双高”基地建设的《广西壮族自治区优质高产高糖糖料蔗基地土地整治以奖代补专项资金管理暂行办法》和《广西壮族自治区人民政府办公厅关于转发财政厅等部门自治区500万亩优质高产高糖糖料蔗基地建设资金统筹使用管理暂行办法的通知》。文件对奖补对象、奖补条件、奖补标准、申请程序等进行了规范和明确规定。“双高”基地建设的推行得益于先前“小块并大块”耕地整治的实施，是在“小块并大块”耕地整治基础上关于蔗糖产业的新发展。

6.4.2 具体内容

奖补资金的奖补对象为地级市、县（市、区）人民政府组织的制糖企业、农业企业、专业合作社、家庭农场、种植大户及自治区农垦集团公司等糖料蔗基地建设主体自筹资金开展相对连片蔗区面积不小于300亩的田间工程配套设施土地整治。申请奖补资金需要满足一定的条件（表6-4）。

表6-4 “双高”基地建设奖补条件

选址要求	土地平整工程要求	蔗区排水工程要求	道路工程要求	
符合相关规划	符合相关规划	符合相关规划	田间道路	生产道路
			路面宽度在4~6m	路面宽度为4m
自然条件适宜	地面坡度在10°以内	排水标准为十年一遇、一天暴雨两天排至耐淹水深	泥结石路面	泥结石路面
基础设施条件较好	内部局部起伏高差在10cm以内		路面高于田面5cm	道路密度在40m/hm²以上
农地集中连片	清除地面以下60cm范围的石质障碍物	排水控制面积在150~300亩	道路两侧夯筑素土路肩	—
群众实施整治意愿强烈	填实母质层漏斗	—	道路密度不小于30m/hm²	—
无土地权属争议	—	—	充分考虑路边排水需要	—

选址要求：①符合土地利用总体规划、土地整治规划、当地农业发展和农村建设规划，且不属于《高标准基本农田土地整治建设规范》（DB 45/T951—2013）及相关法律法规禁止的区域；②自然条件较好，水源、土壤和质地满足工程要求，田面原坡度低于15°；③灌溉与排水、田间道路工程等基础设施较好，满足基本的农业生产需要；④集中连片，项目实施后成效显著；⑤群众及乡（镇）人民政府支持，实施整治意愿强烈；⑥无土地权属争议。

土地平整工程要求：归并零碎地块，降低糖料蔗种植区地面坡度，提高耕地平整度和集中程度，为甘蔗种植机械化提供基础平台，具体建设内容包括地块修筑及耕作层地力保持工程，地块修筑工程有条田修筑、梯地修筑和其他地块工程，耕作层地力保持包括客土回填和表土保护。糖料蔗基地建设地块宽度不小于50m，地块长度应不小于200m；地面坡度要控制在10°以内；地块内部局部起伏高差应控制在10cm以内；清除地面以下60cm范围内的石质障碍物，并对母质层的漏斗进行填实。

蔗区排水工程要求：改善糖料蔗种植区水利条件，重点建设蔗区排水配套设施，确保蔗区排水通畅，有效减少水土流失。建设内容主要是硬化排水沟的建设，排水标准要求为十年一遇、一天暴雨两天排至耐淹水深。每条硬化排水沟要求排水控制面积在150~300亩。

道路工程要求：提高糖料蔗基地的道路通达度，重点建设糖料蔗种植区田间道路和生产道路。道路分为田间道路和生产道路，其中，田间道路的路面宽度应在4~6m，采用泥结石路面，路面高于田面5cm，道路两侧夯筑素土路肩，道路密度不小于30m/hm^2；生产道路的路面宽度为4m，采用泥结石路面，道路密度要求在40m/hm^{2}以上。田间道路路面压实度应满足糖料蔗生产运输需要，并充分考虑路边排水需要。

“双高”基地建设的具体奖补标准规定见表6-5。

表6-5 “双高”基地建设奖补标准

奖补标准	未实施土地整治项目的糖料蔗基地	工程建设完成并通过验收后给予不超过1500元/亩的奖补资金
	已实施土地整治项目的糖料蔗基地	工程建设完成并通过验收后给予不超过400元/亩的奖补资金
	土地平整工程	地面原坡度在10°以内，奖补300元/亩；地面原坡度在10°~15°，奖补400元/亩
	蔗区排水工程	新建硬化排水沟净宽≤50cm，奖补60元/m；净宽介于50~80cm，奖补70元/m；净宽>80cm，奖补80元/m
	道路工程	新建泥结石道路路面厚度不小于15cm，素土路肩路面宽4m，奖补60元/m；路面宽4m以上，奖补80元/m。新建水泥路，路面宽3m以上，奖补200元/m
	技术费用	技术费用按70元/亩计取并实行单列

1）对未实施土地整治项目的糖料蔗基地，由建设主体按土地整治工程建设标准和要求，开展土地平整、蔗区排水和田间道路等工程建设，工程建设完成并通过验收后给予不超过1500元/亩的奖补资金。

2）对已实施土地整治项目的糖料蔗基地，由建设主体根据农业机械化需要，开展以归并地块、降低地面坡度和清除出露石芽为主的土地平整工程，工程建设完成并通过验收后给予不超过400元/亩的奖补资金。

3）土地平整工程奖补标准。地面原坡度在10°以内，在土地平整区内拆除原有田埂，修筑规整的耕作地块的，给予300元/亩的奖补资金；地面原坡度在10°~15°，开展表土收集、表土回复和土方挖填工程降坡的，给予400元/亩的奖补资金。

4）蔗区排水工程奖补标准。排水沟要求采用浆砌砖或现浇砼结构，新建硬化排水沟净宽≤50cm的，按60元/m奖补；净宽介于50~80cm的，按70元/m奖补；净宽>80cm的，按80元/m奖补。

5）道路工程奖补标准。新建泥结石道路路面厚度不小于15cm，素土路肩路面宽4m的按60元/m奖补；路面宽4m以上按80元/m奖补，新建水泥路，路面宽3m以上，按200元/m奖补。

6）技术费用奖补标准。技术费用按70元/亩计取并实行单列，主要用于工程竣工图测量绘制、工程复核和耕地质量等级的评定工作。

7）实际奖补金额按建设内容和相应的奖补标准计算，且不超过规定的最高亩均奖补标准。

6.4.3 申请程序

“双高”基地建设奖补资金的奖补申请程序如下。

1）土地整治实行计划管理。每年由自治区优质高产高糖糖料蔗基地建设试点工作领导小组办公室将糖料蔗基地建设任务下达各设地级市和自治区农垦局。各设地级市将年度建设任务分解下达各县（市、区）后，由县（市、区）糖料蔗基地建设办公室组织落实糖料蔗基地地块范围、建设主体及地块相关事项，并逐级上报至自治区糖料蔗基地建设办公室。

自治区糖料蔗基地建设办公室审核确定全区各地级市、县（市、区）糖料蔗基地建设任务后填写实施计划表并送国土资源厅，国土资源厅据此提出年度糖料蔗基地建设“以奖代补”资金安排计划报送财政厅审核。

2）土地整治申报及审批。各县（市、区）糖料蔗基地建设办公室和自治区农垦局落实年度基地建设地块和建设主体后，要指导建设主体编制糖料蔗基地工程建设建议书，并附现场照片、建设方案和工程布局图（涉及土地平整的，需提供土地平整区域1：1000的实测地形图），由县级人民政府组织有关部门审核通过后批复（自治区农垦局所属农场糖料蔗基地建设由自治区农垦局审核批复）。各项工程建设内容和标准应符合糖料蔗基地土地整治工程建设技术要求。

3）实施整治。各有关县（市、区）糖料蔗基地建设办公室和自治区农垦局组织建设主体依据糖料蔗基地工程建设建议书确定的工程建设内容和工程布局图进行工程建设。

4）土地整治实行两级验收：①县级初验。糖料蔗基地工程建设完成后，建设主体应编制奖补资金申请材料，说明申请奖补的工程内容和金额，由县级国土资源管理部门委托有资质单位对已建工程进行工程测量、质量检测，编制“以奖代补”工程复核报告、竣工图，由县级糖料蔗基地建设办公室组织初验后出具初验意见，经市级糖料蔗基地建设办公室审核并出具相关审核意见，附工程复核报告和奖补意见报自治区糖料蔗基地建设办公室申请验收。自治区农垦局组织建设的糖料蔗基地，由国土资源厅委托有资质单位对已建工程进行工程测量、质量检测，编制“以奖代补”工程复核报告、竣工图，自治区农垦局组织初验并出具初验意见，附工程复核报告和奖补意见报自治区糖料蔗基地建设办公室申请验收。②自治区级终验。自治区糖料蔗基地建设办公室组织对通过初验的糖料蔗基地进行验收，核定糖料蔗基地建设成效和工程量，出具验收意见，验收意见抄送国土资源厅、财政厅。具体验收办法由自治区糖料蔗基地建设办公室另行制定。

5）奖补资金拨付。奖补资金纳入自治区本级财政预算。项目完成审批后，财政厅按《广西壮族自治区人民政府办公厅关于印发广西优质高产高糖糖料蔗示范基地建设试点实施方案的通知》（桂政办发［2014］15号）规定的标准和经批准的资金使用计划下达项目预算，资金拨付按国库集中支付有关规定执行，项目实施期间，资金拨付控制在50%额度内。土地整治项目验收完毕后实施清算，拨付资金“多退少补”。

6）预留5%项目质保金，经验收通过的“以奖代补”土地整治工程，县级财政部门或自治区农垦局根据竣工验收核定的工程量、奖补标准和清算结果，在不超过1500元/亩标准额度内，将95%的奖补资金拨付给建设主体。一年后所实施的项目无质量问题再予以全额拨付。

7）自治区两次终验不合格的，按原渠道收回全部资金，上缴自治区财政。

6.5 “小块并大块”耕地整治政策建议

“小块并大块”需要进行大规模耕地整治和农田水利建设，《国家乡村振兴战略规划（2018—2022年）》明确提出“确保到2022年建成10亿亩高标准农田”。新时期的农田建设工作，应适应机构改革后的新形势，紧密结合“三权分置”改革需要，推动“小块并大块”，实现“一户一块田”，并把组建的土地股份合作社作为农田建设、监管、管护主体，实现生产力与生产关系结合，推动高标准农田建设工作，促进农业农村现代化。把“一户一块田”作为高标准农田建设的重要目标。贯彻落实中央推动机构改革和农村土地制度改革的战略意图，加强农田建设中的权属管理，把农田整治作为“三权分置”改革的重要突破口。

6.5.1 加快修订完善相关法规

加快修订完善相关法规，把承包权调整作为农田建设的目标选项，加快农田建设的同时推动“一户一块田”改革、处理好“三权”关系，重点是强化所有权，更好地发挥农村土地集体所有的制度优势，在保障承包权的同时适当弱化农户对特定地块的承包权，在放活经营权的基础上实现集中连片耕作。

对调整权属后的高标准农田，优先划定为永久基本农田，优先纳入粮食生产功能区和重要农产品生产保护区，并提供后续政策支持。农田整治“小块并大块”后耕地面积一定会有所增加，允许新增耕地面积作为占补平衡指标纳入交易，所获得收益吸引社会资本投入和金融机构参与农田整治。

6.5.2 探索新型经营主体

积极探索把新型经营主体作为农田建设实施主体。从规划编制到初步设计、从项目施工到竣工验收，直到项目建成后运营维护，均充分吸纳集体经济组织和新型经营主体参与。规划编制既要结合流域区域、地形地貌等客观实际，又要充分尊重农户意愿，以村为基本单元规划项目。

凡规划内项目区农户积极性高的优先安排实施，做到“规划安排引领项目安排、由项目实施推动规划实施”，确保项目早审批、早施工、早竣工。有条件的地方，项目建设可实行先建后补机制，支持土地合作社实施；对投资规模较小、技术要求不高的田间工程，可直接委托合作社负责实施。

引导土地合作社参与工程监管和项目竣工验收，以确保工程质量。切实解决好农民游离在国家投资建设项目之外，以及政府压力大、农民不满意的问题。

6.5.3 制定简约高效的农田建设项目管理办法

适应机构改革后农田建设管理职能调整的需要，抓紧制定农田建设项目管理办法并突出以下特点。

一是强化县级规划项目储备功能，按照流域或区域构建项目，把建设任务落实到田块，增强规划操作调控功能。

二是实行简约管理程序，依据规划年度任务，从规划储备项目中，直接选择项目做好初步设计等前期工作，确保前期工作到位，缩短项目建设期限。

三是合理下放审批权限，减少行政审批程序。发挥地级市直接与基层打交道、技术力量有保障的优势，压缩申报审批时间，加快项目建设速度。

四是明确初步设计编制中需征得项目区农民及其集体同意，确保项目顺利落地，实行切合实际的建设标准和定额。我国不同区域自然条件不同，农田建设内容与投资差异大，需确定不同的建设标准及定额。根据前期研究结果，宜按地域特征在全国划分东北、华北、西北、西南、东南五大区，每个大区再细分二级类型区，对每个二级类型区针对性地提出建设标准，并指导地方制定分省建设标准及定额。

6.5.4 加强人才队伍培训

机构改革后，原来从事农田整治工作的 4 个部门并成一个部门，人员大幅度减少，任务量倍增。因此，急需强化对农田建设队伍的培训。

一是有针对性地制定培训标准、培训模块和培训课程，着重更新各级干部理念、提高政策水平。二是加强技术标准培训。分区域、分对象、分批次，组织业务骨干、新型经营主体、社会化服务人员等开展培训。三是注重典型总结与示范作用。总结各地建设模式和建设思路，把先进地区建设经验向全国推广（陈章全等，2019）。

7 广西“小块并大块”耕地整治和“双高”基地建设实施效果整体评价

根据本书研究的需要，从广西壮族自治区自然资源厅收集到2015～2018年广西“小块并大块”耕地整治和“双高”基地建设的实施面积、完成任务面积、资金拨付等数据，对广西及各地级市的“小块并大块”耕地整治和“双高”基地建设实施进度进行分析评价。同时，2018年9～10月，在广西的崇左市、防城港市、南宁市等“小块并大块”和“双高”主要实施区域进行实地考察，其中崇左市选择扶绥县、江州区、龙州县进行调查，防城港市选择上思县进行调查，南宁市选择武鸣和隆安两个县进行调查。本次问卷调查采取分层抽样法，主要是针对“小块并大块”耕地整治和“双高”基地建设项目区进行实地调研，总共获得问卷135份，其中有效问卷113份，基于调研数据进行广西不同经营主体“小块并大块”和“双高”实施效果整体评价。

7.1 广西“小块并大块”耕地整治和“双高”基地建设实施进度分析

7.1.1 广西“小块并大块”耕地整治实施进度分析

根据广西各地级市上报的2015～2018年“小块并大块”耕地整治实施情况数据，广西“小块并大块”耕地整治实施进度具体分析如下。

1）2015～2018年，全区下达的“小块并大块”耕地整治任务为1 269 604.22亩，下达奖补资金5.54亿元，涉及14个地级市75个县（市、区）。截至2018年底，已完成耕地整治面积510 770亩，完成率达40.23%；累计拨付奖补资金2.83亿元，资金拨付率达51.08%，剩余2.71亿元奖补资金尚未拨付。

2）农民自发整治模式：2015年，耕地整治任务为629 347亩，完成任务为151 619亩，完成率为24.09%，奖补资金为11 076.04万元，已拨付资金为6741.51万元，资金拨付率为60.87%；2016年，耕地整治任务为7316亩，完成任务为6583亩，完成率为89.98%，奖补资金为1257.18万元，已拨付资金为

517.45 万元，资金拨付率为 41.16%；2017 年，耕地整治任务为 8080 亩，完成任务为 4618 亩，完成率为 57.15%，奖补资金为 1282.21 万元，已拨付资金 346.83 万元，资金拨付率为 27.05%；2018 年耕地整治任务为 0 亩，完成任务为 327 亩，奖补资金为 0 万元，已拨付资金为 16.53 万元（表 7-1）。

表 7-1　广西 2015～2018 年农民自发开展的“小块并大块”耕地整治实施情况

年份	耕地整治任务（亩）	完成任务（亩）	完成率（%）	奖补资金（万元）	已拨付资金（万元）	资金拨付率（%）
2015	629 347	151 619	24.09	11 076.04	6 741.51	60.87
2016	7 316	6 583	89.98	1 257.18	517.45	41.16
2017	8 080	4 618	57.15	1 282.21	346.83	27.05
2018	0	327	—	0	16.53	—

3）农业经营主体整治模式：2015 年，耕地整治任务为 419 029 亩，完成任务为 91 297 亩，完成率为 21.79%，奖补资金为 19 022.51 万元，已拨付资金为 6633.13 万元，资金拨付率为 34.87%；2016 年，耕地整治任务为 83 803 亩，完成任务为 93 718 亩，完成率为 111.83%，奖补资金为 8002.58 万元，已拨付资金为 6288.12 万元，资金拨付率为 78.58%。2017 年，耕地整治任务为 61 159 亩，完成任务为 63 117 亩，完成率为 103.20%，奖补资金为 8717.79 万元，已拨付资金为 3347.98 万元，资金拨付率为 38.40%；2018 年，耕地整治任务为 60 870亩，完成任务为 99 491 亩，完成率为 163.45%，奖补资金为 6000 万元，已拨付资金为 4403.63 万元，资金拨付率为 73.39%（表 7-2）。

表 7-2　2015～2018 年广西农业经营主体开展的“小块并大块”耕地整治实施情况

年份	耕地整治任务（亩）	完成任务（亩）	完成率（%）	奖补资金（万元）	已拨付资金（万元）	资金拨付率（%）
2015	419 029	91 297	21.79	19 022.51	6 633.13	34.87
2016	83 803	93 718	111.83	8 002.58	6 288.12	78.58
2017	61 159	63 117	103.20	8 717.79	3 347.98	38.40
2018	60 870	99 491	163.45	6 000.00	4 403.63	73.39

7.1.2 广西“双高”基地建设实施进度分析

2014～2018年，广西“双高”基地建设实施情况如下。2014年，整治任务为50.12万亩，完成任务为53.63万亩，完成率为107.00%，超额完成任务，通过自治区终验面积为41.90万亩，通过率为78.13%；2015年，整治任务为80.41万亩，完成任务为83.34万亩，完成率为103.64%，通过自治区终验面积为81.07万亩，通过率为97.28%；2016年，整治任务为100.00万亩，完成任务为102.48万亩，完成率为102.48%，通过自治区终验面积为99.12万亩，通过率为96.72%；2017年，整治任务为131.92万亩，完成任务为131.22万亩，完成率为99.47%，通过自治区终验面积为78.77万亩，通过率为60.02%；2018年，整治任务为131.72万亩，完成任务为121.18万亩，完成率为92.00%，通过自治区终验面积为35.43万亩，通过率为29.24%（表7-3）。

表7-3　2014～2018年广西“双高”基地建设实施情况

年份	整治任务（万亩）	完成任务（万亩）	完成率（%）	通过自治区终验面积（万亩）	通过率（%）
2014	50.12	53.63	107.00	41.90	78.13
2015	80.41	83.34	103.64	81.07	97.28
2016	100.00	102.48	102.48	99.12	96.72
2017	131.92	131.22	99.47	78.77	60.02
2018	131.72	121.18	92.00	35.43	29.24

广西“双高”基地建设完成种植面积由2014年的48.77万亩增长到2018年的111.57万亩，增长率为128.77%；符合良种面积由2014年的47.38万亩增长到2018年的105.29万亩，增长率为122.22%；通过良种验收面积由2014年的44.78万亩增长到2017年的87.10万亩，增长率为94.51%，但在2018年下降至64.46万亩。(图7-1)。

2014年广西“双高”基地建设已拨付良种补贴自治区财政资金为14 260.94万元，应拨付土地整治和水利化自治区财政资金为113 676.58万元，已拨付土地整治和水利化自治区财政资金为112 189.55万元，拨付率为98.69%。2015年广西“双高”基地建设已拨付良种补贴自治区财政资金为17 697.53万元，较上年增长24.1%，应拨付土地整治和水利化自治区财政资金为181 102.12万元，已拨付土地整治和水利化自治区财政资金为178 216.28万元，拨付率为98.41%。2016年广西“双高”基地建设已拨付良种补贴自治区财政资金为28 123.78万元，较上年增长

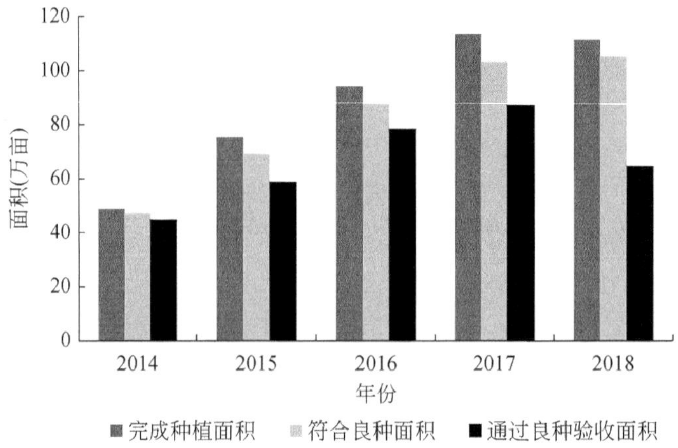

图 7-1 2014～2018 年广西"双高"基地建设完成种植面积、符合良种面积及通过良种验收面积变化情况

58.9%，应拨付土地整治和水利化自治区财政资金为 227 471.77 万元，已拨付土地整治和水利化自治区财政资金为 182 685.91 万元，拨付率为 80.31%。2017 年广西"双高"基地建设已拨付良种补贴自治区财政资金为 23 521.59 万元，较上年增长 16.4%，应拨付土地整治和水利化自治区财政资金为 239 286.15 万元，已拨付土地整治和水利化自治区财政资金为 144 739.59 万元，拨付率为 60.49%。2018 年广西"双高"基地建设已拨付良种补贴自治区财政资金为 14 841.03 万元，较上年下降 36.9%，应拨付土地整治和水利化自治区财政资金为 330 811.12 万元，已拨付土地整治和水利化自治区财政资金为 105 578.68 万元，拨付率为 31.92%（图 7-2）。

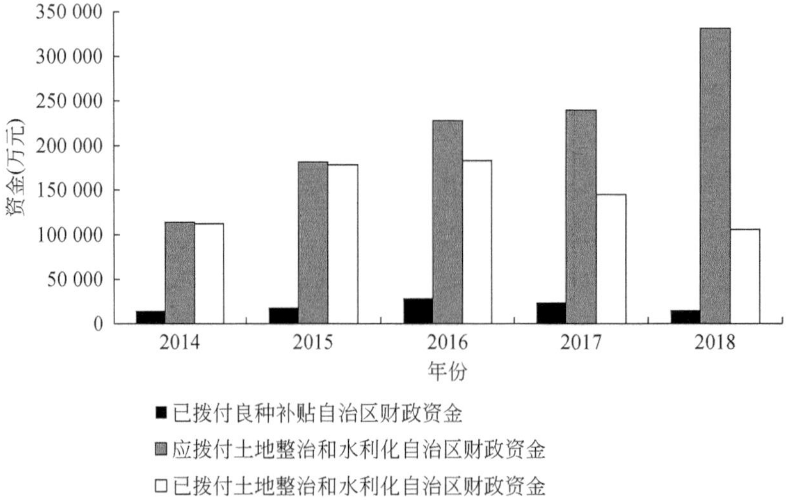

图 7-2 2014～2018 年广西"双高"基地建设资金拨付情况

2014～2018 年，广西耕地深耕面积、深松面积、一体化种植面积、分段式机械化种植面积、中耕培土面积和机械化收获面积基本呈上升趋势，说明耕地机械化程度不断提高、耕地利用率增强。总体上，自“双高”基地建设以来，广西实施区域耕地种植效率等均得到提高（图 7-3）。

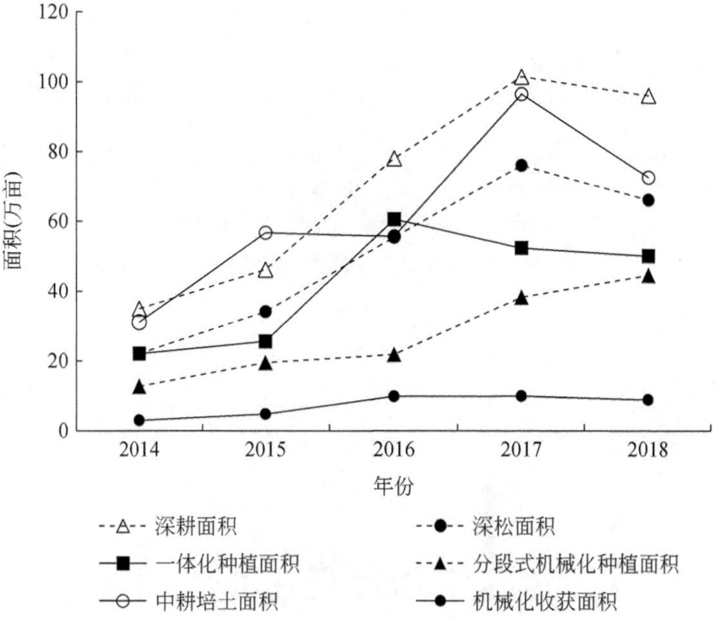

图 7-3　2014～2018 年广西耕地作业面积变化情况

7.1.3　广西各地级市“小块并大块”耕地整治和“双高”基地建设实施进度分析

7.1.3.1　广西各地级市“小块并大块”耕地整治实施进度对比

2015～2018 年广西下达“小块并大块”耕地整治任务共 1 269 640.22 亩，来宾市任务面积最小，为 3810 亩，崇左市任务面积最大，为 700 000.74 亩。截至 2018 年底广西完成 510 770.02 亩，完成率为 42.03%；14 个地级市中，南宁市和百色市完成率较高，分别为 103.38% 和 83.34%（图 7-4）。

2015～2018 年广西下达“小块并大块”补资金共 55 358.31 万元，截至 2018 年底，已拨付资金 28 295.18 万元，资金拨付率达 51.11%，其中，北海市和南宁市资金拨付率较高，为 297.99% 和 80.31%；钦州市和贺州市资金拨付率较低，为 7.40% 和 16.96%（图 7-5）。

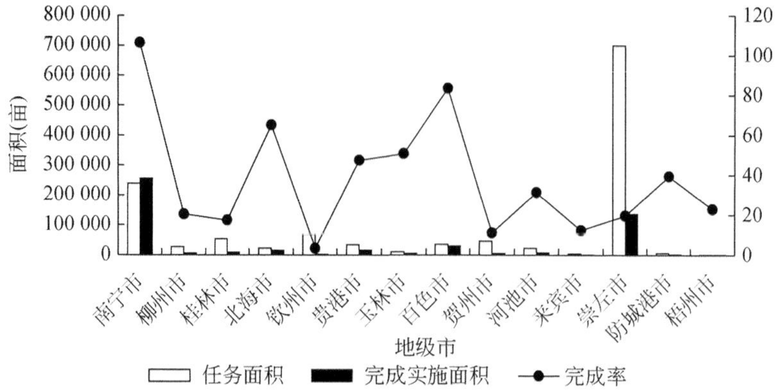

图7-4　广西各地级市“小块并大块”任务完成情况

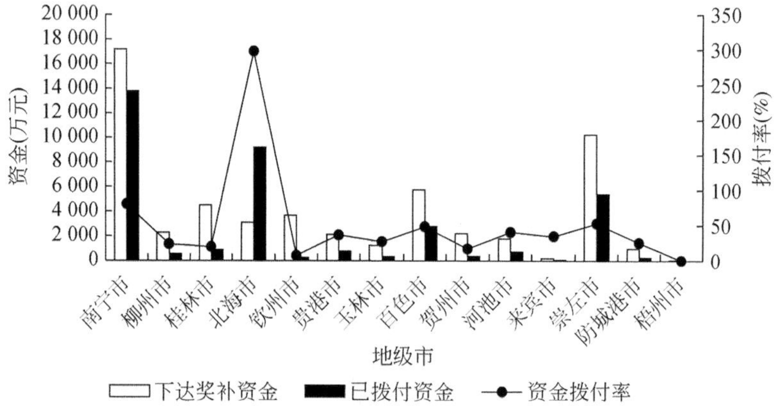

图7-5　广西各地级市“小块并大块”耕地整治资金拨付情况

7.1.3.2　广西“双高”基地建设不同实施主体实施进度对比

2014～2018年广西下达“双高”基地建设任务共494.17万亩，截至2018年底完成实施面积为491.85万亩，完成率为99.53%。其中，河池市和农垦局完成率较高，分别为105.95%和117.78%，均超额完成；防城港市和贵港市完成率较低，分别为90.47%和88.56%（图7-6）。

2014～2018年广西下达“双高”基地建设不同实施主体奖补资金共1 092 347.75万元，截至2018年底已拨付723 410.01万元，资金拨付率达66.23%。其中，贵港市和农垦局拨付率较高，为84.24%和100.00%；来宾市和监狱管理局拨付率较低，为48.72%和57.97%（图7-7）。

综合对比广西“小块并大块”耕地整治与“双高”基地建设不同实施主体

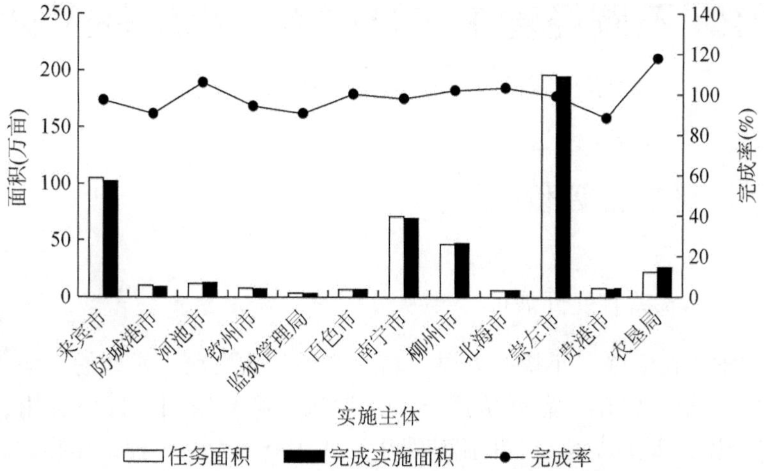

图 7-6　广西“双高”基地建设不同实施主体任务完成情况

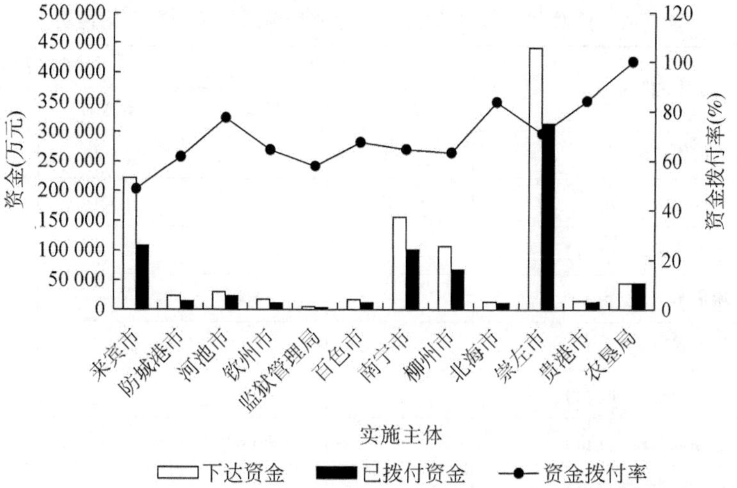

图 7-7　广西“双高”基地建设不同实施主体资金拨付情况

任务实施状况和资金拨付情况，“双高”基地建设任务的完成率和资金拨付率均远高于“小块并大块”耕地整治，“双高”基地建设任务完成情况较好，且大部分资金拨付及时，说明政府、农民对“双高”基地建设的重视程度较高；反观“小块并大块”耕地整治，实施效果不太乐观，大部分资金未能拨付，工程滞后，实施热度不够，质量不过关，资金拨付率较低，因此政府、农民对“小块并大块”耕地整治的重视程度有待提高。

7.2 不同经营主体开展的“小块并大块”耕地整治实施效果比较分析

7.2.1 经济效益评价

7.2.1.1 农民自发开展的“小块并大块”耕地整治模式

1）成本：在实施“小块并大块”耕地整治模式之前，耕地的平均成本（包括犁地费用、播种费用、灌溉费用、中耕费用、肥料费用、打药费用、收获费用、运输费用、人工成本及土地流转费用）为1700元/亩，种植作物为甘蔗；在实施“小块并大块”耕地整治模式之后，耕地改种香蕉和火龙果，成本费用增加，火龙果平均成本达16 000元/亩，增加近8.5倍（表7-4）。

表7-4 广西“小块并大块”耕地整治前后经济收益变化情况

平均成本和收益变化	农民自发		农业经营主体	
	实施前	实施后	实施前	实施后
甘蔗平均成本（元/亩）	1 700	—	1 600	—
甘蔗平均产量（kg/亩）	4 500	—	4 750	—
甘蔗平均毛收益（元/亩）	2 050	—	2 138	—
香蕉平均成本（元/亩）	—	4 500	—	4 600
香蕉平均产量（kg/亩）	—	3 000	—	3 500
香蕉平均毛收益（元/亩）	—	7 200	—	8 400
火龙果平均成本（元/亩）	—	16 000	—	16 500
火龙果平均产量（kg/亩）	—	2 750	—	2 500
火龙果平均毛收益（元/亩）	—	22 000	—	20 000

2）收益：在实施“小块并大块”耕地整治模式前农民种植作物为甘蔗，甘蔗平均产量为4500kg/亩，平均毛收益为2050元/亩；在实施“小块并大块”耕地整治模式后农民种植结构多元化，由原来单一种植甘蔗变成种植香蕉和火龙果，香蕉平均产量为3000kg/亩，平均毛收益为7200元/亩，火龙果平均产量为2750kg/亩，平均毛收益为22 000元/亩。在实施“小块并大块”耕地整治模式之后，农民种植结构多元化，香蕉和火龙果的产量虽没有甘蔗高，但其价格远远

高于甘蔗，使最后毛收益也有所增加（表7-4）。

3）从经济效益方面来看，“小块并大块”耕地整治模式的实施使得耕地成本增加，农民种植结构多元化，香蕉、火龙果种植虽然产量不如甘蔗，但是其平均毛收益均高于甘蔗，使最终净收益增加。总的来看，“小块并大块”耕地整治模式使得农户的经济效益得到提高（表7-4）。

7.2.1.2 农业经营主体开展的“小块并大块”耕地整治模式

1）成本：在实施“小块并大块”耕地整治模式之前，耕地的平均成本（包括犁地费用、播种费用、灌溉费用、中耕费用、肥料费用、打药费用、收获费用、运输费用、人工成本及土地流转费用）为1600元/亩，种植作物为甘蔗；在实施“小块并大块”耕地整治模式之后，耕地统一种植香蕉和火龙果，成本相比种植甘蔗有所增加，香蕉平均成本为4600元/亩，火龙果平均成本为16 500元/亩。每亩成本增加了约9.3倍（表7-4）。

2）收益：在实施“小块并大块”耕地整治模式之前，农业经营主体种植甘蔗，平均产量为4750kg/亩，平均毛收益为2138元/亩；在实施“小块并大块”耕地整治模式之后，农业经营主体种植香蕉和火龙果，香蕉平均产量为3500kg/亩，平均毛收益为8400元/亩，火龙果平均产量为2500kg/亩，平均毛收益为20 000元/亩。相比种植甘蔗，平均毛收益均大幅度增加（表7-4）。

3）从经济效益方面来看，“小块并大块”耕地整治模式的实施虽使得耕地成本大幅增加，香蕉、火龙果的亩产减少，但其总收益在很大程度上得到了提高，从整体来看“小块并大块”耕地整治模式的实施使得农业经营主体的净收益增加，收入提高（表7-4）。

7.2.2 生态效益评价

目前广西的农业生产仍依赖于施用化肥和农药，在种植作物时，大量的化肥、农药被施用，会给当地生态带来一定压力，因此本书主要从化肥和农药施用量的变化来说明生态效益的变化。

在实施“小块并大块”耕地整治模式之前耕地主要种植传统作物甘蔗，在实施“小块并大块”耕地整治模式之后改种经济作物香蕉、火龙果，化肥施用量相比种植传统作物消耗得更多，农药施用量略有减少。

7.2.2.1 农民自发整治模式

1）化肥施用量：在实施“小块并大块”耕地整治模式之前，化肥施用量平均值为287.5kg/亩，标准差为119.0kg/亩；在实施“小块并大块”耕地整治模式之后，化肥施用量平均值为570.5kg/亩，标准差为165.5kg/亩。化肥施用量平均值增加，每亩增加283kg，增幅为98.43%，标准差上升增加，说明农户之间的化肥施用量差距增大，与平均值的差距也在增大（表7-5）。

2）农药施用量：在实施“小块并大块”耕地整治模式之前，农户农药施用量平均值为300mL/亩，标准差为58mL/亩；在实施“小块并大块”耕地整治模式之后，农药施用量平均值为233mL/亩，标准差为47mL/亩。农药施用量平均值减少，每亩减少了67mL，降幅为22.33%，标准差略有减小（表7-5）。

3）从生态效益方面来看，在实施了“小块并大块”耕地整治模式之后，农民化肥施用量平均值增加，增幅为98.43%，农药施用量平均值减少，降幅为22.33%，其主要原因是种植作物不同，之前项目区种植的甘蔗较多，在实施“小块并大块”耕地整治模式之后，项目区种植的香蕉、火龙果面积增加，甘蔗属于糖料作物，香蕉、火龙果属于经济作物，其化肥施用量差异会比较大（表7-5）。

表7-5　广西“小块并大块”耕地整治前后生态效益变化情况

前后对比	化肥施用量平均值（kg/亩）		化肥施用量标准差（kg/亩）		农药施用量平均值（mL/亩）		农药施用量标准差（mL/亩）	
	农民自发	经营主体	农民自发	经营主体	农民自发	经营主体	农民自发	经营主体
实施前	287.5	300	119.0	135.5	300	99	58	61
实施后	570.5	460	165.5	191.5	233	91	47	68

7.2.2.2　农业经营主体整治模式

1）化肥施用量：在实施“小块并大块”耕地整治模式之前，大部分农业经营主体施用的都是复合肥，化肥施用量平均值为300kg/亩，标准差为135.5kg/亩；在实施“小块并大块”耕地整治模式之后，农业经营主体仍然主要施用复合肥，化肥施用量平均值为460kg/亩，标准差为191.5kg/亩。化肥施用量平均值有所增加，每亩增加160kg，增幅为53.33%，标准差增加，说明经营主体之间的化肥施用量差距增大，与化肥施用量平均值之间的差距也在增大（表7-5）。

2）农药施用量：在实施“小块并大块”耕地整治模式之前，农药施用量平均值为99mL/亩，标准差为61mL/亩；在实施“小块并大块”耕地整治模式之后，施用量平均值为91mL/亩，标准差为68mL/亩。农药施用量平均值略有下降，每亩减少了8mL，降幅为8.08%，但标准差略有上升（表7-5）。

3）从生态效益方面来看，在实施“小块并大块”耕地整治模式之后，农业经营主体的化肥施用量有所增加，增幅为53.33%，农药施用量略有下降，降幅为8.08%。总的来说，由于种植作物的改变，“小块并大块”耕地整治模式的实施，虽然带来了较高的经济效益，但并没有极大地降低农药、化肥施用量，生态效益与经济效益有待协调发展（表7-5）。

7.2.3 社会效益评价

7.2.3.1 农民自发开展的“小块并大块”耕地整治模式

1）在实施“小块并大块”耕地整治模式之前，项目区每年生产中权属纠纷案件的平均数量为7件，在实施“小块并大块”耕地整治模式之后每年生产中权属纠纷案件的平均数量为1件，减少率达85.71%（表7-6）。

2）项目建成后，道路水利等工程质量的平均优良率为86.45%，项目按期竣工的平均偏差率为22.62%，平均资金拨付率为81.00%，群众平均满意度为89.28%，经营主体平均满意度为90.38%，公众平均参与度为74.71%（表7-6）。

表7-6 广西“小块并大块”耕地整治后社会效益变化情况

整治模式	农民自发	农业经营主体
权属纠纷案件平均减少率（%）	85.71	92.86
工程质量的平均优良率（%）	86.45	84.15
项目按期竣工的平均偏差率（%）	22.62	16.45
平均资金拨付率（%）	81.00	84.03
群众平均满意度（%）	89.28	86.45
经营主体平均满意度（%）	90.38	86.24
公众平均参与度（%）	74.71	77.87
管理规章平均健全程度（%）	84.21	84.17
后期管护资金平均保障程度（%）	87.21	79.87
后期管护人员平均保障程度（%）	81.14	76.91
农民收入平均增加率（%）	35.61	34.07
贫困人口平均减少率（%）	35.45	28.31
农民外出务工人口平均增加率（%）	31.25	29.07

续表

整治模式	农民自发	农业经营主体
基层干部能力平均提高率（%）	54.18	67.08
基层村党委和村委会威信平均提高率（%）	64.04	66.53
平均土地污染治理面积（亩）	40.00	500.00
平均治理水土流失面积（亩）	30.00	400.00
抵御风害能力平均提高率（%）	76.67	76.88
抵御冻害能力平均提高率（%）	79.00	75.00

3）项目建成后，道路水利等管理规章平均健全程度为84.21%，后期管护资金平均保障程度为87.21%，后期管护人员平均保障程度为81.14%（表7-6）。

4）项目建成后，农民收入平均增加率为35.61%，贫困人口平均减少率为35.45%，农民外出务工人口平均增加率为31.25%，基层干部能力平均提高率为54.18%，基层村党委和村委会威信平均提高率为64.04%（表7-6）。

5）项目建成后，平均土地污染治理面积为40.00亩，平均治理水土流失面积为30.00亩，抵御风害能力平均提高率为76.67%，抵御冻害能力平均提高率为79.00%（表7-6）。

7.2.3.2 农业经营主体开展的“小块并大块”耕地整治模式

1）在实施“小块并大块”耕地整治模式之前，项目区每年生产中权属纠纷案件的平均数量为7件，在实施“小块并大块”耕地整治模式后每年生产中权属纠纷案件的平均数量为0.5件，减少率达92.86%（表7-6）。

2）项目建成后，道路水利等工程质量的平均优良率为84.15%，项目按期竣工的平均偏差率为16.45%，平均资金拨付率为84.03%，群众平均满意度为86.45%，经营主体平均满意度为86.24%，公众平均参与度为77.87%（表7-6）。

3）项目建成后，道路水利等管理规章平均健全程度为84.17%，后期管护资金平均保障程度为79.87%，后期管护人员平均保障程度为79.91%（表7-6）。

4）项目建成后，农民收入平均增加率为34.07%，贫困人口平均减少率为28.31%，农民外出务工人口平均增加率为29.07%，基层干部能力平均提高率为67.08%，基层村党委和村委会威信平均提高率为66.53%（表7-6）。

5）项目建成后，平均土地污染治理面积为500.00亩，平均治理水土流失面积为400.00亩，抵御风害能力平均提高率为76.88%，抵御冻害能力平均提高率为75.00%（表7-6）。

在实施“小块并大块”耕地整治模式之后，农业经营主体整治模式纠纷案件平均减少率、平均资金拨付率、公众平均参与度、基层干部能力平均提高率、基层村党委和村委会威信平均提高率、抵御风害能力平均提高率均略强于农民自发整治模式，平均土地污染治理面积和平均治理水土流失面积远远高于农民自发整治模式，而其他项目都是农民自发整治模式的效果强于农业经营主体整治模式，所以整体来看，两种整治模式的社会效益相差不多。

从社会效益整体方面来看，实施“小块并大块”耕地整治模式，无论是从项目建成过程中的设施完成情况、人员保障情况等方面出发，还是从项目完成后对农民收入、脱贫，当地的土地治理等方面出发，都有着积极推动效应。“小块并大块”耕地整治模式的实施使得农民平均收入增加，贫困人口减少，有效地贯彻了“十三五”规划，有利于提高农民的生活水平，改善农民的生活质量，带来较大的社会效益。

7.2.4 耕地质量评价

7.2.4.1 农民自发开展的“小块并大块”耕地整治模式

1）耕地质量：在实施“小块并大块”耕地整治模式之前，项目区的平均耕地坡度为16°，平均有效土层厚度为23cm，平均地块数量为368块；在实施“小块并大块”耕地整治模式之后，项目区的平均耕地坡度为5.1°，平均有效土层厚度为67cm，平均地块数量为117块。项目区的平均耕地坡度下降了10.9°，降幅为68.13%；平均有效土层厚度增加了44cm，增幅达191.3%；平均地块数量大幅下降，减少了251块，降幅为达68.21%（表7-7）。

2）基础设施：在实施“小块并大块”耕地整治模式之前，项目区平均道路有4条，总平均长度为0.40km，平均宽度为1.5m，路面材质几乎为素土，没有灌溉设施，平均有效灌溉面积为0，平均有效排水面积为56亩，平均渠道总长度为0，平均排水沟总长度为110m，平均机井和蓄水池数量均为0；在实施“小块并大块”耕地整治模式之后，平均道路变为11条，总平均长度为0.9km，平均宽度为4m，路面材质几乎为碎石，平均有效灌溉面积和平均有效排水面积均为268亩，平均渠道总长度为1575m，平均排水沟总长度为1516m，平均机井数量为4个，平均蓄水池数量为2个。平均道路增加了7条，增幅为175%；平均总长度增加0.5km，增幅为125%；路面材质发生变化，道路荷载力增强；平均有效灌溉面积增加了268亩；平均有效排水面积增加了212亩，增幅为378.57%；平均渠道总长度增加了1575m；平均排水沟总长度增加了1406m；平均机井数量增加了4个；平均蓄水池数量增加了2个（表7-7）。

表7-7　广西“小块并大块”耕地整治前后耕地质量变化情况

耕地基本情况	农民自发		农业经营主体	
	实施前	实施后	实施前	实施后
平均耕地坡度（°）	16	5.1	17	5.3
平均有效土层厚度（cm）	23	67	26	78
平均地块数量（块）	368	117	2238	53
平均道路（条）	4	11	13	30
平均长度（km）	0.40	0.90	1.1	2.1
平均宽度（m）	1.5	4	2.3	4.6
路面材质	素土	碎石	素土	碎石
平均有效灌溉面积（亩）	0	268	0	1520
平均有效排水面积（亩）	56	268	130	1520
平均渠道总长度（m）	0	1575	0	3673
平均排水沟总长度（m）	110	1516	320	3086
平均机井数量（个）	0	4	0	8
平均蓄水池数量（个）	0	2	0	5

7.2.4.2　农业经营主体开展的“小块并大块”耕地整治模式

1）耕地质量：在实施“小块并大块”耕地整治模式之前，项目区耕地平均坡度为17°，平均有效土层厚度为26cm，平均地块数量为2238块；在实施“小块并大块”耕地整治模式之后，项目区的平均耕地坡度为5.3°，平均有效土层厚度为78cm，平均地块数量为53块。项目区的平均耕地坡度下降了11.7°，降幅为68.82%；平均有效土层厚度增加了52cm，增幅达200%；平均地块数量大幅下降，减少了2185块，降幅可达97.63%（表7-7）。

2）基础设施：在实施“小块并大块”耕地整治模式之前，项目区平均道路为13条，总平均长度为1.1km，平均宽度为2.3m，路面材质几乎为素土，平均有效灌溉面积为0，平均有效排水面积为130亩，平均渠道总长度为0，平均排水沟总长度为320m，平均机井数量和平均蓄水池数量均为0；在实施“小块并大块”耕地整治模式之后，平均道路增到30条，总平均长度为2.1km，平均宽度为4.6m，路面材质几乎为碎石，平均有效灌溉面积和平均有效排水面积均为

1520 亩，平均渠道总长度为 3673m，平均排水沟总长度为 3086m，平均机井数量为 8 个，平均蓄水池数量为 5 个。平均道路增加了 17 条，增幅为 130.77%；平均总长度增加 1km，增幅为 90.91%；路面材质发生变化，道路荷载力增强；平均有效灌溉面积增加了 1520 亩；平均有效排水面积增加了 1390 亩；平均渠道总长度增加了 3673m；平均排水沟总长度增加了 2766m，增幅达 864.38%；平均机井数量增加了 8 个；平均蓄水池数量增加了 5 个（表 7-7）。

7.2.5 耕地利用效率评价

7.2.5.1 农民自发开展的“小块并大块”耕地整治模式

在实施“小块并大块”耕地整治模式之前，耕地翻耕（犁地）、播种（插秧）、施肥、打药、中耕（培土）和收割的平均效率分别为 3.43 亩/h、0.30 亩/h、0.60 亩/h、1.11 亩/h、3.14 亩/h 和 0.12 亩/h；在实施“小块并大块”耕地整治模式之后，耕地（犁地）的平均效率为 7.15 亩/h，增幅为 108.45%；播种（插秧）的平均效率为 0.82 亩/h，增幅为 173.33%；施肥的平均效率为 5.80 亩/h，增幅为 866.67%；打药的平均效率为 5.96 亩/h，增幅为 436.94%；中耕（培土）的平均效率为 7.57 亩/h，增幅为 141.08%；收割的平均效率为 0.45 亩/h，增幅为 275.00%（表 7-8）。

表 7-8 广西“小块并大块”耕地整治前后耕地利用效率变化

平均效率（亩/h）		实施前	实施后	增幅（%）
翻耕（犁地）	农民自发	3.43	7.15	108.45
	农业经营主体	3.82	12.52	227.75
播种（插秧）	农民自发	0.30	0.82	173.33
	农业经营主体	0.51	1.55	203.92
施肥	农民自发	0.60	5.80	866.67
	农业经营主体	0.87	10.79	1 140.23
打药	农民自发	1.11	5.96	436.94
	农业经营主体	2.33	12.82	450.21
中耕（培土）	农民自发	3.14	7.57	141.08
	农业经营主体	3.98	13.78	246.23
收割	农民自发	0.12	0.45	275.00
	农业经营主体	0.37	0.83	124.32

7.2.5.2 农业经营主体开展的“小块并大块”耕地整治模式

实施“小块并大块”耕地整治模式之前，耕地翻耕（犁地）、播种（插秧）、施肥、打药、中耕（培土）和收割的平均效率分别为 3.82 亩/h、0.51 亩/h、0.87 亩/h、2.33 亩/h、3.98 亩/h 和 0.37 亩/h；在实施“小块并大块”耕地整治模式之后，耕地翻耕（犁地）的平均效率为 12.52 亩/h，增幅为 227.75%，播种（插秧）的平均效率为 1.55 亩/h，增幅为 203.92%，施肥的平均效率为 10.79 亩/h，增幅为 1140.23%，打药的平均效率为 12.82 亩/h，增幅为 450.21%，中耕（培土）的平均效率为 13.78 亩/h，增幅为 246.23%，收割的平均效率为 0.83 亩/h，增幅为 124.32%（表 7-8）。

总体来看，“小块并大块”耕地整治模式的实施使得耕地的利用效率得到提高［翻耕（犁地）、播种（插秧）、施肥、打药、中耕（培土）、收割］，但农业经营主体整治模式的耕地利用效率要高于农民自发型整治模式，因此农业经营主体主导型“小块并大块”耕地整治模式的效益略胜一筹。

7.3 不同经营主体“双高”基地建设实施效果比较分析

7.3.1 经济效益评价

7.3.1.1 农民自发开展的“双高”基地建设

1）成本：在实施“双高”基地建设之前，耕地的平均成本（包括犁地费用、播种费用、灌溉费用、中耕费用、肥料费用、打药费用、收获费用、运输费用、人工成本及土地流转费用）为 1700 元/亩；在实施“双高”基地建设之后，平均成本为 1600 元/亩，每亩成本降低 100 元，降幅达 5.9%（表 7-9）。

表 7-9 广西“双高”基地建设前后经济效益变化情况

项目	农民自发		农业经营主体	
	实施前	实施后	实施前	实施后
平均成本（元/亩）	1700	1600	1600	1500
甘蔗产量（kg/亩）	4933	6139.5	4296	5821.5
甘蔗毛收益（元/亩）	2471	3039	2159	2982

2）收益：实施“双高”基地建设之前，农户种植作物为甘蔗，平均产量为4933kg/亩，平均毛收益为2471元/亩，标准差为556元/亩；在实施整治后，甘蔗平均产量为6139.5kg/亩，平均毛收益为3039元/亩，标准差为14 659元/亩。甘蔗平均亩产量上升了1206.5kg，增长了24.46%；平均毛收益增加了568元，增长了23%（表7-9）。

3）从经济效益方面来看，“双高”基地建设的实施使得耕地成本下降，同时，甘蔗平均毛收益明显提高，产量也在增加，最终净收益增加。总的来看，“双高”基地建设使得农户的收入增加。

7.3.1.2 经营主体整治模式

1）成本：在实施“双高”基地建设之前，土地的平均成本（包括犁地费用、播种费用、灌溉费用、中耕费用、肥料费用、打药费用、收获费用、运输费用、人工成本及土地流转费用）为1600元/亩；在实施“双高”基地建设之后，土地平均成本变为1500元/亩，每亩成本下降了100元，降幅达6.25%（表7-9）。

2）收益：在实施“双高”基地建设前，农户种植作物为甘蔗，甘蔗平均产量为4296kg/亩，平均毛收益为2159元/亩；在实施“双高”基地建设后，甘蔗平均产量为5821.5kg/亩，平均毛收益为2982元/亩。平均每亩甘蔗产量上升了1525.5kg，增长了35.5%。平均每亩甘蔗毛收益增长823元，增长了38.1%。在实施“双高”基地建设之后，每亩毛收益标准差变大，农户每亩甘蔗毛收益差距加大（表7-9）。

3）从经济效益方面来看，“双高”基地建设的实施使得耕地成本下降，但下降幅度不大，为6.25%。甘蔗产量与毛收益均增加，从整体来看“双高”基地建设的实施使得农业经营主体最终的净收益增加，收入提高。

7.3.2 生态效益评价

7.3.2.1 农民自发开展的“双高”基地建设

1）化肥施用量：在实施“双高”基地建设之前，化肥平均施用量为124.5kg/亩，标准差为101kg/亩；在实施“双高”基地建设之后，化肥平均施用量为106kg/亩，标准差为46kg/亩。化肥平均施用量减少，每亩减少18.5kg，减幅为14.86%；标准差减少，表明农户之间的农药施用量较集中，差距减小（表7-10）。

表 7-10 广西“双高”基地建设前后生态效益变化情况

化肥和农药施用量	化肥平均施用量（kg/亩）		化肥平均施用量标准差（kg/亩）		农药平均施用量（mL/亩）		农药平均施用量标准差（mL/亩）	
	农民自发	农业经营主体	农民自发	农业经营主体	农民自发	农业经营主体	农民自发	农业经营主体
实施前	124.5	166.5	101	74.5	54	122	36	132
实施后	106	129	46	53.5	45	74	25	74

2）农药施用量：在实施“双高”基地建设之前，农药平均施用量为54mL/亩，标准差为36mL/亩；在实施“双高”基地建设之后，平均施用量为45mL/亩，标准差为25mL/亩。农药平均施用量降低，每亩减少9mL，降低了16.67%；标准差也降低（表7-10）。

3）从生态效益方面来看，在实施“双高”基地建设之后，农民的化肥和农药平均施用量均减低，减少率分别为14.86%、16.67%。总的来说，农民自发开展的“双高”基地建设使得化肥、农药施用量减少，减小了对生态环境的污染，对生态效益的影响比较乐观（表7-10）。

7.3.2.2 农业经营主体开展的“双高”基地建设

1）化肥施用量：在实施“双高”基地建设之前，大部分农业经营主体均施用复合肥，平均施用量为166.5kg/亩，标准差为74.5kg/亩；在实施“双高”基地建设之后，农业经营主体仍以复合肥为主要肥料，平均施用量为129kg/亩，标准差为53.5kg/亩。化肥平均施用量减少，每亩减少37.5kg，减少率为22.52%，标准差明显降低（表7-10）。

2）农药施用量：在实施“双高”基地建设之前，农药平均施用量为122mL/亩，标准差为132mL/亩；在实施“双高”基地建设之后，平均施用量为74mL/亩，标准差为74mL/亩。农药平均施用量有所降低，每亩减少48mL，减少率为39.34%，标准差也降低（表7-10）。

3）从生态效益方面来看，农业经营主体的化肥和农药施用量均明显减少，减少率分别为22.52%、39.34%。总的来说，两者施用量的减少，对改善生态环境在一定程度上起了积极作用。在改善生态环境的基础上，农业经营主体主导的“双高”基地建设也为项目区带来了较大的经济效益（表7-10）。

7.3.3 社会效益评价

7.3.3.1 农民自发开展的“双高”基地建设

1）在实施“双高”基地建设之前，项目区每年在生产中发生的权属纠纷案件的平均数量为5.9件，在实施“双高”基地建设后，每年在生产中产生的权属纠纷案件的平均数量为0.3件，减少率达94.92%（表7-11）。

表7-11 广西“双高”基地建设实施前后社会效益变化情况

整治模式	农民自发	农业经营主体
权属纠纷案件平均减少率（%）	94.92	95.00
工程质量的平均优良率（%）	90.80	87.08
项目按期竣工的平均偏差率（%）	24.36	20.43
平均资金拨付率（%）	91.15	85.32
群众平均满意度（%）	83.85	91.23
经营主体平均满意度（%）	87.29	89.58
公众平均参与度（%）	85.00	78.05
管理规章平均健全程度（%）	83.93	89.09
后期管护资金平均保障程度（%）	77.31	79.24
后期管护人员平均保障程度（%）	72.85	86.36
农民收入平均增加率（%）	22.54	38.94
贫困人口平均减少率（%）	23.00	26.31
农民外出务工人口平均增加率（%）	24.46	26.61
基层干部能力平均提高率（%）	58.46	68.24
基层村党委和村委会威信平均提高率（%）	75.42	70.35
平均土地污染治理面积（亩）	76.92	72.00
平均治理水土流失面积（亩）	33.33	125.00
抵御风害能力平均提高率（%）	25.00	21.05
抵御冻害能力平均提高率（%）	30.00	13.12

2）项目建成后，道路水利等工程质量的平均优良率为90.80%，项目按期竣工的平均偏差率为24.36%，平均资金拨付率为91.15%，群众平均满意度为83.85%，经营主体平均满意度为87.29%，公众平均参与度为85.00%（表7-11）。

3）项目建成后，道路水利等管理规章平均健全程度为83.93%，后期管护资金平均保障程度为77.31%，后期管护人员平均保障程度为72.85%（表7-11）。

4）项目建成后，农民收入平均增加率为22.54%，贫困人口平均减少率为23.00%，农民平均外出务工人口增加率为24.46%，基层干部能力平均提高率为58.46%，基层村党委和村委会威信平均提高率为75.42%（表7-11）。

5）项目建成后，平均土地污染治理面积为76.92亩，平均治理水土流失面积为33.33亩，抵御风害能力平均提高率为25.00%，抵御冻害能力平均提高率为30.00%（表7-11）。

7.3.3.2 农业经营主体开展的“双高”基地建设

1）在实施“双高”基地建设之前，项目区每年在生产中发生的权属纠纷案件的平均数量为6件，在实施“双高”基地建设后，每年在生产中发生的权属纠纷案件的平均数量为0.3件，减少率达95.00%（表7-11）。

2）项目建成后，道路水利等工程质量的平均优良率为87.08%，项目按期竣工的平均偏差率为20.43%，平均资金拨付率为85.32%，群众平均满意度为91.23%，经营主体平均满意度为89.58%，公众平均参与度为78.05%（表7-11）。

3）项目建成后，道路水利等管理规章平均健全程度为89.09%，后期管护资金平均保障程度为79.24%，后期管护人员平均保障程度为86.36%（表7-11）。

4）项目建成后，农民收入平均增加率为38.94%，贫困人口平均减少率为26.31%，农民外出务工人口平均增加率为26.61%，基层干部能力平均提高率为68.24%，基层村党委和村委会威信平均提高率为70.35%（表7-11）。

5）项目建成后，平均土地污染治理面积为72.00亩，平均治理水土流失面积为125.00亩，抵御风害能力平均提高率为21.05%，抵御冻害能力平均提高率为13.12%（表7-11）。

土地整治是“双高”基地开展其他工作的重要基础，将直接影响到“双高”基地的建设成效。经过两年时间探索，“双高”基地整体建设工作逐步走向正轨。截至2019年底，全区500万亩“双高”基地累计完成土地整治建设面积为502.46万亩，提前一年完成了国家下达的土地整治目标任务；综合机械化率为69.8%，良种种植率为100%。经抽样测产，已建成的“双高”基地样本点平均亩产达7.15t，平均蔗糖分达14.5%，“双高”基地单产及效益显著提高，蔗农增收明显。“双高”基地耕作、新植环节基本实现机械化，远远优于非“双高”区域。

7.3.4 耕地质量评价

7.3.4.1 农民自发整治模式

1）耕地质量：在实施“双高”基地建设之前，项目区的平均耕地坡度为17.6°，平均有效土层厚度为28.4cm，平均地块数量为581块；在实施“双高”基地建设之后，平均耕地坡度为5.1°，平均有效土层厚度为53cm，平均地块数量为121块。项目区的平均耕地坡度下降了12.5°，降幅为71.02%；平均有效土层厚度增加了24.6cm，增幅达86.62%；平均地块数量大幅下降，减少了460块，降幅达79.17%，耕地质量明显提高（表7-12）。

2）基础设施：在实施“双高”基地建设之前，项目区平均道路为5条，总平均长度为0.6km，平均宽度为1.2m，路面材质几乎均为素土，平均有效灌溉面积为104亩，平均有效排水面积为50亩，平均渠道总长度为85m，平均排水沟总长度为708m，平均机井数量和蓄水池数量均为1个；在实施“双高”基地建设之后，平均道路变为13条，总平均长度为1.2km，平均宽度为4.5m，路面材质几乎为碎石，平均有效灌溉面积和平均有效排水面积均为467亩，平均渠道总长度为1321m，平均排水沟总长度为1240m，平均机井数量为3个，平均蓄水池数量为4个。平均道路增加了8条，增幅为160%；总平均长度有所增加，增加了0.6km，增幅为100%；路面材质发生变化，变为碎石，使道路荷载力增强；平均有效灌溉面积增加了363亩，增加了3.5倍；平均有效排水面积增加了417亩，增幅为834%；平均渠道和排水沟总长度分别增加了1236m、532m；平均排水沟总长度增幅为75.14%；平均机井和蓄水池数量分别增加了2个和3个。基础设施的数量和分布结构更利于农业发展（表7-12）。

表7-12 广西“双高”基地建设实施前后耕地质量变化情况

耕地基本情况	农民自发		农业经营主体	
	实施前	实施后	实施前	实施后
平均耕地坡度（°）	17.6	5.1	15	4.5
平均有效土层厚度（cm）	28.4	53	34	69
平均地块数量（块）	581	121	1332	58

续表

耕地基本情况	农民自发		农业经营主体	
	实施前	实施后	实施前	实施后
平均道路（条）	5	13	6	18
平均长度（km）	0.6	1.2	0.6	3
平均宽度（m）	1.2	4.5	2.5	6
路面材质	素土	碎石	素土	碎石
平均有效灌溉面积（亩）	104	467	500	2560
平均有效排水面积（亩）	50	467	1000	2560
平均渠道总长度（m）	85	1321	170	2476
平均排水沟总长度（m）	708	1240	150	2350
平均机井数量（个）	1	3	1	7
平均蓄水池数量（个）	1	4	1	9

7.3.4.2　农业经营主体开展的“双高”基地建设

1）耕地质量：在实施“双高”基地建设之前，项目区的平均耕地坡度为15°，平均有效土层厚度为34cm，平均地块数量为1332块；在实施“双高”基地建设之后，平均耕地坡度为4.5°，平均有效土层厚度为69cm，平均地块数量为58块。项目区的平均耕地坡度下降了10.5°，降幅为70%；平均有效土层厚度增加了35cm，增幅达102.94%；平均地块数量大幅下降，减少了1274块，降幅达95.65%，耕地质量提高（表7-12）。

2）基础设施：在实施“双高”基地建设之前，项目区平均道路为6条，总平均长度为0.6km，平均宽度为2.5m，路面材质几乎为素土，平均有效灌溉面积为500亩，平均有效排水面积为1000亩，平均渠道总长度为170m，平均排水沟总长度为150m，平均机井数量为1个，平均蓄水池数量为1个；在实施“双高”基地建设之后，平均道路变为18条，总平均长度为3km，平均宽度为6m，路面材质几乎都为碎石，平均有效灌溉面积和平均有效排水面积均为2560亩，平均渠道总长度为2476m，平均排水沟总长度为2350m，平均机井数量为7个，平均蓄水池数量为9个。平均道路增加了12条，增幅为200%；平均总长度有增加，增加了2.4km，增幅为400%；路面材质发生变化，道路荷载力更强；平均有效灌溉面积增加了2060亩，增加了4.12倍；平均有效排水面积增加了1560

亩，增幅为156%；平均渠道总长度增加了2306m；平均排水沟总长度增加了2200m；平均机井数量增加了6个；平均蓄水池数量增加了8个。农田基础设施更健全，相比整治前更符合现代农业发展的要求（表7-12）。

7.3.5 耕地利用效率评价

7.3.5.1 农民自发开展的“双高”基地建设

在实施“双高”基地建设之前，耕地翻耕（犁地）、播种（插秧）、施肥、打药、中耕（培土）和收割的平均效率分别为2.09亩/h、0.18亩/h、0.41亩/h、0.23亩/h、2.28亩/h和0.08亩/h。在实施“双高”基地建设之后，耕地翻耕（犁地）的平均效率为8.21亩/h，增幅为292.82%；播种（插秧）的平均效率为0.37亩/h，增幅为105.56%；施肥的平均效率为5.65亩/h，增幅为1278.12%；打药的平均效率为6.32亩/h，增幅为264.78%；中耕（培土）的平均效率为8.32亩/h，增幅为264.91%；收割的平均效率为2.37亩/h，增幅为2862.50%（表7-13）。

表7-13　广西“双高”基地建设实施前后耕地利用效率变化情况

耕地利用效率变化		实施前效率（亩/h）	实施后效率（亩/h）	增幅（%）
翻耕（犁地）	农民自发	2.09	8.21	292.82
	农业经营主体	3.12	13.22	323.72
播种（插秧）	农民自发	0.18	0.37	105.56
	农业经营主体	0.21	3.02	1338.10
施肥	农民自发	0.41	5.65	1 278.12
	农业经营主体	0.43	11.52	2 579.07
打药	农民自发	0.23	6.32	264.78
	农业经营主体	0.34	12.73	3 644.12
中耕（培土）	农民自发	2.28	8.32	264.91
	农业经营主体	3.56	12.63	252.78
收割	农民自发	0.08	2.37	2 862.50
	农业经营主体	0.12	5.07	4125.00

7.3.5.2 农业经营主体开展的“双高”基地建设

在实施“双高”基地建设之前，耕地翻耕（犁地）、播种（插秧）、施肥、打药、中耕（培土）和收割的平均效率分别为 3.12 亩/h、0.21 亩/h、0.43 亩/h、0.34 亩/h、3.56 亩/h 和 0.12 亩/h。在实施“双高”基地建设之后，耕地翻耕（犁地）的平均效率为 13.22 亩/h，增幅为 323.72%；播种（插秧）的平均效率为 3.02 亩/h，增幅为 1338.10%；施肥的平均效率为 11.52 亩/h，增幅为 2579.07%；打药的平均效率为 12.73 亩/h，增幅为 3644.12%；中耕（培土）的平均效率为 12.63 亩/h，增幅为 252.78%；收割的平均效率为 5.07 亩/h，增幅为 4125.00%（表 7-13）。

总体来看，“双高”基地建设的实施使得耕地的利用效率提高［翻耕（犁地）、播种（插秧）、施肥、打药、中耕（培土）、收割］，但农业经营主体主导的整治模式的耕地利用效率要高于农民自发整治模式，因此农业经营主体主导的“小块并大块”耕地整治模式的效益要更好一些。

8 典型模式“小块并大块”耕地整治和“双高”基地建设实施效果评价

8.1 评价方法

本章以田块变化、土地利用状况和耕地细碎化程度，以及农民、农业经营主体等典型模式“小块并大块”耕地整治和“双高”基地建设实施后的经济效益、社会效益和生态效益等为考察重点，对各个模式整治前后的实施效果进行对比，以此对整治绩效进行评价。以田块规模、形状、空间特征、基础设施和耕地细碎化程度为评判田块变化的指标，根据调查的数据从多方面评价土地利用状况，并同时利用单项指标和综合指标测量耕地细碎化程度。

8.1.1 田块规模

“小块并大块”耕地整治模式将会改变田块数量和田块原来规模，这里用 M 表示平均田块规模：

$$M=\frac{S}{N} \tag{8-1}$$

式中，S 表示整治区域田块的总面积，亩；N 表示整治区域田块的总块数。

不同规模的田块比例用 P 表示：

$$P_i=\frac{N_i}{N}\times100\% \tag{8-2}$$

式中，P_i表示某一规模范围田块的比例；N_i表示整治区域中某一规模范围田块数量；N 表示整治区域田块的总数。

根据实际情况，将各个项目区整治前后的田块规模进行分类。

田块规模的变异系数（V）用田块规模的标准差和平均数的比值表示。

8.1.2 田块形状

耕地整治过程中对原来的耕地重新进行合并分割，改变原来的形状，通过形状指数和分形维数两个指标来表示。田块形状指数是通过计算田块与相同面积的圆之间的偏离程度来测量田块形状的复杂程度，指数越大，说明田块形状与圆形状偏差越大，则田块的形状越不规则；田块分形维数表示田块形状的规律性，反映田块形状的复杂程度，取值为 1 ~ 2，值越小，说明田块的自相似性越强，田块的形状越有规律，而田块的几何形状越趋向简单，则表明土地受人类干扰的程度越大。

田块形状指数：

$$H=\frac{L}{\sqrt{2\pi S}} \tag{8-3}$$

田块分形维数：

$$F=2K \tag{8-4}$$

$$\ln\left(\frac{L}{4}\right)=K\ln S+C \tag{8-5}$$

式中，L 表示田块周长，km；S 表示整治区域田块总面积，hm^2；K 表示回归方程的斜率；C 表示截距。

8.1.3 田块空间特征

土地整治过程中会涉及权属调整，从而对田块空间分布产生影响，以田块密度、田块破碎度和田块分离度 3 项指标来表征田块空间特征。田块密度是指单位面积内田块的数量，为平均规模的倒数，其值越大，则田块规模越小；反之，其值越小，则田块规模越大。田块破碎度表示田块被分割的破碎程度，反映田块空间结构的复杂性，在一定程度上反映了人类对田块的干扰程度。田块分离度则反映了整治区域中田块在空间上分布的集中程度或者连片程度，分离度越小，说明田块集中程度越高。

田块密度：

$$R=\frac{N}{S} \tag{8-6}$$

田块破碎度：

$$I=\frac{(N-1)}{M} \tag{8-7}$$

田块分离度：

$$A=\frac{D}{B} \tag{8-8}$$

$$D=\frac{1}{2^{\sqrt{\frac{N}{S}}}} \tag{8-9}$$

$$B=\frac{S}{E} \tag{8-10}$$

式中，N 表示整治区域田块的总块数；S 表示整治区域田块的总面积，亩；M 表示平均田块规模，亩；D 表示田块的距离指数；B 表示田块的面积指数；E 表示整治区域的土地总面积，亩。

8.1.4 对基础设施的衡量

选取道路密度、排水沟密度、田埂密度等指标对项目区整治前后的基础设施分布进行对比评价：

$$P=\frac{L}{S} \tag{8-11}$$

式中，L 表示道路（排水沟、田埂）长度，km；S 表示项目区面积，hm^2。

8.1.5 耕地细碎化程度的衡量

整治项目的最终目的在于降低耕地细碎化程度，目前衡量耕地细碎化程度较常用的方法有单项指标法和综合指标法。

单项指标法就是用一个或几个比较简单的指标来衡量耕地细碎化程度，本书选取农户实际经营的土地块数和地均面积来衡量耕地细碎化程度。综合指标法就是把单个耕地细碎化指标反映的信息经运算处理综合在一起，常见的综合指标有 J 指数、S 指数和 I 指数，本书选取 S 指数来衡量耕地细碎化程度。

$$S=1-\frac{\left(\sum_{i=1}^{n} a_i^2\right)}{\left(\sum_{i=1}^{n} a_i\right)^2} \tag{8-12}$$

式中，n 表示项目区所耕种的地块数量；a_i 表示每一个地块的面积（$i=1, 2, \cdots, n$）。

8.2 农民自发开展的“小块并大块”基地整治和“双高”基地建设实施效果

龙州县位于广西西南部，隶属于崇左市，距离南宁市200km，全县辖12个乡镇127个行政村，总人口为26万人，其中壮族人口占95%，是国家扶贫开发工作重点县。全县土地总面积为2317.8km^2，其中耕地面积为75万亩，石山面积为 184.5 万亩，属于典型大石山地区。龙州县地处喀斯特岩溶地貌地区，耕地细碎而分散，素有“八山一水一分田”的描述。龙州县具有明显的南亚热带季风气候，热量丰富，雨量充沛，日照充足，适宜甘蔗种植。龙州县是重要的甘蔗产区，种植面积为 58.5 万亩，占耕地总面积的 78%，农民收入的 90% 来自甘蔗种植。以龙州县弄农屯、荒田屯和甫下屯 3 个项目区为例说明农民自发“小块并大块”和“双高”的实施效果。

龙州县上龙乡上龙村弄农屯是“小块并大块”的发源地，耕地面积为 2200 亩，总户数为 93 户，劳动力总量为 200 人，其中常年外出务工的大约占 5%。目前大概有 4 户将土地流转给别人耕种，其中 2 户外出务工，2 户转移到城市经营商业。在实施“小块并大块”耕地整治模式后，质量最好的 3 片耕地由村民自己耕种；1 片 1100 亩旱地流转给广东的企业种植香蕉，流转期限 15 年（2016 ~ 2030 年），租金为 900 元/(亩 · a)；1 片 120 亩流转给该村的合作社（广西忠平种养合作社），流转期限 15 年（2016 ~ 2030 年），租金为 900 元/(亩 · a)，该片耕地质量差，离村庄远，没有实施“小块并大块”；还有 1 片是比较分散的 300 多亩耕地，规划种植柑橘（目前仍是糖料甘蔗）。

荒田屯位于龙州县上龙乡民权村，以种植香蕉为主，为了连片开发、便于管理、规模经营，该集体经济组织于 2005 年开始自发开展“小块并大块”耕地整治工作，最后将 499 块农田并为 26 块，项目区面积为 1166.94 亩，整治后耕地面积为 1045.90 亩。该项目由农民自主提出并自行实施，实施方法为在农民自愿的情况下，通过土地互换的方式进行土地流转，将上龙乡民权村荒田屯零星分散的土地进行整合，在实施“小块并大块”耕地整治后重新分配。其中，由上龙乡民权村荒田屯村民小组负责测量规划和分配相关事宜，村民小组各农户则按照自己抽签的顺序接受分到的土地。

在“小块并大块”耕地整治过程中，对于土地权属调整，荒田屯采用的程序及方式为：①农民自主提出。②农民民主议定。召开村民大会讨论并地方案、成立工作小组等，并在获得村民会议 2/3 以上成员或者 2/3 以上村民代表的同意后方可实施。③农民自行实施。由村民组成工作组，核实原地块地类和面积，张榜公示，待村民没有异议后，由村民自行组织实施。④规范分地及登记。并地完成后，按农户人口、并地后的面积，采取随机抽取方式，造册登记签字确认，签订承包经营权流转合同，报告给发包方备案并向政府申请土地承包经营权登记换发证。

荒田屯土地平整工程为 1045.9021 亩，按照 200 元/亩的奖补标准，上龙乡民权村荒田屯申请 209 180.42 元奖励资金并通过复核。

甫下屯位于龙州县逐卜乡锦阁村，其地理位置为东经 106°55′55″，北纬

22°35′33″，区域范围内地势平坦，以种植甘蔗为主。为了连片开发、便于管理、规模经营，该集体经济组织于2014年自发开展“小块并大块”耕地整治工作，共实施一个片区“小块并大块”耕地整治项目，项目区面积为113.98亩，最终土地平整面积为105.09亩。该项目实施方法为土地流转，在流转过程中通过土地互换方式进行，在此过程中需经过农户同意，同时在农民自愿的情况下，将锦阁村甫下屯零星分散的土地进行统一整合，即“小块并大块”耕地整合过程，之后再进行重新分配。其中，由锦阁村甫下屯村民小组负责测量规划和分配相关事宜，村民小组各农户则按照自己抽签的顺序接受分到的土地。

在“小块并大块”过程中，对于土地权属调整，甫下屯项目区采用的是“一事一议”方式：①召开村民会议，议定权属调整方案，参加会议的村民有50人；②根据会议纪要方案，于2014年6月20日签订《自发开展土地整治协议》和《权属调整协议》；③于2014年2月21日至2014年5月20日开展土地整治；④完成整治工程建设后，于2014年6月21日，村委与参加土地平整的各农户签订《土地经营权流转合同》。

甫下屯土地平整工程为105.0937亩，按照300元/亩奖补标准，逐卜乡锦阁村甫下屯申请31 528.11元奖补资金并通过复核。

8.2.1 弄农屯农民自发开展的“小块并大块”耕地整治实施效果

8.2.1.1 “小块并大块”耕地整治对田块的影响

经过“小块并大块”耕地整治后，弄农屯将原先被分为1324个小块的耕地整合为整齐划一的121个大块，大幅减少了单块田块的平均面积，挖除了大量田埂，耕地面积从490亩增加到520亩，耕地细碎化程度大幅降低，有效减少了农民往返于细碎田块的时间，提高了农业生产效率，为实现机械化、规模化生产创造了有利条件。

8.2.1.2 “小块并大块”耕地整治对耕地质量和效益的影响

弄农屯凭借上龙乡土地整理项目及农田水利工程建设项目实施的机遇，有效解决了村民自发实施“小块并大块”耕地整治资金不足的问题，极大地促进了并地后农业设施的完善。“小块并大块”耕地整治后，有效土层厚度从20cm增加到50cm，弄农屯群众自筹资金24万元用于配套建设喷灌治旱工程，建立了500亩黑皮果蔗种植示范基地，并配套了喷灌、排水、路网等设施，定时定量科学合理喷灌，实现了农业种植规模化、耕种机械化和管理现代化。种植黑皮果蔗520亩，亩产量由6t提高到10t，当地农业生产效率大幅提高。

8.2.1.3 “小块并大块”耕地整治对农民收入的影响

凭借实施“小块并大块”耕地整治，大力发展特色农业，增加了农业效益，促进弄农屯农业经济从传统粗放式发展向现代集约化发展转变，极大地促进了“小块并大块”后农业设施的完善。弄农屯通过“小块并大块”耕地整治将细碎化耕地更加规整化，产生了屯区规模经济效应。规模化的种植、机械化的耕作方式及科学有效的管理，实现连片种植黑皮果蔗520亩，亩产量由6t提高到10t，基地年产黑皮果蔗约4000t，收入也由原来的每亩6000元提高到1万元，实现了亩产量超万元。仅黑皮果蔗收入一项，人均收入就达到1.3万元，有力地促进了农户增产增收。

8.2.1.4 “小块并大块”耕地整治对农村社会的影响

结对并地有效促进了农村社会和谐。由于历史原因，农户耕地零散，农田界线曲折模糊，相邻的农户比较容易发生小摩擦，土地小纠纷频频发生。经过乡、村干和屯干的牵线与引导，弄农屯的500多亩责任地成功并块，无数小块并成一大块后进行土地整理，土地整理完后再按各户原有的面积重新分配，地界减少，界线变直，纠纷自然大幅减少。

实施“小块并大块”耕地整治后，弄农屯对节约的土地重新规划，建设新村，实现了农民建新村而未占耕地的目标，有效改善了村镇生态环境和农民生产生活条件。对“小块并大块”耕地整治节约的土地进行科学规划后，建设住宅楼，配套文化活动室、篮球场、卫生室等设施，并发展特色农业和乡村旅游业，使农民生活达到了小康水平。“小块并大块”耕地整治让农民找到了破解发展现代农业难题的方法措施，进一步理清了科学发展思路，制订了科学发展措施，促进了农村科学发展，同时加快了农村生活方式转变和新农村建设步伐。

8.2.1.5 “小块并大块”耕地整治对农村基层治理的影响

耕地整治源于农民追求土地资源利用最大化的利益诉求，也源于现代社会公民意识不断成长的自发诉求，让农民自己管理自己的土地，而非通过政府驱动，有利于推动农村社会自我管理和社会各项事业发展。与政府主导的土地整治不同，村民能自发调和各方利益进行整地，内部解决整地过程中的各种矛盾纠纷，并能根据村屯状况，走出一条符合村屯实际的耕地整治道路。

弄农屯模式有利于政府转变职能，创新社会管理，变管理控制型政府为服务型政府，通过整合力量、整合资源，更加高效地服务农民。让耕者有其权，不仅没有导致农村土地管理“局面失控”，而且实现了农民与政府间的共赢。通过创新社会管理模式，催生和培育各类涉农专业组织，形成一张覆盖农村社会管理和社会建设的“大网”，以便更加广泛地联系广大农村居民，使处于“分散”状态下的农民重新组织起来，实现农户自我管理、自我服务、自我发展，减轻政府管理压力。

8.2.1.6 “小块并大块”耕地整治对周边地区的影响

弄农屯实施“小块并大块”耕地整治取得的巨大成功，让附近的村民深受鼓舞，周边村屯纷纷效仿，带动了全乡“小块并大块”热潮。截至 2016 年，全乡有 7 个村 46 个自然屯实施“小块并大块”耕地整治集约化调整，并地面积超过 3.1 万亩，占全乡总耕地面积的 55%。

作为“小块并大块”耕地整治发源地，弄农屯建立了“结对并地”促进“小块并大块”教学实践基地，通过基地的示范作用，带动全乡 46 个屯实施了“结对并地”工程，共优化整合耕地面积 3.05 万亩，其中弄农屯并地面积 980 亩，建立了黑皮果蔗喷淋、大鹏蔬菜种植和香蕉种植 3 个产业示范基地，促进了农业产业结构的优化调整和农业增长方式由粗放式向集约式经营转变，为真正实现农业增长、农民增收做了铺垫。

8.2.2 荒田屯农民自发开展的“小块并大块”耕地整治实施效果

8.2.2.1 “小块并大块”耕地整治对田块的影响

(1)“小块并大块”耕地整治对田块规模的影响

由表 8-1 可知，项目区即上龙乡民权村荒田屯经过“小块并大块”耕地整治后，田块平均规模由原来的 2.03 亩增加到 40.23 亩，扩大了近 19 倍，说明该屯整治实施结果较为明显，田块规模很大程度上得到提高；为了综合评估整治区域中田块规模大小的变动幅度及在平均水平下规模大小的离散程度，本书选择田块规模变异系数来表示区域内田块规模大小的差异程度或离散程度。变异系数由整治前的 52.92% 增加到整治后的 71.65%，提高了 18.73 个百分点，说明该整治使得项目区田块规模均匀程度降低，离散程度增大，即个别田块间面积差距较大。田块密度由原来的 0.49 块/亩增加到 0.02 块/亩，减少了近 25 倍，说明田间空间特征更加合理规整，田块作业也更加方便；本书选择田块破碎度和田块分离度来表示田间空间特征的分散程度，从表 8-1 可以看出，田块破碎度大幅下降，从原来的 245.51 下降到 0.62；田块分离度由 0.36 下降到 0.08，下降了 4.5 倍，说明“小块并大块”整治使得项目区田间分散程度大大降低，田块更加聚合，对机械作业和田间生产效率的提高起到了极大的促进作用。

表 8-1　荒田屯“小块并大块”耕地整治前后田块规模变化情况

田块变化	田块规模		田间空间特征		
	平均规模（亩）	变异系数（%）	田块密度（块/亩）	田块破碎度	田块分离度
整治前	2.03	52.92	0.49	245.51	0.36
整治后	40.23	71.65	0.02	0.62	0.08

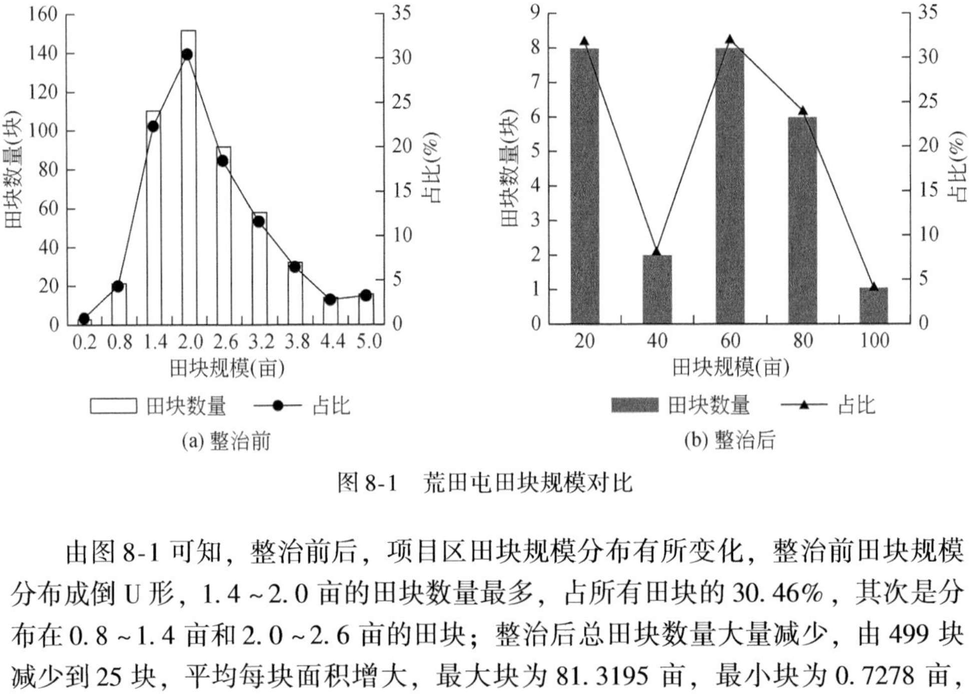

图 8-1　荒田屯田块规模对比

由图 8-1 可知，整治前后，项目区田块规模分布有所变化，整治前田块规模分布成倒 U 形，1.4 ~ 2.0 亩的田块数量最多，占所有田块的 30.46%，其次是分布在 0.8 ~ 1.4 亩和 2.0 ~ 2.6 亩的田块；整治后总田块数量大量减少，由 499 块减少到 25 块，平均每块面积增大，最大块为 81.3195 亩，最小块为 0.7278 亩，差距较大，小于 20 亩和 40 ~ 60 亩的田块数量最多，各 8 块，其次是 60 ~ 80 亩的田块数量为 6 块。

（2）“小块并大块”耕地整治对田块空间特征的影响

由表 8-1 可知，表示田块空间特征的 3 项指标都明显降低，田块密度由整治前的 0.49 块/亩降低到整治后的 0.02 块/亩，说明经整治后，项目区的田块规模增大；田块破碎度由整治前的 245.51 降低到整治后的 0.62，大幅度降低，表示田块空间结构简单化，受人类干扰程度增大；田块分离度从整治前的0.36降低到整治后的0.08，表明土地整治使田块分布趋于连片集中，便于进行规模经营和大型机械作业。

8.2.2.2 “小块并大块”耕地整治对项目区耕地细碎化程度的影响

整治区域上龙乡民权村荒田屯共有农户50户，整治前耕地面积为1012.17亩，整治后耕地面积为1045.90亩，增加了3.33%，田块数量经整治后由499块减少到25块，整治初见成效（表8-2）。

表8-2 荒田屯“小块并大块”耕地整治前后耕地细碎化程度对比

耕地细碎化程度	耕地面积（亩）	农户数量（户）	田块数量（块）	户均地块数量（块）	平均地块面积（亩）	S指数
整治前	1012.17	50	499	8.98	2.03	1.00
整治后	1045.90	50	25	0.52	41.84	0.94

以单项指标农户实际经营的田块数量和平均地块面积来衡量耕地细碎化程度，由表8-2可知，在整治前，项目区50户农户共拥有1012.17亩耕地，总田块数量为499块，户均地块数量为8.98块，平均地块面积为2.03亩，耕地细碎化较为严重，耕作起来极为不便；在整治后，田块数量减少至25块，户均地块数量为0.52块，不到1整块，意味着农户为便于规模化耕种，在整治过程中将多细碎化的小块耕地合为一大块共同耕种，每户总面积不减少，田块数量减少，达到了预期集中耕种的效果，降低了耕地细碎化程度，便于农户进行耕地作业。

以项目区为单位，用综合指标辛普森指数即S指数衡量耕地细碎化程度，S指数处于0~1，$S=0$说明项目区只有1块土地；$S=1$说明项目区田块数量很多。S值越大，说明耕地细碎化程度越高。由表8-2可知，项目区S指数从整治前的1.00降低到整治后的0.94，说明该整治项目达到了降低耕地细碎化程度的预期效果。

8.2.3 甫下屯农民自发开展的“小块并大块”耕地整治实施效果

8.2.3.1 “小块并大块”耕地整治耕地整治对田块的影响

根据相关数据计算测量田块变化的指标（表8-3）。

表 8-3　甫下屯“小块并大块”耕地整治前后田块规模变化情况

田块变化	田块规模		田块形状		田间空间特征		
	平均规模（亩）	变异系数（%）	形状指数	分形维数	田块密度（块/亩）	田块破碎度	田块分离度
整治前	0.49	35.49	2.83	1.58	2.03	453.25	0.71
整治后	1.10	35.36	1.93	1.19	0.91	86.76	0.50

（1）“小块并大块”耕地整治对田块规模的影响

由表 8-3 可知，经过整治后，逐卜乡锦阁村甫下屯的平均田块规模大幅度扩大，由原来的 0.49 亩增加到 1.10 亩，增加了 1.2 倍，使得田块更适宜机械耕作、规模化生产。

为了综合评估整治区域中田块规模大小的变动幅度及在平均水平下规模大小的离散程度，本书选择田块规模变异系数来表示区域内田块规模大小的差异程度或离散程度。由表 8-3 可知，变异系数由整治前的 35.49% 降低到整治后的 35.36%，略有下降，说明该整治使得项目区田块规模均匀程度略有提高。

由图 8-2 可知，在整治前，田块规模集中在 0.4 ~ 0.8 亩，在所有田块中占比为 95.89%；整治后，田块规模均匀分布在 0.6 ~ 1.6 亩，仅有 8.33% 分布在 0.6 亩以下，可见项目区经整治后，田块规模增大的同时，其分布规律也发生了较大变化。

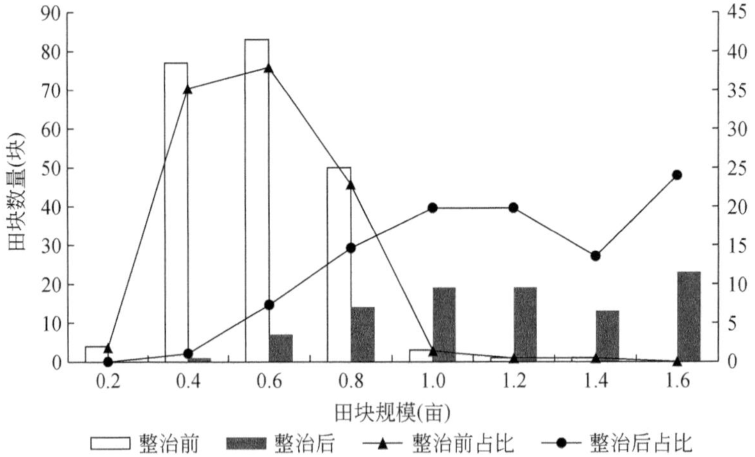

图 8-2　甫下屯田块规模分布

（2）“小块并大块”耕地整治对田块外形的影响

由表 8-3 可知，耕地整治后，田块形状指数和分形维数都明显下降，形状指数由整治前的2.83降低到整治后的1.93，分形维数由整治前的1.58降低到整治后的1.19，说明经整治后，项目区的田块形状复杂度降低，分布排列趋于规则化，几何形状相比之前更加简单，耕地作业更加方便，整治效果较为明显。

（3）“小块并大块”耕地整治对田块空间特征的影响

由表8-3可知，表示田块空间特征的3项指标都有不同程度降低。田块密度由整治前的2.03降低到整治后的0.91，说明经整治后，项目区的田块规模增大；田块破碎度由整治前的453.25降低到整治后的86.76，大幅度降低，表明田块空间结构简单化、规整化，受人类干扰程度增大；田块分离度则从整治前的0.71降低到整治后的0.50，表明耕地整治使田块在分布上趋于连片集中，便于进行规模经营和机械化操作。

（4）“小块并大块”耕地整治对田块质量的影响

本书研究以地块坡度为评价田块质量的指标，据统计，项目区经过“小块并大块”土地平整工程后的96块田块中，有88块田块坡度为1°，1块为1.1°，其他7块均小于1°，按照全国农业区划委员会颁发的《土地利用现状调查技术规程》对耕地坡度的划分标准，经整治后，逐卜乡锦阁村甫下屯的田块坡度均≤2°，即为一级地块，发生水土流失的概率最小，田块质量较高。

8.2.3.2 “小块并大块”耕地整治对土地利用的影响

（1）“小块并大块”耕地整治对农户拥有的田块数量分布的影响

由图8-3可知，在耕地整治前，62%的农户拥有4～5块地块，经过整治，91.84%的农户仅拥有2块土地，从农户拥有地块数量来说，耕地细碎化程度明显降低。

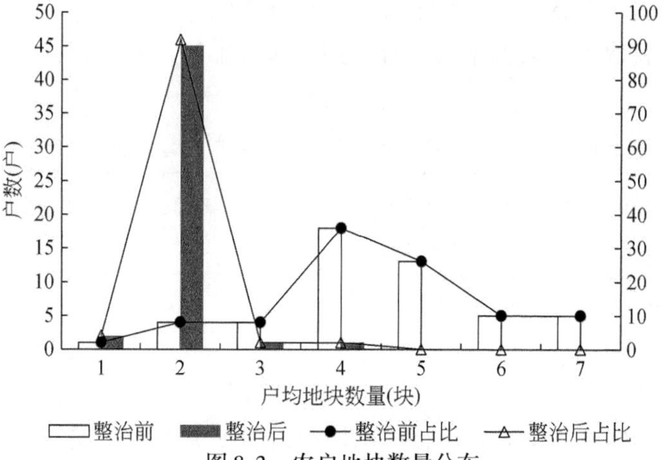

图8-3　农户地块数量分布

（2）“小块并大块”耕地整治对土地利用结构的影响

整治前后，项目区在土地利用结构上也做了相应的调整，包括道路、排水沟等占地面积分配都有所变化（表8-4）。

表8-4　甫下屯“小块并大块”耕地整治前后的土地利用结构对比

土地利用结构	项目区面积（亩）	耕地面积（亩）	耕地面积占比（%）	田埂面积（亩）	田埂面积占比（%）	道路面积（亩）	道路面积占比（%）	排水沟面积（亩）	排水沟面积占比（%）
整治前	113.98	107.31	94.15	3.13	2.75	3.54	3.11	0.00	0.00
整治后	113.98	104.14	91.37	0.95	0.83	8.31	7.29	0.58	0.51
变化量	0	-3.17	-2.78	-2.18	-1.92	4.77	4.18	0.58	0.51

由表8-4可知，整治后，总的耕地面积减少3.17亩、田埂面积减少2.18亩，均用于新建道路与排水沟；项目新建的3条生产路使得道路面积由原来的3.54亩增加到8.31亩，增加了4.77亩，以满足耕地整治后的生产需要，除方便运输、有利于大型机械进入田块作业外，在节约农户劳作时间的同时还提高了生产效率；另外新建的排水沟面积为0.58亩，从无到有，与整治前相比，为项目区农户灌溉提供了极大的方便，满足了生产需要，总体完善了项目区的土地利用结构。

（3）“小块并大块”耕地整治对基础设施的影响

在对逐卜乡锦阁村甫下屯进行“小块并大块”耕地整治、降低耕地细碎化程度的同时，为使其他设施配合适应规模化、机械化生产，该项目在原来的基础上新建了3条生产路和1条排水沟，使得排水沟密度、道路分布密度等都有所改变，另外新建生产路和排水沟所使用材质等都符合相关标准，利于长期使用（表8-5）。

表8-5　甫下屯“小块并大块”耕地整治前后基础设施对比

基础设施	项目区面积（亩）	田埂长度（m）	田埂密度（m/hm^2）	道路长度（m）	道路密度（m/hm^2）	排水沟长度（m）	排水沟密度（m/hm^2）
整治前	113.98	9621.09	1226.16	525.85	69.20	0.00	0.00
整治后	113.98	6387.58	840.62	1267.95	166.86	392.10	51.60

由表8-5可知，整治后，项目区田埂长度有所减少，道路长度和排水沟长度均有所增加，田埂长度由整治前的9621.09m减到6387.58m，所以其密度由

1226.16m/hm^2 降低到 840.62m/hm^2，由此节约了不少耕地；项目区新建的 3 条生产路总长 1267.95m，使得道路密度由整治前的 69.20m/hm^2 增加到 166.86m/hm^2，道路分布更加合理，便于每一地块的耕作与物品输送；新建的排水沟长达 392.10m，排水面积 256 亩，排水沟密度由原来的 0 增加到 51.60m/hm^2，与整治前相比，新增的排水沟贯穿整个项目区，为项目区农户灌溉提供了极大的方便。

由表 8-6 可知，新建生产路路面宽分别为 4m、4.5m 和 4m，路肩宽均为 0.3m，达到一般标准，能够支持大型机械通过；路面材质为泥结碎石路面，该路面是经碾压后灌泥浆，依靠碎石的嵌锁和黏土的黏结作用形成的路面，具有一定的强度和稳定性。

表 8-6　甫下屯新建生产路特性

序号	长度（m）	路面宽（m）	左肩路宽（m）	右肩路宽（m）	路肩宽（m）	路肩材质	路面材质
新建生产路 01	204.9	4	0.25	0.25	0.3	土路肩	泥结碎石路面
新建生产路 02	140.8	4.5	0.25	0.25	0.3	土路肩	泥结碎石路面
新建生产路 03	395.4	4	0.25	0.25	0.3	土路肩	泥结碎石路面
合计	741.1	—	—	—	—	—	—

由表 8-7 可知，新建排水沟宽度、深度均为 1m，坡降为 0.00 125，流量为 0.3052m^3/s，使得排水沟能够在较短时间内将农田中过多的地面水、土壤水和地下水排除，改善土壤的水、肥、气、热关系，有利于作物生长。

表 8-7　甫下屯新建排水沟特性

编号	流量（m^3/s）	沟宽（m）	沟深（m）	边度（m）	坡降	沟首断面高程（m）		沟尾断面高程（m）	
						地面	沟底	地面	沟底
新建排水沟 01	0.3 052	1	1	0	0.00 125	241.85	240.85	239.30	238.30

8.2.3.3 “小块并大块”耕地整治对项目区耕地细碎化程度的影响

(1)“小块并大块”耕地整治前后项目区耕地细碎化程度对比

以单项指标和综合指标同时测度项目区耕地细碎化程度（表 8-8）。

表 8-8 甫下屯“小块并大块”耕地整治前后耕地细碎化程度对比

耕地细碎化程度	耕地面积（亩）	农户数量（户）	田块数量（块）	户均地块数量（块）	平均地块面积（亩）	S 指数
整治前	110.19	50	224	4.48	0.49	1.00
整治后	105.09	50	96	1.92	1.09	0.99

以单项指标，即农户实际经营的土地块数和平均地块面积来衡量耕地细碎化程度，由表 8-8 可知，在整治前，项目区 50 户农户共拥有 110.19 亩耕地，总田块数量为 224 块，户均地块数量为 4.48 块，平均地块面积为 0.49 亩，耕地细碎化较严重，耕作起来极为不便；在整治后，田块数量减少到 96 块，户均地块数量为 1.92 块，每位农户从 4～5 块减少到 1～2 块，有的田块为两户农户合并，每户总面积不变，块数减少，而且平均地块面积增加到 1.09 亩，达到了预期集中耕种的效果，降低了耕地细碎化程度，从各个方面方便农户作业。

以项目区为单位，用综合指标辛普森指数即 S 指数衡量耕地细碎化程度，S 指数处于 0～1，S=0 说明项目区只有 1 块土地，S=1 说明项目区田块数量很多。S 值越大，说明耕地细碎化程度越高。由表 8-8 可知，项目区 S 指数从整治前的 1.00 降低到整治后的 0.99，说明该整治项目确实达到了降低耕地细碎化程度的预期效果。

（2）“小块并大块”耕地整治前后农户土地细碎化程度对比

当以项目区为单位，用项目区耕地综合指标辛普森指数即 S 指数来衡量耕地细碎化程度时，整个项目区在整治后田块数量基数也比较大，整治前后 S 指数变化幅度不大，因此本书再以农户为单位，求取项目区 50 户农户田块的 S 指数进行对比（图 8-4）。

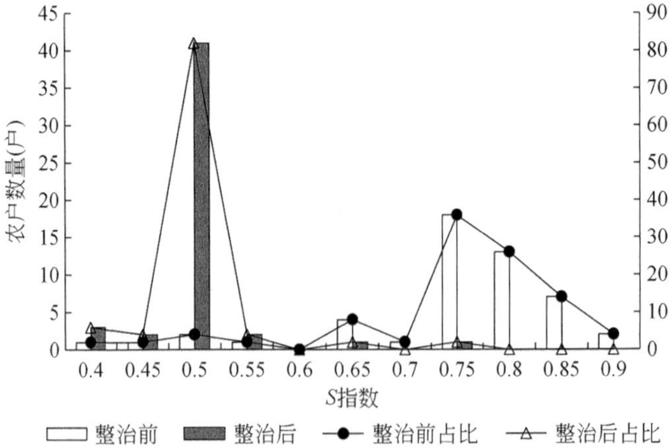

图 8-4 S 指数分布

由图8-4中的 S 指数分布图可知，在进行“小块并大块”耕地整治前，逐卜乡锦阁村甫下屯50户农户田块的 S 指数主要集中在0.75~0.80，仅有18%的农户田块的 S 指数小于0.65；整治后，92%的农户田块的 S 指数小于0.5，处于较低状态。通过50户农户整治前后 S 指数的对比分析，发现整治后 S 指数整体下降比较明显，农户耕地细碎化程度降低，说明整治效果较好。

（3）“小块并大块”耕地整治前后自然细碎化对比

除权属细碎化外，自然因素也是导致耕地细碎化的一大因素，称为自然细碎化。从宏观方面而言，地形、地貌、地质、水文等自然条件对耕地细碎化的形成具有基础和结构性的作用，就该项目区甫下屯而言，自然细碎化概括为由道路、沟渠、山脉等因素导致田块分离、不连续的状态。根据项目区原始图和竣工图得出结论，整治前由于自然因素影响，整个项目区110.19亩耕地面积被分割为224个田块，平均地块面积为0.49亩；整治后耕地面积为105.09亩，被分割为96个田块，平均每个田块面积为1.09亩。说明经整治，重新规划设计道路、沟渠和田块后，田块数量减少，平均地块面积增大，甫下屯耕地自然细碎化得到缓解。

8.2.4 马路屯农民自发开展的“小块并大块”耕地整治实施效果

8.2.4.1 “小块并大块”耕地整治对田块的影响

本书研究以地块坡度为评价田块质量的指标，据统计，项目区经过“小块并大块”土地平整工程后，耕地坡度由10°降为6°，降幅为40%，按照全国农业区划委员会颁发的《土地利用现状调查技术规程》对耕地坡度的划分标准，经整治后，龙州县下冻镇下冻村马路屯的地块坡度均在2°~6°，即为二级地块，发生水土流失的概率较小；耕地有效土层厚度由40cm增加到56cm，田块质量与整治前相比得到明显提高（表8-9）。

表8-9 马路屯“小块并大块”耕地整治前后耕地质量对比

耕地质量	耕地平均坡度（°）	有效土层厚度（cm）	田块数量（块）
整治前	10	40	612
整治后	6	56	92

8.2.4.2 “小块并大块”耕地整治对土地利用的影响

(1)“小块并大块”耕地整治对土地利用结构的影响

马路屯农民“小块并大块”耕地整治项目区总面积为500亩,“小块并大块”耕地整治前耕地面积为470亩,“小块并大块”耕地整治后耕地面积为496亩,净增加26亩,增加耕地率为5.53%。增加的耕地主要来自土沟的填平和田埂的归并,分别增加耕地11亩和17.02亩;同时,由于道路宽度和长度的增加,“小块并大块”耕地整治后道路占地面积从1.98亩增加到2.72亩,净增加0.74亩;“小块并大块”耕地整治后政府出资修建了渠道,占地面积为1.28亩。“小块并大块”耕地整治前,马路屯地块极其小而分散,原始田埂比较宽,既作为权属界线,也是农业生产经营和管理过程中的通行田间道路;所以,在“小块并大块”耕地整治中,归并田埂是增加耕地的主要来源,田埂占地面积从17.02亩减少到0亩,净减少17.02亩(表8-10)。因此,“小块并大块”耕地整治不仅促进耕地集中连片,还通过填平土沟和归并田埂增加耕地面积,有助于提高土地利用率。

表8-10　马路屯“小块并大块”耕地整治前后项目区用地结构分析

用地结构	耕地面积(亩)	道路占地面积(亩)	土沟占地面积(亩)	渠道占地面积(亩)	田埂占地面积(亩)	项目区总面积(亩)
整治前	470	1.98	11	0	17.02	500
整治后	496	2.72	0	1.28	0	500
变化	26	0.74	-11	1.28	-17.02	0

(2)“小块并大块”耕地整治对耕地景观格局的影响

本书选取地块数量、平均地块面积两个指标,来评价“小块并大块”耕地整治前后的耕地景观格局变化。马路屯农民自发开展的“小块并大块”耕地整治能够有效减少农民承包地块数量,优化耕作单元,“小块并大块”耕地整治使得项目区农民的承包田块数量从612块减少到92块,净减少520块,实现少数农户甚至单个农户承包地块。“小块并大块”耕地整治后平均地块面积从0.77亩增加到5.39亩,增加4.62亩,增加6倍(表8-11)。

表 8-11　马路屯“小块并大块”耕地整治前后项目区耕地景观格局

耕地景观格局	耕地面积（亩）	田块数量（块）	平均地块面积（亩）
整治前	470	612	0.77
整治后	496	92	5.39
变化量	26	–520	4.62

（3）“小块并大块”耕地整治对农田水利和田间道路的影响

“小块并大块”耕地整治之前，马路屯地块分散，面积狭小，无法修建渠道和机井等农田水利设施，加之农民也没有农田基础建设投资的积极性，因此没有灌溉设施，无法灌溉。“小块并大块”耕地整治之后，耕地集中连片，项目区平均地块面积增加，为农田水利设施建设和农田基础建设创造了条件。马路屯通过联合企业，由企业出资为该片区统一修建水渠，使得项目区渠道总长度、有效灌溉面积和有效排水面积显著增加。2012 年马路屯利用“小块并大块”耕地整治“以奖代补”资金为该村统一建设了 3.5m 宽的田间道路，总长度由 3000m 增加到 8000m。为了节省灌溉成本，农民集资建设了农田滴灌设施，灌溉效率显著提高。因此，“小块并大块”耕地整治有利于促进国家投资、农民集资、农民自建等多种形式的农田基础设施建设（表 8-12）。

表 8-12　马路屯“小块并大块”耕地整治前后项目区农田水利情况

农田水利	渠道			有效灌溉面积（亩）	有效排水面积（亩）	灌溉方式
	总长度（m）	渠道密度（m/hm^2）	投资形式			
整治前	150	4.79	企业出资	0	0	漫灌
整治后	1000	30.24		500	500	滴灌

“小块并大块”耕地整治后，通过新建渠道，渠道总长度从 150m 增加至 1000m，渠道密度（单位耕地面积渠道长度）由 $4.79m/hm^2$ 增加到 $30.24m/hm^2$；其投资形式为企业出资。通过“小块并大块”耕地整治，农田水利设施建设效果显著，马路屯有效灌溉面积和有效排水面积实现了从零到全覆盖的跨越式增长，灌溉方式也由原先粗放的漫灌转变为集约利用水资源的滴灌，能够有效提高灌溉效率（表 8-12）。

“小块并大块”耕地整治前，土地不平，田间道路比较窄，只有 3 条 3m 宽的田间道路，仅可以通过 8 马力左右的小型拖拉机。狭窄的田间道路严重限制了机械的使用，也制约了农产品的销售，阻碍农业发展。“小块并大块”耕地整治后，统一规划田间路网，规划了10条3.5m宽的田间道路，总长度达到8000m，以方便机械工具通行。“小块并大块”耕地整治后田间道路总长度由3000m增加到8000m，宽度由3m增加到3.5m；尽管田间道路占地面积增加，但统一规划的3.5m宽的田间路网极大地方便了农业生产，促进了机械化应用，提高了机械效率和农业生产效率（表8-13）。

表8-13　马路屯“小块并大块”耕地整治前后项日区田间道路情况

田间道路	条数（m）	宽度（m）	长度（m）	面积（m^2）	道路密度（m/hm^2）
整治前	3	3	3 000	27 000	95.74
整治后	10	3.5	8 000	280 000	241.94

（4）“小块并大块”耕地整治对耕地利用效率的影响

对水果和甘蔗而言，“小块并大块”耕地整治后能够显著提高耕地利用效率的主要是犁地、大培土和运输3个环节，其余生产环节仍由人工来完成。“小块并大块”耕地整治后，统一规划了3.5m宽的田间路网，可以方便犁地、大培土和运输等环节的机械通行；同时，由于水果和甘蔗需要大量灌溉，“小块并大块”耕地整治后企业投资建设了渠道，农民集资建设了电力设施，农民自已打井保证了枯水期可以灌溉，最终实现从没有灌溉到100%灌溉保证率的转变（表8-14）。

表8-14　马路屯“小块并大块”耕地整治前后耕地利用效率变化

耕地利用效率	犁地			大培土		灌溉		运输	
	犁地方式	深度（cm）	效率（亩/h）	培土方式	效率（亩/h）	灌溉方式	效率（亩/h）	运输方式	效率（kg/h）
整治前	6马力小型拖拉机	21	0.8	6马力小型拖拉机	0.8	漫灌	2.5	大型拖拉机	600
整治后	100马力中型拖拉机	52	2	6马力小型拖拉机	1	滴灌	20	大型拖拉机	1000

在犁地方式方面，整治前为6马力小型拖拉机，整治后转变为100马力中型拖拉机；犁地深度从21cm增加到52cm，提高约1.5倍；犁地效率从0.8亩/h提高到2亩/h，提高1.5倍。显然土地的集中连片为大中型机械化作业提供了客观便利，犁地深度翻倍，机械效率大幅提升（表8-14）。

在大培土方面，培土方式均为6马力小型拖拉机，没有变化，原因是大培土时甘蔗已长到1m高左右，故只能使用小型机械。培土效率从0.8亩/h提高到1 亩/h，提高 25%。耕地细碎化程度降低还是在一定程度上提升了培土效率。

在灌溉方面，实现了从无到有，并且是节水滴灌，灌溉效率为 20 亩/h。“小块并大块”耕地整治后土地地块之间分隔减少，便于集中管理，修建水利设施，节水灌溉技术的应用不仅提升了水资源利用效率，而且提高了农作物产量，符合农业生产可持续发展的战略目标（表 8-14）。

在运输方式方面，其未发生变化，运输效率从 600kg/h 提高到 1000kg/h，提高约 67%（表 8-14）。

由表 8-14 可知，“小块并大块”耕地整治模式极大地促进了大型农业生产机械的应用，显著提高了耕地效率，增强了水资源利用效率，降低了农民劳动强度，提高了生产力。

在播种方面，整治前后均为人工播种，但整治后播种效率提高了 1 倍，由 0.2 亩/h 增加到 0.4 亩/h，原因是“小块并大块”耕地整治减少了农民在地块间来回奔忙的时间，因此即使没有进行机械化工具操作，效率也仍然得到了提高。播种种子成本从 240 元/亩提高到 260 元/亩，可能是因为项目区的种植结构发生变化，整治前单一种植甘蔗，整治后种植甘蔗和香蕉，提高了播种成本（表 8-15）。

表 8-15　马路屯“小块并大块”耕地整治前后机械化水平对比

耕地利用效率	播种			施肥			打药	
	播种方式	种子（元/亩）	效率（亩/h）	施肥方式	施肥（元/亩）	效率（亩/h）	打药方式	效率（亩/h）
整治前	人工	240	0.2	人工	350	0.2	人工	0.5
整治后	人工	260	0.4	人工	280	1	人工	1

在施肥方面，整治前后均为人工施肥，整治后施肥效率由 0.2 亩/h 提高到 1 亩/h，施肥成本由 350 元/亩降低到 280 元/亩。这主要是因为“小块并大块”耕地整治后，田间耕地变得更加规整，农户在田间耕作的往返时间减少，耕作效率也相应提高，虽然生产方式没有改变，但生产效率还是得到了一定程度的提高（表 8-15）。

在打药方面，整治前后均为人工打药，打药效率同样在整治后得到提高，且提高了 1 倍，由 0.5 亩/h 提高到 1 亩/h。“小块并大块”耕地整治后，田间规整，耕地细碎化程度及复杂程度的降低使得打药效率得到了提高（表 8-15）。

由表8-15可知，在整治前后，虽然项目区播种、施肥、打药的方式并未改变，仍使用人工劳动，但效率得到一定程度的提高，部分环节的成本减少，这能够从侧面证明在不改变生产方式的前提下，“小块并大块”耕地整治是有利于农业生产的。值得注意的是，不管是效率还是成本的增减幅度都较小，说明效率的显著提高仍需要生产方式的改进，不改进生产方式的效率提高是有限的。

（5）“小块并大块”耕地整治对社会化评价的影响

关于项目的社会评价方面，本书研究通过调查访谈方式获得数据，结果反映项目建成后，耕地权属纠纷案件减少率为100%，道路水利工程质量优良率为90%，经营主体满意度为90%，公众参与度为100%。

农民的收入增加了10%，大部分贫困人口已脱贫，贫困人口减少30%；另外，机械化生产使得剩余劳动力选择外出打工，农民外出务工人数相比之前增加了30%。

8.2.4.3 “小块并大块”耕地整治对项目区耕地细碎化程度的影响

（1）“小块并大块”耕地整治前后项目区耕地细碎化程度对比

以单项指标和综合指标同时观测项目区耕地细碎化程度（表8-16）。

表8-16 马路屯“小块并大块”耕地整治前后耕地细碎化程度对比

耕地细碎化程度	耕地面积（亩）	田块数量（块）	平均地块面积（亩）
整治前	470	612	0.77
整治后	496	92	5.39

以单项指标，即农户实际经营的地块数量和平均地块面积来衡量耕地细碎化程度，由表8-16可知，在整治前，项目区农户共拥有470亩耕地，总田块数量为612块，平均地块面积为0.77亩，耕地细碎化较严重，耕作起来极为不便；在整治后，田块数量减少到92块，块数大幅度减少，而且平均地块面积增加到5.39亩，增加了4.62亩，达到了预期集中耕种的效果，降低了耕地细碎化程度，从各个方面方便农户作业。

（2）“小块并大块”耕地整治前后自然细碎化程度对比

除权属细碎化外，自然因素也是导致耕地细碎化的一大因素，称为自然细碎化。从宏观方面而言，地形、地貌、地质、水文等自然条件对耕地细碎化的形成具有基础和结构性的作用，就该项目区而言，自然细碎化概括为由道路、沟渠、山脉等因素导致田块分离、不连续的状态。根据项目区原始图和竣工图得出结论，整治前由于自然因素影响，整个项目区 470 亩耕地面积被分割为 612 个地块，平均地块面积为 0.77 亩；整治后耕地面积增加到 496 亩，被分割为 92 个地块，平均地块面积为 5.39 亩。说明经整治、重新规划设计道路、沟渠和田块后，地块数量减少，平均地块面积增大，自然细碎化得到缓解。

8.3 农业经营主体“小块并大块”和“双高”实施效果评价

以广西金穗农业集团有限公司隆安县那桐镇浪湾村浪湾屯基地、扶绥县渠黎镇大陵村渠芦屯合作社和龙州县彬桥乡芭苗种植专业合作社 3 个项目区为例说明农业经营主体“小块并大块”和“双高”实施效果。

广西金穗农业集团有限公司隆安县那桐镇浪湾村浪湾屯基地“小块并大块”耕地整治项目总面积为 2950 亩，实施规模为 2823.62 亩，总投资 598 万元。项目区涉及隆安县那桐镇浪湾村，整治后土地利用情况为果蔬种植。该工程红线面积为 2823.62 亩，最终项目施工的内容包括：完成土地平整 2758.20 亩，涉及 92 个地块；新建田间道路 17 条，长 11 107.82m；新建生产路 2 条，长 909.77m；新建泵站 2 座，灌溉机井 1 座。

扶绥县位于广西崇左市，属亚热带季风气候，夏季高温多雨，光热充足，春季温暖湿润、秋季干燥少雨，冬季短促气温较低。海拔为 400～700m，年平均气温为 21.9℃，年平均降水量为 1000～1050mm，多集中在 4～9 月；长夏无冬，作物终年生长，大于等于 10℃积温为 7502℃。该地区的光热水土比较适合种植甘蔗，扶绥县土地总面积为 426 万亩，其中甘蔗种植面积为 120 万亩，约占土地总面积的 28%；甘蔗已经成为扶绥县的支柱产业，是农民收入的主要来源。

渠芦屯全屯 460 户，现有人口 2000 人，外出打工人员 200 人；耕地面积为 10 000 亩，石山面积为 14 000 亩。长期以来，年轻人多外出务工，留在村里的多是妇女、儿童和老人，经营农业的主要是妇女和老人。该屯种植作物以糖料甘蔗为主，兼有少量蔬菜、瓜果等农产品。

龙州县彬桥乡属低山丘陵地貌，全境属于丘陵地区，是一个自然资源十分丰富的边境乡镇。乡政府所在地距离县城 12km，交通便利。全乡现有 12 个村委会，82 个自然屯，123 个村民小组，总人口 17 668 人。土地总面积为 121km^2。

芭苗种植专业合作社对外交通便利，方便农业发展，施工所需的砂、块石、碎石、水泥、钢筋等建筑材料可以在彬桥乡采购。并且项目区现由各农户自主种植，甘蔗品种多，以柳城05136、台糖脱毒22#、台糖29#、台糖33#等品种为主；其现状无硬化沟渠，只有少量土质排水沟；外联道路为水泥路，对外交通便捷，区内道路为砾石路面、土路面两种；田间内道路以土质为主，路面坑洼不平，原有路肩塌陷，道路宽窄不一，影响了区内交通的顺畅。

芭苗种植专业合作社建设规模为945.88亩，整治后，新增生产路23条、田间道路1条、排水沟1条，总投资142.65万元，折合每亩投资1508.12元，其中工程施工费为125.36万元（土地平整工程施工费为18.57万元，蔗区排水工程施工费为20.63万元，田间道路工程施工费为86.16万元），其他费用为13.14万元，不可预见费为4.15万元。

8.3.1 广西金穗农业集团有限公司主导型“小块并大块”耕地整治模式

8.3.1.1 “小块并大块”耕地整治对田块的影响

(1)“小块并大块”耕地整治对田块规模的影响

由表8-17可知，经过广西金穗农业集团有限公司“小块并大块”耕地整治后，隆安县浪湾屯基地的田块平均规模大幅度扩大，由原来的1.58亩增加到29.98亩，增加近18倍（图8-5、图8-6），使得田块更适宜机械耕作、规模化生产。为了综合评估整治区域中田块规模大小的变动幅度及在平均水平下规模大小的离散程度，本书选择田块规模变异系数来表示区域内田块规模大小的差异程度或离散程度。由表8-17可知，变异系数由整治前的96.75%降低到整治后的23.12%，大幅度下降，说明该整治使得项目区田块规模均匀程度大大提高，即整治效果较为明显。

表8-17 浪湾屯基地“小块并大块”耕地整治前后田块变化对比

田块变化	田块规模		田块形状		田间空间特征		
	平均规模（亩）	变异系数（%）	形状指数	分形维数	田块密度（块/亩）	田块破碎度	田块分离度
整治前	1.58	96.75	9.50	1.68	9.45	1127.35	0.40
整治后	29.98	23.12	1.87	1.06	0.45	3.04	0.09
变化量	28.40	-73.63	-7.63	-0.62	-9.00	-1124.31	-0.31

由图8-7可知，在广西金穗农业集团有限公司对隆安县浪湾屯基地进行“小块并大块”整治前，项目区田块规模分布较广，从小于0.2亩到大于3亩都有分布，其中近60%的田块规模分布在0.2～1.4亩，仅有10.71%田块规模大于3亩；整治后，有68.48%的田块规模为12.00～33.75亩，近30%的田块规模为小于12.00亩，极少数田块规模大于33.75亩。说明经过整治后，项目区田块规模大幅度增大，分布范围变小，并且大部分田块面积一致，更加便于管理及作业。

(2)“小块并大块”耕地整治对田块外形的影响

由表8-17可知，耕地整治后，田块形状指数和分形维数都明显大幅度下降，形状指数由整治前的9.50降低到整治后的1.87；分形维数由整治前的1.68降低到整治后的1.06，说明经整治后，项目区的田块形状复杂度降低，分布排列趋于规则化，几何形状相比之前更加简单，方便作业，整治效果较明显。

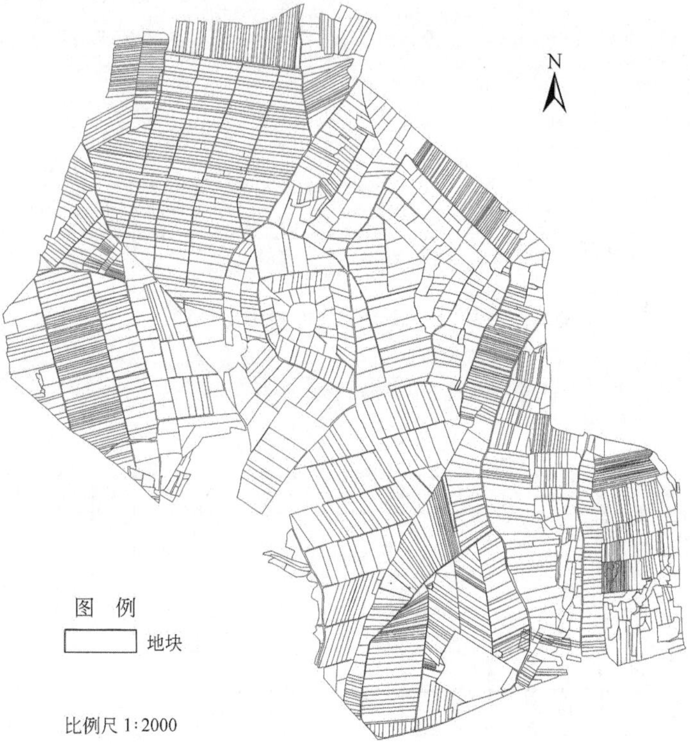

图8-5　浪湾屯基地“小块并大块”耕地整治前地块空间布局

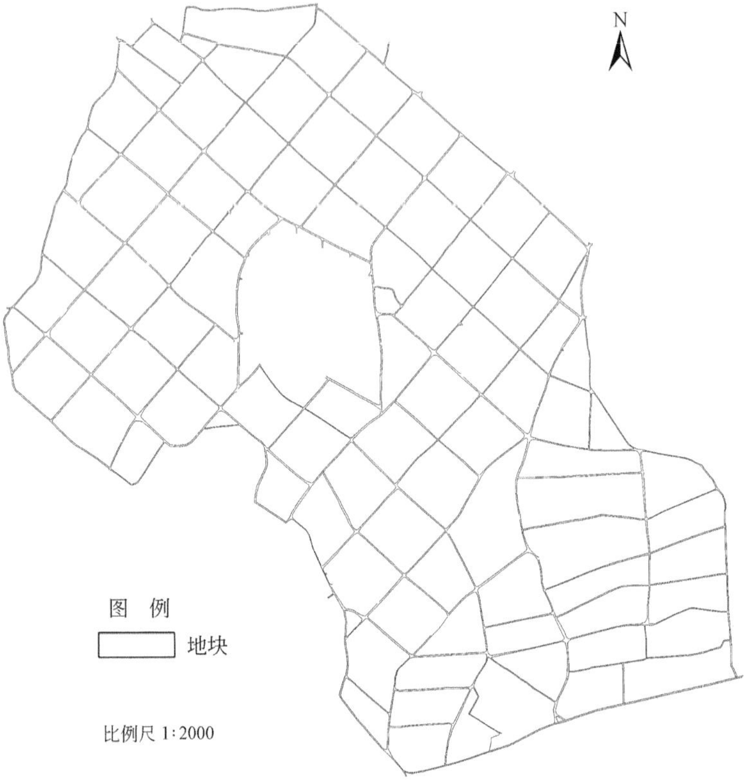

图 8-6 浪湾屯基地“小块并大块”耕地整治后地块空间布局

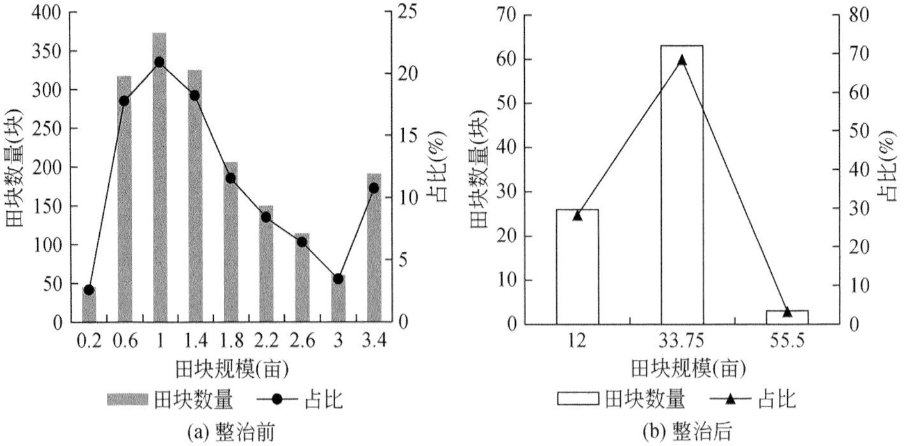

图 8-7 浪湾屯基地田块规模分布对比图

(3)“小块并大块”耕地整治对田块空间特征的影响

由表8-17可知，表示田块空间特征的3项指标都有明显改变，其中，田块密度由整治前的9.45降低到整治后的0.45，说明经整治后，项目区的田块规模明显增大；田块破碎度由整治前的1127.35降低到整治后的3.04，大幅度降低，表示田块空间结构经整治后更加简单化，受人类干扰程度增大；田块分离度则从整治前的0.40降低到整治后的0.09，表明耕地整治使田块在分布上趋于连片集中，达到了耕地整治的主要目的，使农田集中连片，便于进行规模经营和大型机械化作业。

8.3.1.2 “小块并大块”耕地整治对土地利用的影响

经广西金穗农业集团有限公司“小块并大块”耕地整治后，广西隆安县浪湾屯基地在土地利用的各个方面都发生了较大的变化，当地农民对该工程项目结果都持满意态度，并表示愿意参与类似的项目。其实施方式的合理性得到项目区农民的认可，项目实施结果中对土地利用效果的改善大都达到预期效果，具体体现在4个方面。

(1)“小块并大块”耕地整治对土地利用结构及耕地质量的影响

1)“小块并大块”耕地整治前后土地利用结构对比。由表8-18可知，整治后，项目区总的耕地面积减少11.20亩，加上整理出来的48.98亩的田埂，均用于新建田间道路和生产路；整治后，耕地面积占比由98.08%降低到97.68%；整治后，项目区田块由公司系统耕种管理，不再设田埂，所以田埂面积占比由1.73%降到0.00%；整治后，道路面积增加近12倍，占比由0.19%增加到2.32%。从整体上看，整治后，隆安县浪湾屯基地在土地利用结构上分布更加合理化，更加符合机械化、规模化生产的要求。

表8-18 浪湾屯基地“小块并大块”耕地整治前后土地利用结构对比

土地利用结构	项目区面积（亩）	耕地面积（亩）	耕地面积占比（%）	田埂面积（亩）	田埂面积占比（%）	道路面积（亩）	道路面积占比（%）
整治前	2823.62	2769.40	98.08	48.98	1.73	5.24	0.19
整治后	2823.62	2758.20	97.68	0.00	0.00	65.42	2.32

2)“小块并大块”耕地整治前后耕地质量对比。本书研究从耕地平均坡度、有效土层厚度和田块数量3个方面来体现耕地质量的变化情况。由表8-19可知，耕地平均坡度从整治前的13.01°降低到整治后的5.21°，根据1984年全国农业区划委员会颁发的《土地利用现状调查技术规程》对耕地坡度的划分标准，整治后，隆安县浪湾屯基地耕地坡度从3级变为2级，质量得到提高的同时降低了耕作难度，间接减少了耕作成本；有效土层厚度经整治后从25cm增加到70cm，增

加了 1.8 倍，很大程度上提高了耕地质量；田块数量大幅度减少，由整治前的 1783 块减少到整治后的 92 块，为规模化、机械化生产提供了有利条件。

表 8-19 “小块并大块”耕地整治前后耕地质量对比

耕地质量	耕地平均坡度（°）	有效土层厚度（cm）	田块数量（块）
整治前	13.01	25	1783
整治后	5.21	70	92

（2）“小块并大块”耕地整治对农田设施水平及水利的影响

1）“小块并大块”耕地整治前后农田设施水平对比。由表 8-20 可知，经整治后，广西隆安县浪湾屯的道路条数相比整治前增加 1.7 倍；长度由 2329.01m 增加到 12 461.58m；最终道路密度由整治前的 12.37m/hm^2 增加到整治后的 66.20m/hm^2，为劳动人员、机械进入田间劳作提供了方便，也为运输增加了选择路线，避免农忙时期交通不畅等现象的发生；道路的平均宽度由整治前的 1.5m 增加到整治后的 3.5m，除符合路面宽 3～6m 奖补条件外，也增加了道路的实用性；在整治过程中路面材质使用的是碎石，道路被修整为泥结碎石路面，该路面是经碾压后灌泥浆、依靠碎石的嵌锁和黏土的黏结作用形成的路面，具有一定的强度和稳定性；增加的道路面积多数来源于田埂修整所节约的土地面积，田埂长度由整治前的 163 203.97m 变为整治后的 0，田埂密度由整治前的 866.99m/hm^2 降到整治后的 0；项目区域的废弃土地面积由整治前的 450 亩变为整治后的 0，使项目区的土地得到了充分利用，使浪湾屯整体布局更适应新农村、新农业的发展。

表 8-20 浪湾屯基地“小块并大块”耕地整治前后农田设施水平对比

农田设施水平	道路（条）	道路长度（m）	道路密度（m/hm^2）	平均宽度（m）	路面材质	田埂长度（m）	田埂密度（m/hm^2）	废弃土地面积（亩）
整治前	10	2 329.01	12.37	1.5	泥土	163 203.97	866.99	450
整治后	27	12 461.58	66.20	3.5	碎石	0	0	0

2）“小块并大块”耕地整治前后农田水利对比。由表 8-21 数据可知，进行整治后，项目区在原来的基础上增加了 2 座泵站和 4 口机井，使整治前不能得到有效灌溉的田块得到灌溉；整治后农田水利条件比整治前更为便利，水源来源于机井和河，灌溉方式采用目前干旱缺水地区最有效的一种节水灌溉方式即滴灌，将水的利用率提高到 95%，滴灌不仅有更强的节水增产效果，同时可以结合施肥，提高肥效 1 倍以上；同时该方式也提高了灌溉效率，每小时可灌溉面积从整治前的 20 亩增加到整治后的 200 亩；每亩灌溉用水量由整治前的 400m^{3}减少到整治后的 150m^3，在提高效率的同时减少了人力物力的投入。

表 8-21 浪湾屯基地“小块并大块”耕地整治前后农田水利对比

农田水利	灌溉面积（亩）	有效排水面积（亩）	排水沟总长度（m）	泵站数量（座）	机井数量（口）	蓄水池数量（个）	灌溉水源	灌溉方式	每亩灌溉用水量（m^3）	每小时灌溉面积（亩）
整治前	230	450	400	0	0	0	无	其他	400	20
整治后	2950	2950	3000	2	4	2	机井水、河水	滴灌	150	200

（3）“小块并大块”耕地整治对机械化水平的影响

“小块并大块”耕地整治的最大目的就是适应社会发展，实现规模化、机械化生产，充分利用科技产品，提高耕地作业水平与效率。本书研究主要从耕地的翻耕、打药、施肥和运输四个方面体现械化水平的变化。

从耕地翻耕方面，实施整治后，道路通畅，田块规模增大，使用的翻耕机械由 30 马力的小型拖拉机、牛等牲畜、人工变为 188 马力的大型拖拉机，使得翻耕效率提高 39 倍，由原来的 5 亩/h 增加到 200 亩/h，费用从 100 元/亩减少到 80 元/亩，方便生产的同时还节约了劳动力和成本的投入（表 8-22）。

表 8-22 浪湾屯基地“小块并大块”耕地整治前后翻耕（犁地）机械化水平对比

翻耕（犁地）	使用机械类型	使用机械马力	效率（亩/h）	费用（元/亩）
整治前	小型拖拉机、牛等牲畜、人工	30	5	100
整治后	大型拖拉机	188	200	80

从施肥方面，在整治前是人工施肥，施肥效率为 0.5 亩/h，整治后采用自动滴灌，与灌溉相结合，效率提高到 100 亩/h；整治前种植甘蔗，主要施用化肥，施肥量为 225kg/亩，施肥费用为 450 元/亩；整治后，种植香蕉、火龙果和柑橘，主要施用复合肥，用量相比之前减少，施肥量为 210kg/亩，但价格相比整治前提高近 1 倍，施肥费用为 850 元/亩（表 8-23）。

表 8-23 浪湾屯基地“小块并大块”耕地整治前后施肥机械化水平对比

施肥	使用机械类型	效率（亩/h）	施肥费用（元/亩）	施肥量（kg/亩）	肥料类型
整治前	人工	0.5	450	225	化肥
整治后	自动滴灌	100	850	210	复合肥

从打药方面，项目实施后，原来的人工打药升级为自动打药，打药效率由整治前的 1 亩/h 提高至整治后的 100 亩/h。另外种植作物由整治前的甘蔗转变为整治后的香蕉、火龙果和柑橘，后者对农药的需求增大，因此整治后打药费用从

60 元/亩增加到 200 元/亩（表 8-24）。

从运输方面，实施整治后，田间道路、生产路都有所扩增，运输工具由小型拖拉机变为大型货车，运输效率由整治前的 1 亩/h 提高到整治后的 50 亩/h，提高了 49 倍。

表 8-24　浪湾屯基地“小块并大块”耕地整治前后打药、运输机械化水平对比

耕地利用效率	打药			运输	
	使用机械类型	费用（元/亩）	效率（亩/h）	使用机械类型	效率（亩/h）
整治前	人工	60	1	小型拖拉机	1
整治后	自动	200	100	大型货车	50

(4)“小块并大块”耕地整治对社会化评价的影响

关于项目的社会评价方面，本书研究采用调查访谈方式获得数据，结果表明项目建成后，农民的收入增加了 20%，大部分贫困人口已脱贫，贫困人口减少 10%；另外机械化生产使得剩余劳动力选择外出打工，农民外出务工人数相比之前增加了 10%。

8.3.1.3 “小块并大块”耕地整治对项目区耕地细碎化程度的影响

(1) 以单项指标和综合指标同时观测项目区细碎化程度

以单项指标，即整个浪湾屯基地实际经营的田块数量和平均地块面积来衡量耕地细碎化程度，由表 8-25 可知，在整治前，项目区共拥有 2769.40 亩耕地，田块数量多达 1783 块，平均地块面积为 1.55 亩；在整治后，拥有 2758.20 亩耕地，田块数量减少到 92 块，平均地块面积增加到 29.98 亩，且每个田块由多位农户的承包地块合并而得，达到了预期集中耕种的效果，降低了耕地细碎化程度，从各个方面方便公司作业。

表 8-25　浪湾屯基地“小块并大块”耕地整治前后耕地细碎化程度对比

耕地细碎化程度	耕地面积（亩）	田块数量（块）	平均地块面积（亩）	S 指数
整治前	2769.40	1783	1.55	1.00
整治后	2758.20	92	29.98	0.99

以项目区为单位，用综合指标辛普森指数即 S 指数衡量耕地细碎化程度，S 指数处于 0～1，$S=0$ 说明项目区只有一块土地，$S=1$ 说明项目区田块数量很多。S 值越大，说明耕地细碎化程度越高。由表 8-25 可知，项目区 S 指数从整治前的

1.00降低到整治后的0.99，说明该整治项目确实达到了降低耕地细碎化程度的预期效果。

（2）“小块并大块”耕地整治前后自然细碎化对比

自然细碎化在前面农户自发“小块并大块”实施效果中已经有所介绍，根据项目区原始图和竣工图得出结论，整治前因为自然因素的影响，整个项目区2769.40亩耕地面积被分割为1783个田块，平均每个田块面积为1.55亩；整治后耕地面积为2758.20亩，被分割为92个田块，平均每个田块面积为29.98亩。说明经过“小块并大块”耕地整治，重新规划设计并修建道路、沟渠和田块后，田块数量相应地减少，但平均地块面积增大，更适合机械化耕作和规模化生产，浪湾屯基地耕地自然细碎化得到缓解。

8.3.2 同裕甘蔗专业种植合作社主导型“双高”基地建设模式

8.3.2.1 “双高”基地建设对土地利用的影响

经过合作社“双高”基地建设，广西扶绥县昌平乡四合村同裕甘蔗专业种植农民合作社在土地利用的各个方面都发生了较大的变化，当地农民对该工程项目结果都持满意态度，并表示愿意参与类似的项目。其实施方式的合理性得到项目区农民的认可，项目实施结果中对土地利用效果的改善大都达到预期效果，具体体现在4个方面。

（1）“双高”基地建设对土地利用结构及耕地质量的影响

1）“双高”基地建设前后土地利用结构对比。由表8-26可知，“双高”基地建设后，项目区总耕地面积未发生变化，田埂面积减少了8亩，留出的面积用于新建田间道路和生产路。整治后，耕地面积占比维持在95.24%；“双高”基地建设后，项目区田块由合作社系统耕种管理，不再设田埂，所以田埂面积占比由0.66%降到0；道路面积相较整治前增加8亩，增幅为16%，占比由4.10%增加到4.76%。从整体上看，整治后，扶绥县昌平乡四合村同裕甘蔗专业种植农民合作社在土地利用结构上分布更加合理化，为机械化、规模化生产的实现创造有利条件。

表8-26 同裕甘蔗专业种植合作社“双高”基地建设前后土地利用结构对比

土地利用结构	项目区面积（亩）	耕地面积（亩）	耕地面积占比（%）	田埂面积（亩）	田埂面积占比（%）	道路面积（亩）	道路面积占比（%）
整治前	1218	1160	95.24	8	0.66	50	4.10
整治后	1218	1160	95.24	0	0.00	58	4.76

2）“双高”基地建设前后耕地质量对比。本书研究从耕地平均坡度、有效土层厚度和田块数量3个方面来体现耕地质量的变化情况。由表8-27可知，耕地平均坡度从原来的20°降低到13°，根据1984年全国农业区划委员会颁发的《土地利用现状调查技术规程》对耕地坡度的划分标准，整治后，扶绥县昌平乡四合村同裕甘蔗专业种植农民合作社耕地坡度从4级变为3级，质量得到提高的同时降低了耕作难度，间接减少了耕作成本；有效土层厚度经整治后，从19cm增加到64cm，增加了2.4倍，很大程度上提高了耕地质量；田块数量大幅度减少，由1450块减少到35块，为规模化、机械化生产提供了有利条件。

表8-27　同裕甘蔗专业种植合作社“双高”基地建设前后耕地质量对比

耕地质量	耕地平均坡度（°）	有效土层厚度（cm）	田块数量（块）
整治前	20	19	1450
整治后	13	64	35

（2）“双高”基地建设对农田设施水平的影响

由表8-28可知，经整治后，虽然广西扶绥县昌平乡四合村同裕甘蔗专业种植农民合作社的道路条数相比整治前没有变化，但总长度由1500m增加到2500m；最终道路密度由整治前的18.47m/hm^{2}增加到整治后的30.79m/hm^2，为劳动人员、机械进入田间劳作提供了方便，也为运输增加了选择路线，避免了农忙时期路况拥堵等现象；道路的平均宽度由原来的3m增加到5m，除符合路面宽3～6m奖补条件外，也增加了道路的通畅等实用性；在整治过程中路面材质使用的是碎石，通过碎石修整后具有一定的强度和稳定性；田埂修整所节约的土地面积用于新建道路，便于耕作工具的通行，项目区的土地利用更加充分，节约资源，合理规划，使扶绥县昌平乡四合村整体布局更适应新农村、新农业的发展要求。

表8-28　同裕甘蔗专业种植合作社“双高”基地建设前后农田设施水平对比

农田设施水平	道路（条）	道路长度（m）	道路密度（m/hm^2）	平均宽度（m）	路面材质	废弃土地面积（亩）
整治前	3	1500	18.47	3	素土	0
整治后	3	2500	30.79	5	碎石	0

（3）“双高”基地建设对机械化水平的影响

“双高”基地建设的最大目的就是适应社会发展，实现规模化、机械化生产，充分利用科技产品，提高耕地作业水平与效率。本书研究主要从耕地的翻耕、打药、施肥和运输4个方面体现机械化水平的变化（表8-29～表8-31）。

表 8-29 同裕甘蔗专业种植合作社“双高”基地建设前后机械化水平对比（翻耕、播种阶段）

耕地利用效率	翻耕			播种			
	使用机械类型	费用（元/亩）	效率（亩/h）	使用机械类型	种子成本（元/亩）	种子使用量（kg/亩）	效率（亩/h）
整治前	牛等牲畜	250	0.3	牛等牲畜	400	800	0.5
整治后	大型拖拉机	100	3	大型拖拉机	300	600	5

表 8-30 同裕甘蔗专业种植合作社“双高”基地建设前后机械化水平对比（施肥、打药阶段）

耕地利用效率	施肥				打药		
	使用机械类型	费用（元/亩）	施肥量（kg/亩）	效率（亩/h）	使用机械类型	费用（元/亩）	效率（亩/h）
整治前	人工	750	150	1	人工	200	1
整治后	大型拖拉机	500	100	15	机械化	50	5

表 8-31 同裕甘蔗专业种植合作社“双高”基地建设前后机械化水平对比
（中耕/培土、收割、运输阶段）

耕地利用效率	中耕/培土			收割			运输		
	使用机械类型	费用（元/亩）	效率（亩/h）	使用机械类型	费用（元/亩）	效率（亩/h）	使用机械类型	费用（元/亩）	效率（亩/h）
整治前	牛等牲畜	200	1	人工	150	0.2	牛等牲畜	250	0.5
整治后	大型拖拉机	50	5	机械化收割机	50	45	中型拖拉机	60	3

在耕地翻耕方面，实施整治后，道路通畅，田块规模增大，使用的翻耕机械由牛等牲畜变为大型拖拉机，使得翻耕效率从原来的0.3 亩/h 增加到3 亩/h，费用从250 元/亩减少到100 元/亩，方便生产的同时还节约了劳动力和成本的投入。

在播种方面，实施整治后，使用的播种机械由牛等牲畜变为大型拖拉机，播种效率由 0.5 亩/h 增加到 5 亩/h，为原来播种效率的 10 倍。种子成本从原来的400 元/亩减少到 300 元/亩，种子使用量也从 800kg/亩减少到 600kg/亩。经过整治后，播种效率显著提高，播种成本也明显下降。

在施肥方面，在整治前是人工施肥，施肥效率为 1 亩/h，整治后使用大型拖拉机进行施肥，施肥效率提高到 15 亩/h，效率提高了 14 倍；整治前种植玉米、甘蔗，施肥量为 150kg/亩，施肥成本为 750 元/亩；整治后，全部种植甘蔗，施肥量减少至100kg/亩，施肥成本为500元/亩。

在打药方面，项目实施后，原来的人工打药升级为机械化喷药，打药效率由1亩/h提高至5亩/h，效率提高了4倍。打药成本从200元/亩降低到50元/亩。

在中耕/培土方面，整治前使用牛等牲畜，整治后变为大型拖拉机，培土效率由1亩/h提升到5亩/h，效率提高了4倍。培土成本由整治前的200元/亩减少到50元/亩。

在收割方面，整治前为人工收割，效率为0.2亩/h，整治后为机械化收割机作业，更具规模化效应，效率为45亩/h。因为机械化替代了较昂贵的人力成本，收割成本也由150元/亩减为50元/亩。

在运输方面，实施整治后，田间道路、生产道路均有所扩增，运输工具由牛等牲畜变为中型拖拉机，作业效率由原来的0.5亩/h提高至3亩/h，提高了5倍。运输费用由250元/亩减少到60元/亩，生产方式得到极大改善，作业效率得到极大提高。

(4)“双高”基地建设对社会化评价的影响

关于项目的社会评价方面，本书研究采用调查访谈方式获得数据，结果表明项目建成后，农民的收入增加了30%，大部分贫困人口已脱贫。耕地权属纠纷案件减少100%，道路水利工程质量优良率达80%，经营主体满意度达80%，项目按期竣工偏差率达30%，项目总体效益良好。

8.3.2.2 “双高”基地建设对项目区耕地细碎化程度的影响

(1) 以单项指标和综合指标同时观测项目区耕地细碎化程度

以单项指标，即整个扶绥县昌平乡四合村同裕甘蔗专业种植农民合作社实际经营的田块数量和平均地块面积来衡量耕地细碎化程度，由表8-32可知，在整治前，项目区共拥有1160亩耕地，田块数量多达1450块，平均地块面积为0.80亩；在整治后，田块数量减少到35块，平均地块面积增加到33.14亩，且每个田块由多位农户的承包地块合并而得，达到了预期集中耕种的效果，降低了耕地细碎化程度，从各个方面方便了公司作业。

表8-32　同裕甘蔗专业种植合作社“双高”基地建设前后耕地细碎化程度对比

耕地细碎化程度	耕地面积（亩）	田块数量（块）	平均地块面积（亩）
整治前	1160	1450	0.80
整治后	1160	35	33.14

(2)“双高”基地建设前后自然细碎化对比

除权属细碎化外，自然因素也是导致耕地细碎化的一大因素，称为自然细碎化。从宏观方面而言，地形、地貌、地质、水文等自然条件对土地细碎化的形成具有基础和结构性的作用，就该项目区同裕甘蔗专业种植农民合作社而言，自然细碎化概括为由道路、沟渠、山脉等因素导致田块分离、不连续的状态。根据项目区原始图和竣工图得出结论，整治前由于自然因素影响，整个项目区 1160 亩耕地面积被分割为 1450 个田块，平均地块面积为 0.80 亩；整治后耕地面积为 1160 亩，被分割为 35 个田块，平均地块面积为 33.14 亩。说明经整治，重新规划设计道路、沟渠和田块后，田块数量减少，平均地块面积增大，该项目区同裕甘蔗专业种植农民合作社耕地自然细碎化得到缓解。

8.3.3 伏隆屯合作社主导型“双高”基地建设实施效果

8.3.3.1 “双高”基地建设对耕地质量的影响

本书研究以地块坡度为评价田块质量的指标，据统计，项目区经过土地平整工程后，耕地平均坡度由 15°变为 6°，降幅达 60%，按照全国农业区划委员会颁发的《土地利用现状调查技术规程》对耕地坡度的划分标准，经整治后，龙州县逐水镇崇德村伏隆屯的耕地平均坡度均介于 2°～6°，即为 2 级地块，发生水土流失的概率较小；耕地有效土层厚度由 30cm 增加到 55cm，田块质量与整治前相比得到明显提高（表 8-33）。

表 8-33　伏隆屯合作社“双高”基地建设前后耕地质量对比

耕地质量	耕地平均坡度（°）	有效土层厚度（cm）	田块数量（块）
整治前	15	30	310
整治后	6	55	30

8.3.3.2 “双高”基地建设对土地利用的影响

（1）“双高”基地建设对土地利用结构的影响

伏隆屯合作社“双高”土地整治项目区总面积为 274 亩，“双高”基地建设前耕地面积为 270 亩，“双高”基地建设后耕地面积为 260 亩，净减少 10 亩，减少耕地率为 3.70%，减少的耕地主要用于修建田间道路。同时，由于道路宽度和长度的增加，“双高”基地建设后道路占地面积从 4 亩增加至 14 亩，净增加 10 亩。虽然伏隆屯合作社通过耕地整治减少了耕地面积，但通过必要的田间道路建设，便于农民进行劳动，提高生产效率（表 8-34）。

表 8-34　伏隆屯合作社“双高”基地建设前后项目区用地结构分析

用地结构	耕地面积（亩）	道路占地面积（亩）	项目区总面积（亩）
整治前	270	4	274
整治后	260	14	274
变化	-10	10	0

（2）“双高”基地建设对耕地景观格局的影响

本书选取田块数量、平均地块面积两个指标，来评价“双高”基地建设前后的耕地景观格局变化。伏隆屯合作社开展的“双高”基地建设能够显著减少农民承包田块数量，优化耕作单元，虽然耕地面积从“双高”基地建设前的 270 亩下降到建设后的 260 亩，但使得项目区农民的承包田块数量从 310 块减少到 30 块，净减少 280 块，实现多数农户承包少数甚至单个地块。平均地块面积从 0. 87 亩增加到 8. 67 亩，增加 7. 80 亩，增加近 9 倍，可以有效减少农户作业负担，提高生产效率（表 8-35）。

表 8-35　伏隆屯合作社“双高”基地建设前后项目区耕地景观格局

耕地景观格局	耕地面积（亩）	田块数量（块）	平均地块面积（亩）
整治前	270	310	0. 87
整治后	260	30	8. 67
变化量	-10	-280	7. 80

（3）“双高”基地建设对农田水利和田间道路的影响

“双高”基地建设前，地块分散、面积狭小，限制了伏隆屯合作社的灌溉设施建设，农民也没有农田基础建设投资的积极性。“双高”基地建设之后，耕地集中连片，项目区平均地块面积增加，为农田水利设施建设和农田基础建设创造了条件。国家农业开发和土地整治项目为该片区统一修建水渠，使得项目区渠道总长度和有效灌溉面积显著增加。伏隆屯合作社利用“小块并大块”耕地整治“以奖代补”资金为该村统一建设了 4m 宽的水泥路，道路总长度由 2km 增加到 4. 5km。为了节省灌溉成本，农民集资建设了农田滴灌设施，灌溉效率显著提高。因此，“双高”基地建设有利于促进国家投资、农民集资、农民自建等多种形式的农田基础设施建设。

“双高”基地建设后，新建灌溉渠道的投资形式为国家出资。通过“双高”基地建设，农田水利设施建设效果显著，伏隆屯合作社有效灌溉面积实现了从零到全覆盖的跨越式增长，灌溉方式也由原先较为粗放的管灌转变为集约利用水资源的滴灌，能够有效提高灌溉效率（表 8-36）。

表 8-36　伏隆屯合作社“双高”基地建设前后项目区农田水利情况

渠道	投资形式	有效灌溉面积（亩）	灌溉方式
整治前	国家出资	0	管灌
整治后		260	滴灌

“双高”基地建设前，土地不平，田间道路比较窄，只有 2 条 2m 宽的田间道路，勉强可以通过 8 马力左右的小型拖拉机。狭窄的田间道路极大地限制了机械的使用，也制约了农产品的销售，阻碍农业发展。“双高”基地建设之后，统一规划田间路网，规划了 5 条 4.5m 宽的田间道路，总长度达到 4000m，显著方便机械通行。“双高”基地建设后田间道路总长度由 2800m 增加到 4000m，宽度由 2m 增加到 4.5m；尽管田间道路占地面积增加，但统一规划的 4.5m 宽的田间道路极大地方便了农业生产，促进了机械化应用，提高了机械效率和农业生产效率（表 8-37）。

表 8-37　伏隆屯合作社“双高”基地建设前后项目区田间道路情况

田间道路	条数（m）	宽度（m）	长度（m）	面积（m^2）	道路密度（m/hm^2）
整治前	2	2	2800	4	153.28
整治后	5	4.5	4000	14	218.98

（4）“双高”基地建设对耕地利用效率的影响

“双高”基地建设后，统一规划了 4.5m 宽的田间道路，可以方便犁地、大培土和运输等环节的机械通行；同时，由于水果和甘蔗需要大量灌溉，国家出资建设了渠道，农民集资建设灌溉设施，最终实现从没有灌溉到 100% 灌溉保证率的转变。

“双高”基地建设后，犁地方式从牛等牲畜转变为 120 马力大型拖拉机；犁地深度从 18cm 增加到 64cm，提高 2.6 倍；犁地效率从 0.15 亩/h 提高到 3 亩/h，提高 19 倍；灌溉方式从管灌转变为节水滴灌；灌溉效率由 0.3 亩/h 提高到 10 亩/h；收割方式由牛等牲畜变为小型拖拉机，但收割效率并未发生变化；运输方式从小型拖拉机变为中型拖拉机；运输效率从 1 亩/h 提高到 3 亩/h，提高 2 倍。因此，“双高”基地建设极大地促进了机械化应用，显著提高了耕地利用效率，减轻了农民劳动强度，解放了劳动力（表 8-38）。

表 8-38　伏隆屯合作社“双高”基地建设前后耕地利用效率变化

耕地利用效率	犁地			灌溉		收割		运输	
	犁地方式	深度（cm）	效率（亩/h）	灌溉方式	效率（亩/h）	收割方式	效率（亩/h）	运输方式	效率（亩/h）
整治前	牛等牲畜	18	0.15	管灌	0.3	牛等牲畜	0.3	小型拖拉机	1
整治后	120 马力大型拖拉机	64	3	滴灌	10	小型拖拉机	0.3	中型拖拉机	3

在播种方面，整治前后均为人工播种，但整治后播种效率，由 0.15 亩/h 增加到 1 亩/h，提高了 5.67 倍；播种成本从 400 元/亩降低到 300 元/亩；种子使用量由 500kg/亩减少到 350kg/亩。可能原因是“双高”基地建设后，耕地细碎化程度降低，减少了农民在地块间来回奔波的时间，虽然没有进行机械化播种但效率仍然得到了提高；耕地面积略微减少，加上劳动效率的提高，使得种子成本和使用量减少（表 8-39）。在施肥方面，整治前后均为人工施肥，整治后施肥效率由 0.5 亩/h 提高到 1 亩/h；施肥成本由 200 元/亩降低到 100 元/亩；施肥量从 75kg/亩提高到 100kg/亩。可能原因同上，虽然未改变生产方式，但生产效率还是得到了一定程度的提高（表 8-39）。

表 8-39　伏隆屯合作社“双高”基地建设前后机械化水平对比（播种、施肥阶段）

耕地利用效率	播种				施肥			
	使用机械类型	种子成本（元/亩）	种子使用量（kg/亩）	效率（亩/h）	使用机械类型	施肥成本（元/亩）	施肥量（kg/亩）	效率（亩/h）
整治前	人工	400	500	0.15	人工	200	75	0.5
整治后	人工	300	350	1	人工	100	100	1

在打药方面，整治前后均为人工打药，打药效率由 0.5 亩/h 提高到 1 亩/h，提高了 1 倍；打药成本从 200 元/亩减少到 100 元/亩；打药数量从 150mL/亩增加到 200mL/亩。耕地细碎化程度的降低使得打药效率得到了提高（表 8-40）。在中耕/培土方面，整治前后均为人工培土；整治后，效率从 0.5 亩/h 提升到 1 亩/h，提高了 1 倍，成本从 120 元/亩减少到 100 元/亩。“双高”基地建设使培土效率得到了提高。

表 8-40　伏隆屯合作社“双高”基地建设前后机械化水平对比（打药、中耕/培土阶段）

耕地利用效率	打药				中耕/培土		
	使用机械类型	打药成本（元/亩）	打药数量（mL/亩）	效率（亩/h）	使用机械类型	成本（元/亩）	效率（亩/h）
整治前	人工	200	150	0.5	人工	120	0.5
整治后	人工	100	200	1	人工	100	1

由表 8-40 可知，在整治前后，虽然项目区播种、施肥、打药、中耕/培土的方式并未改变，仍使用人工劳动，但效率得到一定程度的提高，部分环节的成本减少，说明原来的生产方式还有提高效率的空间，精细化种植程度不高，也证明“双高”基地建设有利于提高种植精细化程度和劳动效率。

（5）“双高”基地建设对社会化评价的影响

关于项目的社会评价方面，本书研究通过调查访谈方式获得数据，结果表明项目建成后，道路水利工程质量优良率达 90%，项目按期竣工偏差率达 10%，经营主体满意度达 90%，公众参与度达 90%。农民的收入增加了 75%，大部分贫困人口已脱贫，贫困人口减少 30%；另外，机械化生产使得剩余劳动力选择外出打工，农民外出务工人数相比之前增加了 30%，社会效益良好。

8.3.3.3 “双高”基地建设对项目区耕地细碎化程度的影响

（1）“双高”基地建设前后项目区耕地细碎化程度对比

以单项指标，即农户实际经营的田块数量和平均地块面积来衡量耕地细碎化程度，由表 8-41 可知，在整治前，项目区农户共拥有 270 亩耕地，总田块数量为 310 块，平均地块面积为 0.87 亩，耕地细碎化较严重，耕作起来极为不便；在整治后，田块数量减少到 30 块，平均地块面积增加到 8.67 亩，增加了 7.80 亩，达到了预期集中耕种的效果，降低了耕地细碎化程度，从各个方面方便了农户作业（表 8-41）。以单项指标和综合指标同时观测项目区细碎化程度。

表 8-41　伏隆屯合作社“双高”基地建设前后耕地细碎化程度对比

耕地细碎化程度	耕地面积（亩）	田块数量（块）	平均地块面积（亩）
整治前	270	310	0.87
整治后	260	30	8.67

(2)“双高”基地建设前后自然细碎化对比

除权属细碎化外，自然因素也是导致耕地细碎化的一大因素，称为自然细碎化。从宏观方面而言，地形、地貌、地质、水文等自然条件对土地细碎化的形成具有基础和结构性的作用，就该项目区而言，自然细碎化概括为由道路、沟渠、山脉等因素导致田块分离、不连续的状态。根据项目区原始图和竣工图得出结论，整治前由于自然因素影响，整个项目区 270 亩耕地面积被分割为 310 个田块，平均地块面积为 0.87 亩；整治后耕地面积减少到 260 亩，被分割为 30 个田块，平均地块面积为 8.67 亩。说明经整治、重新规划设计道路、沟渠和田块后，田块数量减少，平均地块面积增大，自然细碎化得到缓解。

8.3.4 芭苗种植专业合作社主导型“双高”基地建设模式

8.3.4.1 “双高”基地建设对田块的影响

(1)“双高”基地建设对田块规模的影响

由表 8-42 可知，经过“双高”基地土地整治后，龙州县彬桥乡芭苗村基地的田块平均规模扩大，由原来的 1.27 亩增加到 3.53 亩，增加近 1.8 倍，使得田块更适宜机械耕作、规模化生产。

表 8-42 芭苗种植专业合作社“双高”基地建设前后田块对比

田块对比	田块规模		田块形状		田间空间特征		
	平均规模（亩）	变异系数（%）	形状指数	分形维数	田块密度（块/亩）	田块破碎度	田块分离度
整治前	1.27	97.28	6.02	1.66	0.79	508.11	0.51
整治后	3.53	73.98	2.81	1.29	0.28	61.49	0.33

为了综合评估整治区域中田块规模大小的变动幅度及在平均水平下规模大小的离散程度，本书选择田块规模变异系数来表示区域内田块规模大小的差异程度或离散程度。由表 8-42 可知，变异系数由整治前的 97.28% 降低到整治后的 73.98%，明显下降，说明该整治使得项目区田块规模均匀程度得到提高，即整治效果较为明显。

由图 8-8 可知，在广西龙州县彬桥乡芭苗村基地进行“双高”基地建设前，田块规模集中在 0.2～1.4 亩，在所有田块中占比为 70.74%；进行“双高”基地建设后，田块规模集中在 0.5～4.5 亩，在所有田块中占比为 81.77%，仅有

3.32%分布在0.5亩以下，可见项目区经过“双高”基地建设后，田块规模增大的同时，其分布规律也发生较大变化。

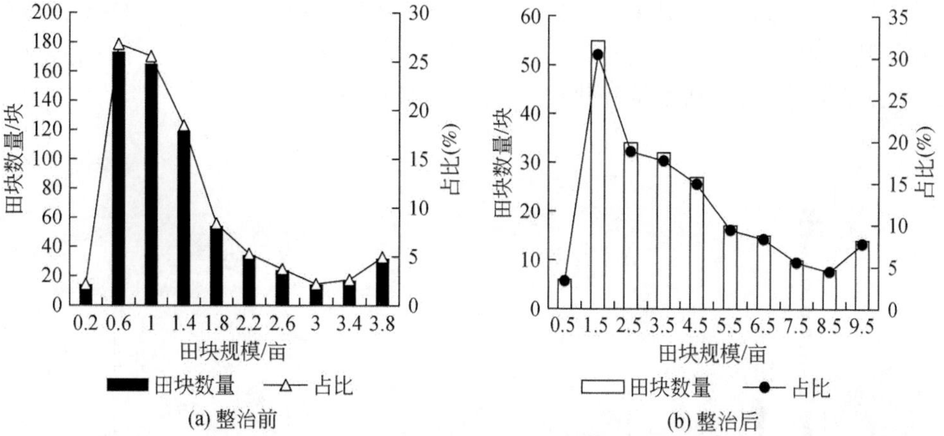

图 8-8　芭苗种植专业合作社田块规模分布对比图

（2）“双高”基地建设对田块形状的影响

从表8-42可知，土地整治后，田块形状指数和分形维数都明显大幅度下降，形状指数由整治前的6.02降低到整治后的2.81；分形维数由整治前的1.66降低至整治后的1.29，说明经整治后，项目区的田块形状复杂度降低，分布排列趋于规则化，几何形状相比之前更加简单，方便作业，整治效果较明显。

（3）“双高”基地建设对田块空间特征的影响

由表8-42可知，表示田块空间特征的3项指标都明显降低，田块密度由整治前的0.79块/亩降低到整治后的0.28块/亩，说明经整治后，项目区的田块规模明显增大；田块破碎度由508.11降低到61.49，大幅度降低，表示田块空间结构经整治后更加简单化，受人类干扰程度增大；田块分离度则从整治前的0.51降低到整治后的0.33，表明耕地整治使田块在分布上趋于连片集中，达到了耕地整治的主要目的，使农田集中连片，便于进行规模经营和机械化耕种。

8.3.4.2 “双高”基地建设对土地利用的影响

“双高”基地建设后，广西龙州县彬桥乡芭苗村基地在土地利用的各个方面发生了较大变化，项目实施对土地利用效果的改善大都达到预期效果，具体从农户地块数量、土地利用结构和基础设施3个方面体现。

(1)“双高”基地建设对农户地块数量的影响

由图8-9可知，在“双高”基地建设前，52.89%农户拥有3～10块地块，拥有1块的农户仅占27.27%，有的农户甚至拥有21块地块；经过整治，多数农户拥有的地块数量减少到1～2块，其中，拥有1块地块的农户占52.89%，拥有2块地块的农户占30.58%，拥有3～5块地块的农户仅占16.53%。因此从农户拥有地块数量来说，耕地细碎化程度降低效果较为明显。

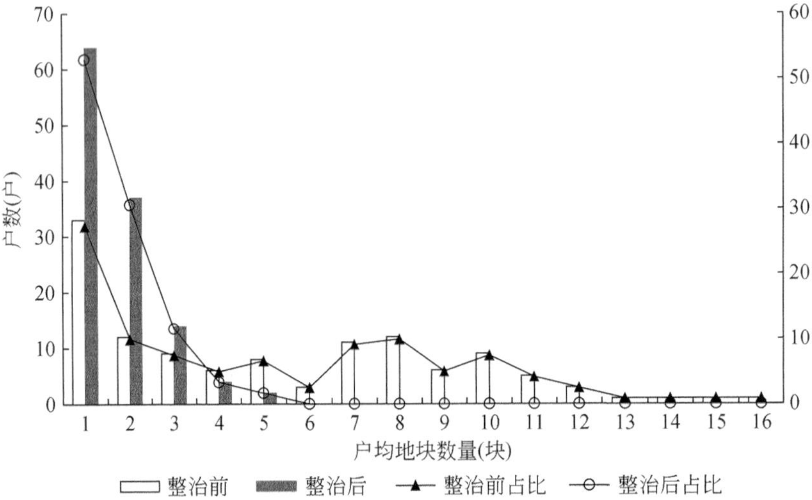

图8-9　芭苗种植专业合作社农户地块数量分布

(2)“双高”基地建设对土地利用结构的影响

基地建设前后，项目区在土地利用结构上也做了相应的调整，在对耕地进行整治、降低细碎化程度的同时，为使其他设施适应规模化、机械化生产，在原来的基础上新建了23条生产道路、1条田间道路和1条排水沟，使得田埂占用耕地面积比例、道路占地面积比例等都有所改变。

由表8-43可知，整治后，总的耕地面积减少68.49亩，用于新建道路与排水沟、增加集体用地等，田埂面积减少12.96亩，节约的耕地面积用于新建道路与排水沟；项目新建的24条道路使得道路面积由原来的8.29亩增加到58.79亩，满足耕地整治后的生产需要，除方便运输外也有利于大型机械进入田块作业，节约农户劳作时间，提高生产效率；另外，新建的排水沟面积为0.26亩，贯穿整个项目区，与整治前相比，为项目区农户灌溉提供了极大的方便，足以满足生产需要。从整体看，整治后，芭苗村“双高”基地在土地利用结构上分布更加合理化，符合机械化、规模化生产的要求。

表 8-43 芭苗种植专业合作社“双高”基地建设前后土地利用结构对比

土地利用结构	项目区面积（亩）	集体用地（亩）	飞地面积（亩）	耕地面积（亩）	耕地面积占比（%）	田埂面积（亩）	田埂面积占比（%）	道路面积（亩）	道路面积占比（%）	排水沟面积（亩）	排水沟面积占比（%）
整治前	945.88	21.08	2.33	796.63	84.22	16.72	1.77	8.29	0.88	0.00	0.00
整治后	945.88	38.81	2.33	728.14	76.98	3.76	0.40	58.79	6.22	0.26	0.03

（3）“双高”基地建设对基础设施的影响

由表 8-44 可知，芭苗村“双高”基地建设后，田埂长度由 55 730.92m 减少到 25 095.76m，密度由 883.79m/hm^2 降低到 397.97m/hm^2，减少近一半之多；而道路长度则由 1443.87m 增加到 8275.57m，密度由 22.90m/hm^2 增加到 131.24m/hm^2，增加了将近 5 倍，使道路分布更加合理，便于每一块地块的耕作与物品输送；排水沟长度由整治前的 0 增加至 172.50m，密度达 2.74m/hm^2，满足项目区的排水需求，使芭苗村“双高”基地基础设施更加完善，适应新农村发展。

表 8-44 芭苗种植专业合作社“双高”基地建设前后基础设施对比

基础设施	项目区总面积（亩）	田埂长度（m）	田埂密度（m/hm^2）	道路长度（m）	道路密度（m/hm^2）	排水沟长度（m）	排水沟密度（m/hm^2）
整治前	945.88	55 730.92	883.79	1 443.87	22.90	0.00	0.00
整治后	945.88	25 095.76	397.97	8 275.57	131.24	172.50	2.74

8.3.4.3 “双高”基地建设对项目区耕地细碎化程度的影响

（1）“双高”基地建设前后项目区耕地细碎化程度对比

以单项指标和综合指标同时观测项目区耕地细碎化程度（表 8-45）。

表 8-45 芭苗种植专业合作社“双高”基地建设前后项目区耕地细碎化程度对比

耕地细碎化程度对比	耕地面积（亩）	农户户数（户）	田块数量（块）	农户平均地块数（块）	平均地块面积（亩）	*S* 指数
整治前	796.63	121	637	5.26	1.25	1.00
整治后	728.14	121	208	1.72	3.50	0.99

以单项指标农户实际经营的田块数量和平均地块面积来衡量耕地细碎化程度，由表8-45可知，在整治前，项目区121户农户共拥有796.63亩耕地，总块数为637块，农户平均地块数为5.26块，平均地块面积为1.25亩，耕地细碎化较严重，耕作起来极为不便；在整治后，田块数量减少到208块，农户平均地块数为1.72块，从5~6块减少到1~2块，每户总面积由于公摊等，减少约0.56亩，田块数量减少，平均地块面积增加到3.50亩，达到了预期集中耕种的效果，降低了耕地细碎化程度，从各个方面方便农户作业。

以项目区为单位，用综合指标辛普森指数即 S 指数衡量耕地细碎化程度，S 指数处于0~1，$S=0$ 说明项目区只有一块土地，$S=1$ 说明项目区田块数量很多，耕地细碎化很严重，S 值越大，说明耕地细碎化程度越高；由表8-45可知，项目区 S 指数从整治前的1.00降低到整治后的0.99，说明该整治项目确实达到了降低项目区彬桥乡芭苗村耕地细碎化程度的目的。

(2)“双高”基地建设前后农户耕地细碎化程度对比

当以项目区为单位，求取项目区耕地综合指标辛普森指数即 S 指数来衡量细碎化程度时，整个项目区在整治后田块数量基数也比较大，导致整治前后 S 指数变化幅度不大，因此本书再以农户为单位，求取项目区121户农户田块的S指数进行对比。

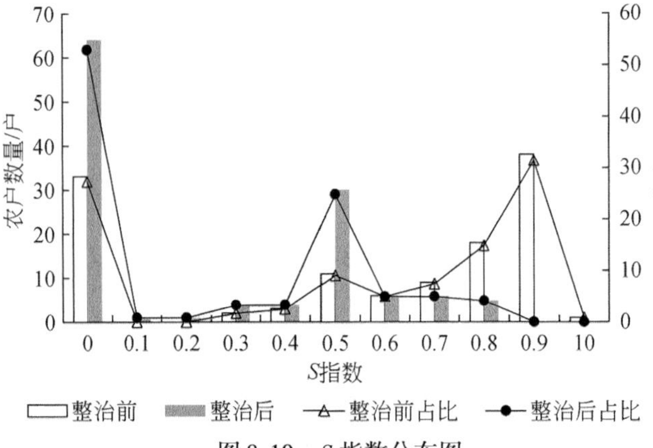

图8-10 S 指数分布图

由图8-10可知，在进行“双高”基地建设前，彬桥乡芭苗村59.5%的农户田块的 S 指数集中在0.5~0.9，仅有27.27%的农户田块的 S 指数为0，即农户拥有的田块数为1；整治后，52.89%的农户田块的 S 指数为0，仅有14.5%的农户田块的 S 指数大于0.5。通过121户农户整治前后 S 指数对比分析，发现整治后 S 指数整体下降比较明显，说明整治效果较好。

(3) “双高”基地建设前后自然细碎化程度对比

根据芭苗种植专业合作主导型“双高”基地项目区原始图和竣工图得出结论，整治前由于自然因素影响，整个项目区796.63亩耕地面积被分割为637个田块，平均地块面积为1.25亩；整治后耕地面积减少为728.14亩，被分割为208个田块，平均地块面积为3.50亩。说明经整治、重新规划设计道路、沟渠和田块后，田块数量减少，平均地块面积增大，项目区耕地自然细碎化得到相应缓解，耕地复杂程度降低，生产作业效率提高。

8.3.5 渠芦合作社“双高”基地建设模式

8.3.5.1 对耕地利用效率的影响

渠芦合作社现有专业农机库房面积为1300m²，拥有大中小型各类农业机械，其中拖拉机共21台（155匹马力的大型拖拉机4台、135匹马力的大型拖拉机2台、70匹以上中型机5台、小型拖拉机10台），配套农机具30台以上。

以往的甘蔗种植需要用牛来开行，人力摆甘蔗，因为地块小，一天只能种植1亩地。因为没有深耕、深松，掩埋在土里的蔗种连成活率都难以保证，更不用说提高产量。如今种植甘蔗，只需1个大型拖拉机外加4个人摆甘蔗，一天就可以种植30亩，配套的翻地机械，每小时可以翻地2亩，使生产效率提高数10倍。过去人工砍甘蔗，每人每天只能砍2t左右。现在用大型拖拉机收割甘蔗，每天能够收割100t，生产效率提高49倍。

原来每户有二三十块地分散在各处，村民大部分时间耗在了来往地块之间的路上，实际有效的劳动时间占比较低，每天只能耕作一两块地。现在通过合作社统一经营管理，促进了耕地的集中连片，实现了规模化经营，极大地节省了由地块分散细碎增加的路途时间，促进了当地由传统农耕向现代化农业的转变。

在“渠芦模式”下，农业生产与原来相比，省水、省肥、省药、省工，降低了生产成本，提高了工作效率，做工轻松又省钱，节约资源又环保，节水增肥效果十分显著。由于有了足够的水资源，合作社创新种植模式，每年在项目区套种西瓜，提高土地产出率，增加土地收益。

8.3.5.2 对生产效益的影响

渠芦合作社成立以来逐步实现机械化，并取得了显著效果，使用大马力拖拉机耕种6000亩土地的成本相较以前的人工成本，剩下的资金可以再购入2台大马力拖拉机。机械化种植甘蔗，提高了劳动率，使得甘蔗种植更轻松，加上优越的水肥条件，甘蔗的产量也得到了提高，亩产可达到8t。

对加入渠芦合作社前后的收益进行对比，可以更加直观地反映出其效果。首先计算每亩的收益，如果按照甘蔗的价格为400元/t、平均亩产6t算，每车甘蔗（约19t）装车费400元，化肥每亩约400元，蔗种每亩400元左右（平均两年一翻耕），机耕开行每亩120元（平均两年一翻耕），农药10元左右，种植薄膜60元（平均两年一翻耕），每亩请人砍甘蔗的人工费用约600元。这样折合下来：2400（亩产值）-400（化肥）-126（装车费）-600（砍蔗人工费）-200（蔗种）-60（机耕）-10（农药）-30（薄膜）= 974元。一亩地田间管理一年下来收益不到1000元。再加上大部分家庭上有老下有小，老年人的医疗开销和孩子的教育开销，单靠每年一亩地不到1000元的经济收入很难支撑家庭日常开支。

如果自家有10亩地，入社前每年仅有7000元收入。入社后，将自家的10亩地交由合作社种植，按第一年分红1000元/亩计算，就可得分红10 000元，单是分红这一项就已经超出入社前收入3000元，增长近一半。一年365天，如果在合作社打工200天，按80～100元/d计算，就可得工钱16 000～20 000元。其他时间可以自种西瓜、毛节瓜、豆角和蔬菜，一年也有10 000～20 000元收入。这样算下来，一年收入36 000～50 000元基本上不是难题，远远超过土地入股前的收入。

“渠芦模式”完全有别于把土地流转给公司承包经营的模式，可以实现农民种蔗的利润最大化，包括地租变化和利益最大化。农户土地入社以后，农民一方面可以成为合作社的股东，享受入社带来的分红收益，同时可以在合作社当工人，获得劳动报酬；另一方面，农民还可以就近搞养殖、搞流通或其他服务业等。总之，入社后，农民原来的收入能够得到保证，同时还能多挣一倍甚至更多的钱。“渠芦模式”遵循“分股分红不分地”的原则，最大限度地实现社员收益最大化，深受社员的欢迎和支持。而其实现的关键就是要利用现代化技术手段把成本降到最低，把产量提到最高。这种模式可以进行全面推广，为蔗糖产业“二次创业”开辟出一条新路子。

8.3.5.3 对农村社会的影响

合作社作为村委领导下的农村经济组织，对加强农村基层组织建设起到了很好的辅助作用。渠芦现代农业合作社从理事会、监事会到18个分社及社员代表，一共有90人，都是从村里农民中选出来的精英骨干。通过他们把全村各家各户紧密联系起来，再加上其他专业合作社与农民工施工队，这些都是很好的“统战”手段。例如，用水专业合作社把涉及生活生产用水的每家每户都聚拢起来，既密切了农户关系又建立了长效管理机制。

此外，现代农业合作社还解决了农村长期积累的深层次的矛盾问题，使农村社会更加和谐。长期以来，农村的矛盾纠纷多由土地引起，农户之间因田地界线引发纠纷的例子比比皆是。现代农业合作社打破了田垄界线，使这些矛盾得到根本的化解，消除了纷争双方多年的积怨，营造了和谐的农村社会氛围。

8.4 不同“小块并大块”耕地整治和“双高”基地建设模式实施效果比较

8.4.1 土地利用结构变化对比

在系统介绍了各经营主体“小块并大块”和“双高”具体实施效果后，这里从各经营主体选取不同地区对不同模式“小块并大块”和“双高”实施效果进行比较。在农民自发型主导整治中以弄农屯、荒田屯和甫下屯为例，在公司主导型整治中以浪湾屯为例，在合作社主导型整治中以渠芦屯和芭苗屯为例，对不同模式“小块并大块”和“双高”中的土地利用结构变化、耕地景观格局变化进行对比评价；在耕地质量对比中选取公司主导型的浪湾屯和农民自发主导型的甫下屯、弄农屯；在耕地利用效率和经济效益对比中选取农民自发主导型的弄农屯、合作社主导型的渠芦屯和公司主导型的浪湾屯；在生态效益对比中选取公司主导型的浪湾屯和合作社主导型的渠芦屯，具体对比评价内容如下。

由表8-46可知，在农户自发开展的“小块并大块”耕地整治案例中，3个项目区土地利用结构都有所变化，其中弄农屯在“小块并大块”耕地整治后耕地面积和道路面积相较其他两个项目区增加最多，分别增加了6.12%和448.57%，增加面积来源于田埂与排水沟归并；其次是荒田屯；甫下屯经“小块并大块”耕地整治后耕地面积减少4.75%，用于修建道路和排水沟。

表8-46 “小块并大块”耕地整治和“双高”基地建设实施前后土地利用结构对比

土地利用结构变化		耕地面积（亩）	增减比例（%）	田埂面积（亩）	增减比例（%）	道路面积（亩）	增减比例（%）	排水沟面积（亩）	增减比例（%）
农户自发	弄农屯	30	6.12	−29.755	−71.26	11.775	448.57	−12.02	−85.86
	荒田屯	33.73	3.33	—	—	—	—	—	—
	甫下屯	−5.1	−4.75	−2.17	−69.33	4.77	134.75	0.58	—
公司	浪湾屯	−11	−0.40	−48.97	−100.00	60.18	1148.47	—	—
合作社	渠芦屯	104.77	3.45	−96.38	−100.00	−28.41	−14.21	2.83	—
	芭苗村	−68.49	−8.60	−12.96	−77.51	50.5	609.17	0.26	—

“小块并大块”耕地整治和“双高”基地建设实施后，浪湾屯、渠芦屯和芭苗村的土地利用结构随之变化，渠芦屯和芭苗村新增了整治前缺少的排水设施，进一步完善乡村田间设施；除渠芦屯耕地面积相比“双高”基地建设前增加3.45%，其余两个项目区耕地面积都均有减少，芭苗村减少较多，为8.60%，用于新建道路；浪湾屯和渠芦屯在整治后没有再设田埂，节约大量土地面积；渠芦屯道路面积减少14.21%，均用于增加耕地面积，而浪湾屯则是增加了大量道路，面积增加1148.47%，芭苗村增加609.17%。

在土地利用结构变化方面，农户自发与农业经营主体主导的“小块并大块”耕地整治和“双高”基地建设中，耕地面积变化相差不大。在田埂方面，农业经营主体主导项目区减少得更多，通过合并田埂节约更多的土地面积；在道路面积方面，农业经营主体主导项目区相比整治前增加得更多，说明农业经营主体主导项目区相比农户自发型项目区所建的道路网更加密集，可以更好地满足农业生产需求。

8.4.2 耕地景观格局变化对比

由表8-47可知，农户自发型“小块并大块”耕地整治后，荒田屯耕地景观格局变化最为明显，表现为地块数量减少94.79%，平均地块面积增加1881.77%，户均地块数量减少94.79%；其次是弄农屯，甫下屯变化没有其他两个项目区大，但仍能明显体现“小块并大块”耕地整治的效果；整体格局经整治后更能适应新发展。

表8-47 “小块并大块”耕地整治和“双高”基地建设实施前后耕地景观格局变化对比

耕地景观格局变化		耕地面积（亩）	增减比例（%）	地块数量（块）	增减比例（%）	平均地块面积（亩）	增减比例（%）	户均地块数量（块）	增减比例（%）
农户自发	弄农屯	30	6.12	-1203	-90.86	3.93	1 062.16	-12.94	-90.87
	荒田屯	33.73	3.33	-473	-94.79	38.2	1 881.77	-9.46	-94.79
	甫下屯	-5.1	-4.75	-128	-57.14	0.61	124.49	-2.56	-57.14
公司	浪湾屯	-11	-0.40	-1691	-94.84	28.43	1 834.19	—	—
合作社	渠芦屯	104.77	3.45	-6650	-98.52	20.52	4 560.00	—	—
	芭苗村	-68.49	-8.60	-429	-67.35	2.15	172.00	-3.54	-67.30

农业经营主体主导型“小块并大块”耕地整治和“双高”基地建设后，项目区的耕地景观格局为适应基地发展也随之改变，在耕地面积上，仅有渠芦屯相比整治前增加3.45%；地块数量都在大幅度减少，渠芦屯减少最多，为98.52%，其次

是浪湾屯（94.84%），最小是芭苗村（67.35%）；对平均地块面积，经整治后，大部分田块承包权是多户农户共同所有，面积较大，浪湾屯平均每块面积最大，为28.43亩，其次是渠芦屯（20.52亩），最小是芭苗村（2.15亩）。

在耕地景观格局方面，农业经营主体主导项目区的变化程度比农户自发型项目区更明显，地块数量减少得更多，平均地块面积增加得更明显。

8.4.3 耕地质量对比

以浪湾屯为农业经营主体“小块并大块”耕地整治和“双高”基地建设实施项目代表，以甫下屯和弄农屯为农户自发型代表对整治前后耕地质量进行对比，由表8-48可知，整治后浪湾屯耕地平均坡度由13.01°降到5.21°，而弄农屯和甫下屯分别由16.3°和15.1°降到1.01°和1°，相比之下，农户自发型“小块并大块”实施地区耕地平均坡度降得更多，整治后坡度更小；有效土层厚度中，浪湾屯经整治后从25cm增加到75cm，增加了2倍；弄农屯从20cm增加到50cm，增加了1.5倍；甫下屯有效土层厚度从23cm增加到47cm，增加了约1倍。可以看出，农业经营主体“小块并大块”和“双高”实施项目代表浪湾屯耕地有效土层厚度最厚，增加幅度最大。

表8-48 “小块并大块”耕地整治和“双高”基地建设实施前后耕地质量对比

耕地质量		耕地平均坡度（°）		有效土层厚度（cm）	
		整治前	整治后	整治前	整治后
公司	浪湾屯	13.01	5.21	25	75
农户自发	弄农屯	16.3	1.01	20	50
	甫下屯	15.1	1	23	47

8.4.4 耕地利用效率对比

从犁地、培土、打药、灌溉和运输5个方面对整治前后耕地利用效率进行对比，以弄农屯为农户自发型“小块并大块”耕地整治代表，渠芦屯和浪湾屯为农业经营主体主导“小块并大块”耕地整治和“双高”基地建设代表。由表8-49可知，经整治后，由于田块规模增大，适于运用大型机械，耕地利用效率得到大幅度提高，弄农屯犁地效率由1亩/d提高到80亩/d，提高79倍，渠芦屯和浪湾屯分别从20亩/d、25亩/d提高到100亩/d，提高幅度小于弄农屯，最终农民自发主导型的项目区犁地效率提升幅度最大，合作社主导型和公司主体主导型的项目区犁地效率较高且持平。

表 8-49 “小块并大块”耕地整治和“双高”基地建设实施前后耕地利用效率对比

项目	耕地利用效率	犁地效率（亩/d）		培土效率（亩/d）		打药效率（亩/d）		灌溉效率（亩/d）		运输效率（亩/h）	
		整治前	整治后	整治前	整治后	整治前	整治后	整治前	整治后	整治前	整治后
农户自发	弄农屯	1	80	0.5	4	1	80	—	5	3	30
合作社	渠芦屯	20	100	—	—	—	—	—	800	—	—
公司	浪湾屯	25	100	0.5	5.5	1	100	—	—	1	50

8.4.5 经济效益对比

由表 8-50 可知，“小块并大块”耕地整治和“双高”基地建设实施后，项目区的经济效益都往积极方向发展，弄农屯经农户自发整治后，种植的经济作物由糖料蔗转变为黑皮果糖，耕地产量从 4t/亩增加到 8t/亩，投入从 1300 元/亩增加到 3000 元/亩，约增加 1.3 倍，但毛收益由 1800 元/亩增加到 8800 元/亩，增加了 3.9 倍；渠芦屯合作社和浪湾屯基地整治前种植作物都为甘蔗，经广西金穗农业集团有限公司整治后，浪湾屯基地改种火龙果，渠芦屯合作社种植作物不变，但渠芦屯亩产量增多，投入减少 1/6，毛收益由 2200 元/亩增加到 3080 元/亩，增加 40%；浪湾屯基地改种火龙果之后产量由 5t/亩减少到 2.5t/亩，但火龙果单价比甘蔗贵 16.2 倍，最终毛收益由 2200 元/亩增加到20 000 元/亩。

表 8-50 “小块并大块”耕地整治和“双高”基地建设实施前后耕地经济效益对比

投入产出		作物（整治前/后）	产量（t/亩）		毛收益（元/亩）		投入（元/亩）	
			整治前	整治后	整治前	整治后	整治前	整治后
农户自发	弄农屯	糖料蔗/黑皮果糖	4	8	1 800	8 800	1 300	3 000
合作社	渠芦屯	甘蔗/甘蔗	5	7	2 200	3 080	1 200	1 000
公司	浪湾屯	甘蔗/火龙果	5	2.5	2 200	20 000	1 100	16 000

经比较分析，农户自发型“小块并大块”耕地整治项目区弄农屯在整治后经济效益比农业经营主体主导型“小块并大块”耕地整治和“双高”基地建设项目区渠芦屯和浪湾屯高，且提高程度也更高。

8.4.6 生态效益对比

以浪湾屯基地和渠芦屯合作社为例说明整治前后项目区生态效益的变化，浪湾屯基地经广西金穗农业集团有限公司整治后耕地施用肥料质量提高，由化肥变为复合肥，因此用量减少，由整治前 225kg/亩减少到 210kg/亩；灌溉方式从无到有，整治后采用节水喷灌方式，在满足生产需要的同时提高了灌溉效率，效率为5 亩/d；渠芦屯合作社建设的“双高”基地，整治前后种植作物均为甘蔗，其化肥用量由200kg/亩减少到150kg/亩，平均每亩减少 50kg；灌溉方式从无到有，整治后采用节水滴灌方式，将灌溉效率提高到800 亩/d（表 8-51）。

表 8-51 “小块并大块”耕地整治和“双高”基地建设实施前后耕地生态效益对比

生态效益		肥料类型		肥料用量（kg/亩）		灌溉方式	
		整治前	整治后	整治前	整治后	整治前	整治后
公司	浪湾屯	化肥	复合肥	225	210	无	喷灌
合作社	渠芦屯	化肥	化肥	200	150	无	滴灌

整体而言，“小块并大块”耕地整治和“双高”基地建设实施后，项目区达到省水、省肥目的，化肥施用量减少，生态环境得到改善，生产效率得到提高，且项目实施后，项目区的道路通达度提高；排水沟能够改善项目区排水问题，增强洪涝灾害抗御能力。

项目在实施中，原材料的堆放和机械使用占用部分耕地，可能造成一些不良影响，但项目完成后，即可恢复，对环境无任何不利影响。施工期间的噪声、粉尘及弃渣弃土可能对附近的居民及环境造成一定的影响，但这些不利的环境影响是短暂的、较轻的；相反，项目的实施能有效地改善当地的生态环境。

8.5 “小块并大块”耕地整治和“双高”基地建设实施社会效益评价

“小块并大块”耕地整治和“双高”基地建设实施后，均给当地带来一定的社会效益，比较显著的是改变了项目区农户的生产方式、生产规模等，为农户提供了更多的选择机会，帮助当地贫困户脱贫，其中以广西金穗农业集团有限公司扶贫成果最为突出。

8.5.1 广西金穗农业集团有限公司概况

广西金穗农业集团有限公司是隆安县境内一家集农业种植、种苗培育、生物有机肥生产、酒精生产、食品深加工、仓储物流、休闲农业旅游开发等为一体的农业产业化国家重点龙头企业。公司旗下拥有 11 家分（子）公司，分布于广西、云南等地。2016 年，公司总资产近 8 亿元，年产值达 5 亿元，公司国内流转的土地储备面积达 8.7 万亩，主要从事香蕉、火龙果、柑橘、甘蔗等经济作物种植。2016 年公司在岗员工 813 人，固定农民工 1620 人（含管理人员），季节性农民工 5060 人。公司创立以来，始终坚持以香蕉产业链建设为主导，逐步形成了“香蕉种植、香蕉深加工、现代物流、休闲旅游”四大板块并举的良好发展格局。公司具备国内先进水平的香蕉标准化种植技术规程，产品达到中国绿色食品 A 级标准，畅销全国 26 个省 38 个地级市，先后培育了“绿水江”和“金纳纳”两大国产香蕉品牌，目前是中国公认的规模较大、产业程度较高、设备技术先进的香蕉种植龙头企业，拥有成熟的现代化农业种植经营模式。

8.5.2 广西金穗农业集团有限公司扶贫模式

近年来，广西金穗农业集团有限公司（以下简称公司）积极承担脱贫攻坚社会责任，结合实际，积极探索，通过以“统租分包”“产业联盟”形式推动土地流转、集中经营，建立利益联结机制，实现集团公司发展与群众脱贫同步进行，扶贫模式主要表现为参与扶贫。

1）推动产业化扶贫从单向的“输血式”扶贫模式向提升内生动力的“造血式”扶贫转变：通过承包农户流转的土地，优先安排把土地流转给集团公司的农户参加公司生产经营管理，使农户获得土地流转租金和工资双份收入，实现增收脱贫。

2）扶贫先扶智，提高贫困农户的技能水平和经营能力，增强贫困农户造血功能：公司十分重视对从业农民和贫困农户的科技培训，除基地安排有专门的技术人员对农民进行指导外，每年还举办 250 多场培训，让农民工掌握香蕉产前、产中、产后全过程的标准化要求，培养了一大批高素质、高水平的种植能手和科技农民，受益人数达 1 万多人。通过对农民的技术指导和宣传推广，公司所引进的测土配方施肥、养分综合调控、土壤酸性综合改良等技术在方村分场香蕉标准化基地得到了实质性运用，提高了贫困农民的香蕉种植技能。

8.5.2.1 “土地流转+香蕉种植薪酬”资产收益扶贫模式

“土地流转+香蕉种植薪酬”资产收益扶贫模式是指公司通过承包农户流转的土地，同时还优先安排把土地流转给公司的农户参加公司生产经营管理，使农户获得土地流转租金和工资双份收入，实现增收脱贫。

8.5.2.2 “公司+贫困户”金融扶贫模式

“公司+贫困户”金融扶贫模式是指公司贷款给贫困户，通过委托经营方式，吸纳贫困户利用贷款金额入股公司，共同经营。

8.5.2.3 “公司+农户”产业联盟模式

“公司+农户”产业联盟模式主要是由公司与农户结成香蕉产业联盟，签订联盟协议，确定香蕉基本收购价，农民自行集中土地并按照集团公司规范生产，公司免费提供设施、物资和服务，收购农户农产品并以公司“绿水江”品牌统一销售，实际市场销售价格高于基本收购价的超额部分由公司与农户按照3：7比例分成，农民可获得“基本价+超额分成”的收入。

8.5.3 广西金穗农业集团有限公司扶贫项目资金来源

项目通过政府财政资金、企业自筹和特困户产业扶持资金共同投入的形式运行。

1）政府财政资金注入从以下两方面实现：①基础设施建设补助，即政府通过先建后补的方式，对企业建设香蕉标准生产技术示范园基础设施给予补助。②帮扶奖励资金，即通过企业帮扶，每脱贫一户，由政府给予企业奖励0.5万元。

2）特困户产业扶持资金：政府对贫困户产业扶持资金为每户3万元，该资金通过协议签订后拨付给企业，作为基地建设的流动资金，用于人工、化肥及物资采购。

8.5.4 广西金穗农业集团有限公司扶贫计划

8.5.4.1 扶贫内容

广西金穗农业集团有限公司扶贫帮困领导小组将继续发挥集团在发展农业标准化规模种植方面的优势，不遗余力地开展扶贫帮困工作。具体计划如下：

在项目申报逐级报送的基础上，协助配合项目规划得以立项，启动争取有关项目资金的扶助协调工作，并依据有关农业农村项目的资源优势，积极争取更大范围、更多资金的支持，为扶贫帮困工作建立强大的产业支撑，以产业更好地带动贫困户脱贫，防止脱贫户返贫现象的发生。

根据公司正在开发建设的火龙果、柑橘等种植基地建设进度和部分服务岗位的需要，实行合理的利益联结机制，使公司与贫困户土地输出、劳务输出的工作密切联系。

继续组织贫困户开展技能培训；根据贫困农户对种植技术培训的需求，组织贫困户接受免费农业种植技能的培训，帮助贫困户提高种植技能，为他们拓宽种植收入渠道。

8.5.4.2 扶贫方式

在具体工作方面，公司计划具体从4个方面对贫困户进行帮扶。

1）思想帮扶。帮助农户克服等、靠、要的思想，强化勤劳致富的观念，树立自强、自立意识。

2）物质帮扶。从实际出发，对贫困承包户发放一定数额的扶贫帮困周转资金，如对低收入贫困户子女上学支付学费及代办费等常规费用有困难的，通过预支劳务费等形式帮助解决，以防出现辍学现象。

3）技术帮扶。通过多种渠道，让有劳动能力的贫困户拥有一技之长，增强自身造血功能。

4）信息帮扶。利用自身优势，无偿为贫困户提供劳务、介绍就业信息等服务，拓宽致富渠道。

8.5.5 广西金穗农业集团有限公司扶贫绩效

8.5.5.1 广西金穗农业集团有限公司雷深香蕉标准化基地建设脱贫增收项目效益

（1）经济效益

项目建成投产后，充分改善了项目区的生产条件，提高了经济作物生产能力和土地利用效率，节约了大量的水资源，逐步形成了年生产能力达6000t的香蕉标准化生产基地，平均亩产量由2.75t增至3t，按市场批发价3.6元/kg计算，产品销售收入达2160万元，每亩产值比普通农户增加收入900元，增加总产值180万元，创造了良好的经济效益（表8-52）。项目附带拉动其他第三产业的发展，项目投产后两年即可收回投资成本，其经济效益十分显著，该项目在投入产出效益上是可行的。

表 8-52　项目区与普通农户种植香蕉收益对比

收益对比	项目基地面积（亩）	亩产量（t）	总产量（t）	市场批发价（元/kg）	销售收入（万元）
普通农户	2 000	2.75	5 500	3.6	1980
项目区	2 000	3	6 000	3.6	2160

（2）社会效益

项目建成投产后，可为国内外提供具有广西特色的优质亚热带水果；项目建设过程和项目投产，均需要一定的劳动力，这为农村富余劳动力和失业人员提供了就业机会；可以增加当地群众的经济收入，促进项目区的经济发展；带动周边香蕉生产企业和农户发展香蕉标准化种植，提高南亚热带水果市场竞争力；项目产生的收益每年可确保公司流转那桐镇、丁当镇 140 户立档贫困户共 1066 亩土地 102.8 万元土地租金的及时、足额支付；可为入股本金的贫困户按 8% 的比例给予每户贫困户 2400 元/a 的收益分红，同时吸纳周边 300～600 户农户到香蕉基地打短工，有效带动项目区贫困户及周边群众就业增收。

（3）环境效益

公司推广绿色食品栽培管理技术，采用清洁生产技术，大力推广应用生态循环农业、水肥一体化、土壤有机质提升、绿色植保防控等农田清洁生产技术，运用物理防病防虫措施，减少化肥、农药的施用量，大力实施农业废弃物的无害化处理，确保农产品质量安全，能有效保护生态环境，确保农业生产环境清洁，达到了减少田园垃圾、清洁田园的效果。

该项目符合自治区和隆安县产业扶贫政策的要求，通过实行“公司+基地+贫困户+标准”的经营模式，建立起企业化运作的生产示范园，将香蕉实用技术传递给广大贫困户，使项目区贫困户及周边民众参与周边地区几万亩香蕉种植管理，在实现产业规模有效扩大的同时，可以带动贫困户共同增收。项目建成后，将成为隆安县甚至南宁市产业扶贫的典范，有效促进各行各业发挥企业扶贫带头作用，拓宽隆安县贫困户就业增收渠道，对该县脱贫攻坚、丰富农业资源具有重要意义。

8.5.5.2　广西金穗农业集团有限公司不同扶贫模式收益扶贫情况

（1）“土地流转+香蕉种植薪酬”资产收益扶贫模式收益扶贫情况

2016 年底，公司承包经营土地面积达 8 万亩，下辖 19 个标准化生产基地，辐射带动周边香蕉种植20万亩，2016年香蕉种植面积达3.2万亩，火龙果种植面积达1000亩，甘蔗种植面积达4000亩；年支付土地流转金6000多万元，年创造季节性劳动就业15万人次以上，聘用固定农民工约1200人，其中贫困户劳动力640人；发放农民工工资4570万元，其中发放贫困户劳动力工资2300多万元，即平均每位贫困户劳动力每年能获得3.59万元工资。公司推行的“土地流转+香蕉种植薪酬”模式，使得农户年均获得双份收入为6万~7万元。

(2)“公司+贫困户”金融扶贫模式收益扶贫情况

2016年，公司积极响应号召，主动承接扶贫小额贷款委托经营资金项目1535万元，通过委托经营方式，吸纳307户建档立卡贫困户利用扶贫小额贷款资金参与公司经营，进一步扩大种植标准化火龙果基地3000亩，建成投产后每年可生产火龙果9000t，年产值超过6000万元；公司在3年内每年按入股本金8%的比例向贫困户发放分红，贫困户每户每年可获得分红4000元，同时还吸纳300~600户农户到火龙果基地承包土地开展种植或季节性打工，带动贫困户就业创业增收，达到并超过国家当年核定的脱贫标准。

(3)“公司+农户”产业联盟模式收益扶贫情况

“公司+农户”产业联盟模式的推行，加快推动了隆安县香蕉产业的发展壮大。2016年，隆安县香蕉种植面积发展到20.8万亩，全县有香蕉种植企业24家、种植基地59个、家庭农场13个、种植大户226户、联户种植户38户、种植散户7746户，香蕉产业覆盖并带动农户增收近9000户，其中贫困户1278户，带动转移就业2.5万人，极大地促进了农民增收和贫困户脱贫。

8.5.5.3 贫困户收益情况

企业优先安排把土地流转给公司的贫困户参加公司生产经营管理，做承包户或日工，保证贫困户获得土地流转租金1000元/(亩·a)和80~120元的日工工资，双份收入保障，增加了贫困户收入。项目区投产后，入股本金的贫困户可按入股本金8%的比例获得2400元的收益分红，同时可优先到香蕉产业园打短工。表8-53为那桐镇110户和丁当镇21户贫困户收益情况。

表8-53　典型贫困镇贫困户户均收益　　(单位：元)

地区	户均租金	户均工资	入股本金收益分红	户均总收益
那桐镇	7 248.34	71 800	1200	80 248.34
丁当镇	9 824.52	71 800	1200	82 824.52

注：户均工资按“土地流转+香蕉种植薪酬”资产收益扶贫模式中的贫困户劳动力人均收入计算，每户按2名劳动力计算；由于各贫困户是否入股无法确定，按0.5的概率计算入股本金收益分红

那桐镇和丁当镇为公司扶贫项目区两个典型的贫困镇。由表 8-53 可知，加上耕地租金、到基地上工的工资和入股本金收益分红，平均每户贫困户的年均收益都在 8 万元以上，两个镇可能户均耕地数量不同，导致租金有差距，但总收益相差不大，与农户自己耕种刚能解决温饱问题相差甚大。该扶贫项目从根本上使贫困户生活得到了保障，也使得贫困户成功脱贫。

8.5.6 广西金穗农业集团有限公司扶贫项目实施难点与建议

8.5.6.1 项目实施存在的问题与困难

在精准扶贫工作上，公司推出了以“公司+基地+农户”“公司+基地+合作社+农户”等为主要内容的造血脱贫模式。开展参与扶贫工作，在带动贫困农户脱贫致富路上发挥了重要的作用，但是在实际的工作中也存在一些的问题和困难。

（1）部分贫困户存在等、靠、要现象

目前民工短缺已经是一个大问题，公司每年在用工高峰期，每天需要大约 3000 人做工，但是目前每天到基地做工的不到 1500 人，缺口一半以上，很多本地的贫困户除了因病致困确实不能劳动外，部分其他有劳动能力、可以通过劳动脱贫的贫困户比较消极，不愿做一些比较辛苦和脏累的工作，只想通过政府来救济。公司基地所在的村屯都有不少的贫困户，他们都有一定的租金收入，并且怕辛苦，愿意到公司做工的贫困户寥寥无几，部分农户偶尔来但不能固定下来，造成公司用工高峰不得不从外地请来其他农民工。

（2）项目资金安排方式亟待转变

扶贫攻坚的目的是要最大可能地消灭贫困户，让真正贫困的人能脱贫致富，因此政府出台了很多的优惠政策，目前很多政府财政资金扶持的项目都与脱贫工作挂钩，规定项目必须能让多少户贫困户收入达到脱贫标准，能够带动多少贫困户学到技能等。但是一些贫困村资源较少，交通不便，加上很多贫困户文化水平低，接受新生事物能力差，因此，考虑到经济效益问题，公司不愿意到当地开办企业，贫困村的贫困户因家庭问题也无法到企业相对集中的乡镇打工就业，造成一方面企业急需大量的农民工，另一方面贫困户待在家中无所事事的现象。

8.5.6.2 项目实施建议

（1）政府层面

随着脱贫攻坚进程的加快，每年都有相应的贫困户脱贫，政府应该每年把更新后的贫困户及脱贫户名单与企业共享，方便公司进行贫困户人数的核对跟踪，针对贫困户和脱贫户分别制订出不同的帮扶措施，做到贫困户脱贫，脱贫户不返贫。

政府应该根据公司经营范围和经营特点，针对性地将合适的贫困户推荐给公司，这样才能让公司更好地发挥自身优势去开展扶贫帮困工作。同时建议政府将贫困村或贫困户所在地的优质资源介绍给公司，使公司与政府在参与扶贫工作上无缝对接，少走弯路，让贫困户与企业实现双赢，才能又好又快地打赢这场脱贫攻坚战。

政府有关部门在安排项目扶持资金时，应兼顾企业实际情况，尽可能地根据公司实际情况安排扶持资金及指标。

（2）企业层面

开办企业的目的是创造利润，没有利润企业也就无法生存，这是最基本的常识。企业参与精准扶贫工作，也需要能够获得一定的利润。

企业在精准扶贫上要量力而行，不能丢掉主业，不能跨行扶贫，不能为了多争取扶贫资金而盲目上项目，只有认清自身的发展实力，才能在扶贫攻坚道路上越走越远。

9 基于物元模型的县域不同模式土地整治绩效评价——以扶绥县为例

9.1 研究区概况及数据来源

9.1.1 研究区概况

9.1.1.1 扶绥县自然概况

扶绥县地处东经 107°3′ ~ 108°6′，北纬 22°11′ ~ 22°57′，南北最大纵距 78km，东西最大横距 55km，位于云贵高原南侧边缘、广西西南部，属南亚热带季风气候左江谷地干热气候区，气温高，热量足；扶绥县南宽北窄，略呈葫芦形，南北两面地势较高，腹部是波状盆地和带状冲积小平原，由西向东略有倾斜。扶绥县自然土壤有赤红壤、山地红壤、紫色土、石灰土等。全县土类 9 个，亚类 22 个，土属 53 个，土种 121 个。县域主导风向为东北风和东南风，东北风居多，气候条件适宜发展特色农业、亚热带经济作物和林果。

9.1.1.2 扶绥县社会经济概况

2016 年，全县总常住人口为 39.85 万人。根据《广西统计年鉴 2017》，2016 年扶绥县生产总值为 150.38 亿元，人均生产总值为 37 860 元，财政收入为 16.58 亿元，较去年减少 5.8%；固定资产投资为 169.76 亿元，较去年增长 19.3%；社会消费品零售总额为 22.51 亿元，较去年增长 10.3%；城镇居民人均可支配收入为 27 879 元，较去年增长 10.0%；农村居民人均可支配收入为 11 179 元，较去年增长 20.2%。

根据《广西统计年鉴 2017》，2016 年全县农作物播种面积为 140 585hm^2，其中粮食作物播种面积为 15 805hm^2；粮食总产量为 6.42 万 t，其中稻谷产量为 4.97 万 t。

9.1.2 数据来源

本书研究的数据来源于广西扶绥县 2014～2017 年的 437 个项目区申报书、建设方案、项目竣工报告、项目复核报告、耕地质量等别变化表等资料。其中，2014 年有 46 个项目区，2015 年有 90 个项目区，2016 年有 112 个项目区，2017 年有 189 个项目区。2014 年的项目区全部是合作社经营主体模式，以及 2017 年各个项目区建设没有提交区内竣工验收报告，本书研究旨在从竣工验收情况来说明项目的绩效水平，且主要从两个经营主体模式来说明差异，即合作社经营主体模式和公司经营主体模式。因此，在进行对比分析两种不同模式土地整治绩效水平时，其数据从 2015 年和 2016 年的项目数据资料中进行筛选。由于本书研究旨在探索公司和合作社两种不同模式土地整治绩效水平的差异，考虑到公司模式下的项目数量较少且集中在 2016 年，为确保两者样本数量的一致性，同时避免不同年份实际情况的差异对整治工作要求的不一致性，本书研究选取 2016 年的 12 个以公司为主体的项目区和 12 个以合作社为主体的项目区为研究对象，以此来表示两种不同模式土地整治绩效水平。

9.2 广西扶绥县土地整治绩效总体评价

9.2.1 广西扶绥县 2014～2017 年土地整治项目数量变化

观察图 9-1 可以发现，2014 年广西扶绥县“双高”基地土地整治项目数量

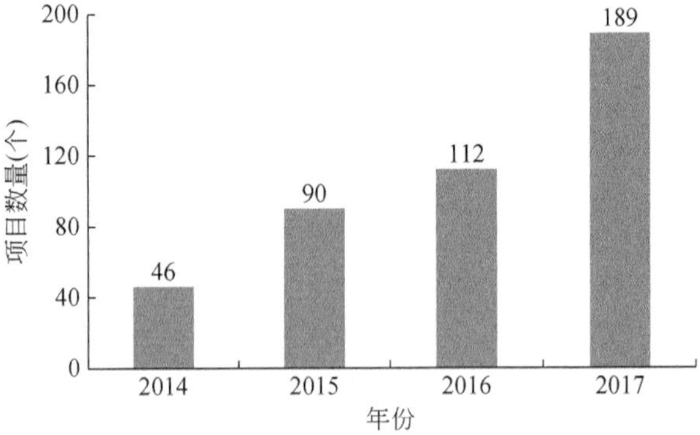

图 9-1 广西扶绥县土地整治项目数量变化情况

为46个，2015年、2016年、2017年依次为90个、112个、189个，年均增长率为62.95%。其中，2015年的项目数量增长速度最快，为95.65%。由项目区建设的实际情况得知，2015年为项目区开展土地整治的第二年，在第一年初步建设的基础上，完善了项目规划设计，建设效果有明显提升，且在全区域内实行大规模的建设，进一步推动土地整治工作的进展。由此观之，广西扶绥县在响应全国土地整治号召的大背景下，做出的实质性工作部署对于促进“双高”基地土地整治项目工作的开展具有显著性的正向影响作用。

9.2.2 土地整治绩效水平描述性统计分析

本书研究从不同年度土地整治项目视角出发，来评价广西扶绥县2014～2017年的土地整治项目整体绩效水平。根据项目区的数据资料，确定了任务完成率、资金拨付率、水利化建设完工率、深耕深松率、中耕培土率、综合机械化率6个指标来反映其土地整治项目整体绩效水平（表9-1）。

表9-1　广西扶绥县土地整治项目整体绩效分析

类别	2014年	2015年	2016年	2017年
任务面积（hm^2）	3 400.00	6 120.00	6 733.33	9 666.67
实施面积（hm^2）	3 435.93	6 401.47	6 594.21	9 616.95
任务完成率（%）	101.06	104.60	97.93	99.49
应拨付资金（万元）	3 472.06	7 534.19	12 516.68	20 195.60
实际拨付资金（万元）	3 472.06	7 758.29	10 013.34	7 255.30
资金拨付率（%）	100.00	102.97	80.00	35.93
水利化建设项目规划完工个数（个）	46	90	112	189
水利化建设项目实际完工个数（个）	32	55	18	36
水利化建设完工率（%）	69.57	61.11	16.07	19.05
深耕深松面积（hm^2）	3 181.00	4 691.32	6 408.49	8 831.49
深耕深松率（%）	92.58	73.29	97.18	91.83
中耕培土面积（hm^2）	2 994.40	5 198.50	5 818.77	8 262.59
中耕培土率（%）	87.15	81.21	88.24	85.92
综合机械化率（%）	74.16	73.23	75.08	79.51

注：任务完成率=项目实施面积/项目任务面积；资金拨付率=实际拨付资金/应拨付资金；水利化建设完工率=水利化建设项目实际完工个数/水利化建设项目规划完工个数；深耕深松率=深耕深松面积/项目实施面积；中耕培土率=中耕培土面积/项目实施面积

1）2014～2017年任务完成率分别为101.06%、104.60%、97.93%、99.49%。通过数据可以看出，2014年和2015年，项目区的建设任务均超额完成，其中，2015年超额完成度最高，这与项目数量变化情况相匹配。在项目建设初期，整体土地实际利用现状存在较多问题，如土地平整度不高、田间道路建设不足、蔗区排水工程缺乏，因此，在建设初期，土地整治的空间很大，会存在实际建设实施的面积大于规划设计的任务面积，从而导致任务完成率大于1，项目区实现了超额完成。

2）2014～2017年资金拨付率分别为100.00%、102.97%、80.00%、35.93%。通过数据可以看出，2014年资金拨付完全到位，2015年实际拨付资金超过规划设计拨付资金，2016年和2017年未将规划设计拨付资金完全发放到位。由此可以得出，在项目建设初期，当地基本能够根据实际情况预算资金，且资金能够完全到位。此外，2015年实际拨付资金超过预算资金，一方面说明在规划设计阶段，没能准确预估项目建设情况，缺乏一定的专业预估预算能力；另一方面说明项目区财政部门这一阶段对土地整治工作给予了大力的支持，有效地推动了土地整治工作的进行。从2016年和2017年的资金拨付率可以看出，在拨付资金方面，相关部门执行不到位，未能严格履行职责，其中2017年的资金拨付率尤为突出；在规划设计方面，存在实地勘察不全面、不细致问题，导致预算资金超出实际建设所需资金，使得资金拨付率较低。

3）2014～2017年水利化建设完工率分别为69.57%、61.11%、16.07%、19.05%。通过数据可以看出，2014～2017年，广西扶绥县“双高”基地土地整治工作中水利化建设程度普遍不高，其中前两年稍高，后两年偏低。该地的自然条件显示，该地区水资源丰富，境内有左、右江两大河系，有大小河流24条，河流总长589.1km。该地拥有丰富的水资源，但是水利化建设完成率不高，可以说明项目区水利化建设存在较大困难，导致没能完成预期规定的目标；同时，在项目建设初期，大多为合作社经营主体模式，专业规划设计能力不足，未能很好地结合实际情况给出适宜的建设目标，使得完成率偏低。在2016年和2017年，水利化建设完成率很低，原因主要有两个方面：一方面，数据是2017年10月经过实地调研获取，土地整治是一个长期的过程，表现其绩效水平的部分指标存在滞后期，在调研阶段，项目还未竣工验收，部分工程未完成，从而致使最终的建设完工率低下；另一方面，经过调研发现，当地群众主观意愿上认为无须进行水利化建设，意识层面的偏差使得当地水利化方面的建设工程并未引起重视，从而使得该项指标呈递减趋势。

4）机械化深耕深松技术主要运用大型的拖拉机配套农机具，深犁深耙蔗地，将犁底层、旋耕碎土完全打碎，以使甘蔗土壤的物理性状得到较好的改善，增强通透性、蓄水能力，最终促进甘蔗生长，进一步提升甘蔗糖分及产量。2014 ~ 2017 年项目区的深耕深松率分别为 92.58%、73.29%、97.18%、91.83%。从这几年的整合数据来看，深耕深松整体情况很好，除 2015 年外，都在 90% 以上，这有益于糖料蔗的种植，提高了作物的产量及品质，对项目区土地可持续利用有着促进作用。

5）中耕培土是指对土壤进行浅层翻倒、疏松表层土壤，主要是松动表层土壤，一般结合除草，在降雨、灌溉后及土壤板结时进行。中耕可疏松表土、增加土壤通气性、提高地温，促进好气微生物活动和养分有效化、去除杂草、促使根系伸展、调节土壤水分状况。2014 ~ 2017 年的中耕培土率分别为 87.15%、81.21%、88.24%、85.92%。通过数据可以看出，数据比较平均，中耕培土率良好，为甘蔗种植提供了良好的土壤条件，有益于糖料蔗品质及产量的提升，对当地发展有着积极的带动作用。

6）2014 ~ 2017 年综合机械化率分别为 74.16%、73.23%、75.08%、79.51%。“双高”基地土地整治的综合机械化率整体处于中上水平，土地整治项目的经营主体大多为合作社，合作社在专业技术及机械化水平上较公司会有所欠缺，导致整体的综合机械化率不高。

9.3 扶绥县不同模式绩效评价

9.3.1 变量及模型说明

9.3.1.1 变量选择及指标体系构建

本书研究基于“流程逻辑”框架，构建土地整治绩效评价指标体系。“流程逻辑”框架是根据土地整治项目实施流程设计的土地整治绩效评价框架，它能够将土地整治的行为和结果结合起来，很好地反映土地整治行为全过程的绩效水平。本书从投入、过程、产出、效益 4 个维度入手寻找绩效评价因子，从而构建土地整治绩效评价指标体系。

根据项目区具体实际情况，本书研究构建的土地整治项目绩效评价指标体系及权重如表 9-2 所示。

表 9-2 “流程逻辑”框架下的土地整治项目绩效评价指标体系及权重

评价目标	评价维度	评价因子	评价指标	权重
土地整治项目绩效	投入	资源投入	X_1：单位面积投资额（万元/hm^2）	0.0648
	过程	组织管理	X_2：预算执行偏差率（%）	0.0951
			X_3：按期竣工率（%）	0.0747
			X_4：工程质量合格率（%）	0.0978
			X_5：管理规章健全度*（分）	0.0850
	产出	建设业绩	X_6：土地平整面积（hm^2）	0.0792
			X_7：田间路网密度（m/hm^2）	0.0473
			X_8：蔗区排水设施密度（m/hm^2）	0.0268
			X_9：耕地面积增加率（%）	0.0815
			X_{10}：耕地国家自然质量等别提高率（%）	0.0707
			X_{11}：耕地国家利用等别提高率（%）	0.0673
	效益	综合效益	X_{12}：年净收益提高率（%）	0.0020
			X_{13}：甘蔗产能提高量（kg/hm^2）	0.0750
			X_{14}：耕地坡度（°）	0.0559
			X_{15}：土壤有机质含量（g/kg）	0.0769

*对应的指标为定性指标，其指标值采用专家评价法定量转化获取。权重确定步骤见9.3.1.2节

9.3.1.2 熵权法

评价指标的权重确定选取的是熵权法。熵权法的基本思路是根据指标变异性的大小来确定客观权重。一般来说，某个指标的信息熵 E_j越小，表明指标值的变异程度越大，提供的信息量越多，在综合评价中所能起到的作用也越大，其权重也就越大。反之，则相反。

熵权法赋权重的步骤如下。

(1) 数据标准化

将各个指标的数据进行标准化处理。

对于正向指标：

$$Y_{ij}=\frac{X_{ij}-\min(X_{1j},X_{2j},\cdots,X_{nj})}{\max(X_{1j},X_{2j},\cdots,X_{nj})-\min(X_{1j},X_{2j},\cdots,X_{nj})} \tag{9-1}$$

对于负向指标：

$$Y_{ij}=\frac{\max(X_{1j},X_{2j},\cdots,X_{nj})-X_{ij}}{\max(X_{1j},X_{2j},\cdots,X_{nj})-\min(X_{1j},X_{2j},\cdots,X_{nj})} \tag{9-2}$$

式中，$i=1$，2，…，m；$j=1$，2，…，n。X_{ij}表示第 i 个对象的第 j 项指标；Y_{ij}表

示经过数据标准化后的值。

(2) 求第 j 项指标的信息熵

根据信息论中信息熵的定义，一组数据的信息熵为

$$E_j = -\ln(m)^{-1} \times \sum_{i=1}^{n} P_{ij}\ln(P_{ij}) \tag{9-3}$$

$$P_{ij} = \frac{Y_{ij}}{\sum_{i=1}^{n} Y_{ij}} \tag{9-4}$$

式中，P_{ij}表示在第 j 项指标下，第 i 个对象占该指标的比重。如果 $P_{ij}=0$，则定义 $\lim_{P_{ij}\to 0} P_{ij}\ln(P_{ij}) = 0$。

(3) 确定各指标权重

根据信息熵的计算公式，计算出各个指标的信息熵为 E_j。通过信息熵计算各指标权重：

$$W_j = \frac{1 - E_j}{n - \sum E_j} \quad (j = 1,2,\cdots,n) \tag{9-5}$$

本节权重结算结果见表 9-2。

9.3.1.3 土地整治绩效物元评价模型

本书研究旨在对于项目区的土地整治绩效进行评价。首先，从整体出发对项目区的土地整治情况从数量变化及整体效果两个方面进行描述性统计分析，以期说明广西扶绥县“双高”基地土地整治的整体水平。其次，运用物元分析理论来建立定量评价模型。物元模型由我国学者蔡文首创，它旨在解决不相容问题，适合于多因子综合评价。近年来，物元模型已经被我国学者广泛应用于生态环境、水资源承载力、农用地分级和土地生态水平等相关评价中。土地整治项目绩效评价则可以看成是一个不相容问题。运用物元模型，其优势主要体现在：一方面，它既可用来进行综合评价获取综合评价结果，又可用来进行绩效影响因素分析；另一方面，它在一定程度上体现了过程控制特征。通过物元模型，最终得到的结果是将整体绩效水平和单一要素水平均分为 5 个等级，即优秀、良好、一般、较差、差。基于物元模型，本书研究可以从合作社和公司两种不同经营模式出发，评价其整体绩效水平，分析影响整体绩效水平的因素，从而对未来土地整治工作给出针对性的实际有效的建议，促进土地可持续利用的发展。根据物元分析理论构建土地整治项目绩效评价物元模型，基本步骤如下。

(1) 确定土地整治项目绩效物元

土地整治项目绩效 N、绩效特征 c 和特征量值 v 共同构成土地整治项目绩效

物元。假设绩效 N 有多个特征，它以 n 个特征 c_1，c_2，…，c_n 和相应的量值 v_1，v_2，…，v_n 描述，则表示为

$$R=\begin{pmatrix} N & c_1 & v_1 \\ & \vdots & \vdots \\ & c_n & v_n \end{pmatrix}=\begin{pmatrix} R_1 \\ \vdots \\ R_n \end{pmatrix} \tag{9-6}$$

式中，R 表示 n 维土地整治项目绩效物元，简记 $R=(N,\ c,\ v)$。

（2）确定土地整治项目绩效的经典域物元矩阵

土地整治项目绩效的经典域物元矩阵可表示为

$$R_{0j}=(N_{0j},c,V_{ji})=\begin{pmatrix} N_{0j} & c_1 & v_{0j1} \\ & \vdots & \vdots \\ & c_n & v_{0jn} \end{pmatrix}=\begin{pmatrix} N_{0j} & c_1 & \langle a_{0j1},b_{0j1}\rangle \\ & \vdots & \vdots \\ & c_n & \langle a_{0jn},b_{0jn}\rangle \end{pmatrix} \tag{9-7}$$

式中，R_{0j}表示经典域物元；N_{0j}表示所划分土地整治项目绩效的第 j 个评价等级（$j=1$，2，…，m）；c_i 表示第 i 个评价指标；$\langle a_{0ji},\ b_{0ji}\rangle$ 表示 c_i 对应评价等级 j 的量值范围，即经典域。

经典域（即评价等级的取值区间）的确定是物元评价的基础。本书研究依据土地整治项目绩效的可拓性，结合现有学者研究成果及项目区数据实际情况，将其划分为 5 个等级，即 N_{01}、N_{02}、N_{03}、N_{04}、N_{05}，定性描述分别为优秀、良好、一般、较差、差。因此，广西扶绥县土地整治项目绩效指标经典域的取值区间如表 9-3 所示。

表 9-3　土地整理项目绩效指标经典域的取值区间

指标	取值区间				
	优秀（N_{01}）	良好（N_{02}）	一般（N_{03}）	较差（N_{04}）	差（N_{05}）
X_1	[7 000，9 500)	[9 500，13 000)	[13 000，16 500)	[16 500，20 000)	[20 000，23 500)
X_2	[0，10)	[10，25)	[25，40)	[40，65)	[65，100)
X_3	[90，100)	[80，90)	[70，80)	[60，70)	[50，60)
X_4	(85，100]	(70，85]	(55，70]	(40，55]	(25，40]
X_5	[90，100)	[75，90)	[60，75)	[50，60)	[40，50)
X_6	[48，60)	[36，48)	[24，36)	[12，24)	[0，12)
X_7	[200，250)	[150，200)	[100，150)	[50，100)	[0，50)
X_8	[120，150)	[90，120)	[60，90)	[30，60)	[0，30)
X_9	[20，25)	[15，20)	[10，15)	[5，10)	[0，5)

续表

指标	取值区间				
	优秀（N_{01}）	良好（N_{02}）	一般（N_{03}）	较差（N_{04}）	差（N_{05}）
X_{10}	[12，15)	[9，12)	[6，9)	[3，6)	[0，3)
X_{11}	[12，15)	[9，12)	[6，9)	[3，6)	[0，3)
X_{12}	[100，200)	[50，100)	[20，50)	[10，20)	[0，10)
X_{13}	[10 000，12 000)	[8 000，10 000)	[6 000，8 000)	[5 000，6 000)	[0，5 000)
X_{14}	(0，2]	(2，6]	(6，15]	(15，25]	(25，40)
X_{15}	[30，40)	[20，30)	[10，20)	[6，10)	[0，6)

（3）确定土地整治项目绩效的节域物元矩阵

土地整治项目绩效的节域物元矩阵可表示为

$$R_p=(N_p,c,V_{pi})=\begin{pmatrix} N_p & c_1 & \langle a_{p1},b_{p1}\rangle \\ & \vdots & \vdots \\ & c_n & \langle a_{pn},b_{pn}\rangle \end{pmatrix} \tag{9-8}$$

式中，R_p表示节域物元；$V_{pi}=\langle a_{pi}，b_{pi}\rangle$表示节域物元关于特征 c_i的量值范围；p 表示土地整治项目绩效评价等级的全体，显然，这里有

$$\langle a_{0i},b_{0i}\rangle\subset\langle a_{pi},b_{pi}\rangle \quad (i=1,2,\cdots,n) \tag{9-9}$$

（4）确定待评物元

把待评对象N_x的物元 R_x 表示为

$$R_x=\begin{pmatrix} N & c_1 & v_1 \\ & \vdots & \vdots \\ & c_n & v_n \end{pmatrix}=\begin{pmatrix} R_1 \\ \vdots \\ R_n \end{pmatrix} \tag{9-10}$$

（5）确定关联函数及关联度

令有界区间 $X_0=[a，b]$ 的模定义为

$$|X_0|=|b-a| \tag{9-11}$$

某一点 X 到区间 $X_0=[a，b]$ 的距离为

$$p=(X,X_0)=\left|X-\frac{1}{2}(a+b)\right|-\frac{1}{2}(b-a) \tag{9-12}$$

则土地整治项目绩效指标关联函数 $K_{(x)}$ 的定义为

$$K_{(x_i)}=\frac{-p(x,X_0)}{|X_0|},\quad x\in X_0 \tag{9-13}$$

$$K_{(x_i)}=\frac{p(x,X_0)}{p(x,X_p)-p(x,X_0)},\quad x\notin X_0 \tag{9-14}$$

式中，$p(x,\ X_0)$ 表示点 X 与有限区间 $X_0=[a,\ b]$ 的距离；$p(x,\ X_p)$ 表示点 X 与有限区间 $X_p=[a_p,\ b_p]$ 的距离；x、X_0、X_p 分别表示待评土地整治项目绩效物元的量值、经典域物元的量值范围和节域物元的量值范围。

（6）确定评价指标权重

本书主要运用熵权重法计算评价指标权重（具体运算步骤见 9.3.1.2 节）。

（7）计算综合关联度并确定评价等级

待评物元 N_x 关于等级 j 的综合关联度 $K_j(N_x)$ 为

$$K_j(N_x)=\sum_{i=1}^{n}a_iK_j(x_j) \tag{9-15}$$

式中，$K_j(N_x)$ 表示待评对象 N_x 关于等级 j 的综合关联度；$K_j(N_x)$ 表示待评对象 N_x 的第 i 个指标关于等级 j 的单指标关联度，$j=1,\ 2,\ \cdots,\ n$；a_i 表示各评价指标的权重。

若

$$K_{ji}=\max[K_j(x_i)],\quad j=1,2,\cdots,n \tag{9-16}$$

则待评物无 N_x 属于土地整治项目绩效标准等级 j。

若

$$K_{jx}=\max[K_j(N_x)],\quad j=1,2,\cdots,n \tag{9-17}$$

则待评物无 N_x 属于土地整治项目绩效标准等级 j。

9.3.2 公司模式土地整治绩效评价

9.3.2.1 数据样本情况

根据项目区 2014 ~ 2017 年的所有土地整治项目区数据资料可知，以公司为建设主体的项目区集中在 2016 年，故选择该年份的数据。该年公司模式的项目区有 20 个，剔除数据不完整的项目区，最终选择 12 个以公司为建设主体的项目区，以此为例来阐述分析广西扶绥县公司模式的土地整治绩效水平。

9.3.2.2 模型结果及分析

将项目区评价指标量值带入模型，计算结果如表 9-4 所示。表 9-4 显示的是扶绥县岜盆乡岜盆村弄底屯片区的土地整治绩效水平等级结果，其中 $K_j(X_1)$ ~ $K_j(X_{15})$ 表示单指标关联度，$K_j(l)$ 表示综合指数关联度。

表 9-4　扶绥县岜盆乡岜盆村弄底屯片区土地整治绩效评价结果

关联度	N_{01}	N_{02}	N_{03}	N_{04}	N_{05}	最大值	等级
$K_j(X_1)$	−0.4323	−0.2431	0.2708	−0.1065	−0.3588	0.2708	一般
$K_j(X_2)$	−0.3858	−0.0656	0.1258	−0.3278	−0.5864	0.1258	一般
$K_j(X_3)$	−0.4643	−0.2857	0.1429	−0.0625	−0.3478	0.1429	一般
$K_j(X_4)$	0.0000	−1.0000	−1.0000	−1.0000	−1.0000	0.0000	优秀
$K_j(X_5)$	−0.2065	0.2345	−0.4593	−0.6621	−0.7297	0.2345	良好
$K_j(X_6)$	−0.4071	−0.2094	0.3717	−0.1355	−0.3664	0.3717	一般
$K_j(X_7)$	−0.5039	−0.3385	−0.0078	0.0156	−0.3316	0.0156	较差
$K_j(X_8)$	−0.9661	−0.9547	−0.9321	−0.8642	0.1358	0.1358	差
$K_j(X_9)$	−0.8758	−0.8344	−0.7516	−0.5031	0.4969	0.4969	差
$K_j(X_{10})$	−0.2857	0.3333	−0.1667	−0.4444	−0.5833	0.3333	良好
$K_j(X_{11})$	−0.2379	0.4539	−0.2730	−0.5154	−0.6365	0.4539	良好
$K_j(X_{12})$	−0.7660	−0.5320	0.1134	−0.1269	−0.3641	0.1134	一般
$K_j(X_{13})$	−0.0397	0.0431	−0.4785	−0.6523	−0.7020	0.0431	良好
$K_j(X_{14})$	−0.2500	0.2500	−0.5000	−0.8000	−0.8800	0.2500	良好
$K_j(X_{15})$	−0.4524	−0.1786	0.3571	−0.2812	−0.3883	0.3571	一般
$K_j(l)$	−0.3598	−0.1909	−0.2200	−0.4526	−0.4818	−0.1909	良好

从表 9-4 中 $K_j(l)$ 关联度可以得出该项目区土地整治的整体水平处于良好等级；从 $K_j(X_1)$ ~ $K_j(X_{15})$ 这 15 个单项关联度指标可以看出：该项目区只有 1 个评价指标是优秀等级，即工程质量合格率；5 个指标处于良好等级，分别是管理规章健全度、耕地国家自然质量等别提高率、耕地国家利用等别提高率、甘蔗产能提高量、耕地坡度；处于一般等级的有 6 个评价指标，分别是单位面积投资额、预算执行偏差率、按期竣工率、土地平整面积、年净收益提高率、土壤有机质含量等级；处于较差等级的指标有 1 个，是田间路网密度；处于差等级的有 2 个，为蔗区排水设施密度、耕地面积增加率。从以上各单项指标所处等级可以得出，该项目区土地整治绩效水平主要受蔗区排水设施密度和耕地面积增加率两个指标的制约影响，说明项目区在进行土地整治过程中，存在排水工程建设不足、新增耕地面积量少的问题。

以上为一个项目区土地整治绩效水平的等级结果，同理，可以得出余下 11 个项目区的土地整治绩效水平的等级结果。为了说明公司模式的整体土地整治绩效水平，本书研究将这 12 个项目区的土地整治绩效水平等级结果进行整合，取其均值，以得出该模式下土地整治的整体绩效水平。各个项目区整体绩效水平结果等级及其均值结果等级，即该模式下土地整治绩效水平等级结果如表 9-5 所示。

表 9-5　公司模式土地整治绩效评价结果

项目区序号	综合关联度	N_{01}	N_{02}	N_{03}	N_{04}	N_{05}	最大值	等级
1	$K_j(l)$	−0. 3598	−0. 1909	−0. 2200	−0. 4526	−0. 4818	−0. 1909	良好
2	$K_j(l)$	−0. 2964	−0. 2379	−0. 2567	0. 4351	−0. 4742	−0. 2379	良好
3	$K_j(l)$	−0. 3619	−0. 2531	−0. 3319	−0. 2969	−0. 4745	−0. 2531	良好
4	$K_j(l)$	−0. 3210	−0. 2861	−0. 3003	−0. 3706	−0. 4678	−0. 2861	良好
5	$K_j(l)$	−0. 3613	−0. 0947	−0. 2815	−0. 4575	−0. 4976	−0. 0947	良好
6	$K_j(l)$	−0. 2087	−0. 2497	−0. 4067	−0. 4648	−0. 5362	−0. 2087	优秀
7	$K_j(l)$	−0. 3572	−0. 1341	−0. 2809	−0. 3718	−0. 4670	−0. 1341	良好
8	$K_j(l)$	−0. 3057	−0. 1908	−0. 2993	−0. 5126	−0. 5120	−0. 1908	良好
9	$K_j(l)$	−0. 3830	−0. 2360	−0. 3893	−0. 2922	−0. 4609	−0. 2360	良好
10	$K_j(l)$	−0. 3025	−0. 3216	−0. 3527	−0. 3896	−0. 5260	−0. 3025	优秀
11	$K_j(l)$	−0. 3697	−0. 2436	−0. 3102	−0. 4332	−0. 4724	−0. 2436	良好
12	$K_j(l)$	−0. 26492	−0. 2780	−0. 3185	−0. 3668	−0. 5732	−0. 2649	优秀
模式综合关联度		−0. 3243	−0. 2264	−0. 3123	−0. 4036	−0. 4953	−0. 2264	良好

从表 9-5 中可以看出，该公司模式的土地整治项目绩效水平等级为良好，其中有 3 个项目区的绩效水平为优秀，9 个项目区的土地整治绩效水平为良好。由此得出，广西扶绥县在开展土地整治工作进程中，以公司为主导的项目区建设情况良好，其中制约土地整治绩效水平的因素如图 9-2 所示。

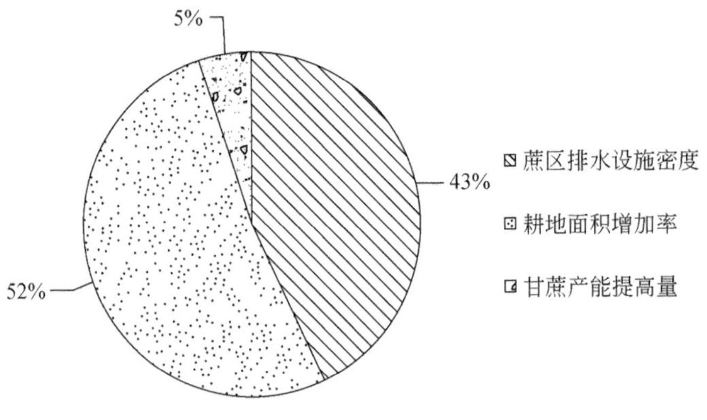

图 9-2　公司模式土地整治绩效水平为差的指标及占比

从图 9-2 中可以看出公司模式下，影响绩效水平的因素按影响程度大小依次是耕地面积增加率、蔗区排水设施密度和甘蔗产能提高量。由于土地自身的稀缺特性，且对耕地的生态质量要求短期内无法全面实现，通过土地整治来实现新增耕地的目标难度大，该项指标整体处于差的水平级别。蔗区排水设施密度低是由于公司资金分配不合理，排水设施建设不完善。公司在甘蔗种植过程中存在的操作不合理问题导致甘蔗的成活率低，从而降低了甘蔗产能；土地利用不科学，降低了甘蔗的种植量，导致甘蔗产能降低。

9.3.3 合作社模式土地整治绩效评价

9.3.3.1 数据样本情况

根据项目区 2014 ~ 2017 年的所有土地整治项目区数据资料可知，以合作社为建设主体的项目区有 180 个。由 9.3.2 节可知，公司模式的项目区集中在 2016 年，且本书研究最终选择了 12 个项目区作为样本数据，所以为了确保两种模式数据样本情况的统一性，本研究中合作社模式的数据同样选取 2016 年的项目区数据，并在数量上保持一致性，即 12 个。选择样本数据的原则是：首先，剔除 2016 年合作社模式下数据缺失的项目区；其次，在剩下的项目区中随机选择 12 个项目区，保证数据的随机性。

9.3.3.2 模型结果及分析

将项目区评价指标量值带入模型，计算结果如表 9-6 所示。表 9-6 显示的是扶绥县柳桥镇坡利村新安屯片区的土地整治绩效水平等级结果，其中 $K_j(X_1)$ ~ $K_j(X_{15})$ 表示单指标关联度，$K_j(l)$ 表示综合指标关联度。

表 9-6 扶绥县柳桥镇坡利村新安屯片区土地整治绩效评价结果

关联度	N_{01}	N_{02}	N_{03}	N_{04}	N_{05}	最大值	等级
$K_j(X_1)$	-0.4460	-0.2614	0.2158	-0.0888	-0.3543	0.2158	一般
$K_j(X_2)$	-0.3860	-0.0669	0.1288	-0.3267	-0.5857	0.1288	一般
$K_j(X_3)$	-0.3750	-0.1667	0.5000	-0.1667	-0.3750	0.5000	一般
$K_j(X_4)$	0.2564	-0.7436	-0.8718	-0.9145	-0.9359	0.2564	优秀
$K_j(X_5)$	-0.3073	0.4685	-0.2811	-0.5507	-0.6405	0.4685	良好
$K_j(X_6)$	-0.4317	-0.2422	0.2734	-0.1073	-0.3590	0.2734	一般
$K_j(X_7)$	-0.5705	-0.4273	-0.1409	0.2818	-0.2948	0.2818	较差

续表

关联度	N_{01}	N_{02}	N_{03}	N_{04}	N_{05}	最大值	等级
$K_j(X_8)$	-0.2943	0.2845	-0.1423	-0.4282	-0.5711	0.2845	良好
$K_j(X_9)$	-0.9418	-0.9224	-0.8836	-0.7671	0.2329	0.2329	差
$K_j(X_{10})$	-0.5885	-0.4513	-0.1770	0.3539	-0.2819	0.3539	较差
$K_j(X_{11})$	-0.6032	-0.4709	-0.2063	0.4127	-0.2701	0.4127	较差
$K_j(X_{12})$	-0.8462	-0.6923	-0.2309	0.4617	-0.2592	0.4617	较差
$K_j(X_{13})$	-0.3211	0.1024	-0.0512	-0.3675	-0.4578	0.1024	良好
$K_j(X_{14})$	-0.3333	0.5000	-0.3333	-0.7333	-0.8400	0.5000	良好
$K_j(X_{15})$	-0.2500	0.5000	-0.2500	-0.5000	-0.5588	0.5000	良好
$K_j(l)$	-0.3864	-0.1666	-0.1749	-0.3079	-0.4542	-0.1666	良好

从表9-6中$K_j(l)$关联度可以得出该项目区土地整治的整体水平处于良好等级；从$K_j(X_1)\sim K_j(X_{15})$这15个单项关联度指标可以看出：该项目区只有1个评价指标是优秀等级，即工程质量合格率；5个指标处于良好等级，分别是管理规章健全度、蔗区排水设施密度、甘蔗产能提高量、耕地坡度、土壤有机质含量等级；处于一般等级的有4个评价指标，分别是单位面积投资额、预算执行偏差率、按期竣工率、土地平整面积；处于较差等级的指标有4个，分别是田间路网密度、耕地国家自然质量等别提高率、耕地国家利用等别提高率、年净收益提高率；处于差等级的有1个，为耕地面积增加率。从以上各单项指标所处等级可以得出，该项目区土地整治绩效水平主要受耕地面积增加率这一指标的制约影响，说明项目区在进行土地整治过程中，存在新增耕地面积量少的问题。

以上为一个项目区土地整治绩效水平的等级结果，同理，可以得出余下11个项目区的土地整治绩效水平的等级结果。为了说明合作社模式的整体土地整治绩效水平，本书研究将这12个项目区的土地整治绩效水平等级结果进行整合，取其均值，以得出该模式下土地整治的整体绩效水平。各个项目区整体绩效水平结果等级及其均值结果等级，即该模式下土地整治绩效水平等级结果如表9-7所示。

表9-7　合作社模式土地整治绩效评价结果

项目区序号	综合关联度	N_{01}	N_{02}	N_{03}	N_{04}	N_{05}	最大值	等级
1	$K_j(l)$	-0.3864	-0.1666	-0.1749	-0.3079	-0.4542	-0.1666	良好
2	$K_j(l)$	-0.3462	-0.0951	-0.2333	-0.4629	-0.5021	-0.0951	良好
3	$K_j(l)$	-0.2669	-0.1984	-0.3727	-0.5460	-0.5673	-0.1984	良好

续表

项目区序号	综合关联度	N_{01}	N_{02}	N_{03}	N_{04}	N_{05}	最大值	等级
4	$K_j(l)$	−0. 3312	−0. 1576	−0. 3440	−0. 4350	−0. 5346	−0. 1576	良好
5	$K_j(l)$	−0. 3093	−0. 2411	−0. 3589	−0. 3472	−0. 5109	−0. 2411	良好
6	$K_j(l)$	−0. 4072	−0. 1722	−0. 3250	−0. 4075	−0. 4561	−0. 1722	良好
7	$K_j(l)$	−0. 3285	−0. 2767	−0. 2502	−0. 3820	−0. 4792	−0. 2502	一般
8	$K_j(l)$	−0. 2849	−0. 1391	−0. 2086	−0. 3644	−0. 4856	−0. 1391	良好
9	$K_j(l)$	−0. 4367	−0. 2674	−0. 2385	−0. 3308	−0. 4628	−0. 2385	一般
10	$K_j(l)$	−0. 3863	−0. 1143	−0. 2133	−0. 4378	−0. 4875	−0. 1143	良好
11	$K_j(l)$	−0. 3731	−0. 2473	−0. 4327	−0. 5068	−0. 4869	−0. 2473	良好
12	$K_j(l)$	−0. 42243	−0. 2080	−0. 1308	−0. 2263	−0. 3954	−0. 1308	一般
模式综合关联度		−0. 3566	−0. 1903	−0. 2736	−0. 3962	−0. 4852	−0. 1903	良好

从表 9-7 可以看出，广西扶绥县合作社模式的土地整治项目绩效水平等级为良好，其中有 9 个项目区的土地整治绩效水平为良好，3 个项目区的绩效水平为一般。由此得出，广西扶绥县在开展土地整治工作进程中，以合作社为主导的项目区建设情况良好，其中制约土地整治绩效水平的因素如图 9-3 所示。

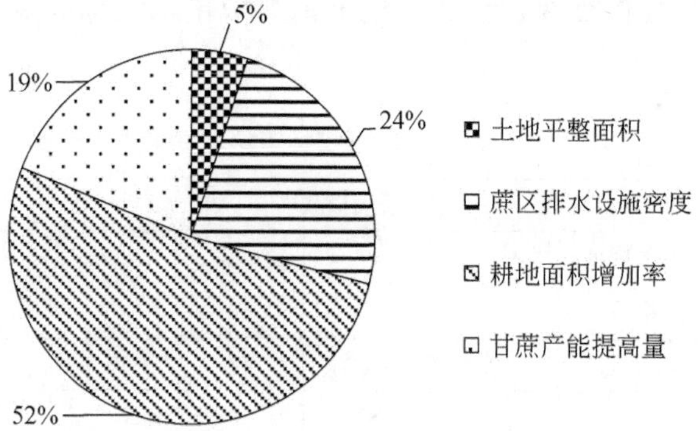

图 9-3　合作社模式土地整治绩效水平为差的指标及占比

从图 9-3 可以看出合作社模式下，影响绩效水平的因素按影响程度大小依次是耕地面积增加率、蔗区排水设施密度、甘蔗产能提高量和土地平整面积。其中耕地面积增加率的影响程度最大，由于土地自身的稀缺特性，且对耕地的生态质量要求短期内无法全面实现，加之合作社的经济与技术能力有限，其通过土地整治来实现新增耕地的目标难度加大，在合作社模式下该项指标整体处于差的水平级别。以合作社为主导的土地整治模式未形成正规的流程体系，且融资渠道闭塞，现有资金规划不到位，导致蔗区排水设施密度、甘蔗产能提高量低下。此外，合作社自身的规模限制，导致专业器械匮乏，使得土地平整面积不足。

9.3.4 不同土地整治模式对比分析

通过将项目区各项指标数据带入物元模型，经过单项指标关联度和综合关联度的计算，可以发现：

公司模式的土地整治绩效水平等级为良好。其中选取的 12 个代表项目区中有 3 个项目区的绩效水平为优秀，9 个项目区的土地整治绩效水平为良好。影响该模式土地整治绩效水平的因素按影响程度大小依次是耕地面积增加率、蔗区排水设施密度和甘蔗产能提高量。

合作社模式的土地整治绩效水平等级为良好。其中选取的 12 个代表项目区中有 9 个项目区的土地整治绩效水平为良好，3 个项目区的绩效水平为一般。影响绩效水平的因素按影响程度大小依次是耕地面积增加率、蔗区排水设施密度、甘蔗产能提高量和土地平整面积。

经过对比两种模式下的土地整治绩效水平，可以发现：公司模式的土地整治绩效水平相较合作社模式而言，其绩效水平整体略胜一筹。

以下为公司和合作社两种模式土地整治绩效单项指标等级关联度占比情况（表 9-8、表 9-9）。

表 9-8　公司模式土地整治绩效单项指标等级关联度占比情况　（单位：%）

公司模式								
评价维度	评价因子	关联度	优秀	良好	一般	较差	差	合计
投入	资源投入	$K_j(X_1)$			33	67		100
过程	组织管理	$K_j(X_2)$		75	17	8		100
		$K_j(X_3)$		83	17			100
		$K_j(X_4)$	92	8				100
		$K_j(X_5)$	58	42				100
产出	建设业绩	$K_j(X_6)$	8	42	17	33		100
		$K_j(X_7)$	42	33	17	8		100
		$K_j(X_8)$				25	75	100
		$K_j(X_9)$				8	92	100
		$K_j(X_{10})$		25	33	42		100
		$K_j(X_{11})$		25	33	42		100

续表

公司模式								
评价维度	评价因子	关联度	优秀	良好	一般	较差	差	合计
效益	综合效益	$K_j(X_{12})$		8	92			100
		$K_j(X_{13})$	17	17		58	8	100
		$K_j(X_{14})$		100				100
		$K_j(X_{15})$	17	8	67	8		100

表 9-9　合作社模式土地整治绩效单项指标等级关联度占比情况　（单位：%）

合作社模式								
评价维度	评价因子	关联度	优秀	良好	一般	较差	差	合计
投入	资源投入	$K_j(X_1)$	8	8	50	34		100
过程	组织管理	$K_j(X_2)$		83	17			100
		$K_j(X_3)$		42	58			100
		$K_j(X_4)$	92			8		100
		$K_j(X_5)$		100				100
产出	建设业绩	$K_j(X_6)$	8	17	50	17	8	100
		$K_j(X_7)$			8	92		100
		$K_j(X_8)$	8	8	17	25	42	100
		$K_j(X_9)$				8	92	100
		$K_j(X_{10})$		33	8	59		100
		$K_j(X_{11})$		33	8	59		100
效益	综合效益	$K_j(X_{12})$		8	33	59		100
		$K_j(X_{13})$	8	33	17	42		100
		$K_j(X_{14})$		100				100
		$K_j(X_{15})$		17	33	50		100

从表 9-8 和表 9-9 可以发现：

从投入维度而言，根据隶属度最大原则（下同），公司模式下单位面积投资额指标级别为“较差”，合作社模式下指标级别为“一般”。由此观之，合作社模式下该项指标比公司模式下更有优势，从而在投入维度下，合作社模式土地整治绩效水平高于公司模式。

从过程维度而言，预算执行偏差率在公司模式下指标等级为“良好”，合作社模式下指标等级为“良好”；按期竣工率在公司模式下指标等级为“良好”，合作社模式下指标等级为“一般”；工程质量合格率在公司模式下指标等级为“优秀”，合作社模式下指标等级为“优秀”；管理规章健全度在公司模式下指标等级为“优秀”，合作社模式下指标等级为“良好”。由此观之，因按期竣工率这项指标在公司模式下的等级高于合作社模式，所以，在过程维度下，公司模式土地整治绩效水平高于合作社模式。

从产出维度而言，土地平整面积在公司模式下指标等级为“良好”，合作社模式下指标等级为“一般”；田间路网密度在公司模式下指标等级为“优秀”，合作社模式下指标等级为“较差”；蔗区排水设施密度在公司模式下指标等级为“差”，合作社模式下指标等级为“差”；耕地面积增加率在公司模式下指标等级为“差”，合作社模式下指标等级为“差”；耕地国家自然质量等别提高率在公司模式下指标等级为“较差”，合作社模式下指标等级为“较差”；耕地国家利用等别提高率在公司模式下指标等级为“较差”，合作社模式下指标等级为“较差”。由此观之，因土地平整面积和田间路网密度两项指标的等级均高于合作社模式，所以，在产出维度下，公司模式土地整治绩效水平高于合作社模式。

从效益维度而言，年净收益提高率在公司模式下指标等级为“一般”，合作社模式下指标等级为“较差”；甘蔗产能提高量在公司模式下指标等级为“较差”，合作社模式下指标等级为“较差”；耕地坡度等级在公司模式下指标等级为“良好”，合作社模式下指标等级为“良好”；土壤有机质含量等级在公司模式下指标等级为“一般”，合作社模式下指标等级为“较差”。由此观之，因年净收益提高率和土壤有机质含量等级两项指标的等级均高于合作社模式，所以，在效益维度下，公司模式土地整治绩效水平高于合作社模式。

综上，由于在过程、产出、效益维度下，公司模式均优于合作社模式，可以得出结论：广西扶绥县土地整治项目中，公司模式土地整治绩效水平整体优于合作社模式。

10 传统型土地整治和“小块并大块”耕地整治模式比较

10.1 实施流程方面的比较

10.1.1 政府主导型土地整治模式实施流程

政府主导型土地整治模式是我国当前主要的土地整治模式，它是政府主导下的一种传统的“自上而下”的土地整治模式。在这种模式中，政府相关部门根据当地的农业产业发展规划及基层政府组织提出的项目申请计划等进行项目选址、立项决策，作为项目业主通过招投标的方法委托勘测单位、规划设计单位及施工单位对项目进行勘测、规划设计和施工，并对项目的实施进行监督、控制和管理。参考《广西壮族自治区土地整治项目管理暂行办法》，我们可以将其分为10个阶段，包括项目申报、项目入库、项目立项批复、项目区测量、项目区规划设计和施工图设计及审批、预算编制及审批、项目实施方案编制、项目实施、项目竣工验收、项目后期管护（图10-1）。

（1）项目申报

自治区自然资源部门会同财政部门编制全区项目年度申报指南后，在地级市自然资源部门的组织下，县级自然资源部门下达整治计划，随后乡镇政府召开各村村干部会议对项目申报的任务进行布置。项目申报任务布置完成后，各村村委会召开村民大会针对项目申报向农户广泛征求意见，结合农户意见和项目的具体情况向项目所在地的自然资源部门出具初审意见并提出申报，项目所在地的自然资源部门根据选址条件选定项目及实施范围，编制可行性研究报告并按照统一的审查流程组织初审，由当地人民政府予以公示。公示无异议后，项目所在地的自然资源部门会同同级农业、财政部门将申报材料逐级上报。

（2）项目入库

自治区自然资源部门在收到地级市及县级自然资源、农业和财政部门联合上报的项目申报材料后，会同同级农业、财政部门按照统一审批系统、统一数据平台、

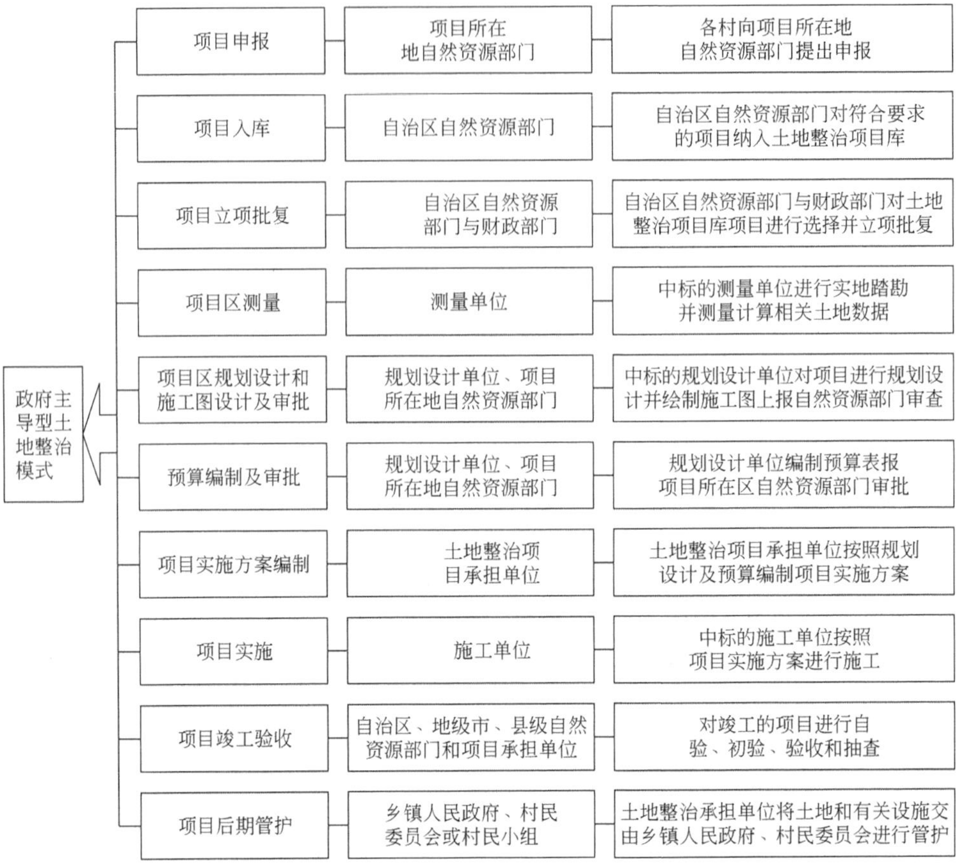

图 10-1　政府主导型土地整治模式运作流程图

统一审查流程，根据项目成熟度、财政承受能力及实施方案可行性等多项指标对申报项目进行审核，核查出符合土地利用总体规划、土地整治专项规划和项目入库要求的项目，由同级人民政府予以公示。公示无异议后将其纳入自治区土地整治项目库。

（3）项目立项批复

自治区自然资源部门会同财政部门从地级市及县级自然资源、农业和财政部门联合上报的土地整治项目中核查出符合入选自治区土地整治项目库的项目，并根据年度项目（资金）实施计划（由自治区自然资源部门和财政部门联合编制）和部门预算，择优选择项目进行立项批复。

（4）项目区测量

土地整治项目经自治区自然资源部门会同自治区财政部门立项批复后，项目所在地的地级市及县级自然资源部门委托招投标单位采用招投标的方式确定项目承担单位，项目承担单位再按照招投标的方式选择合适的测量单位，中标的测量单位在土地整治项目承担单位的组织下根据有关标准和技术要求，进行实地踏勘，在乡镇政府和村干部的配合下完成地形的测量，确定项目区范围和界址点位置，计算项目区面积及其他相关数据，为后期的规划设计提供资料。

（5）项目区规划设计和施工图设计及审批

土地整治项目的承担单位采用招投标的方式确定项目规划设计单位，中标的规划设计单位，通过对项目区进行实地考察，收集项目区资料，充分听取项目所在地乡镇人民政府、村委会和村民的意见，结合项目所在地的具体情况进行项目的规划设计后，将项目规划设计上报项目所在地自然资源部门进行初审，在项目所在地自然资源部门对项目规划设计进行初审后，报地级市自然资源部门审查，地级市自然资源部门对符合有关规定的规划设计下达批复文件，并报自治区自然资源部门备案。

（6）预算编制及审批

在项目规划设计经批复后，项目规划设计中标单位按照自治区相关财政要求编制项目预算，并上报项目所在地的自然资源部门。项目所在地的自然资源部门将项目预算送同级财政部门评审，当地财政部门会同同级自然资源、农业和财政部门根据具体的项目资金管理办法下达项目预算，并明确不同项目模式下资金筹措、安排、使用、拨付、核算、监督、绩效考评等要求，因地制宜推行公示公告制、报账制、政府采购、招投标、工程监理等有效的监管制度，并监督有关单位严格执行，保证资金规范、有效使用。项目预算批复报自治区自然资源部门和自治区财政部门备案。

（7）项目实施方案编制

土地整治项目承担单位按照以上批复的项目设计和预算，编制项目实施方案，其中项目实施方案包括：项目建设目标和主要技术指标；实施组织机构和工作机构；工程监理和招标工作方案；工程进度和质量保证措施；资金使用计划；实施管理和制度保障措施；土地权属管理；财务、档案管理制度等。项目实施方案经项目所在地的市自然资源部门审核同意后，报自治区自然资源部门备案。

（8）项目实施

土地整治项目承担单位根据相关批复文件和经批准的项目实施方案，按照国家的有关规定，组织开展招投标工作确定项目施工单位，中标的项目施工单位严格按照批准的项目规划设计和施工图进行施工。在项目实施过程中，自治区自然资源部门和自治区财政部门对项目实施、资金使用和管理情况进行监督抽查，市自然资源部门会同同级财政部门负责项目实施监管工作，地级市及县级自然资源部门会同同级财政部门负责项目实施管理，同时，项目承担单位应将项目名称、参与单位等信息公开，自觉接受社会的监督。

(9) 项目竣工验收

为保证土地整治项目的质量和数量，在项目进行竣工验收前，负责竣工验收的管理部门应委托有相应资质的质量监督机构、中介机构对项目的施工质量、实际完成工作量进行审核认定，随后对土地整治项目进行竣工验收，竣工验收的程序主要包含四个阶段：自验、初验、验收、抽查。①自验。项目竣工后，项目承担单位组织自检，出具自检情况报告，并向县级自然资源部门申报初验。②初验。接到项目承担单位竣工验收申请后，县级自然资源部门组织相关部门及乡镇人民政府对项目进行初验，并出具初验报告。初验通过后，报市自然资源部门申请验收。③验收。接到县级自然资源部门竣工验收申请后，市自然资源部门组织相关部门对项目进行验收，出具验收报告，下发竣工验收通知书，并按规定对新增耕地进行确认。经市自然资源部门验收合格的项目，报自治区自然资源部门备案。④抽查。自治区自然资源部门组织相关部门对市自然资源部门验收的项目进行抽查，对抽查不合格的项目责令有关单位限期整改，直至验收合格。

(10) 项目后期管护

土地整治项目竣工验收后，项目承担单位应当按照土地权属，及时将土地和有关设施移交给乡镇人民政府、村民委员会或者村民小组。项目所在地县级人民政府应当组织有关乡镇人民政府、村民委员会或者村民小组建立管理和维护制度并落实有关费用，对整治的土地和工程设施进行管理和维护，明确使用者和管护责任，要将使用权和管护权落到实处，实现经营权与管护责任相统一，以保证土地的有效使用和工程设施的正常运转。单个农户受益的农民自发开展耕地整治的，由农户使用和管护；农村集体经济组织受益的农民自发开展耕地整治的，由农村集体经济组织使用和管护；农村集体经济组织自发开展耕地整治完工后，通过承包、租赁、股份合作或组建使用者协会等方式流转土地承包经营权的，要明确土地经营者的管护责任。

10.1.2 “小块并大块”耕地整治模式实施流程

“小块并大块”是指根据农民自愿原则，在保证原有耕地面积不减少的前提下，同一村集体经济组织内部成员之间自愿将自己原有条块分割、零星分布的耕地进行互换，同时做好农村土地承包经营权证书变更登记，并且对其进行平整，整合为相对集中连片的耕地。“小块并大块”耕地整治模式是在政府的引导监督及相关政策支持下，农民及新型农业经营主体（主要为企业和农民合作社）为主导实施“小块并大块”，并进行土地平整及田间基础设施建设等工作，最后根据整治结果按照奖补标准（表 10-1）申请奖补资金的新型土地整治模式。按照实施主体的不同，我们可以将其分为农民自主型“小块并大块”耕地整治模式及新型经营主体主导型“小块并大块”耕地整治模式。

表 10-1 “小块并大块”奖补资金奖补标准

序号	建设内容	具体内容	建设标准	奖补标准	备注
1	土地平整	拆除原有田埂、田块内进行土方调整或客土回填	平整后坡度控制在 6°以内	300 元/亩	
2		新建土质路面的田间道路	路面宽度符合生产需要	300 元/亩	
3		坡地改建为梯田梯地	原地面坡度小于 25°，平整后田面坡度控制在 6°以内	400 元/亩	
4	田间道路工程	新建泥结石路面/级配碎石路面	过水田：浆砌路肩或浆砌实心砼块路肩，路面宽 2m 以上	100 元/m	路肩宽度不低于 0.4m
5			过水田：浆砌路肩或浆砌实心砼块路肩，路面宽 3m 以上	120 元/m	
6			过旱地：土路肩，路面宽 2～3m	60 元/m	面层厚度达到 8cm 以上
7			过旱地：土路肩，路面宽 3～6m	80 元/m	面层厚度达到 10cm 以上
8		村(屯)道路硬化	满足农民生活出行需要	20 万元/村(屯)	
9	小型农田水利工程	新建渠道/排水沟	30cm≤净宽≤50cm	60 元/m	渠（沟）深应符合灌溉或排水要求，但无硬性规定
10			50cm≤净宽≤80cm	70 元/m	
11			净宽>80cm	80 元/m	
12		蓄水池	$50m^3$≤容量≤$200m^3$	1 万元/座	新建砖砌、浆砌、砼砌
13			$200m^3$<容量≤$500m^3$	2.5 万元/座	
14			容量>$500m^3$	5 万元/座	
15		泵站	10kW≤装机容量≤30kW	1 万元/座	新建泵站
16			装机容量>30kW	2 万元/座	
17		小型拦水坝	5m≤坝长≤10m，坝高 0.5～1m	1 万元/座	新建浆砌石坝体，C20 砼溢流面
18			5m≤坝长≤10m，坝高 1～2m	2 万元/座	
19			5m≤坝长≤10m，坝高 2～3m	3 万元/座	
20			属混凝土坝体的，在以上标准基础上，每座可增加 0.5 万元		

续表

序号	建设内容	具体内容	建设标准	奖补标准	备注
21	小型农田水利工程	机井（管井）	0.2m≤井径≤0.35m，30m≤井深≤50m	2万元/座	
22			0.2m≤井径≤0.35m，井深>50m	3万元/座	
23		机井（大口井）	井深5m以上，1m≤直径≤2m	1万元/座	
24			井深5m以上，2m<直径≤5m	2万元/座	
25			井深5m以上，直径>5m	3万元/座	

注：农业经营主体开展的耕地整治建设工程，奖补资金最高不超过1500元/亩，低于1500元/亩的按实际核算资金给予奖补

10.1.2.1 农民自主型“小块并大块”耕地整治模式

农民自主型“小块并大块”耕地整治模式是农民自愿、自发、自主开展的“小块并大块”耕地整治模式。其流程可以分为项目申请、项目审批备案、项目实施、验收申请、工程复核及验收、申请奖补、奖补初审、奖补审核、奖补结果公示、奖补资金拨付10个阶段（图10-2）。

（1）项目申请

各有意向开展“小块并大块”耕地整治的行政村结合自己的实际情况，在广泛征求村民的意见基础上向乡镇人民政府提交“小块并大块”申请和项目计划表进行申报登记。确定耕地整治实施区域和整治工程内容，落实投入资金，调查整治区域内土地承包经营权情况并公示征求意见。乡镇人民政府负责组织乡镇国土所、财政所、农业服务中心对拟整治区域土地是否符合规划、承包经营权等情况进行核实，出具同意实施意见，并报送县级人民政府，由县级人民政府按照统一的审批流程逐级上报。

（2）项目审批备案

乡镇人民政府会同乡镇国土所、财政所、农业服务中心对拟整治区域土地是否符合规划、承包经营权等情况进行核实，同意项目所在地行政村的“小块并大块”申请后，出具同意实施意见，并报县级自然资源、财政、农业部门备案。

（3）项目实施

在“小块并大块”耕地整治项目通过审批后，农民按照先前提交的项目计划及工程布局图自主进行“小块并大块”工程，进行土地平整和配套设施建设。当地乡镇人民政府负责协调自然资源、农业、水利等相关部门及时给予技术指导和服务。

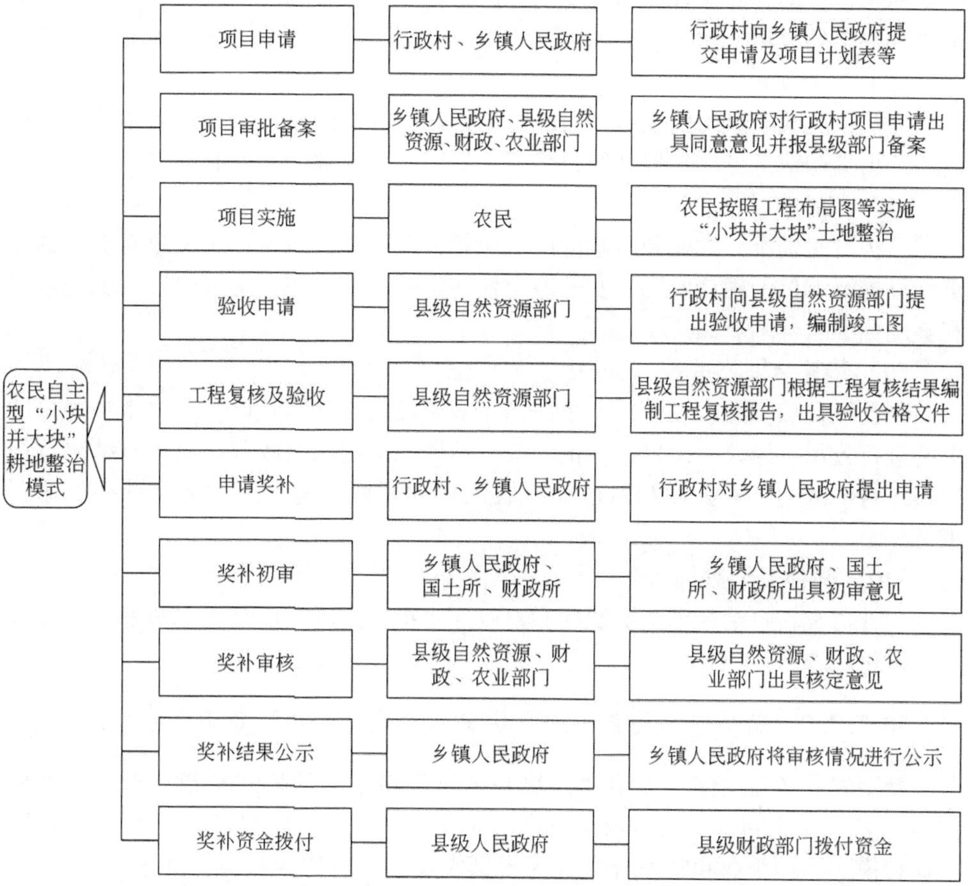

图 10-2　农民自主型“小块并大块”耕地整治模式运作流程图

（4）验收申请

在“小块并大块”耕地整治项目竣工后，项目所在地行政村编制竣工图，乡镇人民政府出具初审意见并予以公示。公示无异议后，向县级自然资源部门提出验收申请。

（5）工程复核及验收

县级自然资源部门在接收到验收申请后，组织自然资源、农业、财政等相关单位对项目区进行工程复核及验收，审核确认耕地整治面积、工程内容及数量与奖励标准等并编写工程复核报告，对于合格的工程，县级自然资源部门出具验收合格文件。

（6）申请奖补

各行政村统计本行政村区域内符合奖补条件的耕地，填写奖补资金申报书并附土地承包合同和经营权证书的变更登记材料及工程布局图，向乡镇人民政府提出奖补资金的申请。

（7）奖补初审

乡镇人民政府组织国土所、财政所对行政村提出的申请进行现场查看，丈量面积，出具初审意见，上报县级自然资源部门、财政部门和农业部门。

（8）奖补审核

县级自然资源、农业和财政部门对照相关政策文件对乡镇人民政府上报的初审意见进行审核，确认农民自发开展土地整治耕地的面积、工程内容、工程数量和奖励标准、奖励金额。

（9）奖补结果公示

在县级自然资源、农业、财政部门完成审核后，乡镇人民政府对审核通过的申请进行公示，经公示无异议，由县级自然资源部门和财政部门将审核结果逐级上报。自治区国土资源厅和财政厅对农民自发开展土地整治耕地奖补结果进行审批。

（10）奖补资金拨付

奖补资金在自治区国土资源厅和财政厅审批通过后，由县级财政部门将奖补资金拨付给农户。

10.1.2.2 新型农业经营主体主导型“小块并大块”耕地整治模式

新型农业经营主体主导型“小块并大块”耕地整治模式是指新型农业经营主体（多为企业和农民合作社）主导下进行的“小块并大块”耕地整治模式。在这种模式下，企业和农民合作社等新型农业经营主体为甲方，处于主导位置，可以选择合适的测量单位、规划单位及施工单位负责整治项目的测量、规划设计及项目施工等，政府起支持、引导、监督的作用。我们可以将其分为项目申请、项目审批、项目实施、申请验收、工程复核及验收、申请奖补、奖补审核和公示、资金拨付（图10-3）。

（1）项目申请

各有意向开展“小块并大块”耕地整治的农业经营主体向乡镇人民政府提交“小块并大块”申请和项目计划表进行申报登记。确定耕地整治实施区域和整治工程内容，落实投入资金，调查整治区域内土地承包经营权情况并公示征求意见。县级人民政府负责组织乡镇自然资源、财政、农业部门对拟整治区域土地是否符合规划、承包经营权等情况进行核实，出具同意实施意见，并报送市级人民政府，由市级人民政府按照统一的审批流程逐级上报。

（2）项目审批

县级人民政府在接收到“小块并大块”耕地整治申请后，组织会同自然资

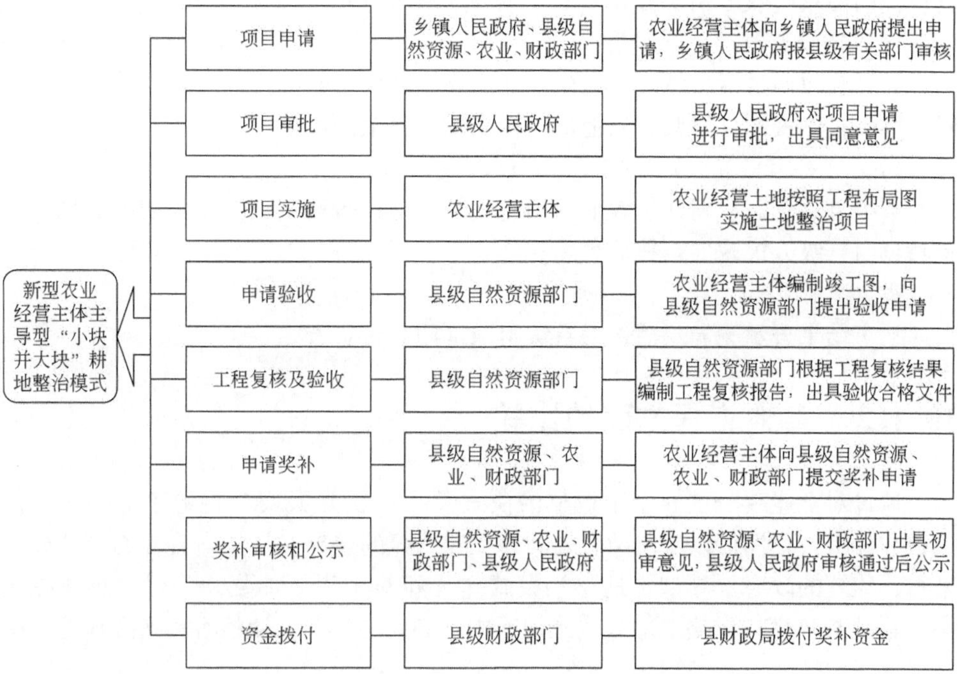

图 10-3　新型农业经营主体主导型“小块并大块”耕地整治模式运作流程图

源、财政、农业部门对拟整治区域土地是否符合规划、承包经营权等情况进行核实，县级人民政府同意项目所在地行政村的“小块并大块”申请后，出具同意实施意见，并报市级自然资源、财政、农业部门备案。

（3）项目实施

在“小块并大块”耕地整治项目审批通过后，农业经营主体委托相关测量单位、规划单位及施工单位按照自身发展需要，对项目区进行测量、规划设计及施工，施工的内容一般包括土地平整、田间设施建设等工程。当地人民政府负责协调自然资源、农业、水利等相关部门及时给予技术指导和服务。

（4）申请验收

在“小块并大块”耕地整治项目竣工后，农业经营主体根据施工的结果编制竣工图，并向县级自然资源部门提出验收申请，县级人民政府出具初审意见并予以公示。公示无异议后，上报地级市自然资源、财政、农业部门备案。

（5）工程复核及验收

县级自然资源部门在接收到验收申请后，组织自然资源、农业、财政等相关单位对“小块并大块”项目工程进行复核验收，审核确认耕地整治面积、工程内容及数量与奖励标准等并编制工程复核报告，对于验收合格的工程，县级自然资源部门出具验收合格文件。

(6) 申请奖补

工程验收通过后，承担项目的农业经营主体填写奖补资金申报书并附其他材料向县级自然资源、财政、农业部门提出奖补资金的申请。

(7) 奖补审核和公示

县级自然资源、财政、农业部门对奖补申请进行初审，并出具初审意见，初审意见由县级人民政府审核后公示。

(8) 资金拨付

初审结果公示无异议后，由县级财政部门拨付资金。

10.1.3 实施流程方面的比较

通过对上述政府主导型土地整治模式及“小块并大块”耕地整治模式运作流程的分析，我们可以看出两者之间存在着明显的差异。从实施流程的复杂程度来看，传统的政府主导型土地整治模式过程相对来说更加复杂，而“小块并大块”耕地整治模式省略了部分实施程序中不必要的环节，使整治实施流程更加简洁（表10-2）。

表10-2 政府主导型土地整治模式与“小块并大块”耕地整治模式实施流程方面比较

<table>
<tr><th colspan="2">土地整治模式</th><th>实施流程的复杂程度</th><th>整治的方向</th><th>政府担任的角色</th><th>工程是否符合土地经营主体的意愿</th><th>工程实施的主体</th></tr>
<tr><td colspan="2">政府主导型土地整治模式</td><td>复杂</td><td>“自上而下”模式</td><td>主导者</td><td>较多数情况下不符合</td><td>政府、职能部门及相关业务公司</td></tr>
<tr><td rowspan="2">“小块并大块”耕地整治模式</td><td>农民自主型</td><td rowspan="2">简洁</td><td rowspan="2">“自上而下”与“自下而上”相结合模式</td><td rowspan="2">引导、监督、奖补资金支持</td><td rowspan="2">符合</td><td>农民</td></tr>
<tr><td>新型农业经营主体主导型</td><td>新型农业经营主体</td></tr>
</table>

从整治的方向来看，传统的政府主导型土地整治模式是一种“自上而下”的土地整治模式，其中政府起主导作用。“小块并大块”耕地整治模式是一种“自上而下”与“自下而上”相结合的土地整治模式，其中，政府给予奖补资金支持并予以监督，农民和新型农业经营主体自发进行土地整治，实现了农民从“被动参与整治”向“自发自主整治”的转变。

从政府担任的角色上来看，传统的政府主导型土地整治模式中，政府在其中担任主导者的角色，负责项目审批及上报等繁重的工作，因此无法再脱出身来对项目的施工及后期管护进行监督，这是土地整治项目出现大量“豆腐渣”工程的直接原因。而“小块并大块”耕地整治项目，将政府从繁重的工作中解放了出来，政府在其中只起一个提供奖补资金支持、引导及监督的作用，农民和新型农业经营主体变为工程实施的主体，项目的规划设计及施工等工作由农民及新型农业经营主体按照自己的意愿自主或委托相应有资质的单位进行规划设计和施工，从而获得了符合自身意愿的土地整治结果及高质量的农田水利设施，提高了自身的收益，实现了双赢。

10.2 工程建设方面的比较

在传统的政府主导型土地整治模式中，土地整治涉及的工程类型主要有土地平整、农田水利建设（包括排水工程、灌溉工程）、田间道路建设、权属调整，其中，土地平整工程是该土地整治模式中的重点工程。在“小块并大块”耕地整治模式（农民自主型“小块并大块”耕地整治模式、企业主导型“小块并大块”耕地整治模式、合作社主导型“小块并大块”耕地整治模式）中，土地整治涉及的工程主要有土地归并、土地平整、农田水利建设、田间道路建设、权属调整。虽然传统的政府主导型土地整治模式与“小块并大块”耕地整治模式涉及的工程类型相似，但是两者之间还是存在较多差异，主要体现在工程建设规模、工程主导方、土地经营主体参与程度、工程建设质量、工程后期管护、权属调整6个方面。

10.2.1 工程建设规模

传统的政府主导型土地整治模式中，土地整治工程建设往往是在原有基础上进行土地平整、设施翻新建设、道路硬化等工作，建设规模较小。而“小块并大块”耕地整治模式，是根据农民自愿原则，在保证原有耕地面积不减少的前提下，同一村集体经济组织内部成员直接自愿将原有的条块分割、零星分布的耕地进行互换，并登记变更农村土地承包经营权证书，将细碎化的地块进行归并，在归并后的土地上进行农田水利设施及道路的统一规划和建设，建设规模较大。

10.2.2 工程主导方

在传统的政府主导型土地整治模式中，政府在整个土地整治过程中始终处于主导地位，负责工程的审批、测量、规划及施工单位的招投标等工作。而“小块并大块”耕地整治模式改变了以往的政府主导地位，将主导权交由土地经营的主体，其中在农民自主型“小块并大块”耕地整治模式中，农民处于主导地位，负责土地整治工程的实施，政府只起到监督及提供奖补资金的作用；在新型农业经营主体主导型“小块并大块”耕地整治模式中，新型农业经营主体（企业和合作社）处于主导地位，负责整治工程中测量、规划、施工单位的招投标，政府只负责监督及提供奖补资金。这种改变贯彻落实了“十分珍惜、合理利用土地和切实保护耕地”的基本国策和各项强农惠农政策，进一步提高了广大农民群众参与农村土地整治工程的积极性，提高了支农资金的使用效益，加快了高标准基本农田建设。

10.2.3 土地经营主体参与程度

传统的政府主导型土地整治模式中，因为政府占主导地位，所以在整个整治工程实施的过程中，整体进度及结果由政府把握，虽然会考虑土地承包者——农民的意见，但实际上在整个土地整治过程中，农民的积极性并不高，很少提意见，这就造成了土地整治的结果有时并不符合农民的意愿。“小块并大块”耕地整治模式中，因为农民、企业、合作社处于主导地位，并且他们实施整治的目的都是提高自身的收益，在土地整治的过程中会全过程地投入其中，并按照自己的意愿进行土地的规划和施工，所以在“小块并大块”耕地整治过程中，作为土地经营主体的农民、企业和合作社的参与程度是很高的。

10.2.4 工程建设质量

传统的政府主导型土地整治模式中，土地施工单位是政府通过招投标的方式选择的，在施工过程中，施工单位为了盈利，经常会通过降低施工质量来降低成本，并且政府因为事务繁重、监督成本过高，不能采取全过程的监督，所以造成政府主导型土地整治模式的工程建设质量偏低。在“小块并大块”耕地整治模式中，其中农民自主型“小块并大块”耕地整治模式的项目施工是由农民按照自己对土地的使用要求自主完成的，新型农业经营主体主导型“小块并大块”耕地整治模式的项目施工是由农业经营主体选择信任的施工单位进行施工的，并且为了延长使用期限，降低经营成本，形成规模效益，在整个项目实施的过程中，企业和合作社会全过程地监督，以保证工程建设质量。

10.2.5 工程后期管护

传统的政府主导型土地整治模式中，土地整治更偏向于任务式的整治，在土地整治结束后，将整治后的土地按照原有的权属返还给农民，但整治过程中，农民参与较少，大多数建设的农田水利设施并不符合农民的实际要求，并且缺乏相应的监督，造成工程后期管护较差。而“小块并大块”耕地整治模式中，单个农户受益的农民自发开展耕地整治的，由农户使用和管护；农村集体经济组织受益的农民自发开展耕地整治的，由农村集体经济组织使用和管护；农村集体经济组织自发开展耕地整治完工后，通过承包、租赁、股份合作或组建使用者协会等方式流转土地承包经营权的，明确土地经营者的管护责任。土地整治的整个过程都是严格按照农民和农业经营主体的要求进行的，并且农民和农业经营主体为了获得规模效益，会降低经营成本，因此十分重视农田水利设施建设及道路的后期管控。使用者和管护责任明确，使用权和管护权落到实处，实现了经营权与管护责任相统一，保证了土地的有效使用和工程设施的正常运转。

10.2.6 权属调整

在传统的政府主导型土地整治模式中，虽然也涉及土地权属的调整，但是大多数时候，因为公众参与不足，权属调整工作开展得特别少，而且也只限于项目区的村干部特别有能力的前提下，导致农民之间因为土地权属造成的纠纷难以解决。而在“小块并大块”耕地整治模式中，土地权属成为整治过程的第一步也是必要的一步，因为只有土地权属问题解决后，才能进行下一步的土地归并工作，并且“小块并大块”耕地整治模式中，为了减少土地纠纷，村中特别成立工作小组，针对权属问题与农民反复磋商，最后在与所有农民都达成一致意见后，签订相关协议，这大大保证了整个“小块并大块”耕地整治的顺利实施（表 10-3）。

表 10-3 政府主导型土地整治模式与“小块并大块”耕地整治模式

工程建设方面比较							
土地整治模式	工程类型	工程建设规模	工程主导方	土地经营主体参与程度	工程建设质量	工程后期管护	权属调整
政府主导型土地整治模式	土地平整、农田水利建设、田间道路建设、权属调整	小	政府	低	低	低	很少

续表

工程建设方面比较								
“小块并大块”耕地整治模式	农民自主型	土地归并、土地平整、农田水利建设、田间道路建设、权属调整	大	农民	高	高	高	有
	新型农业经营主体主导型		大	企业、合作社	高	高	高	有

10.3 投资费用方面的比较

传统的政府主导型土地整治模式与“小块并大块”耕地整治模式相比，除了工程建设方面的差异，在投资费用上也存在较大差异，投资费用上的差异主要体现在工程建设投资及工作经费两方面。

10.3.1 工程建设投资

传统的政府主导型土地整治模式主要由政府全额出资，整治费用一般为2000～2500元/亩，该标准比较死，并且采取的是“一刀切”的政策，也没有因地制宜，不仅造成了资金的浪费，还提高了腐败滋生的可能性。而“小块并大块”耕地整治模式中，整治费用主要由农民和农业经营主体出资，按照自身发展的要求对土地进行整治，政府只是按照竣工后土地整治工程的质量标准在土地平整工程、田间基础设施配套建设等方面给予奖补资金，大约为1500元/亩，大大节省了投资资金。

10.3.2 工作经费

在土地整治项目中，工作经费一般分为管理经费与技术经费。管理经费是指土地整治过程中对其进行监督管理及土地整治结束后对工程进行后期管护的经费，技术经费是指土地整治过程中用于土地测量、规划等技术方面的经费。在传统的政府主导型土地整治模式中，工作经费占总费用的12%～17%，即240～425元。而在“小块并大块”耕地整治模式中，土地整治工作经费相比传统整治模式大大减少，其中技术费用标准为70元/亩，农民自发开展“小块并大块”耕地整治的管理工作经费按奖补资金的6.5%计提，新型农业经营主体开展“小块并大块”耕地整治管理工作经费按奖补资金的6%计提，即工作经费为160～

167.5 元，相对于传统的政府主导型土地整治模式来说大大降低（表 10-4）。

表 10-4 政府主导型土地整治模式与“小块并大块”耕地整治模式投资费用方面比较

土地整治模式		工程建设投资（元/亩）	工作经费（元）
政府主导型土地整治模式		2000～2500	240～425
“小块并大块”耕地整治模式	农民自主型	1500	160～167.5
	新型农业经营主体		

10.4 整治效益方面的比较

传统的政府主导型土地整治模式不仅从工程建设、投资费用方面与“小块并大块”耕地整治模式存在差异，在政治效益上也存在差异，主要体现在耕地细碎化程度变化和经济效益两方面。

10.4.1 耕地细碎化程度变化

传统的政府主导型土地整治模式在进行土地整治工作时，一般是在不改变地块空间位置与数量的前提下，在原有的地块基础上进行土地平整、道路硬化及农田水利设施建设，不能改变土地的细碎化问题，整治后的土地依然不能适应现代农业的发展需要，进行大规模的机械化生产。而“小块并大块”耕地整治模式中，整治的首要步骤便是权属调整、地块合并，将细碎化的地块合并为完整的地块，在合并后的地块上进行土地平整、道路及农田水利设施统一规划，大大降低了耕地细碎化程度，更好地对接了现代农业的大规模机械化生产。例如，广西崇左市龙州县上龙乡弄农屯在实行农民自主型“小块并大块”耕地整治模式后，大大优化了耕地景观格局。实施“小块并大块”耕地整治后项目区农户的承包田块数量从 1324 块减少到 121 块，净减少 1203 块，多数农户拥有 1～2 个田块；“小块并大块”耕地整治后平均地块面积从 0.025hm^2 增加到 0.287hm^2，净增加 0.262hm^2，增加 10.48 倍；实施“小块并大块”耕地整治后户均地块数量从 14.24 块减少到 1.30 块，净减少 12.94 块。广西龙州县浪湾村在实行新型农业经营主体（企业）主导型“小块并大块”耕地整治模式后，田块数量由 1783 块减少到 92 块，即多位农户的田块合并为一块，因此整治后每位农户的田块数量小于等于 1 块，在实施“小块并大块”耕地整治前，农户平均拥有田块数量为 5.05 块，69.12% 的农户有 4～6 块，仅有 15.58% 的农户少于 4 块，田块数量较多，导致农户花费过多时间用于田间转移，且不适宜大型机械的使用，耕种不便；拥有田块数量最少的农户有2块，最多的达13块，分布较不均匀；整治后，多户农户的田块合并为一块，353户农户仅有92块田块，数量大幅度减少，田块规模随之增大。广西崇左市扶绥县大陵村渠芦屯在实施新型农业经营主体（合作社）主导型“小块并大块”耕地整治模式后，农户承包田块数量由整治前的6750块变为整治后的150块，减少6600块；平均地块面积由0.45亩增加到20.97亩；“小块并大块”耕地整治显著降低了耕地细碎化程度，促进了耕地的集中连片，优化了土地利用系统，极大地满足了土地利用系统中的灌溉、机械、排水等现代技术要素对地块规模的要求（表10-5）。

表10-5 政府主导型土地整治模式与“小块并大块”耕地整治模式地块变化方面比较

项目	政府主导型土地整治模式	“小块并大块”耕地整治模式		
		农民自主型	新型农业经营主导型（企业）	新型农业经营主体主导型（合作社）
项目区整治前田块数量	基本无变化	1324	1783	6750
项目区整治后田块数量		121	92	150

10.4.2 经济效益

传统的政府主导型土地整治模式不改变原有的地块分布，也不改变原有的种植作物种类，主要是通过土地平整现降低成本投入、增加总收益，最终提高净收益，但是增收的幅度并不高。而“小块并大块”耕地整治模式将细碎化的土地进行了合并，提高了耕地集中连片程度，在合并后的土地上因地制宜地种植“双高”甘蔗、火龙果、香蕉等高收益经济作物，并进行大规模机械化生产，大大促进了农民的增收（表10-6）。

表10-6 政府主导型土地整治模式与“小块并大块”耕地整治模式经济效益方面比较

项目	政府主导型土地整治模式	“小块并大块”耕地整治模式		
		农民自主型	新型农业经营主体主导型（企业）	新型农业经营主体主导型（合作社）
项目区整治前种植作物	早稻、晚稻、甘蔗、玉米、木薯、蔬菜	糖料蔗	糖料蔗	糖料蔗

续表

项目	政府主导型土地整治模式	“小块并大块”耕地整治模式		
		农民自主型	新型农业经营主体主导型（企业）	新型农业经营主体主导型（合作社）
项目区整治后种植作物	早稻、晚稻、甘蔗、玉米、木薯、蔬菜	黑皮果蔗	火龙果	糖料蔗
项目区整治前成本投入（元/亩）	508	1 300	1 700	1 700
项目区整治后成本投入（元/亩）	485	3 000	16 500	1 500
项目区整治前总收益（元/亩）	1 275	1 800	2 048	2 200
项目区整治后总收益（元/亩）	1 361	8 800	20 000	3 080
项目区整治前净收益（元/亩）	767	500	348	500
项目区整治后净收益（元/亩）	876	5 800	3 500	1 580

总之，“小块并大块”耕地整治模式从工程建设、投资费用及整治效益方面与传统型政府主导型土地整治模式相比，都具有显著的优势。①从工程建设方面来看，农民自主型的工程主导方为农民本身，新型农业经营主体主导型的工程主导方为企业、合作社。两种主导型的工程类别皆为土地归并、土地平整、农田水利建设、田间道路建设及权属调整，相比之前的政府主导型土地整治模式，权属调整现象较为普遍，拥有较大的工程建设规模，土地经营主体参与程度、工程建设质量及工程后期管护水平都有了显著的提高。②从投资费用方面来看，农民自主型和新型农业经营主体主导型较政府主导型土地整治模式在工程建设投资方面由2000～2500元/亩减少到1500元/亩，净减少500～1000元/亩；在工作经费投入方面，由平均240～425元减少到160～167.5元，净减少80～257.5元，极大程度上降低了工程建设投资和工作经费投入。③从整治效益方面来看，“小块并大块”耕地整治模式较政府主导型土地整治模式的地块数量有了显著的减少，经济效益有了显著的提升。其中，农户的承包地块数量从1324块减少到121块，净减少1203块，种植作物由糖料蔗变为黑皮果蔗，成本投入由1300元/亩增加至3000元/亩，总收益由1800元/亩增加至8800元/亩，净收益由500元/亩增加

至5800元/亩；新型农业经营主体（企业）主导型田块数量由1783块减少到92块，净减少1691块，种植作物由糖料蔗变为火龙果，成本投入由1700元/亩增加至16 500元/亩，总收益由2048元/亩增加至20 000元/亩，净收益由348元/亩增加至3500元/亩；新型农业经营主体（合作社）由整治前的6750块变为整治后的150块，减少6600块，种植作物不变，成本投入由1700元/亩减少至1500元/亩，总收益由2200元/亩增加至3080元/亩，净收益由500元/亩增加至1580元/亩。“小块并大块”耕地整治模式解决了工程建设存在的问题，提升了投资费用的利用效率，提高了整治效益，极大程度上实现了政府提效、农民增收，满足了现代化农业生产的各项要求。

11 “小块并大块”耕地整治和“双高”基地建设助推精准扶贫和乡村振兴

我国政府长期以来高度重视扶贫工作，经过改革开放以来40余年的不懈努力，特别是随着《国家八七扶贫攻坚计划（1994—2000年）》、《中国农村扶贫开发纲要（2001—2010年）》、《中国农村扶贫开发纲要（2011—2020年）》和精准扶贫战略等规划、战略相继实施，贫困人口数从1978年的2.5亿人减少至2015年的5630万人，为世界范围内减少极端贫困人口数量做出了巨大贡献。2015年11月，我国政府出台了《中共中央 国务院关于打赢脱贫攻坚战的决定》，将农村贫困人口脱贫列为全面建成小康社会最艰巨的任务，力求于2020年实现现行标准下的农村贫困人口全部脱贫。

2014年，广西共识别贫困村5000个、贫困户172万户、贫困人口634万人，呈现出贫困相对集中、经济发展落后、基础设施落后、贫困结构多元化的特征，因此，在2020年前，全区实现全面脱贫的压力巨大。此时，兴起于广西的“小块并大块”耕地整治及在此基础上开展的“双高”基地建设，以其特殊的影响路径为广西实现全区脱贫攻坚和助推乡村振兴战略提供了新的可能性。

11.1 助推精准扶贫和乡村振兴的机制分析

贫困地区的形成是区域发展过程中多种因素导致的综合结果，与当地的自然、经济、社会条件相适应，具有一定的稳定性，不能仅靠当地内部力量来打破，还需要引入外部要素进行刺激，与内部挖掘相结合。土地整治除了通过工程措施改善土地生产条件外，还会对整治区域的社会治理造成影响，这使其有条件成为脱贫攻坚的新方法（图11-1）。

广西“小块并大块”耕地整治及“双高”基地建设本质上都是土地整治，通过地块归并、土地平整、土地流转及加强农田基础设施建设以改善农业生产条件，促进土地集中连片，为规模化、机械化生产创造客观条件。通过建立农业合作经济组织、发展特色产业，促进土地流转，提升农业经济效益，同时规模化、机械化生产使得生产效率大幅提升，农业生产对劳动力数量的要求降低，大量农

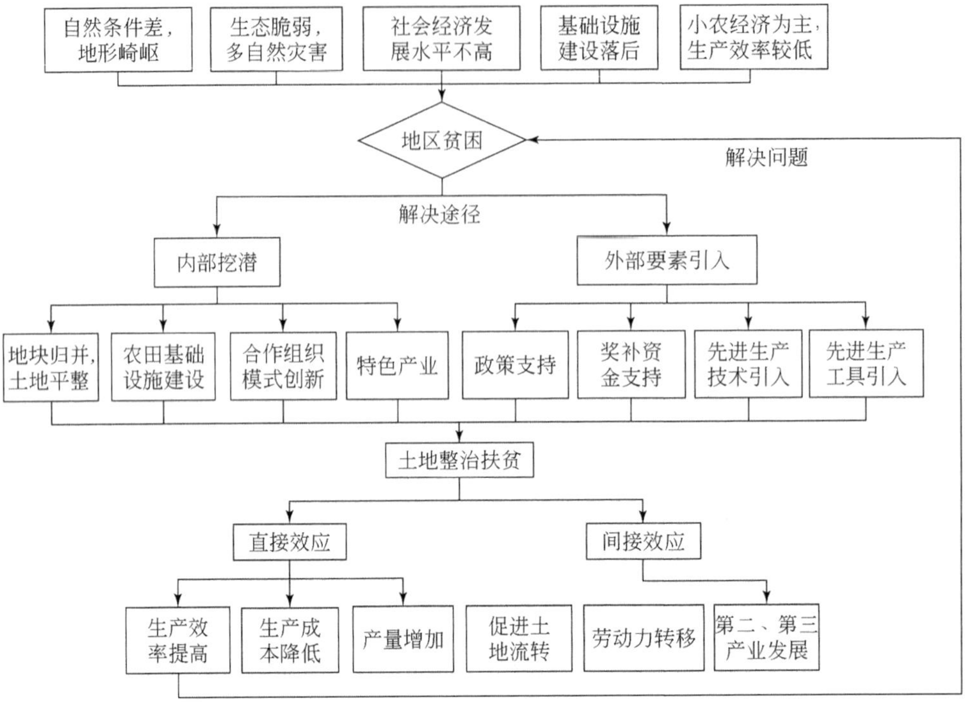

图 11-1 “小块并大块”耕地整治和“双高”基地建设助推精准扶贫和乡村振兴机制路径图

业劳动力转移到第二、第三产业获得收入，有利于贫困地区人均收入的提高。为保障土地整治扶贫能够顺利实施，还需要政府提供政策和资金支持，以及引入外部先进生产技术、生产工具、管理理念等要素。

消除贫困、改善民生、逐步实现共同富裕，是中国特色社会主义的本质要求，党的十九大提出的乡村振兴战略也把生活富裕作为其总要求之一，这就决定了提高农民收入、改善农民生活的特殊重要性，脱贫攻坚将作为乡村振兴战略的重要组成部分。

广西“小块并大块”耕地整治和“双高”基地建设奠定了所在区域的产业发展基础。集中连片的耕地有利于降低生产成本、提高劳动效率，农田基础设施建设则有利于提高各种农业生产要素的使用效率，在此基础上，各地的特色产业才得以发展。各地根据其实际情况，通过引入农业公司或组建现代农业合作社的方式建立特色产业，纵向延伸或横向扩展产业链，提高经济效益，逐步带领农民脱贫致富。

广西“小块并大块”耕地整治和“双高”基地建设在提高农业生产效率的同时，也降低了对农业劳动力数量的要求，促进了农业劳动力转移。随着农田基础设施的完善和先进农业技术、机械的使用，原先与小农经营、低效生产方式相适应的劳动力数量已变得不合时宜。土地分散经营模式占用了农民大量的时间和劳动力，耕作路程远，成本高。在土地整治后，生产效率的提高解放了大量农业劳动力，农户可以留出劳动力发展牲畜饲养，或者外出务工以增加收入，为农村地区第二、第三产业的发展提供了劳动力，同时也增加了农民的非农收入，有助于地区产业发展和脱贫攻坚的稳步推进。

因此，广西“小块并大块”耕地整治和“双高”基地建设的影响与意义并不仅仅局限于农业生产方面，而是通过以提高农业生产效率为主要目标改善整个农村地区的生产系统，将其正向效应扩散到农村社会的各个方面，助推早日实现脱贫攻坚和乡村振兴。

11.2 经验做法

“小块并大块”耕地整治和“双高”基地建设已在广西多地开展，由于各地所面临的主客观条件存在差异，其在具体实施过程中的做法也有所不同。主要的经验做法有以下几种。

11.2.1 归并细碎地块，促进土地集中连片

“小块并大块”耕地整治和“双高”基地建设的重要任务之一就是要实现农业规模化生产。受制于自然历史条件，广西的耕地细碎化情况较为严重，是农业现代化发展的主要障碍。通过政府提供政策和资金支持，由农业经营主体实施，拆除田埂，归并细碎地块，使土地集中成片，为实现规模化、机械化生产奠定基础。

龙州县上龙乡上龙村弄农屯是广西“小块并大块”耕地整治的发源地，截至2016年，全屯共有93户378人，耕地面积2200亩。“并地”前，土地贫瘠、条状分割、农业基础设施落后等不利因素极大地影响了该屯的农业生产。为改变土地零星分散的粗放型经营方式，发展高效特色农业，1996年5位村民商议自发进行土地并块和互换，把原本被石头隔离得零零碎碎的耕地通过清理石头、土地平整，把高低不平的小块归并，开始探索创新实施“小块并大块”，迈出了“小块并大块”的第一步。到1999年，该屯将490亩纵横交错、星罗棋布的1324小块土地并为整齐划一的121块大块土地，并将土地以大块的方式分给每户农户，每户农户都分到了一块3~5亩的大块土地。同时，项目区在实施“小块并大块”耕地整治后归并田埂、复垦道路土沟，使得耕地面积增加了30亩，达到520亩；

实施“小块并大块”耕地整治之前，该屯种植的黑皮果蔗亩产6t左右，实施“小块并大块”耕地整治之后，亩产量提高到10t左右，亩产值也由原来的6000元提高到12 000元左右，实现了亩产值超万元。弄农屯实施“小块并大块”耕地整治后主要种植黑皮果蔗、糖料蔗，其中种植的520亩黑皮果蔗基地，年总产量约5200t，亩产量约10t，该屯约有400人，人均有黑皮果蔗13t，按每吨价格1500元计，扣除化肥、农药、人工等成本后，每吨纯收入约700元，该项实现人均纯收入约9000元。到2013年，全屯另一片区耕地也完成了“小块并大块”。通过合理设置机耕路、灌溉渠道等，破除田埂，对原地块间未利用的沟洼地进行整治，弄农屯该片区耕地面积由原来的1300亩增加到1360亩，耕地面积增加了4.6%；其余840亩种植糖料蔗，加上套种蔬菜，实现人均纯收入约3000元。2014年该屯农民人均纯收入为12 712元，比全县农民人均纯收入6886元高5826元。

上龙乡民权村荒田屯长期以来也同样受困于耕地零散、条块分割等不利于耕作的因素，农业无法实现长足发展。2005年以来，以乡党委实施的“结对并地”党建工程为平台，采取屯户之间“结对”的方式实施“小块并大块”耕地整治。全村原有630小块土地共1057亩，实施“小块并大块”后耕地被整合成89块，耕地集中连片，极大地降低了耕地细碎化程度，减少了农民消耗在往返于细碎田块之间的时间，为农业规模化生产奠定了基础。

11.2.2 促进土地流转，推动规模化经营

完善的土地流转机制和农户之间的利益协调机制，是农业规模经营的首要条件。在归并细碎化地块的同时引导推进农村土地承包经营权依法、自愿、有偿流转，有助于合理规划和充分利用农村宝贵的土地资源，不断优化土地资源配置，统筹推进农业的规模化、机械化、现代化。通过土地流转，可以让拥有土地承包权但却没有条件耕种的农民把土地流转出去并获得流转收入，减少耕地闲置率；将土地流转集中到拥有更好生产技术和工具的种植大户或者农业公司手中，也有利于农业生产效率的提高。

田阳县那满镇百敢村属于田阳县现代特色农业（果蔬）核心示范区，在进行田地“小块并大块”基础上，该村将近442.6hm^{2}土地流转给农业龙头企业种植果蔬，完成土地平整工程382hm^2，连片租赁、统一规划经营高效农业生产基地。昔日荒山荒坡经过几年发展，已成为小有名气的特色农业种植基地。

但土地流转的推进有赖于当地农民的意愿，部分农民会出于对生产效益的担忧和土地流转后自身出路的不确定而不愿流转土地。面对这种情况，就需要村集

体领导班子做好宣传和农民思想工作，让农民意识到土地流转的益处，合理妥当安排好土地流转后农民的工作生活。

例如，梧州市2011年在土地整治项目施工中，当地政府引进农业龙头企业——广西港安农业发展有限公司，在项目区建设无公害供港蔬菜基地。然而在看似“利好”的情况下，有些群众却不愿意转变现有的耕种方式，不同意流转土地承包经营权，拒绝规模化种植。原因是西河镇环绕蒙山县城，山体面积相对较少，土地开阔，路面平整，可以算是一方的良田沃土。当地自然资源部门联合其他部门通过调研后，发现群众有几方面顾虑：一是流转之后的收益情况；二是土地规模种植情况；三是流转之后群众的发展出路问题。针对此种情况，当地自然资源部门联合其他相关部门做了以下协调工作：

一是让西河镇的政府和相关部门及村民享有充分的知情权。通过出板报、贴宣传标语进行宣传，并对项目建设情况和土地权属调整方案进行通告。其间，蒙山县土地整理中心多次召开以村组为单位的征求意见座谈会，尽力使群众意愿和专家意见相统一，达成一致意见后，再与村民签订协议。

二是在项目执行过程中，与村民签订合作承诺书，请村民配合项目的实施。安富村的土地整理项目涉及6个行政村，为保证项目顺利实施，蒙山县土地整理中心与村民签订了合作承诺书，就项目建设内容、后期管护、双方职责等方面进行约束，从而确保施工顺畅。

三是聘请村民作为项目质量监督员，协调工作进展。项目实施时，施工队伍成立了项目经理部，并将工程范围、内容、质量要求、施工进度、完成时限、项目负责人、实际安排的施工人数等进行挂牌公示，主动接受乡村干部、群众代表和各级领导、群众的监督。由于措施得当，宣传到位，群众很快接受了建设蔬菜基地的建议，特别是在他们知悉流转后土地收益方面的情况后，都自觉配合蔬菜基地的建设。随后农业龙头企业与当地农户就租地达成了共识，即同意流转土地经营权，水田每亩每年租金按300kg稻谷的国家储备粮收购价格计算。因为稻谷是保值增值的，农户的田租收益得到长远保障。

梧州市部门联动的工作机制在此时凸显出优势，再加上梧州市原有的蔬菜基地已具有很好的示范作用，通过自然资源部门、农业农村部门、地方政府、村委等干部上门做群众工作，宣传土地流转的好处，收到了良好的效果。

11.2.3 借力农业企业，促进农民增收

土地整治扶贫除了依靠内部挖潜外还需要引入外部要素的刺激，在完成归并细碎化耕地后，引入有实力的农业企业，依托其先进的生产技术、管理理念和发

达的营销网络来培育当地特色农产品品牌，有助于显著提高农业经济效益。此外，引入农业企业还能够为当地创造就业机会，促进农业劳动力向第二、第三产业转移，提高农民收入。

西乡塘区同富村在完成3000多亩“小块并大块”耕地整治工作后，原本细碎无序的耕地变成千亩集中连片的良田，成功吸引了6家实力企业流转土地，发展沃柑、生姜等特色产业种植，不仅有助于生产效率的提高，而且有益于解决农民就业问题。村民通过流转土地和到公司打工可以在当地获得双重收入，还能学习到种植技术。龙州县上龙乡实施土地流转，引进外地公司租用土地，农民可以自愿将土地流转，每亩每年可以获得900元租金。农民还可以被公司返聘担任管理员获得工资，“足不出户”就实现多重收入。

梧州市按照“政府主导、国土牵头、部门配合、群众参与”的协同联动工作机制，整合国土、水利、农业、交通、农机、电力等部门的支农惠农资金，引进农业龙头企业，积极探索“政府+部门+公司+基地+农户”的土地整治新模式。梧州市提前将两方的规划进行对接，利用有限资金更高效地促进项目建设，提高项目质量和后续利用效率，其土地整治项目与农业龙头企业两方的规划有以下对接方式：第一种方式是在进行土地整治项目建设的同时，为项目区引进有实力、有技术、有一定品牌效应的农业龙头企业，结合蔬菜基地的建设标准进行土地整治，修建水利道路设施等，打造高标准的蔬菜生产基地。第二种方式是在原有蔬菜基地的基础上，进行土地平整，并对道路、水渠设施进行提格升级，扩大原有蔬菜基地的生产规模。这种方式可以更好地衔接土地整治规划与农业龙头企业规划，避免了重复建设而导致人力、物力、财力浪费。

崇左市江州区在政府引导下，带动农民通过自愿互换等形式有序流转土地，先后引进广西高良科技农业开发有限公司投资9500万元，制糖企业投资3258万元。通过土地流转经营，建成驮卢镇安定屯5800亩、新和镇孔香屯10 000亩、罗白乡岽发屯2500亩等5片共6万多亩甘蔗高效节水灌溉示范区。在江州区新和镇孔香屯与那涟屯，农民将土地流转给企业，企业每年以当年甘蔗价格（保底800元/亩）的标准补偿给农民。土地流转后，企业利用现代化科学种植管理技术，使甘蔗亩产由4～5t提高至8～10t，显著提高了种蔗的经济效益，为农民创造了更多的收入。

南宁糖业股份有限公司和广西凯利农业有限公司在武鸣实施“双加双带”模式，制糖企业负责向农民租地，并先行垫付部分建设资金，交由技术实力较强的种植公司具体开展基地建设，种植公司再与当地农民签订用工协议。通过“制糖企业+种植企业”“企业+农户”，实现“制糖企业带动农民租地”“种植企业带动农民就业”。

龙州、扶绥等县蔗农以土地经营权折股组建土地股份合作社实施“并户联营”模式，由合作社聘请种植能人负责经营管理。农民除按入股比例获得保底收益外，还参与高于约定产量的收益分成，不仅较好地解决了蔗区无人种蔗的问题，又实现了土地规模经营。

广西思源农业发展有限公司在柳东新区实施“模块化建设”模式，将工业化流水线生产的理念运用于基地建设，既节约生产成本，又提高经济效益。广西博宣食品有限公司采取企业自主经营“公司+基地+农户”“公司+合作社”“公司+公司”“公司+种植大户”等方式，实现了蔗糖一体化经营。

这种做法需要当地有较好的种植基础，具有质量较好的、可以品牌化的优质农产品以吸引农业企业。同时农业企业的规模化经营也同样需要借助土地流转集中大量土地，这需要村干部做好农民思想工作。

11.2.4 建立合作社，创新合作经济组织

在进行“双高”基地建设的过程中，广西多地建立了甘蔗种植专业合作社，农民自愿以土地经营权作股入社，土地由合作社统一种植、统一管理，农民定期按股分红。合作社管理成员由村集体全体成员民主选举产生，实行专人管理制度。合作社成立后，改变了原先一家一户种植的局面，集中种植和管理有效地提高了生产效率，种蔗经济效益提高，农民能够定期得到可观的分红收入。并且在合作社任职的农民可以获得工资收入，未在合作社任职的农民也可以从事其他副业或外出务工获得收入。

截至 2011 年，蒙村镇歌朗村马安屯共 144 户 763 人，其中贫困户共 30 户 98 人，在村领导的带领下成立了盛发种养农民专业合作社，全屯 420 名有土地经营权的群众以入股的形式（即为 420 股，每人一股，每股 10 万元）参与“双高”基地建设，全程参与蔗糖产业的经营和管理，年底按各家土地的数量进行分红，利益共享，风险共担，极大地提高了村民积极性，也促使糖料蔗种植实现了由单户单干到集体合作经营模式的转变。预计该基地亩产糖料蔗可以达到 7 ~ 8t，比原来亩产增收 2t 左右，每亩收入将增加 1449.5 多元，人均增收 2899 元。

扶绥县渠芦合作社将分散在各部门的中央惠农扶持政策通过合作社这一组织形式进行统筹，围绕现代农业要求来开展农田基础设施建设，统筹建设现代化农田水利、田间道路设施；打破田垄限制，解决当前农户面积小而地块细碎问题，通过现代机械装备和节水灌溉设施促进以机械化、水利化为核心的农业现代化建设。这种模式有效整合了中央财政支持的小型农田水利重点县工程、国土口的“小块并大块”耕地整治以奖代补资金和 8000 亩甘蔗高产高糖“双高”基地建

设项目、农业综合开发项目和现代农业开发项目，统筹规划并建设以"全程机械化，水肥一体化，种植良种化、标准化，经营规模化、集约化、信息化"为核心的现代农业。

但成立农业合作社需要较好的民主基础，需要有坚强的领导班子把农民团结组织起来，协调好农民内部矛盾。而民主基础薄弱、领导班子工作能力较弱的地区则不适宜采取这种做法。

11.2.5 培育特色产业，打造产业联盟

在结合地区自然条件和种植传统的基础上，扶持特色产业，延长产业链，增加附加值，能够显著地提高经济效益，带领农民脱贫致富。还可以通过联合多个经营主体，打造产业联盟以实现规模效益。

西乡塘区各村均落实1个以上优势特色产业，重点扶持林下养殖、立体循环养鱼、生态养殖龟鳖、绿色养殖肉鸽等生态规模养殖；火龙果、葡萄、番茄、香葱等特色果蔬种植遍地开花；电子商务服务进村入户，通过线上销售，进一步拓宽销售渠道。西乡塘区还挂牌成立了西乡塘区柑橘产业联合会，发展会员73家、柑橘种植户50多户，打造产业联盟"巨无霸"，实现"抱团"发展。

这种做法也同样需要根据当地实际情况而定，在当地农户种养基础较好的条件下，通过发展产业联盟可以实现规模效应。如若当地并没有某种农产品的种养传统，则需要考虑其他的脱贫途径。

11.3 助推精准扶贫和乡村振兴案例

11.3.1 渠芦屯助精准推扶贫和乡村振兴模式

截至2016年，扶绥县渠黎镇大陵村渠芦屯共有460户2000人，18个村民小组，耕地面积为666.7hm^2，甘蔗种植是群众的主要收入来源。2015年5月15日，扶绥县渠黎镇渠芦现代农业合作社挂牌成立，合作社由18个村民小组453户家庭入股组成，经营土地面积266.7hm^2（包括本村耕地和转入耕地）。合作社成立理事会，理事会成员在社员的选举下产生，合作社内部设有以下几个机构：一是理事会，成员18人，由每个生产队选出一名代表担任，主要负责合作社经营的规划决策；二是经营科，成员6人，由理事会成员兼任，负责执行理事会的决策计划；三是监事会，成员由未进入理事会或经营科的村干部担任，负责监督

评议经营科工作。

渠芦屯农户将 222.43hm² 土地以入股方式自愿加入合作社，由合作社按统一标准、统一耕种、统一管理、统一收割、统一分成进行经营。整个 222.43hm² 片区的投入，包括机耕费、化肥、甘蔗种等，都交由合作社具体落实和解决，除去投入成本，收益最终按每户实有土地面积分红，实现“分股分红不分地”的目标。截至 2016 年，渠芦片区“双高”糖料蔗土地平整工程达到了 222.4hm²，蔗区排水工程 2362m，田间道路工程达 2.8 万 m，共获得奖补金额 304.03 万元。目前修建了 6000m³ 的水池 2 座，打井 6 口，管道铺设 27.3km，自动化灌溉控制系统 2 套，采用水肥一体化精准滴灌技术，实现了以水利化为核心的“双高”基地建设。合作社落实 3 名社员作为水利工程管理员，按照灌溉设施操作规程和轮灌制度，具体操作用水、施肥、施药等水肥一体化精准灌溉（图 11-2）。

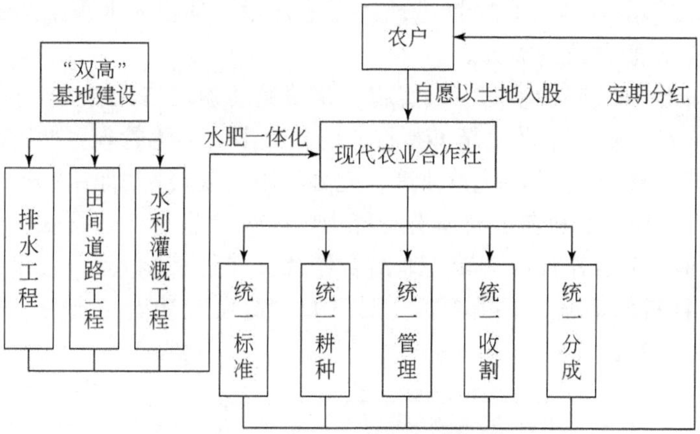

图 11-2　渠芦模式扶贫机制

渠芦现代农业合作社的一些经营事项交由扶绥县的延陵现代农业管理运营有限公司负责，2016 年 2 月初，该合作社进行第一次分红，社员每入股一亩地就可以领到 500 元。等合作社将上一年种植的甘蔗全部砍收完并结算后，所有社员还可以再一次分红。据统计，2015 ~ 2016 年每个社员每亩能拿到 1000 元的分红。渠芦屯共有 48 户贫困户，通过“分股分红不分地”的模式，贫困户都走上了脱贫致富的道路。

11.3.2　左州镇助推精准扶贫和乡村振兴模式

截至 2016 年，左州镇还有贫困户 414 户共 1392 人，面对脱贫压力和困难，镇政府举全镇之力，从精准脱贫入手，外靠项目支持，内挖自身潜力，抓紧抓准抓到位，聚焦产业，选准产业，扶持产业，提升产业，力图使贫困群众早日脱贫。

左州镇是甘蔗大镇，目前没有其他大规模的产业，该镇结合实际情况，就地取材，依蔗脱贫，摸索出“公司+基地+农户”“基地+农户+合作社”的模式和机制，带动群众脱贫致富。在甘蔗产业扶贫推进中，3 个贫困村建立合作社 7 个。扶贫小额信贷方面，全镇已评级授信 456 户，授信金额达 1719.55 万元，超过任务数 27.9%。

2017 年以来，该镇把精准脱贫攻坚工作与加快农村经济发展相结合，深化农村改革，积极整合各种资源，强化农业科技支撑，通过采用良种良法，进行“公司+基地+农户”现代农业示范区建设，打造岜模村岜模屯现代化农业专业合作社，荣获崇左市优质高产、高糖糖料蔗基地建设先进农民合作社称号。大力发展“双高”糖料蔗基地，有序推进现代农业建设，加快农业发展方式转变，着力提高贫困群众脱贫致富能力。

依托精准脱贫攻坚行动的深入实施，该镇精准锁定贫困对象，找准“病根”和“症结”，对“症”下药，精准帮扶，建档立卡，强化管理；同时利用江州区推进“双高”糖料蔗基地的优惠政策，充分利用“公司+基地+农户”“基地+农户+合作社”的模式和机制，对有劳动能力的贫困户进行产业帮扶，引导和鼓励贫困户以土地入股合作社或流转土地给合作社（或经济能人），建设规模化集约化“双高”糖料蔗基地，不断增强贫困户的“造血”功能，全力打赢精准脱贫攻坚战（图 11-3）。

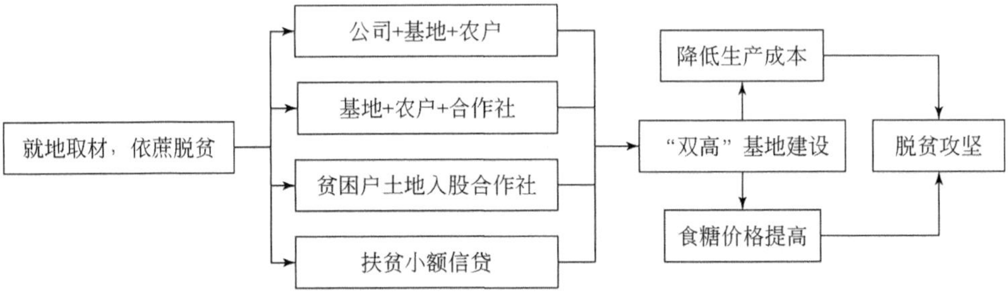

图 11-3　左州镇扶贫机制

2016 年，该镇完成 1.3 万亩“双高”基地建设，带动 79 户共 193 人脱贫，2017 年完成 2.25 万亩共 36 个片区。食糖价格的提高，大大刺激了种植公司、农民开展“双高”基地建设的热情，农民的“钱袋子”更鼓了一些，为贫困户脱贫夯实了基础。

11.3.3 龙州县助推精准扶贫和乡村振兴模式

龙州县位于全国滇桂黔石漠化片区，临越南，属于边境地区、革命老区、民族聚居地，于1986年被定为国家扶贫开发工作重点县。龙州县大部分地区都是地质灾害区，自然环境恶劣，生态脆弱，农民依靠种植业所产生的经济效益低，随着现代化高速铁路、高速公路的快速发展，左江航运功能基本丧失，再加上边境战士的影响，以及行政区划的改变，使龙舟县从桂西南的政治经济文化中心逐渐演变成交通不便、信息闭塞、边远贫困的落后县域，形成了“老、少、边、山、穷”的困境，近年来，在国家精准扶贫重大战略的指导下，龙州县充分利用自身临江临边的独特地域优势，实施边贸扶贫、产业扶贫、旅游扶贫等一系列措施，大力发展县域经济，龙州县的贫困状况发生了翻天覆地的变化。截至2018年，贫困人口由2011年的11.09万人降至3138人，贫困发生率由51.86%下降到1.48%（温焕铃等，2020）。

龙州模式即在保留原有耕地面积不变的前提下，农民或农村基层自发组织将原有零星分布、高低不平的土地进行归并平整，整合成相对集中连片、田块面积均衡的耕地的一种土地整治创新模式。

龙州县围绕“农业增效、农民增收、农村繁荣”的目标创新实施“小块并大块”耕地整治“龙州模式”，着力突破耕地零散、产出率低等农业发展瓶颈，破解保护资源与保护发展“两难”课题，推进保发展、保红线的“双保”惠民工程。龙州县通过推行“小块并大块”耕地整治，实现了“六个倍增”，广大农民深刻体会到土地整合对农业发展、农民增地增产增收的巨大作用，有效推进了农业产业化、规模化发展。

“龙州模式”土地整治的主体是农民，是一种“自下而上”的土地整治模式。这种模式在保证农民土地权利不变的条件下，只改变地块位置，同时这也是农民土地所有权、承包权、经营权“三权分置”的一种实践。

农民主导型“小块并大块”耕地整治模式内涵是：政府通过引导和帮助农民将分散的承包地集中连片整合，重新分配土地经营权；农民主导进行“小块并大块”权属调整，土地平整，田块、沟渠和道路规划设计，并组织实施；政府按照农民设计的建设工程量，依据相关建设标准进行资金补偿；以促进土地、资金、技术、劳动等耕地利用系统要素优化，实现提升耕地质量，提高耕地利用效率，降低生产成本，增加作物产量，促进农业结构调整和促进增收的多重目标。其本质是农民“自下而上”开展权属调整及主导整个耕地整治的规划、设计和实施，与政府“自上而下”按照相关农田建设标准进行经济补偿相结合的土地整治模式的创新。

土地整治是推动乡村振兴战略的重要手段。不同的社会经济发展阶段对土地利用形态格局的要求有所不同，乡村转型发展促使土地利用主体通过土地整治工程等手段优化土地利用形态，土地利用形态的转变反过来又作用于乡村的转型发展与振兴。土地整治的本质在于调整土地权属、组织土地利用，而土地资源的多功能性同时赋予了其统筹城乡发展、维持景观文化和维护社会安定等衍生价值。聚焦乡村地区资源粗放利用、设施配套滞后、要素流失加速及经营管理乏力等问题，乡村振兴视角下的土地整治应将新业态、新技术、新主体等要素有机融合，实现从“以地为本”的单要素调控到“人、地、业”多元要素协调耦合的综合整治模式转变，形成破解乡村资源利用短板与要素整合短板的新途径，推动土地整治由数量增长导向逐步向繁荣乡村经济、促进农民增收、保护生态环境等衍生功能转型。

12 广西“小块并大块”耕地整治理论分析

12.1 管理学角度：简政放权、由政府管理到政府治理的转变

“小块并大块”耕地整治，是对传统“自上而下”土地整治模式的创新，“小块并大块”是一种“自下而上”经营主体主导与“自上而下”政府政策支持结合的耕地整治模式创新，有利于简化政府管理，减少政府繁杂的审批和管理环节，最终达到扩大生产规模，节约成本，最优分配土地资源，实现效益最大化的目标。广西“小块并大块”耕地整治模式的政府奖补激励政策，是成本最小化、效益最大化的政府管理改革探索，是政府由传统的“自上而下”的管理到现代化的多方参与治理的实践。

政府管理主要侧重于政府对国家经济社会等各项事务的主导，政府是各项活动中权力的来源，一切事务都由政府做主。传统土地整治模式便是政府管理的现实反映，在整治过程中一般是“自上而下”的政府主导、公司实施模式，政府委托相关公司编制土地整治规划、政府制订土地整治年度计划、县级人民政府委托业务公司进行规划设计、征求公众意见调整规划、委托业务公司进行施工。传统土地整治模式的弊端是：公众参与不足，权属调整开展较少，实施过程中农民和政府的矛盾难以解决，监督成本过高。同时，根据2008 年对全国28 个省份近10 年来土地整治项目权属调整情况调查，仅有24 个省份开展了土地承包经营权调整，调整总面积970 万亩，占项目总规模的14.9%（高世昌，2010）。传统土地整治权属调整困难的主要原因，一是土地整治权属调整工作阻力较大，二是开展权属调整缺乏法律法规支撑，三是权属调整工作主体不明确。因此，传统土地整治未成为解决土地细碎的有效手段，传统土地整治对降低耕地细碎化程度的作用有限。

政府治理，是在现代各项事务活动中，政府作为重要的政治行为者，与社会组织、企事业单位、社区及个人等不同的行为主体，通过平等的合作伙伴关系，依法、民主、科学地对各项事务进行规范和管理，最终实现公共利益最大化的过

程。广西“小块并大块”耕地整治模式便是政府治理的实践，在整治过程中，“小块并大块”耕地整治模式转变了传统土地整治等农田建设的“主体”，充分发挥经营主体（农民、合作社、企业等）的主观能动性，改变传统的“自上而下”的计划下达型政府主导土地整治模式。“小块并大块”由经营主体（农民、合作社、企业等）自主开展耕地整治、农田建设等，即经营主体根据需求，进行土地平整、田间道路、农田水利、防护林网等规划设计和工程建设，并向政府提出资金申请；政府制定建设工程标准，经过验收后根据工程质量、工程标准和工程量拨付“奖补资金”，整个整治过程中，各经营主体（农民、合作社、企业等）全面参与，体现了经营主体（农民、合作社、企业等）的“主体”角色，而政府承担了制定工程标准、监督实施、验收核算和拨付资金的甲方职能。

广西“小块并大块”耕地整治模式给我们的启示是：应该清晰界定政府和相关利益主体的边界，由村集体内部完成权属调整、农田设施规划并组织施工，政府进行政策、资金和技术等支持，并发挥监督职能，实现经营主体从“要我整治”到“我要整治”的转变。

12.2 社会学角度：加强基层“两委”建设，乡村振兴治理的有效实践

“小块并大块”的开展为实施地区带来了较好的经济效益、生态效益和社会效益，各个项目不仅帮助当地农户脱贫致富，实现农业的机械化、规模化生产，还有利于社会稳定，促进新农村、农业发展，以及实现乡村振兴的宏伟目标。并且目前衍生出多种形式的“小块并大块”方式，从行为主体划分，有最初的农户自发型，还有农业经营主体主导的“小块并大块”或是“双高”基地建设，如合作社或公司企业主导，有利于地区结合实际选择合适的方式开展“小块并大块”，满足社会发展的需求。

耕地细碎化，究其根源便是农地产权细碎化，改革开放时期实行的家庭联产承包责任制大大提升了农民的生产积极性，但“好坏均摊、远近搭配”的传统分田制度，造成了农户一户多田的耕地细碎化状态长期存在，耕地细碎化不仅制约着当前农村生产力的发展，也导致许多现代化的农机、农艺等科技装备无用武之地，从宏观方面而言，耕地细碎化已经成为我国农业产业良性发展的阻碍因素。

另外，《中华人民共和国村民组织法》规定：村民委员会是村民自我管理、自我教育、自我服务的基层群众性自治组织，实行民主选举、民主决策、民主管理、民主监督。村民委员会办理本村的公共事务和公益事业，调解民间纠纷，协

助维护社会治安，向人民政府反映村民的意见、要求和提出建议。村民委员会向村民会议、村民代表会议负责并报告工作。但是，当前大多数的村集体经济并没有发展，村委会没有任何经济实力，面对农村发展的难题和村民的各种诉求，村委会根本无力解决。同时，党在农村的基层组织（村支部委员会），应按照中国共产党章程进行工作，发挥领导核心作用，领导和支持村民委员会行使职权；依照《中华人民共和国宪法》和法律，支持和保障村民开展自治活动、直接行使民主权利。但是有些村支部委员会，只是单纯地负责村内的党员发展、教育等事务，并不能发挥在村中各项事务的核心带头作用，导致村“两委”的治理主体地位严重下降。

广西“小块并大块”耕地整治作为一项公共事务，充分调动了农民参与村庄事务的积极性，有助于加强基层组织建设，夯实村民自治制度。通过以土地调整等方式来加强基层组织的建设，充分发挥村“两委”在乡村治理过程中的主体地位，并且搭建一个能够让众多且分散的农民与国家资源、政策或市场相对接的有效平台，使其表达出农民群体特殊的需求偏好，满足其实际诉求和愿望。这样一个平台客观上也将能够更好地、更加切合实际地推进当前的权属调整、土地流转和土地整治等相关工作。

因此，“小块并大块”耕地整治的权属调整实施过程，有利于加强基层“两委”建设，是乡村振兴治理有效的有益实践。

12.3 经济学角度：产权制度经济学、诱致性制度变迁

产权实质上是一套激励与约束机制，影响和激励行为是产权的一个基本功能。新制度经济学认为，产权是一种权利，是一种社会关系，是规定人们相互行为关系的一种规则，并且是社会的基础性规则。产权安排直接影响资源配置效率，一个社会的经济绩效如何，最终取决于产权安排对个人行为所提供的激励。

随着务工经济的兴起和人地结构的变化，耕地细碎化在农业生产方面的弊端越发突出，目前正值国家号召加快农业机械化、现代化时期，但粮食生产的劳动生产率、土地生产率和成本产值率过低的问题越发凸显。明晰产权，保障农民土地权利的长期化，推动土地的市场化和集中流转是破解耕地细碎化问题的有效途径。日本、韩国的经验表明，细碎化会阻碍土地流转，无法促进规模经营和农业生产率的提高，主流学界提出只要进一步明晰产权，深化农地制度变革，使农民通过市场流转土地进行大规模经营，耕地细碎化问题就会迎刃而解。

广西“小块并大块”耕地整治是广西农民的内在需求，农民自发尝试后带来巨大红利，政府进行总结，自发倡导和组织实施对现行制度安排的变更或替代，创造新的制度安排，形成新的“小块并大块”耕地整治政策，政府提供政策支持和资金鼓励，并在全区推广。因此，“小块并大块”耕地整治是在追求由制度不均衡引致的获利机会时所进行的自发性制度变迁，导致诱致性制度变迁。

30年前安徽省凤阳县小岗村土改调动了全国农民的积极性，解决了“吃饭”问题；今天的“小块并大块”耕地整治，再次调动了农民、合作社、涉农企业等经营主体的积极性和主动性，解决了农村农民的“发展”问题。

12.4　农业经济学视角下基于“三权分置”的适度农业规模经营

2016年10月中共中央办公厅、国务院办公厅印发了《关于完善农村土地所有权承包权经营权分置办法的意见》，提出实行所有权、承包权、经营权分置并行。作为当代的一大制度创新，“三权分置”的提出在很大程度上提高了土地资源配置效率，推动现代农业发展，也为耕地细碎化治理提供了新思路。

在“三权分置”被提出以前，由于农地产权边界模糊、结构不清晰，农户缺乏对土地的安全感与信任感，害怕失去土地保障，从而均不愿调整细碎的土地。而“三权分置”改革通过权利“显性化”方式，提高农地产权的专有化程度，使农田有清晰的产权边界，并赋予了农民稳定的权利关系与利益结构，消除农户顾虑，使得农户愿意根据自身情况，自发调整零散、破碎及不规则的土地。“三权分置”中的经营权具备开放、流动和可交易的特点，提高了农户参与土地流转的概率，农户通过在市场上合并、互换土地经营权，最终达到连片生产，扩大生产规模的目的。因此，“三权分置”也是实施“小块并大块”的前提保证，而“小块并大块”耕地整治也是“三权分置”的有效改革实践。

因此，农地的“三权分置”结构是在新一轮土地制度改革中应运而生的新的农村土地权利体系。与“两权分离”（集体所有权和农户经营权）相比，“三权分置”更注重赋予分置后的“土地经营权”一定的支配和排他效力以利于土地流转。将土地承包经营权“一分为二”划为承包权和经营权，不仅迎合了农民保留土地承包权、流转土地经营权的现实意愿，也符合生产关系适应生产力发展的客观要求，有利于保持我国农村土地产权制度与经营制度的持续活力，推动特色新型农业现代化发展。

另外，“三权分置”的提出更多的是现代发展的需要，是在实践过程中提出来的。因此，要使“三权分置”政策在法律制度上科学实现，就应该立足于实践，依托于实践，到“三权分置”地方实践中去厘清其法律内涵，进而以此为基础，构建其法律实现形式。本书提出的广西“小块并大块”耕地整治模式就是“三权分置”的有效实现形式。其中农民自发组织的“小块并大块”耕地整治模式仅仅涉及内部农民的土地流转，主要方式包括“互换承包权、流转经营权”，互换的结果是土地承包经营权主体变更，并不涉及“三权分置”；“转包”的目的只是实现土地权利的短期流转，此时接包方的权利以一般债权型权利为主，而无须达到“三权分置”中具有对抗性的土地经营权的效力强度。而合作社主导型、企业主导型“小块并大块”耕地整治或“双高”基地建设都是“三权分置”的最好实践。其核心都是农民将承包土地委托村级集体经济组织统一流转，从而集中农民土地，交给真正有志于、有能力从事规模农业生产的农民、合作社或企业生产，在这几种模式下，单个农民（农户）的土地承包经营权是存在的，只是单个农民（农户）将土地经营权委托村级集体经济组织统一流转，村集体经济组织只是作为农民（农户）受托方存在，流转的土地经营权创设于农民（农户）的土地承包经营权之上，此时的“三权分置”，是农民集体（集体土地所有权）、农民（农户）（行使受土地经营权限制的土地承包经营权）、第三方专业、合作社或企业（土地经营权）。

农村土地制度改革是我国农村改革的重要方面。尽管中央政府一再强调要坚持土地集体所有权不动摇，农民承包权主体地位不改变，但是近年来的政策却是重点鼓励和扶持以规模经营为主要内容的“农业现代化”。然而，土地细碎化的难题一直未能从根本上得以缓解。广西推行的“小块并大块”耕地整治模式，是对家庭联产承包责任制的升级，是农民的内生需求，也符合从中央到地方鼓励农业适度规模经营的精神，对于我国土地细碎化治理及农地制度改革具有重要的启示作用。

因此，“小块并大块”是符合我国国情的农业适度规模经营路径（生产关系变革与土地物理形态改变的融合），是承包地“三权分置”的有效改革实践。

12.5 三种耕地整治模式的理论比较分析

以实施主体划分，将广西“小块并大块”耕地整治模式（包括“双高”基地建设模式）划分为3类，即农民自发型、合作社主导型和企业主导型土地整治模式。

从3种整治模式的实施主体、实施形式、实施内容、关键环节、实施特点、农民角色、政府角色、企业/合作社角色、资金来源和资金项目类型等方面，对不同类型广西“小块并大块”耕地整治模式进行对比评价（表12-1）。

表 12-1　三种耕地整治模式的理论对比

耕地整治模式	实施主体	实施形式	实施内容	关键环节	实施特点	农民角色	政府角色	企业/合作社角色	资金来源	资金项目类型
农民自发型	农民	在政策支持下，村干部带领农民自发自主开展	权属调整、土地平整、道路建设、沟渠建设	权属调整、重新分地、规划设计、组织施工、申请奖补	农民“自下而上”与政府“自上而下”相结合	主导方、投资者	政策支持，专项土地整治资金支持，县、乡（镇）指导实施	—	农民、地方政府	政府土地整治资金（土地平整、道路、沟渠修建）、农民自发打井并新建电力等灌溉配套设施
合作社主导型	合作社	在政策支持和驻村指导小组帮助下，由合作社开展	地块空间重组、土地平整、道路建设、沟渠建设	合作社构建、土地流转、确权确股、规划设计、监督建设、公众参与、申请奖补、收益分配	能人带动、土地入股	配合、参与整治生产	政策支持，专项土地整治资金支持，县、乡（镇）指导实施，驻村指导小组全程指导	主导方、实施者	中央、地方政府	中央“小农水”项目（节水喷灌）、政府土地整治项目（土地平整、道路）、良种补贴、农机补贴、深耕补贴等
企业主导型	企业	在政策支持下，企业根据自身发展开展	权属调整、地块空间重组、土地平整、道路建设、沟渠建设	土地流转、确权登记、规划设计、监督建设、申请奖补	与政府、农民达成多赢局面	配合、参与整治生产	政策支持、专项土地整治资金支持	主导方、投资者、实施者	企业、地方政府	中央“小农水”项目（节水喷灌）、政府土地整治项目（土地平整、道路）、良种补贴、农机补贴等

农民自发型“小块并大块”耕地整治模式是一种农民开展权属调整并主导实施、政府按照相关农田建设标准进行经济补偿的“自下而上”与“自上而下”相结合的土地整治模式创新。过程中农民为决策者与实施者，因此农民参与的积极性较高。受自然因素与社会因素的多重影响，实施区域内耕地细碎化严重，无法进行机械化、规模化生产，且缺乏灌溉设施，道路网无法满足现代农业发展需求，导致区域生产效率低且收不抵支，在资源条件较差的环境中，农民不得不发动整治。而农民主导型“小块并大块”耕地整治模式充分体现了农民主体作用和公众参与，是农民为实现农业规模化、机械化经营自愿自发开展的整治活动，主要是在坚持承包经营制度的前提下，拆除不必要的田埂、道路和沟渠，合并零散地块，整合成大块土地后按照一定规则重新将地块分配到各个家庭，改变原来地块的空间位置，同时做好农村土地承包经营权证书变更登记，并对其进行平整、规划和田间工程建设，是一种由农民自发的更符合规模化经营的土地整合、互换、再分配模式。整治程序一般为：召开“小块并大块”村民大会—成立工作小组—制定规划草案—村民大会讨论规划草案—丈量耕地面积—公示规划方案—签订“小块并大块”协议—抽签—实施“小块并大块”—登记备案，其关键环节为权属调整、重新分地、规划设计、组织施工和申请奖补，农民通过互换或流转方式实现权属调整，之后在村干部带领下进行土地平整、重新分地工作，公众参与开展规划设计，组织施工，整治完成后向政府申请奖补资金。该模式是广西“小块并大块”耕地整治的主要推广模式。

合作社主导型“小块并大块”耕地整治模式的实施是为了构建农民专业合作社进行统一经营管理，实现农户与农民专业合作社收益共享、风险共担。该模式在驻村指导小组指导下开展，主要内容包括地块空间重组、土地平整、道路建设、沟渠建设等，其关键环节是合作社构建、土地流转、确权确股、规划设计、监督建设、公众参与、申请奖补和收益分配。首先，在发起者带领下组建合作社，然后是农民将土地流转给合作社，签订协议，农民以土地入股，合作社进行确权确股，但不需确定地块位置等；其次，合作社对项目区整治工程进行规划设计，公众参与共同监督工程建设，建设完成后申请奖补。而“三权分置”是实施权属调整的前提，农民将土地经营权流转给合作社后，由合作社统一经营管理，农民以土地、资金、工具等形式入股，合作社以“分股分红不分地”的“保底分红”和“增量分红”形式，鼓励农民以自家土地入股发展合作化规模经营。该模式需要有能人带动，农田道路和土地平整资金来自自然资源部门的土地整治项目，灌排设施（泵房、干支斗农毛管、滴灌带）来源于中央“小农水”项目资金支持，同时配套有农机补贴、良种补贴和深耕补贴。该模式实现了公司化经营和大型机械化与现代节水滴灌，约占扶绥县所有土地整治项目的5%，代表未来土地整治的发展方向，但是推广难度较大，存在资金缺口，还需要社会各层力量的支持与帮助。

企业主导型“小块并大块”耕地整治模式是由企业主导，政府支持监督，农民配合实施的新型耕地整治模式。模式具体内容是农民首先在政府引导下进行“小块并大块”，合并各户耕地；然后企业从农民手中将土地流转过来，结合自身发展要求进行管道、田块、沟渠和道路规划设计，组织施工公司，按规划施工；政府作为政策支持者和监督者，对企业组织的“小块并大块”耕地整治工程进行工程复核，按照标准，对于符合要求的工程进行奖补，弥补资金缺口，使工程高质量、高速运行；农民则配合企业实施整治工作，签订合同后，按照约定不可干涉企业的正常生产经营活动。整个企业主导型土地整治过程中，企业是“甲方/业主”，居于主导地位，测量公司、规划公司和施工公司等业务部门按照“甲方”要求进行沟通、交流与反馈，直到满足需求。该整治模式以企业为主体，企业为项目主导方、投资者和实施者，以实现企业最大利益为目的进行整治活动。模式的关键环节与合作社主导型整治模式类似，包括农民在政府和企业的指导下进行“小块并大块”，通过权属调整等降低耕地细碎化程度，企业进行规模化生产对土地使用权需求较大，因此需要从农户手中将土地经营权流转过来，签订流转协议，之后企业委托规划公司对整治项目进行规划设计，企业在整个过程中处于主导地位，参与整个过程，委托并监督施工公司按照自身发展需要施工。在整个整治模式中，政府起到了提供政策、资金支持与监督的作用，但绝大部分资金仍来源于企业，农民流转土地后可参与整治、生产活动，获取劳动报酬。该模型的最大特点是最终实现企业、政府和农民多赢。

以上 3 种“小块并大块”耕地整治模式均能优化土地利用系统，克服耕地细碎化，促进土地、资本、技术、劳动等要素与外部社会环境条件相协调，是解决耕地细碎化问题和促进耕地集中连片的重要抓手，是实现多重土地利用目标的“支点”，是实现现代农业发展的重要保证。

1）农民自发型“小块并大块”耕地整治模式是农民根据发展需要发动、政府加以指导的整治模式，农民拥有决定权，充分体现公众参与。通过“小块并大块”解决耕地细碎化问题，实现耕地集中连片，扩大经营规模，完善基础设施，促进农业现代化，最终实现降低成本、提高效率、增加产量、优化种植结构和增加收益的多重土地利用目标，农民为直接受益者。

2）合作社主导型“小块并大块”耕地整治模式是“连片化、规模化、统一化农田基础设施建设与现代化、标准化、机械化、水利化合作社经营管理”的融合，是合作社“自下而上”主动进行土地整治并开展权属调整的创新模式。农户将土地流转给合作社统一耕种，政府将管理权下放给合作社，以合作社为主体开展土地整治与农田基础设施建设。最终项目区耕地细碎化程度降低，道路、排灌等基础设施均得到完善，农民与合作社收益均增加，农民可获得双份收入，除年底土地入股分红外还可获得劳动力收入，贫困户成功脱贫；合作社管理人员则按每月 2400 元领取固定工资。

3）企业主导型“小块并大块”耕地整治模式与合作社主导型整治模式类似，农民进行权属调整后将土地流转给企业统一耕种管理，政府下放管理权，仅仅扮演监督者角色，以企业为主体，根据其自身发展需要对项目区开展整治。整治模式实施后，项目区的耕地细碎化程度降低、道路和农田水利基础设施得到完善，企业组织统一耕种，使用大型机械作业和节水滴灌方式实现施肥灌溉一体化，用现代公司生产、管理和经营模式进行生产、管理和经营；公司进行生产后，为项目区农民提供选择新的就业方式的机会，更多农民转向第二、第三产业就业，推动城镇（市）化进程，部分农民选择在公司、农场就业，小部分农民选择其他就业方式，有利于推动当地经济发展，维护社会稳定；另外，公司采用现代方式进行农业生产，达到高产、高效、生态效果，最终公司产量提高、成本降低，机械化生产使生产效率提高，新模式种植达到节肥节药效果；公司收益提高的同时提高了当地政府税收，增加了地方财政收入，最终实现农民、企业和政府共赢，而且这种现代化（公司化）市场经营模式能够降低耕地细碎化程度，有助于促进农业可持续发展。

12.6 未来耕地整治模式展望

目前，英国、荷兰等国在耕地整治方面有较好成效，并总结出降低耕地细碎化程度、土地权属调整和生态建设比较完整的整治体系。而中国还停留在初级阶段，开展权属调整的省份还较少，耕地整治往往以提高生产力和耕地质量为前提，仅仅包括土地平整、灌溉与排水、田间道路、农田防护 4 大工程，整个规划过程缺乏与生态建设相结合，忽略了生态在维护农业可持续发展方面的重要作用。本书研究中的 3 种耕地整治模式均以提高生产力为前提，整个整治过程中并没有将生态建设考虑进去，未能很好地与农村发展相联系。但是无论从中国社会经济发展过程还是从促进农业可持续发展看，都迫切需要将生态建设融入耕地整治工作中，中国前期耕地整治主要目标和任务是田块调整、增加耕地面积、农田基础设施建设、提高土地生产力，但忽略生态建设导致孕育地域文化的生物、生态和生活的乡土风貌严重受损，因此，在接下来的耕地整治中，必须遵循自然生态规律，从不同尺度维护和修复自然生态过程和生物链，提高生态系统弹性和生态服务功能，助推乡村振兴。

根据我国土地实际情况及党的十九大报告中提出的乡村振兴战略，借鉴欧洲、日本、韩国等国家的经验，从权属调整、生态化土地整治和面向乡村振兴的耕地综合整治等方面，现对未来耕地整治模式做出展望。

12.6.1 村组带领农民自主开展权属调整

目前我国实施的耕地整治模式多为土地平整和农田水利设施建设等工程，涉及土地权属调整的区域较少，这导致进行耕地整治后的区域内仍存在较为严重的耕地细碎化现象。要解决当前耕地细碎化问题，实现农业的机械化、规模化生产，在耕地整治中首先应加强权属调整，通过土地流转、地块互换等方式将各农户的土地集中起来，统一分配，真正做到“一户一田”。但土地权属调整，直接涉及农民的切身利益，很多农民害怕权属调整后分配到的地块质量得不到保障，不愿意进行权属调整，这就阻碍了土地整治的进行，因此解决土地权属调整的问题应该是未来耕地细碎化整治的重点。广西在“小块并大块”耕地细碎化整治模式的长期探索中，总结出了一种行之有效的土地权属调整方式，即村组带领农民自主开展权属调整，该土地权属调整方式大大减少了土地整治过程中因土地权属调整造成的纠纷，保障了土地整治的顺利进行。

广西“小块并大块”耕地整治模式中的村组带领农民自主开展权属调整的流程是：首先，村集体召开村民大会，向村民宣传“小块并大块”的好处；其次，由村干部、党员、村小组组长、村民代表组成工作小组，工作小组负责制定规划草案，丈量每家每户土地的面积并进行登记，然后统一回收，拆除田埂和多余的沟渠、道路，重新规划设计，按照一定的规则分配给各农户，或者流转给合作社、企业等经营主体进行耕种。

这种村组带领农民自主开展权属调整的方式不仅有效地减少了权属纠纷，还解决了耕地细碎化问题，实现了农业的机械化、现代化、规模化生产。除此之外，该方式还充分发挥农民主体作用，把土地综合整治中涉及农民切身利益的突出矛盾和问题交给群众讨论，尊重每个村民的意愿，建立农民广泛参与的民主管理机制，调动了基层群众参与民主决策的积极性，发挥了村“两委”在村民各项事务中的领导带头作用，有效地推动了基层民主政治的发展和基层治理机制的完善。

12.6.2 基于农艺生产全过程需求导向的精准土地整治

农艺主要指农作物栽培等过程中使用的技艺，包括犁地、播种、灌溉、打药、田间管理、运输等方式。在以往传统的土地整治模式中，土地整治都只是单一的土地平整、农田水利设施建设等工程，这种“一刀切”的土地整治模式在实施过程中，因为缺乏监督或者未提前征求土地经营主体（农民、合作社、企业等）的要求，未将农艺生产过程相结合，整治结果往往并不符合土地经营主体的经营意愿，造成土地经营主体的二次施工，极大地浪费了人力和物力。

未来耕地模式应该是基于农艺生产全过程需求导向的精准土地整治，即土地整治过程中的土地平整、田间道路、农田水利建设需要与农艺需求协同，根据具体的农作物生产的关键过程需求，按照缺什么补什么的思路进行精细耕地整治。例如，在广西企业主导型“小块并大块”耕地整治模式中，企业将土地从村民手中流转过来后，首先考察当前土地状况与企业农艺生产（包括犁地、播种、灌溉、运输等方式）要求的差距，按照符合企业的农艺生产、种植经营要求的原则来制定整治规划，然后寻找有资质的施工公司严格按照事先确定的整治规划进行土地整治，这使整治后土地的平整度、路网规划、农田水利建设等要素是符合企业后期农艺生产全过程的，并且在整治过程中，企业全程参与监督，大大保证了土地整治工程的质量。

因此，结合广西“小块并大块”耕地整治模式的经验，基于农艺生产全过程需求导向的精准土地整治模式是符合现代农业发展要求的，按照经营主体的经营需要，弥补当前土地存在的差距，能够使整治后的土地各要素与农艺生产全过程相结合，充分发挥出土地潜力，从而用更少的资源，创造出更大的效益。

12.6.3 生态型土地整治

随着我国生态文明理念的不断深入和土地多功能管理的转型，土地整治的生态化转型日益迫切，开始进入全面创新与实践探索的关键时期。

生态型土地整治是在生态学及土地利用相关理论的指导下，基于社会经济条件及地域生态环境基底，从生态环境改善与土地利用效益提升的角度出发，将生态保护理念贯穿于从项目选址到竣工验收的土地整治全过程，在综合考虑生态系统服务之间的权衡与协同关系基础上，对城乡低效利用、不合理利用、未利用及生产建设活动和自然灾害损毁的土地资源做出的制度与工程措施性安排。党的十九大报告中指出：建设生态文明是中华民族永续发展的千年大计。必须树立和践行绿水青山就是金山银山的理念，坚持节约资源和保护环境的基本国策，像对待生命一样对待生态环境，统筹山水林田湖草系统治理，实行最严格的生态环境保护制度，形成绿色发展方式和生活方式，坚定走生产发展、生活富裕、生态良好的文明发展道路，建设美丽中国，为人民创造良好生产生活环境，为全球生态安全做出贡献。而目前，我国土地整治面临以下问题：整治工程均质化问题严重；农村生态环境污染压力较大；自然资源过度开发利用仍存在风险；整治过程易忽视人文环境和地理条件。因此生态文明建设，需要做到以下几点：加快土地整治转型，建设生态国土；遵循自然资源禀赋，实施差异化整治；促进城乡融合发展，助力乡村振兴；挖掘农田生态价值功能，发展生态农业；注重乡村景观保护，完善公众参与机制；实施山水林田湖草综合整治，推动统一保护修复。

新时代土地综合整治的目标不仅是要增加耕地面积、提高耕地质量以提高农业初级生产力，还要推进基于农村第一、第二、第三产业融合的农业综合发展和乡村振兴，更要保护生物多样性，恢复和增强生态环境自我修复能力以助力生态文明建设。而土地整治对生态环境的影响是一个逐层深入的动态变化过程，土地整治各类工程的实施，改变了土地生态系统中土壤、植被、水文、气候等各类要素，进而引起景观格局、景观结构的调整，促使生态景观的重组和优化，从而导致区域生态过程的改变，最终影响生态系统服务功能的发挥。因此，我们应从各个方面加强对生态化土地整治的认识，在理论方面，应充分认识乡村景观美学和文化价值，维系和提升地域景观特征；加强土地利用/景观格局与生态过程关系的研究，提高土地利用多功能性，构建城乡一体化绿色基础设施；加强流域水文过程研究，提高水土安全水平。在规划设计方面，应做好 3 个层次的工作：战略规划上，应在已有规定和规范的内容基础上，整合景观特征保护和提升、生态网络、水土安全和游憩网络等规划，完善和提升城乡一体化绿色基础设施建设；项目规划上，应加强生态景观建设理论在项目总体规划实践中的应用，大力提升土地整治在食物和能源生产、景观塑造、生物多样性保护、水土安全和休闲游憩等方面的多功能性；项目工程设计上，应加强场地分析和生物生境修复，强化生态设计、景观持续性设计及乡村景观设计的原理和方法在沟路林渠等景观要素上的应用。

同时实行生态型土地整治还应坚持绿色发展理念，助推我国生态文明建设，并且需要做到以下 4 点：一是增强耕地生态服务功能。通过土地整治，加强农田生态设施建设，对于城市近郊地区，能够改善城市生态环境、美化城市景观，促进农田和绿色隔离带建设，控制城镇无序扩张；对于平原农业地区，能够优化农田生态系统，发挥农田的基础生态作用，提高耕地可持续利用能力；对于山地丘陵地区，能够改善农业生产条件，提高生态系统稳定性，促进国土生态安全屏障建设。二是加强损毁退化土地治理。通过土地复垦、土地生态整治等多种途径，加大水土流失、土地沙化、土地盐碱化、土壤污染和土地生态衰退严重的区域治理力度，能够保障土地可持续利用，改善土地生态环境，推动形成绿色发展方式，促进人与自然和谐共生。三是促进美丽乡村建设。通过村庄建设用地整理，能够调整优化农村建设用地结构布局，形成功能结构协调有序、空间布局合理的农村居民点体系；打造设施完善、生活便利、产业发展、生态环保、管理有序的新型农村社区，全面改善农村整体面貌；保护乡村风貌保护，加强人文历史景观、地质遗存等保护，实现自然环境和人文环境的和谐。四是促进山水林田湖综合整治。通过在重要生态区域内开展沟坡丘壑综合整治，平整破损土地，实施土地沙化和盐碱地治理、耕地坡改梯、历史遗留工矿废弃地复垦利用等工程，确保实现对山水林田湖生命共同体的整体保护、系统修复、综合治理（范金梅，2017）。

12.6.4 面向乡村振兴的土地综合整治

生态文明建设是全体人民的事业，乡村振兴和土地综合整治更是贴近广大农民切身利益的战略工程。因此，目前我国土地整治的发展落脚点应该是面向乡村振兴的土地综合整治。

党的十九大报告提出实施乡村振兴战略。在振兴乡村的过程中，如何实现农业现代化是个大课题，进行土地整治，降低细碎化实现规模化、机械化农业生产是实现农业现代化的必要条件，因此土地整治是推动乡村振兴的重要手段，乡村振兴视角下土地整治既要激活乡村人口、土地和产业等关键发展要素，也要统筹物质空间振兴与精神内核提升，形成城乡共进共荣、融合一体的新格局。传统意义上的农村土地整治更多局限于工程技术属性，其核心目标主要集中在扩大农田规模、提高耕地质量、优化村庄布局等物质层面，甚至部分地区仅将土地整治视为为城市建设提供用地空间的一种手段。新常态背景下，乡村振兴不仅表现于居住环境和公共服务等物质层面的提升，更体现于充满活力的产业、独特的文化、有序的治理体系等深层次复兴。实现乡村振兴应立足于城乡地域系统的差异和乡村地域的多功能价值，避免盲目地复制以往“乡村工业化”“乡村城镇（市）化”的线性转型过程，走可持续的内涵式发展道路。全域土地综合整治是集聚发展、促进土地节约集约利用的客观要求，是保护耕地、破解用地矛盾的重要抓手，是农业增效、农民增收、推进城乡一体化融合发展的有效举措，更是改善村容村貌、提升农民生产生活条件、建设美丽乡村幸福家园的迫切使命。

从宏观方面，“山水林田湖草是一个生命共同体”成为系统立体式进行土地整治和生态文明建设的指导思想，这就要求土地整治要尊重自然、顺应自然、保护自然，从生态系统的整体性和完整性思维思考问题，避免土地整治和生态文明建设就事论事，只见树木未见森林；而“田、水、路、林、村”则作为微观层面乡村土地整治应遵循的方针，同时践行“产业兴旺、生态宜居、乡风文明、治理有效、生活富裕”的总要求，将二十字方针融入土地整治中，“田”指乡村田块，整治过程中实现土地平整，进行权属调整，促进土地流转，降低细碎化，拆除多余田埂，完善土地利用结构。“水、路”指完善农田基础设施，修建排水、灌溉沟渠，填埋输水管道，使用节水喷灌，提高灌溉效率；根据生产需要完善田间道路网，使普通水泥路转变为利于排水的碎石路，进而发展现代新型农业，促进农业转型，实现机械化、规模化生产，降低农业生产成本，增加产量，提高收入，剩余劳动力向第二、第三产业转移，实现乡村产业兴旺。“林”指防护林，在道路两旁及田块周围栽种防护林，设置绿色廊道，防风固沙的同时增强乡村景观功能。“村”指乡村风貌、乡村文明，整治过程中构建生态沟渠，修复治理生态环境，实施乡村振兴战略的关键是以生态宜居为基本目标，通过加大农村生态环境的整治和建设力度，在保护和治理乡村生态环境的同时保留和传承乡村传统文化，尊重乡村良好习俗，实现乡风文明；坚持申报一个项目、实施一个、成功一个，村干部做好表率，引导公众积极配合参与整治工作，以农民需求为依据进行规划整治，合理安排，保证质量的同时加快整治进程，并做好后期管护工作，实现治理有效；整治过程以农民为中心，发展新型农业，致富乡村，同时实现规模化、机械化生产，降低生产成本，增加农业产量，剩余劳动力向第二、第三产业转移获取劳动收入，农民收益增加，实现精准扶贫，加快贫困人口脱贫，最终实现生活富裕。

根据城乡统筹和新农村建设要求，新时期农村土地整治应站在以下战略目标上开展工作：①粮食和食品生产保障仍然是农村的主要功能，大力推进食品安全生产，提高农林牧副业的生产力和竞争力；②增强农村的生活、生态、环境和景观功能，构建城乡一体化绿色基础设施，保护生物多样性，防治农村污染、保护自然资源，维护并提高乡村生态景观服务功能，实现不同层次的土地管理；③大力开展城乡一体化基础设施建设，提高乡村经济的多样性，促进乡村功能的多样化，发展乡村休闲旅游经济，实现乡村振兴。

13 广西耕地细碎化整治优化建议与推广分析

13.1 面临的问题

13.1.1 “小块并大块”耕地整治工作面临的问题

13.1.1.1 农民方面

一是农民思想观念比较守旧。农民将耕地视为保障生存的命根子，部分农民小农意识较强，小富即安，投资怕担风险，不敢投资不愿冒险，特别是农村税费改革以来，国家对农村土地的投入不断加大，使农民对拥有土地承包经营权看得越来越重，加之对农村土地承包政策了解不透，而且担忧流转出土地后的就业问题，使很多农民宁将土地委托亲属代耕，也不愿流转并实施“小块并大块”耕地整治。二是宣传力度不够，导致农民对“小块并大块”耕地整治相关政策了解不够，有的甚至持抵触情绪，不愿积极参与工作，影响整治工作的推进。三是部分农民虽对“小块并大块”耕地整治参与意愿强烈，但往往因为申报程序太复杂而放弃申报奖补，这也是“小块并大块”耕地整治工作推进比较慢的原因。

13.1.1.2 经费方面

实施并地后，建设机耕路、排灌渠道等配套基础设施，进行土地改良，实施坡改梯等，均需投入大量资金。农民自发并地，每亩需投入1500元左右，但农民自筹资金和投工投劳难度大，极大地影响了并地进程。另外，当前的1500元/亩的奖补标准过低，无法支撑农田水利建设，而农民自身资金有限，导致“小块并大块”耕地整治配套设施建设不完善。70元/亩的技术费用，由于地方政府财力有限，很难配套，阻碍“小块并大块”耕地整治工作的推进。

13.1.1.3 土地权属方面

农民土地权属待明确，存在土地纠纷问题。在开展“小块并大块”耕地整治工作的过程中，普遍涉及农民开荒地权属问题，开荒地不是法定意义上的承包地，对于农民开荒地要不要列入确权范围这一问题，目前国家农业农村部没有给出明确的指导意见，全国各试点处理办法不一。同时，农村土地承包经营权变更登记难，农业部门、各乡（镇）开展项目区经营权变更登记等工作滞后，影响项目申报及材料完善。

13.1.1.4 奖补资金的申请方面

“小块并大块”耕地整治奖补资金由于申请程序复杂，耗时长，奖补资金能否按时到位不易被掌握，申报工作较缓慢，资金远远不能满足并块工作的需要，且申请奖补所需材料未能及时修改、提交，部分项目缺乏资金，未完成耕地整治建设，因此达不到申请奖补资金的条件等均是阻碍“小块并大块”耕地整治工作推进的因素。

13.1.1.5 基础设施建设方面

田间机耕路及水利建设未能及时施工，影响群众对农田的管理。部分项目没有按“小块并大块”耕地整治的建设要求拆除原有田埂，开展耕地平整、田间道路及沟渠等配套设施的建设，造成重复整改，耗时较长；并地后因建设田间道路等基础设施不能及时完成，如未能及时建设沟渠，遇到大雨时积水严重，影响作物生长，可能引起群众上访。

13.1.1.6 土地平整方面

部分“小块并大块”耕地整治项目区业主认为坡度在11°～12°进行等高耕种不会影响生产，如果必须达到6°以内，既浪费资源，又不符合实际经营，因此不愿降低坡度，导致结果不符合标准，无法申请奖补。另外，300元/亩的土地平整费用过低，经营主体需要更多的投资，而农民自发开展“小块并大块”耕地整治往往很难集资，因此农民申报积极性不高。

13.1.1.7 政策方面

各乡（镇）政府分管的领导和材料员更换比较频繁，对推进村委和村民小组“小块并大块”耕地整治有一定的负面影响。政府下发调整的“小块并大块”耕地整治文件比较频繁，各乡镇政府对“小块并大块”耕地整治的政策不够了解，影响工作的开展。另外，2014 年“双高”项目实施以来，发现不少实施过“小块并大块”耕地整治的项目区与“双高”项目区有重叠现象，处理有难度。

13.1.2 “双高”基地建设工作面临的问题

13.1.2.1 土地整治方面

一是 2014 ~ 2015 年项目前期工作经费未能很好落实。二是 2014 ~ 2015 年项目区配套工程尚未拨付资金。三是 2014 ~ 2016 年项目实施的经营主体不能发挥实际作用。四是 2016 年项目尚未落实到第三方工程审计，无法进一步开展工作。五是项目建设推进缓慢，完工验收率低，完成任务艰巨。六是 2018 年项目，部分地块投资成本较高，在投入资金不足的情况下，难以确保工程质量达到“双高”验收标准。

13.1.2.2 机械化方面

主要是机械化收割面积占甘蔗种植面积比例低，崇左市扶绥县、江州区，来宾市兴宾区等地理条件优越，农业机械、设备发展迅速，但是机械作业效率、质量还不高。进口的大型甘蔗收割机械在广西不适用，推广范围有限；而人工收割导致甘蔗成本过高。

13.1.2.3 水利化方面

一是部分片区耕地为旱坡地，地表水与地下水水源较为缺乏，水源不足，影响建设进度。二是缺乏配套资金，前期工作进度赶不上季节变化。三是水利化设施使用率低。四是前期管护运行经费不足，管护主体管理不到位。五是排水设施布局不合理，存在排水时会损坏地块的现象。六是甘蔗种植经济效益较低，农民对甘蔗水利灌溉要求期盼不高，对“双高”基地水利化建设缺乏管护的积极性，已建成的“双高”基地水利化项目，除了部分由种植专业公司管理的能够正常运行外，其余项目建成后难落实管护主体，几乎不能正常发挥效益。七是自治区已按建设任务面积下达水利化建设补助资金，但目前水利化项目开工率仅为 39.7%，资金沉淀严重。

13.1.2.4 良种化方面

一是各年度良种奖补资金略有结余，2014 ~ 2015 年共结余 848.44 万元；2016 年结余 967.31 万元；2017 年结余 2188.4 万元。二是 2018 年良种补贴验收进度不够理想。

13.1.2.5 资金方面

一是县级财政紧张，项目配套资金压力大无法足额配套，而且消耗相关资源的成本过高，如水费过高。二是部分项目有超额拨付资金现象。2014 年部分项目是 2012 ~ 2013 年实施的高效节水灌溉项目，项目土地整治按 600 元/亩划拨补助资金后，部分项目业主擅自改种其他作物，未能通过“双高”基地验收，未改种的地块也不按要求完成工程施工，造成违规。三是农民和农业经营主体均面临着资金压力。

13.1.2.6 基础设施建设方面

“双高”地块道路路面过高，严重影响机械收割，造成机收效率低，成本增加，严重的还可能造成收割机翻车。相关工程的实施进度较慢，如田间道路建设进展慢，使“双高”片区中部分田间道路未完工，导致无法复核及验收，影响资金拨付，进而影响总的施工进程。工程质量仍有较大的提升空间。

13.1.2.7 管理方面

一是对于现有的监测管理手段，应该加强对实地的监测，相关的工程人员、村干部要行使监督职能，村民之间也应互相监督。二是乡（镇）对“双高”基地建设更注重的是项目前期地块落实、测量、分地种植工作，对于项目后期施工疏于监督管理，基本是放任施工队施工，部分项目土地整治和水利化建设质量不高，群众意见大，难通过验收。三是项目档案缺项多、错误多，补齐和审核工作量大。乡（镇）作为项目实施的责任主体，重视程度不够，业务部门的协作指导工作不到位。四是部分乡（镇）急于完成任务，前期工作不扎实，部分项目未经设计评审，仓促动工建设致使个别片区地块零碎，石头多坡度陡，建设难达到“双高”基地标准。五是部门抽调到“双高”办公室的驻办技术骨干的岗位在调动后不能及时充实，业务指导工作力度不够，项目建设程序的审核不及时，材料不完整。

13.1.2.8 规划设计方面

目前公司规划设计的田间道路、农田水利等，未充分征求群众意见，不符合实际，群众无处反映。施工方按照规划设计进行施工，群众反映不合理的规划方案无果，导致农田基础设施建设不符合实际。

13.2 建议措施

13.2.1 “小块并大块”耕地整治建议

13.2.1.1 农民方面

开展“小块并大块”耕地整治项目前，各乡（镇）要及时征求群众意见，群众同意方可实施，以减少土地纠纷；要从基础好、见效快、辐射广的村屯入手，集中人力、财力、物力，推进“小块并大块”耕地整治工作的开展。“小块并大块”耕地整治实施后，田间道路等基础设施建设要征求群众意见，并根据群众意见及时开展建设工作。通过以点带面，示范带动，辐射周边群众主动、积极实施“小块并大块”耕地整治流转工作和节水灌溉项目建设工作。因地制宜，循序渐进，“小块并大块”耕地整治相比较土地分散承包经营有很多优越性，适合在西部山区进行推行；但由于各地思想观念、生产力水平、经济发展状况及人地关系存在很大差异，应循序渐进、因地制宜，以稳定农村、提高经济效益和社会效益为原则。

13.2.1.2 经费方面

从政府投入、群众自筹、企业投资等渠道加大对“小块并大块”耕地整治工作资金的支持力度。一是充分利用上级部门出台的各种优惠政策，将“小块并大块”耕地整治与国家实施的小型农田水利工程项目与农机补贴、良种补贴等支农政策有机结合，解决资金投入不足问题；将两项工作“捆绑”实施，赋予土地整理新的内涵。二是各乡（镇）及时收集申请奖补的材料，按时上报县级自然资源局，及时上报自治区自然资源厅并跟踪对接，争取奖补资金尽快下拨。三是实行国家财政补贴引导、群众积极自筹的办法，整合“一事一议”等支农资金投入“小块并大块”耕地整治项目建设，政府设立县级专项资金，确保“小块并大块”耕地整治工作的开展。四是地方政府财力有限，很难配套拨付 70 元/亩的技术费用，阻碍了“小块并大块”耕地整治工作的推进。因此在实施过程中，政府要整合资金，不断加大扶持力度，尽量把资金向贫困山区倾斜，有必要时整合各部门资金设立县级专项资金及“一事一议”等支农资金投入这一项目建设；同时，还应积极引进企业投资参与，拓宽资金来源，确保“小块并大块”耕地整治工作能够顺利开展。

13.2.1.3 土地权属方面

建议开荒地的承包经营权明确属于开荒农民，并进行确权、登记和颁证；完成权利确认后，可以凭借村委会出具的承包经营权意见申请开展"小块并大块"耕地整治。针对农村土地承包经营权确权未完成、经营权变更登记难，农业部门、各乡（镇）开展项目区经营权变更登记等工作滞后等情况，建议由村集体出具承包经营权确认意见（签字、摁手印）或者签订正式土地流转合同，作为权属证明材料，以保证材料的完备性，加快推进"小块并大块"耕地整治的实施进程。

13.2.1.4 奖补资金的申请方面

简化"小块并大块"耕地整治奖补资金申报手续和材料，积极指导农业经营主体修改、完善申请奖补所需材料，耕地整治奖补办法要切合实际，要有较强的操作性；简化复杂的过程性证明材料，坚持根据项目区实地建设工程项目质量和数量进行奖补。

13.2.1.5 基础设施建设方面

田间机耕路及水利建设及时开工建设，采用"边建边补"的方针，实行"完成一项，验收一项，兑现一项"的办法，抓紧抓好项目验收，按上级文件及时有效拨付资金，以缓解农民和经营主体资金压力，推进"小块并大块"耕地整治的实施。

13.2.1.6 土地平整方面

适当提高奖补标准，建议平整到6°以内的土地奖补资金提高到500元/亩。同时，针对土地平整可能无法达到6°要求的石山地区，建议对6°～10°的土地进行平整，降低补偿标准，给予300元/亩的补偿。相应地，将坡地改为梯田梯地，按照500元/亩进行奖补。

13.2.1.7 政策方面

结合区域自然条件，根据相关政策，在不违背要求和不影响效益的前提下，对于土地的规划进行补充完善。结合保护耕地和加快高标准基本农田建设需要，农民自发实施"小块并大块"耕地整治不仅是可行的，也是必要的。进一步鼓励农民自发实施"小块并大块"耕地整治，把土地整治的决策权、建设权交给农民群众和经营主体，加强政府引导。这需要政府在工作中加强引导和政策扶持，进一步规范管理，形成耕地保护的一种新机制，鼓励各县（市、区）结合当地实际，制定县级“小块并大块”耕地整治的具体措施和有针对性的以奖代补试行办法，因地制宜地实施“小块并大块”耕地整治。

13.2.2 “双高”基地建设工作建议

13.2.2.1 土地整治方面

一是加快筹措落实 2014 ~ 2015 年土地整治项目前期测量和设计经费，组织设计单位补充完善工程变更资料和变更手续。二是建议将不符合选址条件的区域剔除“双高”范围，施工单位严格按照设计方案施工，不能任意变更设计方案。三是尽快落实工程审计单位，加快推进 2016 ~ 2019 年“双高”基地土地整治项目的工程建设、竣工复核、项目验收、工程结算、工程审计、资金拨付等各项工作进度。

13.2.2.2 机械化方面

建议结合广西的地形等自然地理条件，加快研发甘蔗收割机械，推广机械化收割，节约生产成本，提高甘蔗收割效率，提高不同经营主体种植甘蔗的积极性。建议政府给予农机服务基站及信息服务平台一定的补贴，鼓励研发投入，加快研发出适用广西生产实际的甘蔗收割机械。

13.2.2.3 水利化方面

一是做好自治区党委巡视组巡视工作，加强问题整改，继续加大指导力度，确保项目正常发挥效益。二是继续跟进实际管护情况，发现问题立行立改，确保项目有人管、有人用，国家资金能够用到实处。三是加快水肥一体化建设进度。四是部分地区的水源源头供给不稳定和经营者对水的使用不合理，需加以改进。五是为顺利推广灌溉，在不影响机械化作业的同时，建议将“双高”地块田间所有灌溉设施都纳入“双高”水利化补贴范围内。

13.2.2.4 良种化方面

一是继续加快推进 2016 ~ 2019 年“双高”基地甘蔗良种补贴验收工作。二是加强监督管理，加快甘蔗良种补贴资金划拨进度，提高资金使用率，同时要按程序将各年度良种补贴验收情况进行公示，鼓励经营主体积极申报良种补贴。

13.2.2.5 资金方面

一是加强资金监管，全面提升资金使用率，提高资金支出进度，财政部门统筹做好拨款和资金使用管理工作。二是加强验收工作，确保资金安全使用。“双高”项目的各种工程验收和奖补资金兑现实行“完成一项，验收一项，兑现一项”的办法，抓紧抓好项目验收，按上级文件要求有效安全拨付资金。三是加快项目验收和资金结算工作。各乡镇对完工的项目，要及时主动联系设计单位实地测量，绘制竣工图，县“双高”办公室要对这些片区进行协调，复核公司进行复核，验收组进行验收。四是对完成验收的片区，要及时督促施工单位依据预算材料和竣工验收材料，制作结算书提交审计部门进行审计结算。严把项目资金支付审核关，杜绝再次出现项目资金超额拨付现象，对已经违规超额拨付的项目资金要及时追缴。

13.2.2.6 基础设施建设方面

建议田间道路路面不宜高过田间地面10cm。加强对“双高”基地建设的跟踪管理，地块规划、实施都应尽量提早，确保“双高”地块能够在每年4月30日前完成作物种植。加强工程质量监督，建议由经营主体进行全过程监督。

13.2.2.7 管理方面

一是强化协作配合。“双高”基地建设是一项统筹工程，涉及国土、农业、水利、糖业、农机、发改、财政等众多部门，“双高”办公室的设立只是一个综合协调部门，具体工作仍然需要相关部门具体做好。

二是各乡（镇）、农场作为责任主体，要统筹协调，抓好本地区的“双高”基地建设，加强项目建后管护，严格抓好资金安全，自然资源部门要抓好土地整治工作，水利部门要抓好水利化建设，糖业部门要抓好甘蔗种植和良种、良法推广，农机部门要做好全程机械化种植甘蔗的推广，“双高”办公室要综合协调，切实肩负起管理中枢的作用，只有各部门形成合力才能够把“双高”基地建设好。

三是强化督查指导力度，区政府督查室要加强组织对“双高”基地建设的专项督查，及时掌握“双高”建设进度，对工作力度不强、进度慢的乡镇（街道）、农场及项目片区进行通报，对整改不力、重视程度不够的单位责任人进行约谈，切实形成有功必奖、有错必罚的责任追究机制。

四是县级“双高”办公室要立即组织人员，审核和完善相关项目档案资料，要积极协调资料提供单位，及时提交缺项资料。

五是加强群众监督，由农民、村委会、合作社、涉农企业等不同经营主体监督“双高”项目的选址、规划设计和施工建设，最终成果必须有经营主体签字方可通过。

13.2.2.8　规划设计方面

建议农民、村委会、合作社、涉农企业等不同经营主体全程参与“双高”项目的规划设计、论证讨论、项目施工，并在“双高”建设过程中发挥监督作用。建议相关公司的“双高”规划设计方案，必须有经营主体认可签字方可生效并获得规划设计服务费，以保障经营主体的充分参与；建议“双高”工程建设由经营主体进行全过程监督，并由经营主体签字同意才可获得工程建设资金，以保障经营主体的意愿和监督职能的实现。

13.3 “小块并大块”耕地整治和“双高”基地建设经验推广分析

13.3.1 自治区政府发文推进“小块并大块”耕地整治

以自治区政府发文推进“小块并大块”耕地整治，不仅可以统筹财政部、农业农村部、自然资源部、水利部等部门支农政策及资金，使其更好地应用于“小块并大块”耕地整治中，而且可以在自治区范围内更好地推广实施政策。因此，自治区政府发文推进“小块并大块”耕地整治的政策建立，是解决耕地细碎化问题，建设集中连片、规模适度、设施完善的高质量农田的重要基础。

13.3.2 成立“自治区-市-县”三级耕地细碎化整治统筹办公室

成立类似于“双高”办公室的农田建设统筹办公室，其作用是统筹农田建设、统筹资金使用、统筹各职能部门；使得权属调整、土地流转、农田建设乃至生产经营组织协同推进，共同作用于“同一块农田”——从整体上促进现代农业发展。

13.3.3 成立驻村协调指导小组

“双高”基地建设是一项系统工程，涉及面广，综合性强，为此广西崇左市政府注重整合各方资源，使各方协调联动，组建了驻村指导小组深入一线助力推进“双高”基地建设工作；从市各有关单位抽调100人组成指导小组走出机关，深入基层动员和指导群众开展“双高”基地建设。各县（市、区）也抽调2000多名干部深入田间地头，驻村蹲点住农家，与基层党员群众同吃同住同劳动，为群众送政策、送科技、送信息、送服务，认真细致做好群众思想工作，争取得到群众的理解支持，充分调动群众参与“双高”基地建设的积极性。成立驻村指导小组，不仅对权属调整、合作社构建、土地流转、农田建设和农业转型等进行指导，更能够起到沟通农民和政府“桥梁”的作用，将村庄的外在智力用于农业的现代化、产业化发展；同时，能够充分指导农村按照现代农业的目标全面促进农业转型、升级和发展。

13.3.4 成立村级“小块并大块”工作小组

工作小组通常由村干部、党员代表、村民代表和有威望的老人组成，且该工作小组的成立综合考虑了村内的姓氏及宗族关系。这样一个强有力的工作小组，不仅能够保证“小块并大块”耕地整治工作的有效开展，而且能够有效处理实施过程中的矛盾和纠纷，尤其可以妥善解决个别“钉子户”问题，将权属调整引发的矛盾和复杂的农村问题内部化。同时，该工作小组还能够解决农田基础设施建成之后的后期管护问题。因此，由村干部和村民代表等组成的工作小组，是“小块并大块”耕地整治等工作顺利开展和实现村民利益的保障。

13.3.5 挖掘村内能人

已实施的农民主导型“小块并大块”耕地整治、合作社主导型“小块并大块”耕地细碎化整治、公司主导型“小块并大块”耕地整治等，都需要有强有力的村内能人来推动，或是村支书、村民小组组长等村干部，或是村内富有想法的能人。村干部、村内能人可以带领村民代表去周边“小块并大块”耕地整治等施行效果好的地区考察学习，同时，村内党员及各个姓氏的代表可以发挥带动效应。村内能人富有权威性，具有开创精神，能够确保耕地整治中的矛盾纠纷等难题的解决，具有带领和引领“小块并大块”实施的作用。

13.3.6 多主体协同整体推进“小块并大块”、土地流转与农田建设的融合

农民主导型“小块并大块”耕地整治，需要依靠农民“自下而上”开展权

属调整及农户自发开展土地流转，在此基础上政府“自下而上”进行农田建设，该实现路径需要村内能人、工作小组和广大农民全面参与地块归并等空间重组的各个环节。合作社主导型“小块并大块”耕地整治模式，需要依靠地方政府统筹推动，协调自然资源、水利、农业、财政各职能部门，并由相应部门指导合作社进行项目申请、项目规划、项目实施、奖补发放、后期管护等，该模式需要中央农田建设等惠农政策与地方政府统筹推动，且对政府项目资金支持的需求比较大。因此，“小块并大块”耕地整治的实现需要农民、合作社、企业、各级政府及其职能部门的协同，整体推进“小块并大块”耕地整治、土地流转与农田建设，实现规模扩大、集中连片、基础设施完善相结合的现代农田目标。

13.3.7 转变土地整治等农田建设的“主体”

转变土地整治等农田建设的“主体”，充分发挥经营主体（农民、合作社、企业等）的主观能动性，改变传统的计划下达、政府主导土地整治模式。应由经营主体（农民、合作社、企业等）主导开展土地整治等农田建设，即经营主体根据自身需求，进行土地平整、田间道路、农田水利、防护林网等规划设计和工程建设，并向政府提出资金申请；政府制定建设工程标准，经过验收后根据标准和工程量拨付奖补资金；这不仅体现了经营主体（农民、合作社、企业等）的主体角色，而且是经营主体全面参与的农田建设，满足现实需求；而政府承担了制定工程标准、监督实施、验收核算和拨付资金的甲方职能。

参 考 文 献

白志远，陈英，谢保鹏，等 . 2014. ARCGIS 支持下的景观细碎化与耕地利用效率关系研究——以甘肃省康乐县为例 . 干旱区资源与环境，28（4）：42-47.

卜宏伟 . 2015. 土地细碎化对土地生产效率的影响研究 . 重庆：西南大学硕士学位论文 .

陈春苗，牛海鹏 . 2012. 耕地细碎化对粮食产量的影响——以河南省焦作市为例 . 资源开发与市场，28（1）：28-30.

陈锡文 . 2016. 中国农村综合改革的关键问题——深度解读《深化农村改革综合性实施方案》. 中国乡村发现，（1）：1-7.

陈锡文 . 2018. 实施乡村振兴战略，推进农业农村现代化 . 中国农业大学学报（社会科学版），35（1）：5-12.

陈晓军 . 2012. 国内外农村土地整治权属调整研究进展 . 国土资源科技管理，29（5）：23-27.

陈章全，朱铁辉，楼晨，等 . 2019. 推动耕地小块变大块 促进农业农村现代化——广西壮族自治区糖料蔗基地建设调查 . 农村工作通讯，（5）：56-58.

邓衡山，王文烂 . 2014. 合作社的本质规定与现实检视——中国到底有没有真正的农民合作社？中国农村经济，（7）：15-26，38.

邓胜华，梅昀，胡伟艳 . 2009. 基于模糊模型识别的石碑坪镇土地整理社会生态效益评价 . 中国土地科学，23（3）：72-75.

丁向华，姜照勇，罗良伟，等 . 2011. 基于生态环境保护视角的土地整理生态效益评价——以成都市三河镇土地整理项目为例 . 资源科学，33（11）：2055-2062.

杜静，王瑷玲，马云波 . 2008. 土地整理效益模糊综合评价比较研究——以宁阳县两个土地整理项目为例 . 江西农业大学学报，30（3）：562-568.

范金梅 . 2017. 生态型土地整治大有可为 . 中国土地，（3）：13-15.

冯应斌，杨庆媛，张丽 . 2008. 西南丘陵区土地整理项目绩效评价指标体系研究 . 乡镇经济，（10）：38-41.

傅顺，卢华 . 2018. 土地细碎化、收入非农化对农业技术效率的影响 . 皖西学院学报，34（1）：80-85.

高世昌 . 2010. 推进中国土地开发整理工作对策研究 . 中国土地科学，24（4）：45-50.

高轩，神克洋 . 2009. 埃莉诺·奥斯特罗姆自主治理理论述评 . 中国矿业大学学报（社会科学版），11（2）：74-79.

宫攀，韩振玲 . 2015. 基于农户特征的山东省耕地投入水平及投入意愿调查——基于 208 份问卷的调查分析 . 国土资源科技管理，32（2）：16-23.

郭贯成，丁晨曦 . 2016. 土地细碎化对粮食生产规模报酬影响的量化研究——基于江苏省盐城市、徐州市的实证数据 . 自然资源学报，31（2）：202-214.

贺斐，蓝春华，吴丽叶 . 2013. 小块并大块，实现规模化 . 中国土地，（12）：51-53.

贺雪峰 . 2016. 沙洋的“按户连片”耕种模式 . 农村工作通讯，（15）：16-18.

胡中华 . 2010. 农村土地整理绩效评价研究——以滁州市为例 . 南京：南京农业大学硕士学位

论文.
纪月清，熊皛白，刘华.2016. 土地细碎化与农村劳动力转移研究．中国人口·资源与环境，26（8）：105-115.
姜劲儒.2010. 基于面板数据模型的农业经济增长影响因素实证分析．陕西农业科学，56（5）：157-159.
蒋永甫，张小英.2016. 农民主体与农业适度规模经营的另一种路径选择——基于广西龙州模式的案例分析．中共福建省委党校学报，(7)：86-93.
金晓斌，黄玮，易理强，等.2008. 土地整理项目绩效评价初探．中国土地科学，22（6）：57-62.
鞠登平.2011. 基于农田建设示范区土地整理绩效评价——以湖北省六个示范区为例．武汉：华中农业大学硕士学位论文.
李冰清，王占岐，金贵.2015. 新农村建设背景下的土地整治项目绩效评价．中国土地科学，29（3）：68-74，96.
李功奎.2006. 农地细碎化、劳动力利用与农民收入．南京：南京农业大学博士学位论文.
李金玉.2016. 农地整治项目建后管护模式的绩效差异及其原因研究．武汉：华中农业大学硕士学位论文.
李鑫，欧名豪，马贤磊.2011. 基于景观指数的细碎化对耕地利用效率影响研究 ——以扬州市里下河区域为例．自然资源学报，26（10）：1758-1767.
李鑫，欧名豪，肖长江，等.2012. 基于景观指数的细碎化对耕地生产效率影响研究．长江流域资源与环境，21（6）：707-713.
李寅秋，陈超.2011. 细碎化、规模效应与稻农投入产出效率．华南农业大学学报（社会科学版），10（3）：72-78.
连雪君，毛雁冰.2013. 土地细碎化必然导致土地生产效率降低？——对土地细碎化与土地生产效率研究的批判性分析．华中农业大学学报（社会科学版），(6)：109-115.
刘斌.2014. 基于模糊综合法的土地综合整治项目绩效评价——以江苏省泗洪县双沟镇项目为例．现代农村科技，(15)：68-70.
刘涛，曲福田，金晶，等.2008. 土地细碎化、土地流转对农户土地利用效率的影响．资源科学，(10)：1511-1516.
刘颖，金雅，王嫚嫚.2016. 不同经营规模下稻农生产技术效率分析——以江汉平原为例．华中农业大学学报（社会科学版），(4)：15-21，127.
卢华，胡浩.2015. 土地细碎化增加农业生产成本了吗？——来自江苏省的微观调查．经济评论，(5)：129-140.
卢华，胡浩.2017. 非农劳动供给：土地细碎化起作用吗？——基于刘易斯拐点的视角．经济评论，(1)：148-160.
卢景丽.2008. 土地开发整理项目绩效评价指标体系．昆明理工大学学报（理工版），33（5）：90-93.
卢盛荣，李文溥，易明子.2012. 农民增收：地权稳定抑或土地流转？——基于对漳浦县农地细碎化和农业投入的产出弹性分析．东南学术，(2)：86-94.

卢星高，范业赓，丘立杭，等 . 2019. 广西“双高”糖料蔗基地建设现状、问题及发展建议 . 热带农业科技，42（2）：51-54.
卢艳霞，黄盛玉，王柏源，等 . 2012. 农村土地整治创新模式的思考——基于广西壮族自治区崇左市龙州县“小块并大块”的启示 . 中国土地科学，26（2）：84-87.
罗必良 . 2009. 现代农业发展理论 . 北京：农业出版社 .
罗明忠，陈江华，唐超 . 2019. 农业生产要素配置与农机社会化服务供给行为——以水稻劳动密集型环节为例 . 江苏大学学报（社会科学版），21（1）：35-43，56.
罗文斌，吴次芳，倪尧，等 . 2013. 基于农户满意度的土地整理项目绩效评价及区域差异研究 . 中国人口 · 资源与环境，23（8）：68-74.
罗文斌，吴次芳，吴一洲 . 2011. 基于物元模型的土地整理项目绩效评价方法与案例研究 . 长江流域资源与环境，20（11）：1321-1326.
罗文斌，吴次芳，杨剑 . 2010. 基于“流程逻辑”框架的土地整理项目绩效物元评价 . 中国土地科学，24（4）：55-61.
吕蕊，陈英，张仁陟 . 2010. 基于模糊数学评价模型的土地整理绩效评价 . 黑龙江农业科学，（12）：48-51.
马丽，金凤君，刘毅 . 2012. 中国经济与环境污染耦合度格局及工业结构解析 . 地理学报，67（10）：1299-1307.
毛世平 . 1998. 技术效率理论及其测度方法 . 农业技术经济，（3）：3-5.
孟展，刘斌，夏敏，等 . 2014. 农村土地整治项目监管绩效形成机理与评价 . 中国土地科学，28（9）：53-59.
倪楠，郭韬 . 2014. 基于超效率 DEA 模型的土地整治项目绩效评价——以安徽省为例 . 中国农学通报，30（29）：142-148.
潘劲 . 2011. 中国农民专业合作社：数据背后的解读 . 中国农村观察，（6）：2-11，94.
潘玉翠 . 2018. 政府及农民主导模式下土地整治农民有效参与及效益评价研究 . 泰安：山东农业大学硕士学位论文 .
彭文君，舒英格，何腾兵 . 2016. 我国土地整治项目绩效评价研究进展 . 天津农业科学，22（5）：131-135.
乔蕻强，程文仕，程东林，等 . 2017. 基于 DEA-Gini 准则的土地整治项目绩效评价 . 甘肃农业大学学报，52（6）：106-112，119.
秦立建，张妮妮，蒋中一 . 2011. 土地细碎化、劳动力转移与中国农户粮食生产——基于安徽省的调查 . 农业技术经济，（11）：16-23.
覃事娅，尹惠斌，徐朋 . 2007. 土地整理综合效益评价指标体系的构建 . 山东国土资源，23（2）：50-53.
覃事娅，尹惠斌 . 2007. 基于 AHP 的土地整理综合效益评价实证研究 . 河北农业科学，11（2）：93-96.
全国十三所综合性大学《中国经济农业学》编写组 . 1984. 中国农业经济学 . 辽宁：辽宁人民出版社 .
任大鹏 . 2018. 合作社应当成为乡村振兴的主力军 . 中国农民合作社，（5）：15-16.

沈伟晔 . 2016. 土地整治项目绩效评价 . 南京：南京农业大学硕士学位论文 .
沈怡静，刘彦花，李福焕 . 2017. 基于熵值法和模糊综合评价法的广西鹿寨县土地整治效益研究 . 江西农业学报，29（9）：127-131.
史艳梅，张云鹏，田贞浩 . 2016. 北安市土地整治绩效评价 . 价值工程，35（22）：12-15.
苏旭霞，王秀清 . 2002. 农用地细碎化与农户粮食生产——以山东省莱西市为例的分析 . 中国农村观察，(3)：22-28，80.
孙少游 . 2010. 土地整理项目绩效评价研究 . 北京：北京林业大学硕士学位论文 .
孙雁，刘友兆 . 2010. 基于细碎化的土地资源可持续利用评价——以江西分宜县为例 . 自然资源学报，25（5）：802-810.
谭明智 . 2014. 关于农村土地整治权属调整问题的调查与思考 . 中国老区建设，(10)：26-28.
陶崔 . 2018. 种粮大户农地规模经营效率及影响因素研究 . 合肥：安徽农业大学硕士学位论文 .
田孟，贺雪峰 . 2015. 中国的农地细碎化及其治理之道 . 江西财经大学学报，(2)：88-96.
万广华，程恩江 . 1996. 规模经济、土地细碎化与我国的粮食生产 . 中国农村观察，(3)：31-36，64.
汪文雄，陈梦华，杨钢桥 . 2013. 基于价值链增值的农地整治项目前期阶段效率测度研究 . 自然资源学报，28（12）：2189-2200.
汪文雄，余利红，刘凌览，等 . 2014. 农地整治效率评价研究——基于标杆管理和 DEA 模型 . 中国人口 · 资源与环境，24（6）：103-113.
汪文雄，朱欣，余利红，等 . 2015. 不同模式下农地整治前后土地利用效率的比较研究 . 自然资源学报，30（7）：1104-1117.
王瑷玲，赵庚星，李占军 . 2006. 土地整理效益项目后综合评价方法 . 农业工程学报，22（4）：58-61.
王海 . 2015. 农地细碎化治理模式的创新与农地制度改革——以安徽蒙城县“一块田”改革为例 . 新余学院学报，20（6）：31-33.
王俊林 . 2017. 基于“逻辑框架”的土地整治项目绩效评价研究 . 昆明：昆明理工大学硕士学位论文 .
王克强，王洪卫，刘红梅 . 2005. 土地经济学 . 上海：上海财经大学出版社 .
王嫚嫚，刘颖，蒯昊，等 . 2017. 土地细碎化、耕地地力对粮食生产效率的影响——基于江汉平原 354 个水稻种植户的研究 . 资源科学，39（8）：1488-1496.
王锐，陈光银 . 2018. 基于层次分析—模糊综合评价法的贫困村土地整治项目扶贫成效评价——以石柱县万朝镇万乐村土地整治项目为例 . 农村经济与科技，29（3）：15-19.
王山，奉公 . 2016. 中国农地细碎化及其整体性治理问题研究 . 云南社会科学，(1)：17-22.
王山 . 2016. 从“分散性治理”迈向“整体性治理”：中国农地细碎化治理模式的转型与重塑. 经济体制改革，(5)：67-73.
王兴稳，钟甫宁 . 2008. 土地细碎化与农用地流转市场 . 中国农村观察，(4)：29-34，80.
王兴稳 . 2008. 农民间土地流转市场与农地细碎化——基于江苏兴化、黑龙江宾县两地调查分析 . 南京：南京农业大学博士学位论文 .
魏程琳 . 2015. 土地细碎化治理与农地制度变革——基于桂北 F 县农村调研 . 北京社会科学，

(5)：90-97.
魏凤娟，李江风，刘艳中，等 . 2014. 基于村级领导满意度的湖北省土地整理项目绩效评价 . 中国土地科学，28（11）：57-65.
魏金义，祁春节 . 2015. 中国农业要素禀赋结构的时空异质性分析 . 中国人口 · 资源与环境，25（7）：97-104.
魏娟，赵佳佳，刘天军 . 2017. 土地细碎化和劳动力结构对生产技术效率的影响 . 西北农林科技大学学报（社会科学版），17（5）：55-64.
温焕铃，华璀，卢远 . 2020. 龙州县“小块并大块”土地整治扶贫新模式 . 现代农业科技，(2)：261-264.
文高辉，杨钢桥，李岩，等 . 2016. 农地整治对耕地细碎化的治理效果及其原因分析 . 中国土地科学，30（9）：82-89.
文高辉，杨钢桥 . 2019. 耕地细碎化对农地整治中农户权属调整意愿的影响研究 . 长江流域资源与环境，28（3）：623-631.
吴文文，蔡广鹏，刘弢，等 . 2019. 生态视角下贵州省土地整治项目灌溉与排水工程探析 . 农村经济与科技，30（5）：67-69.
吴洋，聂勇，胡振虎，等 . 2008. 家庭生命周期、土地细碎化与农户农业生产性投入——来自湖北省老河口市的数据 . 云南财经大学学报，(1)：70-75.
吴莹，金晓斌，周寅康 . 2007. 基于多级模糊综合评价的土地整理项目后效益评价指标体系构建及应用 . 中国农学通报，23（9）：509-513.
谢申申 . 2012. 河南省土地整治项目绩效评价研究 . 开封：河南大学硕士学位论文 .
谢皖东，田双清，陈宇阳，等 . 2017. 基于农户满意度的城镇近郊区空心村综合整治绩效评价——以成都市 17 个典型村庄 419 户农户问卷调查为例 . 中国农业资源与区划，38（6）：211-218.
辛翔飞，秦富 . 2005. 影响农户投资行为因素的实证分析 . 农业经济问题，(10)：36-39，81.
信桂新，杨朝现，杨庆媛，等 . 2017. 用熵权法和改进 TOPSIS 模型评价高标准基本农田建设后效应 . 农业工程学报，33（1）：238-249.
熊潮远 . 2016. 利益相关者视角下土地整治项目效益评价研究——基于江西省 J 县 H 镇农地整治项目的分析 . 南昌：南昌大学硕士学位论文 .
许庆，田士超，邵挺，等 . 2007. 土地细碎化与农民收入：来自中国的实证研究 . 农业技术经济，(6)：67-72.
许玉光，杨钢桥，文高辉 . 2017. 耕地细碎化对耕地利用效率的影响——基于不同经营规模农户的实证分析 . 农业现代化研究，38（4）：688-695.
薛思学，张克新，黄辉玲，等 . 2012. 土地整治项目绩效评价研究——以黑龙江省为例 . 国土与自然资源研究，(1)：28-30.
闫聪，聂继东 . 2017. 农业机械在降低三大粮食作物生产成本中的作用分析 . 农业与技术，37（14）：80.
杨洪蛟 . 2010. 土地整理项目绩效评价研究 . 武汉：华中农业大学硕士学位论文 .
杨建云 . 2014. 政府主导型农村土地综合整治项目经济效率分析——以郸城县项目为案例 . 干

旱区资源与环境，28（4）：48-53.
余艳，伍国勇 . 2018. 基于灰色关联的安徽省耕地资源利用效率影响因素分析 . 江苏农业科学，46（3）：258-262.
郧文聚，汤怀志，梁梦茵，等 . 2015. “十三五”土地整治规划：把生态良田建设摆在突出地位 . 农村工作通讯，（7）：32-34.
郧文聚，杨华珂 . 2010. 土地整理为农村土地流转搭建基础平台——浙江省慈溪市土地流转调查与思考 . 资源与产业，12（6）：58-61.
曾艳 . 2016. 中国农业合作化思想历史实践及现实思考——以 20 世纪 50 年代为例 . 西部皮革，38（8）：97-98.
展炜，何立恒，金晓斌，等 . 2009. 基于模糊综合评价的土地整理项目绩效评价 . 南京林业大学学报（自然科学版），33（2）：145-148.
张蚌蚌，孔祥斌 . 2018. 基于细碎化的中国近 30 年耕地利用系统变化及耦合协调度 . 北京师范大学学报（自然科学版），54（3）：327-333.
张蚌蚌，牛文浩，左旭阳，等 . 2019. 广西农民自主型细碎化耕地归并整治模式及效果评价 . 农业工程学报，35（9）：265–274.
张蚌蚌，王数，张凤荣，等 . 2013. 基于耕作地块调查的土地整理规划设计——以太康县王盘村为例 . 中国土地科学，27（10）：44-50.
张蚌蚌，王数 . 2013. 群众自主式土地整治模式及其效应研究——以新疆玛纳斯县三岔坪村为例 . 经济地理，33（5）：131–136.
张蚌蚌 . 2017. 细碎化视角下耕地利用系统空间重组优化理论、模式与路径 . 北京：中国农业大学博士学位论文 .
张洪鑫 . 2017. 基于 DEA 的哈尔滨市耕地利用效率及影响分析 . 科技资讯，15（34）：98-99.
张庶，金晓斌，魏东岳，等 . 2014a. 土地整治项目绩效评价指标设置和测度方法研究综述 . 中国土地科学，28（7）：90-96.
张庶，金晓斌，徐霄枭，等 . 2014b. 基于 SD 和模糊综合评价的土地整治项目社会影响评价 . 中国农学通报，30（34）：81-88.
张晓恒，刘余 . 2018. 规模化经营降低农业生产成本了吗？——基于前沿成本和效率损失成本的视角 . 农林经济管理学报，17（5）：520-527.
张欣，杨俊，王占岐 . 2015. 基于全过程的土地整治项目绩效评价 . 湖北农业科学，54（9）：2073-2079.
张忆，司静波 . 2017. 黑龙江省农村土地整治示范项目绩效评价 . 江苏农业科学，45（3）：270-275.
张尹君杰，卓建伟 . 2008. 土地细碎化的正面与负面效应的双重论证——基于河北省农户固定观察点资料的实证研究 . 农林经济管理学报，7（4）：25-29.
张正峰，杨红，谷晓坤 . 2013. 土地整治对平原区及丘陵区田块利用的影响 . 农业工程学报，29（3）：1-8.
张忠明，钟鑫 . 2017. 耕地细碎化对不同规模农户生产技术效率的影响分析——基于辽宁省新民市 266 户农户数据 . 广东农业科学，44（4）：152-159.

赵凯. 2011. 论土地细碎化及其定量测定方法. 中国土地科学, 25 (10): 35-39, 88.
郑华伟, 张锐, 刘友兆. 2014. 利益相关者视角下农村土地整理项目绩效评价. 中国土地科学, 28 (7): 54-61.
周家俊. 2016. 农地整治项目绩效测度研究进展. 农村经济与科技, 27 (11): 20-22.
朱启臻, 王念. 2008. 论农民专业合作社产生的基础和条件. 华南农业大学学报 (社会科学版), 7 (3): 16-19.
祖健, 张蚌蚌, 孔祥斌. 2016. 西南山地丘陵区耕地细碎化特征及其利用效率——以贵州省草海村为例. 中国农业大学学报, 21 (1): 104-113.
左腾云, 郭大千. 2016. 土地整治项目绩效评价研究——以江西省为例. 国土与自然资源研究, (1): 49-53.
Asiama K O, Bennett R, Zevenbergen J, et al. 2018. Land valuation in support of responsible land consolidation on Ghana's rural customary lands. Survey Review, 50 (361): 288-300.
Ali D A, Deininger K. 2014. Is there a farm-size productivity relationship in African agriculture? Evidence from Rwanda. Land Economics, 91 (2): 317-343.
Barrett C B, Bellemare M F, Hou J Y. 2010. Reconsidering conventional explanation of the inverse productivity-size relationship. Social Science Electronic Publishing, 38 (1): 88-97.
Bins B O. 1950. The Consolidation of Fragmented Agricultural Holdings. Washington D C: FAO Agricultural Studies, 11.
Bosma H. 1985. The evaluation in advance of the effects and costs of land consolidation projects in the Netherland. Agriculture and Management of Natural Resources, 293-312.
Deininger K, Monchuk D, Nagarajan H K, et al. 2017. Does land fragmentation increase the cost of cultivation? Evidence from India. The Journal of Development Studies, 53 (1): 82-98.
Deininger K, Savastano S, Carletto C. 2012. Land fragmentation, cropland abandonment, and land market operation in Albania. World Development, 40 (10): 2108-2122.
del Corral J, Perez J A, Roibas D. 2011. The impact of land fragmentation on milk production. Journal of Dairy Science, 94 (1): 517-525.
Demetriou D, Stillwell J, See L. 2013. A new methodology for measuring land fragmentation. Computers, Environment and Urban Systems, 39 (39): 71-80.
Demetriou D. 2018. Automating the land valuation process carried out in land consolidation schemes. Land Use Policy, 75: 21-32.
Du X D, Zhang X K, Jin X B. 2018. Assessing the effectiveness of land consolidation for improving agricultural productivity in China. Land Use Policy, 70: 360-367.
Falco S D, Penov I, Aleksiew A, et al. 2010. Agrobiodiversity, farm profits and land fragmentation: evidence from Bulgaria. Land Use Policy, 27 (3): 763-771.
Farrell M J. 1957. The measurement of productive efficiency. Journal of the Royal Statistical Society. Ser. A, 120 (3): 253-290.
Foster A, Rosenzweig M. 2011. Are India farms too small? mechanization, agency cost, and farm efficiency. Manuscript Yale University.

Gessesse A T, Li H J, He G, et al. 2018. Study on farmers land consolidation adaptation intention. China Agricultural Economic Review, 10 (4): 666-682.

Gonzalez X P, Alvarez C J, Crecente R. 2004. Evaluation of land distributions with joint regard to plot size and shape. Agricultural Systems, 82 (1): 31-43.

Gonzalez X P, Marey M F, Alvarez C J. 2007. Evaluation of productive rural land patterns with joint regard to the size, shape and dispersion of plots. Agricultural Systems, 92 (1-3): 52-62.

Hartvigsen M B. 2014. Land consolidation and land banking in Denmark: tradition, multi-purpose and perspectives. Danish Journal of Geoinformatics and Land Management, 47: 51-73.

Hong C Q, Jin X B, Ren J, et al. 2019. Satellite data indicates multidimensional variation of agricultural production in land consolidation area. Science of the Total Environment, 653: 735-747.

Janus J, Glowacka A, Bozek P. 2016. Identification of areas with unfavorable agriculture development conditions in terms of shape and size of parcels with example of southern Poland. Scopus, 15: 1260-1265.

Janus J, Mika M, Leń P, et al. 2018. A new approach to calculate the land fragmentation indicators taking into account the adjacent plots. Survey Review, 50 (358): 1-7.

Jia L L, Petrick M. 2014. How does land fragmentation affect off-farm labor supply: panel data evidence from China. Agricultural Economics, 45 (3): 369-380.

Kadigi R M, Kashaigili J J, Sirima A, et al. 2017. Land fragmentation, agricultural productivity and implications for agricultural investments in the Southern Agricultural Growth Corridor of Tanzania (SAGCOT) region, Tanzania. Journal of Development and Agricultural Economics, 9 (2):26-36.

Khalil K, Gholamhossein A. 2008. Factors affecting agricultural land fragmentation in Iran: a case study of Ramjerd Sub District in Fars Province. American Journal of Agricultural & Biological ence, 3 (1): 358-363.

Kawasaki K. 2010. The costs and benefits of land fragmentation of rice farms in Japan. Australian Journal of Agricultural and Resource Economics, 54 (4): 509-526.

King R, Burton S. 1982. Land fragmentation: notes on a fundamental rural spatial problem. Progress in Human Geography, 6 (4): 475-494.

Latruffe L, Piet L. 2014. Does land fragmentation affect farm performance? A case study from Brittany, France. Agricultural Systems, 129: 68-80.

Leibenstein H. 1966. Allocative Efficiency vs. "X-Efficiency". American Economic Review, 56 (3): 392-415.

Li Y H, Wu W H, Liu Y S. 2018. Land consolidation for rural sustainability in China: practical reflections and policy implications. Land Use Policy, 74: 137-141.

Lu H, Xie H L, He Y F, et al. 2018. Assessing the impacts of land fragmentation and plot size on yields and costs: a translog production model and cost function approach. Agricultural Systems, 161: 81-88.

Lu H, Xie H L, Yao G G. 2019. Impact of land fragmentation on marginal productivity of agricultural labor and non-agricultural labor supply: a case study of Jiangsu, China. Habitat International, 83:

65-72.

Luo W B, Timothy D J. 2017. An assessment of farmers' satisfaction with land consolidation performance in China. Land Use Policy, 61: 501-510.

Manjunatha A V, Anik A R, Speelman S, et al. 2013. Impact of land fragmentation, farm size, land ownership and crop diversity on profit and efficiency of irrigated farms in India. Land Use Policy, 31: 397-405.

Mcpherson M F. 1982. Land fragmentation: a selected literature review. Development Discussion Papers, Harvard University.

Muchová Z. 2017. Assessment of land ownership fragmentation by multiple criteria. Survey Review, 51 (366): 265-272.

Nguyen T, Cheng E, Findlay C. 1996. Land fragmentation and farm productivity in China in the 1990s. China Economic Review, 7 (2): 169-180.

Niroula G S, Thapa G B. 2005. Impacts and causes of land fragmentation, and lessons learned from land consolidation in South Asia. Land Use Policy, 22 (4): 358-372.

Paul M, Githinji M W. 2018. Small farms, small plots: land size, fragmentation, and productivity in Ethiopia. Journal of Peasant Studies, 45 (4): 737-775.

Sauer J, Davidova S, Gorton M. 2012. Land fragmentation and market integration-heterogeneous technologies in Kosovo. German Association of Agricultural Economists (GEWISOLA) 52nd Annual Conference, Stuttgart.

Schultz T W. 1953. The Economic Organization of Agriculture. Mew York: Mc Graw Hill.

Shenhar, Levy A J O, Dvir D. 1997. Mapping the dimensions of project success. Project Management Journal, 28 (2): 5-13.

Tan S, Heerink N, Kuyvenhove A, et al. 2010. Impact of land fragmentation on rice producers' technical efficiency in South- East China. NJAS Wageningen Journal of. Life Science, 57 (2): 117-123.

Tan S, Heerink N, Qu F. 2006. Land fragmentation and its driving forces in China. Land Use Policy, 23 (3): 272-285.

Thomas J. 2006. Attempt on systemization of land consolidation approaches in Europe. Zeitschrift Fur Geodasie Geoinformation Und Landmanagement, 131: 156-161.

van Dijk T. 2007. Complications for traditional land consolidation in Central Europe. Geoforum, 38 (3): 505-511.

Wang S L, Xin X. 2017. Does land fragmentation hinder the implementation of sugarcane planting mechanization? Chinese Rural Economy, 2: 16-19.

Wang W X, Yu L H, Zhou W, et al. 2019. Estimating the mechanism of farmers' effective participation in Chinese rural land consolidation. China Agricultural Economic Review, 11 (1): 100-124.

Yucer A A, Kan M, Demirtas M, et al. 2016. The importance of creating new inheritance policies and laws that reduce agricultural land fragmentation and its negative impacts in Turkey. Land use policy, 56: 1-7.

Zeballos C, Yamaguchi K. 2011. Impacts of land reclamation on the landscape of Lake Biwa, Japan. Procedia Social and Behavioral Sciences, 19: 683-692.

Zhang B, Niu W, Ma L, et al. 2019. A company-dominated pattern of land consolidation to solve land fragmentation problem and its effectiveness evaluation: a case study in a hilly region of Guangxi Autonomous Region, Southwest China. Land Use Policy, 88: 1-12.

Zhang Z F, Zhao W, Gu X K. 2014. Changes resulting from a land consolidation project (LCP) and its resource-environment effects: a case study in Tianmen City of Hubei Province, China. Land Use Policy, 40: 74-82.